Studien zum Privatrecht

Band 85

Linda Kuschel

Der Erwerb
digitaler Werkexemplare
zur privaten Nutzung

Mohr Siebeck

Linda Kuschel, geboren 1986; Studium der Rechtswissenschaften an der Albert-Ludwigs-Universität Freiburg; Referendariat am Kammergericht Berlin, LL.M.-Studium an der Harvard Law School; 2018 Promotion an der Humboldt-Universität zu Berlin.
orcid.org/0000-0002-9927-4081

ISBN 978-3-16-156814-5 / eISBN 978-3-16-156815-2
DOI 10.1628/978-3-16-156815-2

ISSN 1867-4275 / eISSN 2568-728X (Studien zum Privatrecht)

Die Deutsche Nationalbibliothek verzeichnet diese Publikation in der Deutschen Nationalbibliographie; detaillierte bibliographische Daten sind im Internet über *http://dnb.dnb.de* abrufbar.

© 2019 Mohr Siebeck Tübingen. www.mohrsiebeck.com

Das Buch wurde von Gulde Druck in Tübingen gesetzt, auf alterungsbeständiges Werkdruckpapier gedruckt und von der Buchbinderei Spinner in Ottersweier gebunden.

Printed in Germany.

Vorwort

Die vorliegende Arbeit wurde im Sommersemester 2018 von der Juristischen Fakultät der Humboldt-Universität zu Berlin als Dissertation angenommen. Für die Veröffentlichung konnten Rechtsprechung und Literatur bis Ende des Jahres 2018 berücksichtigt werden.

Die Arbeit ist während meiner Zeit als wissenschaftliche Mitarbeiterin von Prof. Dr. Katharina de la Durantaye, LL.M. (Yale) entstanden. Ihr gebührt mein größter Dank. Sie hat mich von meinem ersten Arbeitstag an gefördert, ermutigt und inspiriert. Für Gespräche und Diskussionen über die Arbeit stand sie jederzeit mit Sachkenntnis und Ideenreichtum bereit. Ich hätte mir keine bessere Betreuerin und Mentorin wünschen können.

Prof. Dr. Axel Metzger, LL.M. (Harvard) danke ich neben der sehr zügigen Erstellung des Zweitgutachtens auch für sein Interesse an meiner Arbeit und die wertvollen Gespräche zum Thema.

Prof. Dr. Marc-Philippe Weller danke ich für die Gelegenheit, im Rahmen des Jour fixe des Instituts für ausländisches und internationales Privat- und Wirtschaftsrecht an der Universität Heidelberg die vertragsrechtlichen Aspekte des Erwerbs digitaler Werkexemplare zur Diskussion zu stellen.

Von großem Wert waren auch die Impulse und Ratschläge in der fakultätsübergreifenden Doktorandenschule „Recht der Informationsgesellschaft" in der ich meine Arbeit vorstellen durfte. Insbesondere danke ich Prof. Dr. Michael Grünberger, LL.M. (NYU) und Prof. Dr. Herbert Zech dafür, dass sie auch im Nachgang für Gespräche über die Arbeit zur Verfügung standen.

Die Drucklegung des Buches wurde durch großzügige Förderungen der Johanna und Fritz Buch-Gedächtnisstiftung und der Studienstiftung Ius Vivum ermöglicht, für die ich sehr dankbar bin.

Die Fertigstellung der Arbeit wäre undenkbar gewesen ohne die fachliche und mentale Unterstützung meiner (ehemaligen) Kollegen und Freunde. An der Humboldt-Universität zu Berlin gilt mein Dank insbesondere Dr. Sven Asmussen, Dr. Sebastian Golla, Benjamin Lück und Dr. Henrike Maier für ihre klugen und konstruktiven Hinweise. Maria Franziska Schroeder danke ich für das sorgsame (Korrektur-)Lesen der Arbeit. Meinen „außeruniversitären" Freunden danke ich dafür, dass sie immer für mich da waren (und sind) und mich auch in weniger euphorischen Phasen meines Promotionsvorhabens ertragen und unterstützt haben.

Von ganzem Herzen bedanke ich mich bei meiner Familie. Meine Eltern, Olaf und Marina Kuschel, haben mich während meiner gesamten Ausbildung bedingungslos unterstützt und in der Wahl meines Wegs bestärkt. Christian Klasen danke ich für seine Liebe, Geduld und die unzähligen Wochenenden, die er meiner Arbeit geopfert hat. Zuletzt danke ich meiner Tochter, Nila Sabine, dafür, dass sie jeden Tag mit Leben, Freude und Licht füllt.

Berlin, im März 2019   *Linda Kuschel*

Inhaltsverzeichnis

Einleitung

Seit geraumer Zeit werden Musikstücke und Filme digitalisiert und auf CDs oder DVDs verkauft. Ebenso Computerprogramme und Spiele. Auch Bücher sind mittlerweile digital verfügbar. Immer häufiger erfolgt der Erwerb nicht auf einem Datenträger, sondern online über das Internet. Werkexemplare werden also digital erstellt bzw. digitalisiert, digital erworben und digital genutzt. Durch diese Transformation ist der Bezugsgegenstand eines Erwerbs unklar geworden. Weder das Urheberrechtsgesetz (UrhG) noch das BGB geben zufriedenstellende Antworten auf die Frage, was beim Verkauf digitaler Werkexemplare eigentlich erworben wird.

Die Vorschriften des UrhG sehen eine rechtliche Verbindung zwischen Urheber und Publikum nicht vor. Für analoge Sachverhalte gilt: Der Erwerber eines Werkexemplars erwirbt keine Nutzungsrechte an dem jeweiligen Werk; der Urheber wiederum kann den reinen Werkgenuss nicht verbieten. Etwaige Befugnisse der Leser, Zuhörer oder Betrachter eines Werks sind nicht positiv definiert, sondern lediglich im Rahmen urheberrechtlicher Schranken berücksichtigt. Dabei schöpfen Urheber- und Leistungsschutzrechte ihren wirtschaftlichen Wert letztlich aus dem Werkgenuss durch Endnutzer.[1] Der gesamtgesellschaftliche Nutzen, der aus der Werkrezeption resultiert, ist ein wichtiger Grund für den rechtlichen Schutz, den das Urheberrecht gewährt.[2] Und nicht nur die wirtschaftliche Verwertung des Urheberrechts und damit die finanzielle Vergütung des Rechteinhabers sind von dem Interesse und der Bereitschaft Dritter abhängig, ein Werkstück zu erwerben oder für den Genuss des Werks zu zahlen. Auch die immateriellen Interessen des Urhebers stehen in direktem Zusammenhang mit der Rezeption des Werks.[3] Die Wahrnehmung des Werks durch Dritte ist für viele Urheber die treibende Kraft ihres Schaffens. Den Endnutzer rechtlich auszublenden erscheint dementsprechend kaum gerechtfertigt.

---

[1] Vgl. *Bornhauser*, S. 1; *Lauber-Rönsberg*, S. 143 f.; *Schulze*, NJW 2014, 721 (723). Vgl. auch schon *Hubmann*, Urheber- und Verlagsrecht, S. 126.

[2] Vgl. BGHZ 17, 266 (278) = GRUR 1955, 492 (496); *Lauber-Rönsberg*, S. 143 f.; *Schulze*, NJW 2014, 721; Schricker/Loewenheim/*v. Ungern-Sternberg*, UrhG, § 15 Rn. 188.

[3] Vgl. *Schickert*, S. 44 ff.

Das bürgerliche Recht erfasst den Erwerb eines digitalen Werkexemplars nur
sehr lückenhaft. Urheberrechtliche Aspekte werden bei der schuldrechtlichen
und sachenrechtlichen Einordnung des Erwerbs von Werkexemplaren kaum be-
achtet. Besondere Regelungen für Verträge über digitale Werkexemplare finden
sich höchstens im Rahmen von verbraucherschützenden Normen. Der (dingliche) Gegenstand des Erwerbs wird nicht weiter fokussiert. Stattdessen steht nach
wie vor ein etwaiges körperliches Vervielfältigungsstück, in dem das Werk festgehalten ist, im Vordergrund.[4]

Dabei nimmt im Zuge der Digitalisierung das körperliche Substrat eines Werks
keine entscheidende Rolle mehr ein.[5] Wird ein Werk in digitaler Form vertrieben,
kommt dem körperlichen Träger höchstens noch eine Transport- und Speicher-
funktion zu. Darüber hinaus besteht an dem körperlichen Träger als solchem in
der Regel kein Interesse. Entscheidend ist vielmehr, dass der Erwerber eines digitalen Werkexemplars Zugang zu dem Werk erhält und es zum privaten Werkgenuss nutzen kann. Am deutlichsten tritt diese Entwicklung zutage, wenn der
Erwerber nicht einmal mehr eine digitale Kopie in seiner Sphäre speichert, sondern nur noch den Zugang zum (extern gespeicherten) Werkexemplar erlangt.

---

[4] Vgl. *Wielsch*, S. 1: „Die Wirtschaft des Bürgerlichen Gesetzbuches ist eine Wirtschaft der
körperlichen Gegenstände."
[5] Vgl. *Schneider/Spindler*, CR 2012, 489 (498).

§ 1 Problemaufriss

Obwohl der Erwerb digitaler Werkexemplare millionenfach vor sich geht und selbstverständlicher Bestandteil der Unterhaltungsindustrie ist, bereitet schon die Beantwortung grundlegender rechtlicher Fragestellungen Schwierigkeiten: Wie ist der Vertrag, den Nutzer und Diensteanbieter schließen, wenn digitale Werkexemplare (online) erworben werden, rechtlich einzuordnen? Was genau „erwirbt" der Nutzer auf dinglicher Ebene durch diesen Vertrag? Erhält er eine Form von digitalem Eigentum an den Inhalten? Hat der „digitale Werkgenuss", also das Abspielen oder Aufrufen digitaler Inhalte, urheberrechtliche Relevanz? Und benötigt der Erwerber womöglich ein urheberrechtliches Nutzungsrecht, um einen geschützten Film auf seinem Rechner anzuschauen?

Zusätzliche Verwirrung stiften Endnutzerlizenzverträge, mit denen Erwerber digitaler Werkexemplare häufig konfrontiert sind und mit deren Geltung sie sich einverstanden erklären müssen, um das Werkexemplar nutzen zu können. Inhalt und Terminologie dieser Formularverträge sind höchst uneinheitlich.[1] Dabei stellt sich der Erwerb eines digitalen Werkexemplars zum privaten Gebrauch (rein tatsächlich betrachtet) als immer gleicher Vorgang dar – unabhängig vom Diensteanbieter. Diese Formularverträge stoßen gewissermaßen in das Vakuum, welches die fehlende rechtliche Konkretisierung des Gegenstands von Verträgen über digitale Werkexemplare hinterlässt. So scheinen Formularverträge Umfang und Grenzen des Vertragsgegenstands selbst festzulegen. Damit stellt sich die Frage, ob die Klauseln dieser Verträge im Falle einer AGB-rechtlichen Inhaltskontrolle zugleich Gegenstand und Maßstab der Überprüfung sein können.[2] Dabei muss das Recht vor der schwierigen Greifbarkeit des Gegenstands eines Vertrags über digitale Güter keinesfalls kapitulieren und Anbietern bzw. Herstellern die Definitionshoheit überlassen. Die Digitalisierung stellt dem Recht vielmehr die Aufgabe, abstrakte Gegenstände der Lebenswirklichkeit rechtlich zu fassen. Es gilt, wie *Kube* treffend formuliert: „In dem Takt, in dem sich die empirische Gegenstandssicht entwickelt und abstraktere Materien und Zusammenhänge an-

---

[1] Vgl. hierzu die Beispiele bei *Ganzhorn*, S. 108 ff. Vgl. auch *Orgelmann*, S. 241, der urteilt: „Im Ergebnis ist das gesamte Konstrukt völlig unklar."

[2] Vgl. auch *Grünberger*, AcP 218 (2018), 213 (232 und 250 f.).

zunehmen vermag, öffnet sich [...] auch das Recht einer abstrakteren Gegenständlichkeit der Außenwelt."[3]

Diese Arbeit wird sich den aufgeworfenen Fragen in aller Tiefe widmen. Es gilt, sorgfältig zu betrachten, was sich auf technischer Ebene abspielt, wenn ein Werkexemplar nicht in analoger, sondern in digitaler Form erworben und privat genutzt wird und in welcher Weise dies urheberrechtliche Relevanz hat. Auf dieser Grundlage kann untersucht werden, wie die Position bzw. Rolle des Nutzers urheberrechtlich, schuldrechtlich und sachenrechtlich einzuordnen ist. Es wird sich zeigen, dass die Auseinandersetzung mit diesen rechtlichen Fragen – vor allem auf sachenrechtlicher Ebene – Erkenntnisse zutage fördert, die nicht nur für den Fall des Erwerbs digitaler Werkexemplare von Bedeutung sind. So ermöglicht die intensive Auseinandersetzung mit der sachenrechtlichen Position des Erwerbers einen neuen Blick auf seit Langem geführte urheberrechtliche Diskussionen – etwa die Grenzen erlaubter Nutzung digitaler Werkexemplare oder die Zulässigkeit ihres Weiterverkaufs. Ferner ist die Strukturierung eines digitalen Werkexemplars in Ebenen nicht von dem jeweiligen schuldrechtlichen Überlassungsvertrag abhängig und kann mithin auch auf andere Vertragsgestaltungen als Erwerbsverträge angewendet werden. Schließlich kann die sachenrechtliche Untersuchung der Daten-Ebene von digitalen Werkexemplaren einen Beitrag zu der generellen Diskussion über die Existenz eines Eigentums an Daten leisten.

---

[3] *Kube*, JZ 2001, 944 (946).

§ 2 Untersuchungsgegenstand

Eine präzise rechtliche Einordnung des Erwerbs erfordert zunächst eine klare Definition des zu untersuchenden Sachverhalts. Die Eingrenzung setzt dabei sowohl auf Ebene des Untersuchungsobjekts (A.) als auch auf Ebene der beteiligten Akteure (B.) an.

A. „Objekt der Untersuchung"

I. Digitale Werkexemplare

Im Urheberrecht unterscheidet man zwischen dem urheberrechtlichen Werk, also der geistigen Schöpfung und dem einzelnen Gegenstand, in dem das Werk verkörpert ist, dem Werkstück. Diese Trennung findet auch in § 44 UrhG Ausdruck, der bestimmt, dass mit der Veräußerung eines Werkstücks im Zweifel nicht auch die Einräumung von Rechten am urheberrechtlichen Werk einhergeht.[1] Einem Werkstück wird dabei zumeist das Attribut der Körperlichkeit beigemessen.[2] Allerdings kann sich eine Werkschöpfung auch in einem nicht-körperlichen Gegenstand manifestieren, wenn es sich nämlich um eine digitale Speicherung handelt. So sind „digitale Inhalte" nach der Legaldefinition in § 312f Abs. 3 BGB „Daten, die in digitaler Form hergestellt und bereitgestellt werden". Die Definition geht auf die Verbraucherrechterichtlinie (Art. 2 Nr. 11) zurück. In den Erwägungsgründen der Richtlinie wird ausgeführt, dass unter anderem „Computerprogramme, Anwendungen (Apps), Spiele, Musik, Videos oder Texte" in digitalen Inhalten enthalten sein können.[3] Zwar sind solche digital gespeicherten Werke stets auch in einem körperlichen Gegenstand, dem Speichermedium, enthalten. Die-

---

[1] Vgl. Fromm/Nordemann/*J. B. Nordemann*, Nach § 44 Rn. 1; *Schack*, Urheber- und Urhebervertragsrecht, Rn. 35; Dreier/Schulze/*Schulze*, UrhG, § 44 Rn. 1; Schricker/Loewenheim/*Vogel*, UrhG, § 44 Rn. 1; Wandtke/Bullinger/*Wandtke*, UrhG, § 44 Rn. 1.

[2] *Schack*, Urheber- und Urhebervertragsrecht, Rn. 34; Schricker/Loewenheim/*Loewenheim*, UrhG, § 2 Rn. 37.

[3] Eine umfangreiche Systematisierung der unterschiedlichen Erscheinungsformen digitaler Inhalte findet sich bei *Ganzhorn*, S. 11 ff.

ses Speichermedium ist jedoch kein „Werkstück" im urheberrechtlichen Sinn,
denn auf ihm können eine Vielzahl unterschiedlicher Datensätze abgelegt sein,
so dass es sich nicht um die Verkörperung *eines* Werks handelt. Für die vorliegende Arbeit, die sich mit digitalen Speicherungen von Werken auseinandersetzt,
wird daher der Begriff des digitalen „Werkexemplars" gewählt. Dieser Begriff ist
weiter und nicht durch das Element der Körperlichkeit geprägt.

Die hier betrachteten digitalen Werkexemplare enthalten also in der Regel ein
urheber- und/oder leistungsschutzrechtlich geschütztes Werk. Die Untersuchung
widmet sich deshalb in Teil 1 der urheberrechtlichen Relevanz der Nutzung digitaler Werkexemplare. Doch selbst wenn digitale Inhalte kein bzw. ein nicht mehr
geschütztes Werk enthalten, ist zwar eine urheberrechtliche Bewertung der Nutzung nicht mehr erforderlich, es stellen sich aber dennoch Fragen in Bezug auf
schuldrechtliche Einordnung und Bestimmung des Erwerbsgegenstands. Diesen
Fragen wird in Teil 2 und 3 nachgegangen.

II. Übertragungswege

Digitale Werkexemplare können zum einen „unkörperlich", etwa per Download,
oder auf einem Trägermedium, wie beispielsweise CDs oder DVDs, erworben
werden. Die Untersuchung widmet sich beiden Übertragungswegen. Denn die
Frage der urheberrechtlichen Relevanz der Nutzung digitaler Inhalte stellt sich
unabhängig davon, ob sie mit oder ohne Datenträger erworben werden. Ebenso
ist die schuldrechtliche und dingliche Einordnung des Erwerbs digitaler Werkexemplare sowohl beim Erwerb mit Datenträger als auch beim unkörperlichen
Erwerb bislang nicht zufriedenstellend geklärt.

III. Erwerb zur dauerhaften Nutzung

Die Möglichkeiten des Zugangs zu digitalen Werkexemplaren sind vielfältig.
Die unterschiedlichen Modelle der legalen Nutzung lassen sich in Gruppen auf-
teilen.[4] Zu differenzieren ist zwischen „interaktiven Nutzungen", bei denen der
Nutzer Werke individuell abrufen kann, und „nicht interaktiven Nutzungen" wie
Livestreams oder Podcasts, die keinen oder nur begrenzten Einfluss auf die
Werkauswahl zulassen.[5] Ferner kann man unterscheiden zwischen Modellen, die
einen Zugang zu Werken für den Zeitraum eines Abonnements ermöglichen
(„Abonnement-Modelle") und „Download-Modellen", bei denen Nutzer indivi-

---

[4] Vgl. auch *Ganzhorn*, S. 46 ff., der fünf Vertriebsmodelle unterscheidet: den Erwerb, den
Abo-Erwerb, das Miet-Modell, die Abo-Miete und den freien Zugang.
[5] *Müller*, ZUM 2011, 13 (14 f.).

duelle Inhalte wie Musiktitel oder -alben, Bücher, Filme oder Serien in digitaler Form erwerben und gezielt herunterladen können.[6]

Abonnement-Modelle zeichnen sich dadurch aus, dass den Nutzern für die Dauer der Vertragslaufzeit Zugang zu Werken gewährt wird.[7] Dies kann, muss aber nicht, gegen regelmäßige Zahlung eines Entgelts erfolgen. Da bei diesen Modellen die Möglichkeit des Werkgenusses von der vertraglichen Bindung zum Diensteanbieter abhängt, handelt es sich nicht um den Erwerb einer dauerhaften und eigenständigen Berechtigung. Daher gehören diese Fälle nicht zum Untersuchungsgegenstand. Betrachtet werden stattdessen nur solche Verträge, die einen dauerhaften Erwerb digitaler Inhalte zum Gegenstand haben. Zwar hat der Nutzer hier keinen Zugang zu einer großen Bibliothek, sondern immer nur zu einem bestimmten (erworbenen) Werkexemplar. Dafür hängt der Zugang nicht von einer regelmäßigen Leistung oder der Vertragsbindung zum Diensteanbieter ab. Der Nutzer erhält, vergleichbar mit der Situation beim Kauf eines haptischen Werkexemplars, eine unbegrenzte und unabhängige Nutzungsmöglichkeit.[8] Der Wunsch danach, etwas dauerhaft „zu besitzen" und eine Sammlung aufzubauen, kann daher ausschlaggebend dafür sein, digitale Inhalte zu erwerben und sich gegen ein Abonnement-Modell zu entscheiden.[9]

Im Gegensatz zu Abonnement-Modellen lässt sich die Beziehung zwischen Nutzer und Anbieter bei diesen Download-Modellen auf eine einmalige Transaktion reduzieren. Dem Nutzer wird, meist gegen eine einmalige Zahlung, eine dauerhafte Kopie des Datensatzes überlassen.

IV. Speicherung „in der Cloud"

Beim Cloud Computing befinden sich die Daten, die der Endnutzer verwendet, verarbeitet oder speichert nicht auf seiner lokalen Speichereinheit, sondern dezentral auf externen Rechnern.[10] Der Begriff der „Cloud" oder des „Cloud Com-

---

[6] Vgl. Pro Music, Legal Music Services – Europe – Germany, abrufbar unter: http://www. pro-music.org/legal-music-services-europe.php, zuletzt abgerufen am 1.1.2019; *Bäcker/Höfinger*, ZUM 2013, 623; *Kromer*, AfP 2013, 29.

[7] Vgl. *Bäcker/Höfinger*, ZUM 2013, 623 (624).

[8] Vgl. *Bäcker/Höfinger*, ZUM 2013, 623, sprechen insofern vom „Download-to-own", der das „klassische Kauferlebnis physischer Trägermedien weitgehend imitiert".

[9] Vgl. *Mezei*, 6 JIPITEC 23, 51 (2015).

[10] Vgl. nur Mitteilung der Kommission an das Europäische Parlament, den Rat, den Europäischen Wirtschafts- und Sozialausschuss und den Ausschuss der Regionen vom 27.9.2012: Freisetzung des Cloud-Computing-Potenzials in Europa, COM(2012) 529 final, S. 2; Deutscher Bundestag, Aktueller Begriff Cloud Computing, Nr. 15/10, 12.03.2010, abrufbar unter: https://www.bundestag.de/blob/191178/22a7553089d81c2e06866e15fc354a0e/cloud_compu ting-data.pdf, zuletzt abgerufen am 1.1.2019.

puting" wird zwar nicht immer einheitlich verwendet, eine weitgehend anerkannte[11] Definition wurde jedoch vom National Institute of Standards and Technology (NIST)[12] aufgestellt:

„Cloud computing is a model for enabling ubiquitous, convenient, on-demand network access
to a shared pool of configurable computing resources (e.g., networks, servers, storage, applica-
tions, and services) that can be rapidly provisioned and released with minimal management
effort or service provider interaction."[13]

Innerhalb der Cloud-Computing Technik werden drei verschiedene „Service-Mo-
delle" unterschieden:[14] Software as a Service (SaaS), Platform as a Service
(PaaS), Infrastructure as a Service (IaaS).[15] Sowohl IaaS als auch PaaS richten
sich vor allem an Betreiber einer Webpräsenz und Unternehmen.[16] Hier stehen
entweder die Hardware (IaaS) oder ein Server (PaaS) virtuell zur Verfügung und
ermöglichen dem Kunden, Betriebssysteme und Anwendungssoftware (IaaS)
bzw. eigene Anwendungen (PaaS) zu installieren.[17] An private Endnutzer richtet
sich vor allem das SaaS-Modell.[18] Der Nutzer kann hier die vom Anbieter zur
Verfügung gestellte Software zur Speicherung und zum Abruf sowie für die Bearbeitung seiner Daten nutzen.[19]

---

[11] So *Bedner*, S. 24; *Ficsor*, The WIPO „Internet Treaties" and Copyright in the „Cloud",
S. 2, abrufbar unter: http://alai.jp/ALAI2012/program/paper-e.html, zuletzt abgerufen am 1.1.
2019.

[12] The NIST Definition of Cloud Computing. Recommendations of the National Institute of
Standards and Technology (Special Publication 800-145), abrufbar unter: http://csrc.nist.gov/
publications/nistpubs/800-145/SP800-145.pdf, zuletzt abgerufen am 15.12.2018. NIST ist eine
dem US Handelsministerium untergeordnete Behörde.

[13] The NIST Definition of Cloud Computing. Recommendations of the National Institute of
Standards and Technology (Special Publication 800-145), S. 2. Die deutsche Übersetzung des
Bundesamts für Sicherheit und Informationstechnik (BSI) lautet: „Cloud Computing ist ein
Modell, das es erlaubt bei Bedarf, jederzeit und überall bequem über ein Netz auf einen geteil-
ten Pool von konfigurierbaren Rechnerressourcen (z. B. Netze, Server, Speichersysteme, Anwendungen und Dienste) zuzugreifen, die schnell und mit minimalem Managementaufwand
oder geringer Serviceprovider-Interaktion zur Verfügung gestellt werden können."

[14] In der Praxis wird die Abgrenzung allerdings häufig nicht so klar vollzogen, vgl. *Leh-
mann/Giedke*, CR 2013, 608 (609).

[15] Vgl. The NIST Definition of Cloud Computing. Recommendations of the National Institute of Standards and Technology (Special Publication 800-145), S. 2 f.; *Bedner*, S. 29 ff.; *Brad-
shaw/Millard/Walden*, 19 Int. J. Law Inf. Technol. 187, 191 (2011); *Federrath*, ZUM 2014, 1
(2); *Ficsor*, The WIPO „Internet Treaties" and Copyright in the „Cloud", S. 4 f.

[16] Vgl. *Federrath*, ZUM 2014, 1 (2).

[17] Vgl. The NIST Definition of Cloud Computing. Recommendations of the National Institute of Standards and Technology (Special Publication 800-145), S. 2 f.; *Federrath*, ZUM 2014,
1 (2).

[18] Vgl. *Bedner*, S. 30; *Federrath*, ZUM 2014, 1 (2).

[19] Vgl. *Bedner*, S. 30 f.

Für die vorliegende Untersuchung ist wiederum wichtig, dass nur der dauerhafte Erwerb digitaler Inhalte untersucht wird. Dementsprechend werden weder
Fälle untersucht, in denen Software im Rahmen des Cloud Computing zur Verfügung gestellt wird, noch solche, in denen Cloud-Computing von Streamingdiensten auf Abonnementbasis verwendet wird,[20] weil eine dauerhafte Speicherung
der digitalen Inhalte auf einem Speichermedium des Nutzers (über ein eventuel-
les Abonnement hinaus) in beiden Fällen nicht von dem Dienst erfasst ist. Stattdessen spielt Cloud-Computing für die vorliegende Untersuchung insofern eine
Rolle, als digitale Werkexemplare zwar erworben, aber nicht heruntergeladen,
sondern mithilfe der Cloud Technologie extern abgespeichert werden. Der Zugang zu den Daten erfolgt in diesem Fall über das Internet.

Der Cloud-Services-Anbieter speichert seinerseits die Daten meist nicht dauerhaft an einem einzigen Ort, sondern verschiebt sie je nach Auslastung ganz
oder teilweise auf andere Server.[21] Letztlich besteht die Cloud aus einem System
weltweit verteilter und vernetzter Rechner bzw. Rechenzentren.[22] Die Datenspei-
cherung kann also an einem oder an mehreren, variierenden Orten stattfinden,
ohne dass dies für den Nutzer erkennbar ist.[23] Die Hardware, auf der die Daten
gespeichert sind, ist für ihn also in der Regel nicht lokalisierbar.[24] Der Nutzer
kann die Daten aber unabhängig von Zeit und Ort auf sein Endgerät (Laptop,
Tablet, Smartphone etc.) abrufen.[25]

---

[20] Bei diesen Cloud-basierten Streamingdiensten speichert der Diensteanbieter die Dateien
und ermöglicht den Nutzern seines Dienstes, Titel im Wege des Streaming zu lesen, hören oder
sehen. Vgl. *Chiou*, GRUR Int. 2014, 228 (229); *Nägele/Jacobs*, ZUM 2010, 281 (289).

[21] Vgl. *Bedner*, S. 43; *Federrath*, ZUM 2014, 1; *Lehmann/Giedke*, CR 2013, 608 (609);
Spindler/Schuster/*Weller/Nordmeier*, Recht der elektronischen Medien, Art. 4 Rom II-VO
Rn. 15.

[22] Vgl. COM(2012) 529 final, S. 3; *Bedner*, S. 43; *Bradshaw/Millard/Walden*, 19 Int. J. Law
Inf. Technol. 187, 190, 206 (2011). Vgl. auch *Federrath*, ZUM 2014, 1 („rekonfigurierbare
Einzelsysteme"); *ders.*ZGE 6 (2014), 271 (273); *Lehmann/Giedke*, CR 2013, 608 (610).

[23] COM(2012) 529 final, S. 3; *Bradshaw/Millard/Walden*, 19 Int. J. Law Inf. Technol. 187,
189 (2011).

[24] Vgl. COM(2012) 529 final, S. 3; *Federrath*, ZUM 2014, 1; *Giedke*, S. 5. Nicht Teil der
Untersuchung sind Dienste, die Software zur Installation auf einem eigenen Server anbieten.
Hier sind die Daten zwar auch von verschiedenen Rechnern bzw. über eine Internetverbindung
zugänglich, die Speicherung der Daten erfolgt aber nicht auf fremden, externen Servern, sondern eigenen Speichermedien, vgl. hierzu *Federrath*, ZUM 2014, 1 (2).

[25] Vgl. COM(2012) 529 final, S. 4; *Bedner*, S. 3; *Lehmann/Giedke*, CR 2013, 608 (610).

B. Relevante Akteure (Begriffsbestimmung)

Ein Vertrag über digitale Werkexemplare kann die Interessen und Rechte verschiedener Personen tangieren. Insbesondere in die Herstellung und den Vertrieb sind häufig mehrere Personen involviert. Für die vorliegende Arbeit werden die Akteure auf die drei relevanten Personen(gruppen) reduziert: Rechteinhaber, Diensteanbieter und Nutzer.[26]

I. Rechteinhaber

Zu Beginn steht die Schöpfung des geistigen Inhalts, der in dem digitalen Werkexemplar enthalten ist. Weist dieser die erforderliche Schöpfungshöhe auf, genießt sein Schöpfer Schutz als Urheber (§ 7 UrhG). Wirken mehrere Personen schöpferisch zusammen sind sie Miturheber (§ 8 UrhG). Erreicht der geistige Inhalt nicht die Kreativität eines schöpferischen Werks, kann zumindest ein Leistungsschutzrecht bestehen.[27]

An einem digitalen Werkexemplar können somit – abhängig von Art und Entstehungsprozess – eine Vielzahl von Personen Schutzrechte erworben haben.[28] Für die Analyse der rechtlichen Beziehung zum Nutzer bietet sich insofern an, Komplexität zu reduzieren, indem nicht zwischen den verschiedenen Leistungsschutzrechtinhabern und Urhebern differenziert wird. Zwar ist für die urheberrechtliche Bewertung der Nutzung digitaler Inhalte (Teil 1) relevant, *dass* die Inhalte geschützt sind. Um *welche* Rechte es sich handelt und *wem* sie zustehen, kann jedoch weitestgehend ausgeblendet werden. Für die Zwecke dieser Arbeit werden die an den Inhalten berechtigten Personen deshalb zu *einem* relevanten Akteur zusammengezogen – dem Rechteinhaber.

Der Rechteinhaber kann dem Nutzer unmittelbar gegenübertreten, namentlich wenn er die digitalen Inhalte selbst anbietet. In diesem Fall ist der Rechteinhaber

---

[26] So auch *Härting/Schätzle*, ITRB 2006, 186.

[27] So erhält etwa der Fotograf eines Lichtbilds, welches nicht die Schwelle zum urheberrechtlich geschützten Lichtbildwerk überschreitet, ein Leistungsschutzrecht für Lichtbilder (§ 72 UrhG). Leistungsschutzrechte erhalten auch andere Personen, die an der konkreten Ausdrucksform eines Werks beteiligt sind. So sind Sänger, Musiker und Schauspieler als ausübende Künstler geschützt (§ 73 UrhG). Der Produzent eines Musikstücks erwirbt als Tonträgerhersteller ein Leistungsschutzrecht (§ 85 UrhG), ebenso wie der Produzent eines Films ein Leistungsschutzrecht als Filmhersteller erhält (§ 94 UrhG) oder, wenn der Film keine individuelle Schöpfung darstellt, ein Leistungsschutzrecht als Laufbildhersteller (§ 95 UrhG). Handelt es sich bei den Inhalten um ein Computerprogramm, ist der Hersteller dieses Programms ebenfalls als Urheber geschützt (§ 69a UrhG).

[28] Vgl. zu den beteiligten Rechteinhabern bei digitalen Musikdateien *Hoenike/Hülsdunk*, MMR 2004, 59 (61).

(ausnahmsweise) zugleich der Diensteanbieter und schließt den Vertrag über die digitalen Inhalte mit dem Nutzer ab.[29] In dieser Konstellation reduziert sich die Zahl der beteiligten Akteure von drei auf zwei. Soweit sich aus dieser Doppelstellung des Rechteinhabers Besonderheiten ergeben, wird die Untersuchung darauf eingehen.

In den überwiegenden Fällen werden digitale Inhalte jedoch mittels eines Diensteanbieters erworben, der nicht mit dem Rechteinhaber identisch ist.[30] Die rechtliche Beziehung zwischen Rechteinhaber und Nutzer ist daher in der Regel nicht vertraglicher Natur,[31] sondern ergibt sich aus der urheberrechtlichen Wertung (Teil 1) und der darauf aufbauenden dinglichen Einordnung des Vertragsgegenstands (Teil 3).

II. Diensteanbieter

Als Diensteanbieter wird für die Zwecke der vorliegenden Untersuchung derjenige Akteur bezeichnet, der dem Nutzer gegenübertritt. Der Diensteanbieter schließt zum einen Verträge mit den Rechteinhabern, um die digitalen Inhalte erlaubterweise anbieten und zum Download bereit stellen zu können.[32] Zum anderen schließt er einen Vertrag mit den Nutzern, in welchem er sich zur Bereitstellung der Inhalte (in der Regel) gegen ein Entgelt verpflichtet.[33] Wie bereits festgestellt, werden in der Arbeit sowohl Verträge über digitale Werkexemplare, die auf einem Trägermedium übergeben werden, als auch solche, die körperlos übertragen werden, untersucht. Diensteanbieter kann ein Plattformbetreiber sein, der dem Nutzer den Download digitaler Werkexemplare ermöglicht bzw. die digitalen Werkexemplare zusendet.[34] Ebenso werden Ladenverkäufer oder „online-Händler", die Verträge über das Internet abschließen und den Datenträger dann zusenden, von dem hier verwendeten Diensteanbieter-Begriff umfasst.

---

[29] Vgl. *Cichon*, S. 292 Rn. 1092.

[30] Zu den denkbaren Konstellationen in der Vertriebskette siehe *Ganzhorn*, S. 82 ff.

[31] Vgl. *Koch*, Computer-Vertragsrecht, S. 435.

[32] Vgl. *Cichon*, GRUR-Prax 2010, 381 (382); *Ganzhorn*, S. 71 f.; *Hoenike/Hülsdunk*, MMR 2004, 59 (61).

[33] Vgl. *Cichon*, S. 292 Rn. 1092.

[34] Auch die EU-Kommission verwendet den Begriff der „digitalen Dienstleistungsanbieter", um Plattformbetreiber zu bezeichnen, die beispielsweise Musik zum Download oder zum Streaming bereitstellen, EU-Kommission, Pressemitteilung, Fusionskontrolle: EU-Kommission leitet eingehende Untersuchung zum geplanten Gemeinschaftsunternehmen der Rechteverwertungs-Gesellschaften PRSfM, STIM und GEMA für die Lizenzvergabe im Bereich Online-Musik ein, 14.01.2015, abrufbar unter: http://europa.eu/rapid/press-release_IP-15-3300_de.htm, zuletzt abgerufen am 1.1.2019. Eingehend zu den unterschiedlichen Anbieter-Plattformen, *Ganzhorn*, S. 50 ff.

III. Nutzer/Erwerber

Als Nutzer oder Erwerber werden in dieser Arbeit die Personen bezeichnet, die digitale Werkexemplare erwerben, um das in ihnen enthaltene Werk zu genießen. Der Nutzer schließt als Endkunde einen Vertrag mit dem Diensteanbieter, um beispielsweise digitale Musik hören oder ein E-Book lesen zu können.[35] In der Arbeit wird der Begriff „Nutzer" (oder teilweise auch „Erwerber") verwendet, um zunächst möglichst wertungsfrei im Hinblick auf die schuldrechtliche Beurteilung des Endkundenvertrags zu bleiben. Bezeichnungen wie „Käufer" oder „Lizenznehmer" werden bewusst vermieden. Der Begriff des „Nutzers" ist zwar recht weit, betont aber zugleich, dass der Grund für den Erwerb digitaler Werkexemplare deren „Nutzung" ist.

Die Untersuchung fokussiert sich bewusst auf Nutzer, die digitale Werkexemplare zum privaten Werkgenuss erwerben und weder zu kommerziellen noch zu beruflichen Zwecken nutzen. Der Nutzer ist stets eine natürliche Person; Verträge über digitale Werkexemplare, die ein Unternehmen abschließt, um das Werk wirtschaftlich zu verwerten oder zu gebrauchen, werden nicht untersucht. Diese Einschränkung spielt insbesondere im Hinblick auf die urheberrechtliche Wertung (Teil 1) eine Rolle, weil eine unternehmerische Verwertung von Werken anders zu beurteilen ist, als privater Gebrauch. Aus der Begrenzung auf privaten Werkgenuss folgt, dass der Nutzer zugleich auch als Verbraucher auftritt. Deshalb werden im Rahmen der schuldrechtlichen Einordnung auch europäische Regelwerke aus dem Bereich des Verbraucherrechts untersucht (§ 6).

---

[35] Vgl. *Hoenike/Hülsdunk*, MMR 2004, 59 (65).

Teil 1

Urheberrechtlicher Rahmen

Der Grundsatz der „Freiheit des Werkgenusses" besagt, dass der private Gebrauch eines Werks – also die rezeptive, sinnliche Wahrnehmung – nicht dem Ausschließlichkeitsrecht des Urhebers unterliegt.[1] Dies gilt jedenfalls für analoge, haptisch erfassbare Werkexemplare. Das Lesen eines Buches, das Betrachten eines Bildes oder das Anhören einer Schallplatte sind von den Ausschließlichkeitsrechten des Urhebers nicht erfasst. Die urheberrechtlich relevanten Handlungen knüpfen somit vor allem an die Vermittlungshandlungen an.[2] Den Werkgenuss erwähnt das Urheberrechtsgesetz hingegen nicht. Urheberrechtlich relevante Handlungen sind also die Vervielfältigung, Verbreitung oder öffentliche Zugänglichmachung eines Werks, nicht jedoch das Lesen, Zuschauen oder Zuhören.

Handelt es sich nicht um ein analoges, sondern ein digitales Werkexemplar, steht dieser Grundsatz in Frage. Insbesondere das urheberrechtliche Vervielfältigungsrecht (§ 16 UrhG) scheint bei digitalem Werkgenuss betroffen, der mit (zumindest vorübergehenden) Speicherungen einhergeht.[3] In den nachfolgenden Ausführungen wird der Frage nach der „Freiheit des digitalen Werkgenusses" nicht abstrakt nachgegangen.[4] Stattdessen orientiert sich die Untersuchung kon-

---

[1] So die Gesetzesbegründung des Regierungsentwurfs zum UrhG vom 23.3.1962, BT-Drucks. IV/270, S. 28 („Der rezeptive *Genuß* des Werkes durch Lesen, Hören oder Anschauen ist dem Recht des Urhebers nicht unterworfen; hierzu bedarf es niemals seiner Erlaubnis."). Vgl. auch BGHZ 112, 264 (278) = GRUR 1991, 449 (453) – *Betriebssystem*; BGH GRUR 1994, 363 (364 f.) – *Holzhandelsprogramm*; *Joos*, S. 19; *Kindermann*, GRUR 1983, 150; *Marly*, EuZW 2014, 616 (616 f.); *Maus*, S. 214 f.; *Peukert*, in: Interessenausgleich im Urheberrecht, S. 11 (24); *Poeppel*, S. 429; *Redeker*, CR 2011, 634 (637).

[2] Vgl. zu dem sog. „Stufensystem zur mittelbaren Erfassung des Endverbrauchers" BVerfGE 31, 255 (267). Vgl. auch *Hubmann*, Urheber- und Verlagsrecht, S. 53 und 126 ff.; *Lauber-Rönsberg*, S. 142 ff.; *Peukert*, in: Interessenausgleich im Urheberrecht, S. 11 (24); *Poeppel*, S. 429; Schricker/Loewenheim/*v. Ungern-Sternberg*, UrhG, § 15 Rn. 188.

[3] Vgl. *Cichon*, S. 251 Rn. 946; *Druschel*, S. 22; *Hilty*, CR 2012, 625 (635); *Ohly*, in: FS 50 Jahre UrhG, S. 379 (380); *Poeppel*, S. 430 f.; *Redeker*, CR 2011, 634 (637); *Zech*, ZGE 5 (2013), 368 (379); *ders*, ZUM 2014, 3 (4).

[4] Die Frage nach der „Freiheit des digitalen Werkgenusses" hat insbesondere *Sucker*, Der digitale Werkgenuss im Urheberrecht, 2014, eingehend untersucht. Vgl. auch *Lauber-Rönsberg*, Urheberrecht und Privatgebrauch, 2011.

kret an der Frage, inwieweit der Nutzer eines digitalen Werkexemplars mit dem Urheberrecht in Berührung kommt. Vorbild ist dabei der typische private Gebrauch eines analogen Vervielfältigungsstücks. Ein Buch oder eine Schallplatte beispielsweise werden erworben und mit nach Hause genommen. Sie werden gelesen bzw. abgespielt. Hat der Erwerber kein Interesse mehr an ihnen, können sie als gebrauchte Exemplare weiterverkauft werden. Digitale Werkexemplare teilen diese Gebrauchsgeschichte zwar prinzipiell; sie vollzieht sich aus urheberrechtlicher Perspektive aber anders.

Die folgenden Ausführungen gliedern sich in drei Abschnitte: Zunächst wird der Erwerb, also die erste Speicherung eines digitalen Werkexemplars, untersucht (§ 3). Daran anschließend wird die private Wiedergabe des Werks analysiert (§ 4). Im dritten Abschnitt (§ 5) steht schließlich der Weiterverkauf des digitalen Werkexemplars durch den Ersterwerber im Fokus. Beantwortet werden soll jeweils, ob diese Handlungen im Rahmen des privaten Gebrauchs digitaler Werkexemplare urheberrechtlich relevant sind und inwieweit sie durch gesetzliche Schrankenbestimmungen abgedeckt sind.

§ 3 Erwerb und Speicherung des digitalen Werkexemplars

Bei digitalen Werkexemplaren liegt ein Werk in Form von digitaler Information[1] vor. Bei dieser Information handelt es sich um maschinenlesbare, binäre Daten.[2] Ein Werk kann entweder unmittelbar digital entstehen oder im Nachhinein von einem analogen in ein digitales Format umgewandelt werden.[3] Die digitalen Daten, die das Werk enthalten, können sich auf einem körperlichen Datenträger befinden und auf diesem Weg vom Nutzer erworben werden. Die Herstellung solcher Datenträger erfolgt in der Regel mithilfe einer Master-Kopie.[4] Sie dient als Vorlage für die Herstellung von Vervielfältigungsstücken – ähnlich einer Druckplatte bei der Herstellung eines gedruckten Buches – und wird selbst nicht verkauft. Die mithilfe der Vorlage angefertigten (neuen) Datenträger gelangen in den Verkauf.

Zunehmend werden digitale Güter ohne körperlichen Träger erworben. In diesem Fall werden die Dateien auf dem Server des Diensteanbieters zum Download bereitgestellt oder – seltener – auf seine Bestellung hin per E-Mail zugesendet. Durch das Herunterladen bzw. Zusenden und Speichern der digitalen Werkexemplare erfolgt eine körperliche Fixierung auf einem Datenträger des Nutzers.[5] Für die Übertragung der Datei wird diese in einzelne Datenpakete zerlegt und vom Server zum Zielrechner transportiert. Diese Einzelpakete sind für sich genommen meist nicht funktionsfähig.[6] Erst im Zielrechner werden die einzelnen Datenpakete wieder zu einer nutzbaren Datenkopie zusammengefügt.

---

[1] Genauer: Es handelt sich „um syntaktische Information, also Information, die durch eine Menge von Zeichen abgegrenzt wird.", *Zech*, ZGE 5 (2013), 368 (369 Fn. 5). Zum Begriff der syntaktischen Information siehe auch *Zech*, S. 54 ff.

[2] Vgl. *Bornhauser*, S. 5; Wandtke/Bullinger/*Heerma*, UrhG, § 16 Rn. 16 („Binärcode"); *Heinz*, S. 6 f.; *Poeppel*, S. 55; *Zech*, ZGE 5 (2013), 368 (369 Fn. 5).

[3] Zu den genauen technischen Abläufen im Rahmen der Digitalisierung analoger Vorlagen siehe *Bornhauser*, S. 4 ff. Vgl. ferner *Gass*, ZUM 1999, 815 (816); *Klickermann*, MMR 2007, 7.

[4] Oder auch „Originalvorlage", vgl. *Bornhauser*, S. 12.

[5] Vgl. *Nieland*, S. 8; *J. B. Nordemann/Dustmann*, CR 2004, 380 (381); *Sasse/Waldhausen*, ZUM 2000, 837 (838 f.); Schricker/Loewenheim/*Loewenheim*, UrhG, § 16 Rn. 21; Fromm/Nordemann/*Dustmann*, UrhG, § 16 Rn. 12.

[6] Vgl. hierzu ausführlich *Solmecke/Bärenfänger*, MMR 2011, 567 (568 f.).

Die unkörperliche Übertragung der digitalen Werkexemplare muss nicht zwingend dazu führen, dass der Datensatz auf ein (eigenes) Speichermedium des Nutzers gelangt. Die Kopie kann ebenso auf einem externen Server gespeichert werden, zu dem der Nutzer Zugang hat.[7] So kann der Nutzer etwa einen externen Speicherplatz angemietet haben, um nicht die Kapazität seines eigenen Speichermediums zu belasten. Dies ist insbesondere der Fall, wenn der Nutzer Daten „in der Cloud" speichert,[8] er also die Technik des „Cloud Computing"[9] nutzt.

A. Urheberrechtlich relevante Handlungen

Werden digitale Werkexemplare vom Nutzer auf einem Datenträger erworben, nimmt zunächst nicht der Nutzer, sondern der Hersteller oder Händler die urheberrechtlich relevanten Handlungen vor. So ist bereits die Digitalisierung des Werks, also die Umwandlung in binäre Daten, eine Vervielfältigung i. S. v. § 16 UrhG.[10] Das gleiche gilt für jede weitere Speicherung, insbesondere die Anfertigung von Kopien des Werks auf weiteren Trägermedien zum Verkauf.[11] Ferner ist durch das Anbieten der Datenträger und ihren Vertrieb entweder das Verbreitungsrecht gem. § 17 UrhG oder, bei Online-Vertrieb, das Recht der öffentlichen Zugänglichmachung gem. § 19a UrhG betroffen.[12] Auch in Bezug auf diese Verbreitung und Zugänglichmachung nehmen Hersteller und Händler die relevanten Handlungen vor.

Der Erwerber nimmt den (fertigen) Datenträger mit dem darauf gespeicherten Werk lediglich in Besitz. Dies stellt noch keine urheberrechtlich relevante Handlung dar. Erst wenn der Nutzer das digitale Werkexemplar vom erworbenen Datenträger auf ein neues Trägermedium überträgt, ändert sich dies. Die Anferti-

---

[7] Vgl. *Federrath*, ZGE 6 (2014), 271 (272).

[8] Vgl. *Zech*, ZGE 5 (2013), 368 (369). Vgl. auch die Feststellung des OLG Hamburg MMR 2012, 393 (394): „In der heute propagierten Ära des ‚Cloud-Computing', aber auch schon in der vorgelagerten Phase des Übergangs von ausschließlich lokalen zu stärker dezentralisierten Arbeits- und Speichervorgängen liegt es auch für einen ausnahmslos rechtstreuen Nutzer keineswegs mehr fern, z. B. seine Sammlung von Lieblingsmusikstücken bei einem Webhoster zu speichern, um sie überall von seinen Mobilgeräten aus zugänglich zu haben oder nur, um dezentral eine Sicherungskopie vorzuhalten. Denn die unbeschränkte Verfügbarkeit aller Daten überall ist gerade das Charakteristikum der gegenwärtigen IT-Nutzungsgewohnheiten."

[9] Siehe hierzu oben § 2 A.IV.

[10] Vgl. Fromm/Nordemann/*Dustmann*, UrhG, § 16 Rn. 12; Wandtke/Bullinger/*Heerma*, UrhG, § 16 Rn. 16; Schricker/Loewenheim/*Loewenheim*, UrhG, § 16 Rn. 20; *Poeppel*, S. 56 f.

[11] Vgl. Fromm/Nordemann/*Dustmann*, UrhG, § 16 Rn. 12; Schricker/Loewenheim/*Loewenheim*, UrhG, § 16 Rn. 17.

[12] Vgl. *Schack*, GRUR 2007, 639 (642 f.).

gung von Sicherungskopien, beispielsweise auf einer CD, DVD, der Festplatte des Nutzers oder auf einem externen Server (Cloud), ist eine Vervielfältigung des Werks gem. § 16 UrhG.[13]

Erwirbt der Nutzer das digitale Werkexemplar online, entsteht bereits im Augenblick des Erwerbs eine dauerhafte neue Kopie des Datensatzes. Im Falle des Downloads bewirkt der Nutzer selbst die Speicherung auf der Festplatte des von ihm verwendeten Computers. Er nimmt damit eine Vervielfältigung nach § 16 UrhG vor.[14] Wird die Datei vom Anbieter per E-Mail versendet, erfolgen meistens schon Speicherungen auf dem Server des Mailanbieters und schließlich eine Speicherung beim Nutzer (als Empfänger). Auch diese Speicherungen sind Vervielfältigungen i. S. v. § 16 UrhG.[15] Sie werden zwar technisch gesehen vom Absender, also dem Diensteanbieter, in Gang gesetzt.[16] Allerdings ist es der Nutzer, der durch seine Bestellung des digitalen Werkexemplars die Speicherungen initiiert hat, weshalb ihm in diesem Fall auch die urheberrechtlichen Vervielfältigungen zuzurechnen sind.[17] Das gleiche gilt, wenn der Nutzer das digitale Werkexemplar direkt (bei Erwerb) dezentral in der Cloud speichert. Die Kopie des Datensatzes wird dann zwar nicht auf einem (eigenen) Speichermedium des Nutzers angefertigt. Dennoch ist es auch dann der Nutzer, der die urheberrechtlich relevante Handlung vornimmt. Denn selbst wenn man davon ausgeht, dass der Cloud-Anbieter bzw. Betreiber der Serveranlagen den entscheidenden technischen Vorgang bewirkt, geschieht dies im Auftrag und durch Initiative des Nutzers und ist mithin ihm als Vervielfältigungshandlung zuzurechnen.[18]

Bei Computerprogrammen ist die rechtliche Beurteilung die gleiche. Auch hier nimmt der Nutzer im Falle des Online-Erwerbs bzw. bei der Anfertigung von Sicherungskopien urheberrechtlich relevante Vervielfältigungen vor. Es ist daher das ausschließliche Recht des Rechteinhabers nach § 69c Nr. 1 UrhG betroffen.[19]

---

[13] Vgl. BGHZ 112, 264 (277) = GRUR 1991, 449 (453) – *Betriebssystem*; Wandtke/Bullinger/*Heerma*, UrhG, § 16 Rn. 16; Schricker/Loewenheim/*Loewenheim*, UrhG, § 16 Rn. 17; *Nägele/Jacobs*, ZUM 2010, 281 (289).

[14] Vgl. *Kitz*, MMR 2001, 727 (728); *Nieland*, S. 199; *Poeppel*, S. 77; Berger/Wündisch/*Wegner*, Urhebervertragsrecht, § 17 Rn. 12; *Zech*, ZUM 2014, 3 (4).

[15] Vgl. *Poeppel*, S. 70.

[16] Zu den genauen technischen Vorgängen beim E-Mail Versand siehe *Poeppel*, S. 70 f.

[17] Vgl. *Poeppel*, S. 71 f. A.A. *Ullrich*, ZUM 2010, 311 (313).

[18] Vgl. Fromm/Nordemann/*Dustmann*, UrhG, § 16 Rn. 19a; Wandtke/Bullinger/*Heerma*, UrhG, § 16 Rn. 9.

[19] Vgl. Bisges/*Imhof*, UrhR, Kapitel 5 Rn. 202; *Jaeger/Metzger*, S. 134. Da das Vervielfältigungsrecht nach § 69c Nr. 1 und jenes nach § 16 UrhG identisch ausgelegt werden (vgl. Schricker/Loewenheim/*Loewenheim*, UrhG, § 16 Rn. 3), muss an dieser Stelle noch nicht eingehender zwischen Computerprogrammen und anderen Werken unterschieden werden. Etwas anderes gilt für die Schranken nach § 69d UrhG, siehe dazu unten § 3 B.III.

Bereits beim Erwerb des Werks ohne Datenträger erfolgt also eine Vervielfältigung nach § 16 UrhG (bzw. § 69c Nr. 1 UrhG).[20] Gleiches gilt für Sicherungskopien, die der Nutzer anfertigt. Unzweifelhaft ist, dass diese Vervielfältigungen in die Rechte des Urhebers eingreifen würden, wenn das digitale Werkexemplar ohne Zustimmung des Urhebers im Internet zum Download bereitgestellt würde.[21] In den hier untersuchten Fällen geht es allerdings um legale Vertriebsformen, bei denen entweder der Rechteinhaber selbst die Inhalte bereitstellt oder der Diensteanbieter entsprechende Nutzungsrechte erworben hat. In dieser Konstellation stellt sich jedoch die Frage, ob sich die Rechtmäßigkeit der Vervielfältigung, die der Nutzer durch Erst-Speicherung oder spätere Vervielfältigung des digitalen Werkexemplarss vornimmt, bereits aus den Regelungen des Urheberrechts selbst, insbesondere den Schrankenbestimmungen, ergibt.

B. Rechtfertigung durch Schranken

Urheberrechtliche Ausschließlichkeitsrechte werden durch Schrankenbestimmungen begrenzt, die Freiräume für Werknutzungen durch Dritte schaffen. Als Rechtfertigung für die dauerhafte, vollständige Speicherung eines digitalen Werkexemplarss kommen § 53 Abs. 1 S. 1 UrhG – die sog. Privatkopieschranke – und § 53 Abs. 2 S. 1 Nr. 2 UrhG – die Archivschranke – in Betracht (I. und II.). Handelt es sich bei dem betroffenen Werk um ein Computerprogramm, wird die Schranke zur bestimmungsgemäßen Nutzung gem. § 69d Abs. 1 UrhG relevant (III.).

I. Privatkopie (§ 53 Abs. 1 S. 1 UrhG)

Nach § 53 Abs. 1 S. 1 UrhG sind einzelne Vervielfältigungen eines Werks zum privaten Gebrauch zulässig.

1. Voraussetzungen

Die Vervielfältigung des urheberrechtlich geschützten Werks ist nur dann rechtmäßig, wenn sie zum privaten Gebrauch vorgenommen wird. Die Vervielfältigungen dürfen weder unmittelbar noch mittelbar Erwerbszwecken dienen.[22] Sie

---

[20] Vgl. *Graef*, S. 17; Wandtke/Bullinger/*Heerma*, UrhG, § 16 Rn. 16; Schricker/Loewenheim/*Loewenheim*, UrhG, § 16 Rn. 21; *Sasse/Waldhausen*, ZUM 2000, 837 (839).

[21] *Nordemann/Dustmann*, CR 2004, 380 (381).

[22] Vgl. Schricker/Loewenheim/*Loewenheim*, UrhG, § 53 Rn. 24; Wandtke/Bullinger/*Lüft*, UrhG, § 53 Rn. 23.

sind erlaubt, wenn sie zur persönlichen Verwendung durch den Vervielfältigenden selbst oder durch eine mit ihm persönlich verbundene Person erfolgen.[23] Die Anzahl erlaubter Kopien ist dementsprechend auch nicht unbegrenzt; nur „einzelne" Vervielfältigungen sind zulässig.[24] Es dürfen sowohl analoge als auch digitale Vervielfältigungen hergestellt werden.[25] Da im digitalen Bereich mitunter viele (auch Zwischen-)Speichervorgänge ablaufen, dürfen digitale Werkexemplare tendenziell auch häufiger nach § 53 Abs. 1 S. 1 UrhG vervielfältigt werden.[26]

Die Vorlage muss nicht im Eigentum des Nutzers stehen, sie darf lediglich nicht „offensichtlich rechtswidrig" sein.[27] Je nachdem, ob die Vervielfältigungshandlung in den hier betrachteten Fällen bereits für den Erwerb (durch Download) oder erst nach Erwerb (durch Anfertigung von Sicherungskopien o. ä.) erfolgt, handelt es sich entweder um eine fremde oder eine eigene Vorlage des Nutzers. Da nur der legale Erwerb digitaler Werkexemplare betrachtet wird, ist die Voraussetzung einer nicht offensichtlich rechtswidrigen Vorlage stets erfüllt. Ferner geht es um den Erwerb zum privaten Werkgenuss; die Vervielfältigungen erfolgen mithin auch nur zum privaten Gebrauch.[28]

Soweit der Nutzer also das digitale Werkexemplar beim Erwerb speichert oder Sicherungskopien (in begrenztem Umfang) vornimmt, sind die Voraussetzungen der Privatkopieschranke nach § 53 Abs. 1 S. 1 UrhG zunächst erfüllt.[29]

2. Einschränkung: Keine ganzen Bücher (§ 53 Abs. 4 lit. b) UrhG)

§ 53 Abs. 4 lit. b) UrhG schränkt die Zulässigkeit von Vervielfältigungen ein, wenn es sich um „eine im wesentlichen vollständige Vervielfältigung" eines Buches handelt, das nicht seit mindestens zwei Jahren vergriffen ist. Entsprechende Kopien sind nur mit Zustimmung des Berechtigten zulässig; das ausschließliche Vervielfältigungsrecht ist insofern wieder schrankenlos gewährleistet.[30] Handelt es sich bei dem digitalen Werkexemplar also um ein E-Book, kann die Verviel-

---

[23] Vgl. BGH GRUR 1978, 474 (475) – *Vervielfältigungsstücke*; Schricker/Loewenheim/ *Loewenheim*, UrhG, § 53 Rn. 23; Wandtke/Bullinger/*Lüft*, UrhG, § 53 Rn. 23. Vgl. auch *Lauber-Rönsberg*, S. 177, die sich für eine restriktive Auslegung und die Begrenzung auf engste Verwandte und Freunde ausspricht.

[24] Vgl. Wandtke/Bullinger/*Lüft*, UrhG, § 53 Rn. 13.

[25] Vgl. Wandtke/Bullinger/*Lüft*, UrhG, § 53 Rn. 12; *Stickelbrock*, GRUR 2004, 736 (737).

[26] Vgl. *Lauber-Rönsberg*, S. 180; Schricker/Loewenheim/*Loewenheim*, UrhG, § 53 Rn. 26.

[27] Vgl. Schricker/Loewenheim/*Loewenheim*, UrhG, § 53 Rn. 22; Wandtke/Bullinger/*Lüft*, UrhG, § 53 Rn. 15.

[28] Vgl. *Stieper*, AfP 2010, 217 (218).

[29] So auch Wandtke/Bullinger/*Lüft*, UrhG, § 53 Rn. 11; *Nieland*, S. 199 ff.; *Stieper*, AfP 2010, 217 (218).

[30] Vgl. Schricker/Loewenheim/*Loewenheim*, UrhG, § 53 Rn. 71; *Stieper*, AfP 2010, 217 (218).

fältigung beim Abspeichern nicht von § 53 Abs. 1 UrhG gedeckt sein.[31] Dagegen wird unter Verweis auf die Gesetzesbegründung argumentiert, E-Books seien von der Ausnahme des Abs. 4 nicht erfasst, weil es nicht um eine Gefahr für Verlagsprodukte, deren Herstellung mit hohen Kosten für Druck und Lagerung einhergehen, gehe.[32] Zudem wiege das Interesse der Allgemeinheit an der Zulässigkeit der Privatkopie schwerer, weil bereits der rezeptive Werkgenuss diese Vervielfältigung erfordere.[33] Auch *Lauber-Rönsberg* spricht sich für eine teleologische Reduktion des § 53 Abs. 4 lit. b) UrhG aus, weil bei E-Books keine „vergleichbar hohen Herstellungskosten" wie bei Druckwerken erforderlich seien.[34]

Gegen diese Ansicht spricht allerdings, dass § 53 Abs. 4 UrhG technikneutral formuliert ist. Ebenso wie im Rahmen von § 16 und § 53 Abs. 1 UrhG analoge und digitale Vervielfältigung gleichbehandelt werden, muss dies auch für § 53 Abs. 4 UrhG gelten. Zudem ist der Zweck von § 53 Abs. 4 lit. b) UrhG nicht auf gedruckte Bücher begrenzt. Nach der Gesetzesbegründung sollen die Interessen der Verlage geschützt werden, weil private Kopien von ganzen Büchern den Primärmarkt gefährden würden. Diese Bedrohung ist aber keineswegs nur bei gedruckten Werken gegeben. Verlage öffnen sich zunehmend für den digitalen Markt und bieten ihre Produkte in Form von E-Books an. Vollständige (private) Vervielfältigungen stellen für das Verlagsprodukt „E-Book" ebenfalls eine Gefahr dar. Letztlich ist diese bei digitalen Büchern sogar noch größer. Denn digitale Kopien können – anders als Vervielfältigungen eines gedruckten Buches – das Original ohne Qualitätsverlust ersetzen. Während bei analogen Werkexemplaren also noch ein „qualitativer Anreiz" besteht, ein Original zu erwerben, stellt die digitale Kopie ein perfektes Surrogat dar.[35] Im digitalen Bereich ist der „Substitutionseffekt" folglich größer.[36] Die Gesetzesbegründung zu § 53 Abs. 4 lit. b) UrhG benennt zwar zunächst die teuren Druckkosten für Bücher als Faktor, geht dann aber vor allem auf die Möglichkeit ein, schnell und kostengünstig Kopien anzufertigen. Dies setze den Anreiz, anstatt der Zahlung des Ladenpreises für ein Buch, dieses Seite für Seite zu kopieren.[37] Dieses Dilemma besteht bei E-Books

---

[31] Siehe zu dieser Frage eingehend *Henke*, S. 77 ff. Wie hier auch *Graef*, S. 118.

[32] *Orgelmann*, S. 112 f.; *Stieper*, AfP 2010, 217 (218 f.).

[33] *Stieper*, AfP 2010, 217 (219).

[34] *Lauber-Rönsberg*, S. 204. Ähnlich *Kitz*, MMR 2001, 727 (729 f.); *Kuß*, K&R 2012, 76 (80).

[35] Vgl. *Poeppel*, S. 56.

[36] Vgl. *Ganzhorn*, S. 259; *Poeppel*, S. 56.

[37] Gesetzentwurf der Bundesregierung. Entwurf eines Gesetzes zur Änderung von Vorschriften auf dem Gebiet des Urheberrechts, BT-Drucks. 10/837, S. 17: „Insbesondere bei den in der Herstellung aufwendigen und daher teuren Fachbüchern hat die Vervielfältigung für den privaten und sonstigen eigenen Gebrauch angesichts der verbesserten technischen Vervielfältigungsmöglichkeiten erheblich zugenommen. Zudem ist es heute möglich, Bücher von mehre-

in noch größerem Maße, weil der Kopiervorgang viel einfacher und schneller möglich ist. Im Übrigen werden Schriftwerke häufig nicht ausschließlich als E-Book vertrieben, sondern zugleich in gedrucktem Format. In diesen Fällen besteht für die Verlage nach wie vor das Risiko, die teuren Druckkosten nicht amortisieren zu können.[38]

Im Hinblick auf die Einschränkung des § 53 Abs. 4 lit. b) UrhG stellt sich daher allenfalls die Frage, ob nicht die vollständige, digitale Kopie von Musik und Filmwerken die gleichen Bedrohungen für den Primärmarkt erzeugt, wie dies bei Büchern der Fall ist.[39] Eine Beschränkung auf analoge Bücher in Abgrenzung zu digitalen Büchern lässt sich hingegen nicht begründen.

II. Archivierung (§ 53 Abs. 2 S. 1 Nr. 2 UrhG)

Nicht von der Einschränkung des § 53 Abs. 4 lit. b) UrhG betroffen ist die Vervielfältigung zu Zwecken der Archivierung nach § 53 Abs. 2 S. 1 Nr. 2 UrhG. Hiernach ist die Herstellung von Vervielfältigungen – auch ganzen Büchern – zulässig „zur Aufnahme in ein eigenes Archiv, wenn und soweit die Vervielfältigung zu diesem Zweck geboten ist und als Vorlage für die Vervielfältigung ein eigenes Werkstück benutzt wird". Das OLG Hamburg sah daher (erstaunlicherweise) den Upload von digitalen Inhalten in einen Cloud-Speicher durch den Nutzer als potentiell von der Archivschranke gedeckt.[40] Allerdings ist diese Schrankenbestimmung auf drei Fälle begrenzt: (i) die Vervielfältigungen werden auf Papier oder einem ähnlichen Träger, mittels beliebiger fotomechanischer Verfahren oder anderer Verfahren mit ähnlicher Wirkung vorgenommen, (ii) es findet eine ausschließlich analoge Nutzung statt oder (iii) das Archiv ist im öffentlichen Interesse tätig und verfolgt keinen unmittelbar oder mittelbar wirtschaftlichen Zweck oder Erwerbszweck.[41] Die Speicherung digitaler Werkexemplare durch einen privaten Nutzer erfüllt keine dieser alternativen Voraussetzungen.[42] Sie kann daher nicht mit der Archivschranke gerechtfertigt werden.

---

ren hundert Seiten Umfang in kurzer Zeit zu kopieren, zum anderen ist das Kopieren durch immer niedrigere Kopierpreise einerseits und steigende Buchpreise andererseits wesentlich attraktiver geworden."

[38] Das gibt auch *Kitz*, MMR 2001, 727 (730), zu bedenken. Vgl. auch *Stieper*, AfP 2010, 217 (218 f.).

[39] Daher plädiert *Poeppel*, S. 351 ff., de lege ferenda für eine Gleichbehandlung von Büchern und anderen Werkarten und der Streichung von § 53 Abs. 4 lit. b) UrhG.

[40] OLG Hamburg MMR 2012, 393 (395).

[41] Zu Voraussetzungen und Zweck der Archivschranke siehe *Poeppel*, S. 301 ff.

[42] Vgl. *Klickermann*, MMR 2007, 7 (9 f.).

III. Bestimmungsgemäße Benutzung (§ 69d Abs. 1 UrhG)

Nach § 69d Abs. 1 UrhG sind Handlungen des Nutzers zulässig, die für eine bestimmungsgemäße Benutzung des Computerprogramms notwendig sind. Die Vorschriften der §§ 69a ff. UrhG sind für Computerprogramme insofern *leges specialis*; für Handlungen von Endnutzern dürfen die anderen Schranken des UrhG also nicht herangezogen werden.[43]

1. Hintergrund und Inhalt

Die Vorschrift ist der Besonderheit geschuldet, dass Computerprogramme ihren Zweck und Nutzen nicht erfüllen können, ohne dass (zumindest Zwischen-)Kopien von ihnen angefertigt werden.[44] Zudem unterscheiden sich Computerprogramme von anderen Werkarten in ihrer Bestimmung. Während bei Literatur, Musik oder Filmen der rezeptive Werkgenuss im Vordergrund steht, sind Computerprogramme durch ihre Funktionalität gekennzeichnet.[45] Computerprogramme werden nicht einfach „wahrgenommen", sondern sie werden „benutzt". Ihr Zweck ist es, in Verbindung mit einer Computeranlage, Aufgaben auszuführen und Ergebnisse zu produzieren. Dementsprechend bezieht sich § 69d Abs. 1 UrhG auf „bestimmungsgemäße" Nutzungen und nicht auf „rechtmäßige" Nutzungen.[46]

Zur bestimmungsgemäßen Nutzung gehört auch die erstmalige Installation eines (erworbenen) Computerprogramms.[47] Die Anfertigung von Sicherungskopien wird teilweise ebenfalls zur bestimmungsgemäßen Benutzung gezählt;[48] sie ist aber jedenfalls auch nach § 69d Abs. 2 UrhG explizit erlaubt.

---

[43] Vgl. Berger/Wündisch/*Frank/Schulz*, Urhebervertragsrecht, § 22 Rn. 12; Schricker/Loewenheim/*Loewenheim/Spindler*, UrhG, Vor §§ 69a ff. Rn. 7; *Rehbinder/Peukert*, Urheberrecht, Rn. 599. Für das Verhältnis der Computerprogramme-Richtlinie (RL 2009/24) zur Info-Soc-Richtlinie (RL 2001/29) siehe auch EuGH Urt. v. 3.7.2012, C-128/11 – *UsedSoft*, Rn. 56.

[44] Vgl. *König*, S. 105 Rn. 365; *Müller-Hengstenberg*, NJW 1994, 3128 (3130); *Poeppel*, S. 458 f.

[45] Vgl. *Bartsch*, CR 2010, 553 (556); *Druschel*, S. 24; *Herzog*, S. 101; *Hilty*, CR 2012, 625 (635); *Müller-Hengstenberg*, NJW 1994, 3128 (3130); *Poeppel*, S. 454; *D. Ulmer/Hoppen*, CR 2008, 681.

[46] *Poeppel*, S. 456.

[47] Vgl. Schricker/Loewenheim/*Loewenheim/Spindler*, UrhG, § 69d Rn. 3; *Redeker*, CR 2011, 634 (637).

[48] Vgl. Wandtke/Bullinger/*Grützmacher*, UrhG, § 69d Rn. 16. A.A. *Poeppel*, S. 483 f., der bei Sicherungskopien § 69d Nr. 2 UrhG für einschlägig erachtet: „Diese nicht disponible Schranke trägt dem Bedürfnis Rechnung, sich gegen den Untergang der Arbeitskopie eines Programms durch die Anfertigung einer einsatzfähigen Reservefassung abzusichern." Schricker/Loewenheim/*Loewenheim/Spindler*, UrhG, § 69d Rn. 9 und 16 ff., etwa fassen Sicherungskopien sowohl unter Abs. 1 als auch Abs. 2.

2. „Berechtigter"

Wer die privilegierten Handlungen vornehmen darf, ist allerdings nicht ganz klar. § 69d Abs. 1 UrhG spricht von jedem „zur Verwendung eines Vervielfältigungs-stücks des Programms Berechtigten". Es stellt sich mithin die Frage, wer „Be-rechtigter" ist bzw. wie eine Person zum „Berechtigten" wird.

§ 69d Abs. 1 UrhG geht auf Art. 5 Abs. 1 der Computerprogramm-RL von 1991[49] zurück. Diese Vorschrift spricht vom „rechtmäßigen Erwerber". Auch in der konsolidierten Fassung der Computerprogramm-RL von 2009 wurde diese Formulierung beibehalten.[50] Nach überwiegender Ansicht handelt es sich bei der Formulierung der Richtlinie um ein Redaktionsversehen, weil auch Lizenzneh-mer durch § 69d Abs. 1 UrhG privilegiert sein sollten.[51]

Daneben bleibt allerdings unklar, welche Bedeutung die Einschränkung auf die Person des „Berechtigten" hat. Denn schließlich zeichnen sich Schrankenbe-stimmungen für gewöhnlich dadurch aus, dass sie gerade an die Stelle einer an-sonsten erforderlichen Zustimmung des Rechteinhabers treten.[52] Fest steht, dass eine Person, die das Computerprogramm durch eine gegen das Urheberrecht ver-stoßende Handlung erlangt hat, nicht Berechtigter ist.[53] Ob im Umkehrschluss jeder andere – der also *nicht* urheberrechtswidrig in den Besitz des Programms gekommen ist – Berechtigter ist, ist hingegen unsicher. Damit stellt sich die Fra-ge, ob die nach § 69d Abs. 1 UrhG erforderliche Berechtigung bereits *gesetzlich* bei jeder Person, die eine Programmkopie erworben hat, eintritt, oder ob eine (vermittelte) Zustimmung durch den Rechteinhaber erforderlich ist.[54]

Teilweise wird vertreten, § 69d Abs. 1 UrhG setze voraus, dass der Berechtig-te wirksam Nutzungsrechte erworben hat.[55] Der Nutzer müsste seine Berechti-

---

[49] Richtlinie 91/250/EWG.

[50] Vgl. Art. 5 Abs. 1 der Richtlinie 2009/24/EG.

[51] Wandtke/Bullinger/*Grützmacher*, UrhG, § 69d Rn. 24; *Lauber-Rönsberg*, S. 154; Schri-cker/Loewenheim/*Loewenheim/Spindler*, UrhG, § 69d Rn. 4; *Lutz*, S. 133; *Poeppel*, S. 433; *Sucker*, S. 109 ff. Vgl. auch Gesetzentwurf der Bundesregierung. Entwurf eines Zweiten Geset-zes zur Änderung des Urheberrechtsgesetzes vom 18.12.92, BT-Drucks. 12/4022, S. 12.

[52] *Jaeger/Metzger*, S. 132, attestieren der Vorschrift daher zu Recht eine „merkwürdige Zwitterstellung zwischen einer Nutzungsrechtseinräumung und Schrankenbestimmung". *Drei-er/Leistner*, GRUR 2013, 881 (891), sehen hierin eine „dogmatisch überaus interessante Ent-wicklung".

[53] Vgl. *Hofmann*, UFITA 2014/II, 381, 396; Bisges/*Imhof*, UrhR, Kapitel 5 Rn. 354; *Poep-pel*, S. 456 f.

[54] Vgl. hierzu ausführlich *Herzog*, S. 24 ff., der zu dem Ergebnis kommt, § 69d Abs. 1 UrhG habe einen „Doppelcharakter" und wirke in Ermangelung vertraglicher Nutzungserlaubnis als Schranke, anderenfalls konkretisierend und begrenzend auf bestehende Vereinbarungen.

[55] OLG Frankfurt a.M. ZUM 2014, 712 (713); *Lutz*, S. 143 f.; *Moritz*, MMR 2001, 94 (95); Berger/Wündisch/*Frank/Schulz*, Urhebervertragsrecht, § 22 Rn. 26 (ein Zweiterwerber ist

gung also vom Rechteinhaber oder einem berechtigten Verwerter ableiten.[56] Die Vorschrift sei mithin eine „Inhaltsnorm".[57] Lediglich der Umfang der Nutzungsrechte sei zwingend (gesetzlich) festgelegt.[58]

Dagegen wird zu Recht eingewandt, dass § 69d UrhG sich dann in einem Zirkelschluss erschöpfen würde.[59] Wer die Einwilligung des Rechteinhabers zur Nutzung des Computerprogramms vorweisen kann, benötigt in der Tat keine gesetzliche Erlaubnis mehr. Für diese Einschätzung spricht zudem, dass durch § 69d Abs. 1 UrhG (und Art. 5 Abs. 1 der Computerprogramm-RL) sichergestellt werden sollte, dass urheberrechtliche Ausschließlichkeitsrechte nicht dem bestimmungsgemäßen Gebrauch eines Computerprogramms entgegenstehen.[60] Die Schrankenbestimmung des § 69d Abs.1 UrhG sollte dem Rechteinhaber die theoretische Möglichkeit nehmen, sein ausschließliches Vervielfältigungsrecht geltend zu machen und damit den bestimmungsgemäßen Gebrauch durch berechtigte Benutzer zu verhindern.[61] Dementsprechend ist die Einräumung eines urheberrechtlichen Nutzungsrechts nicht erforderlich.[62]

Ob sich die Berechtigung nach § 69d UrhG deswegen unmittelbar aus dem Gesetz ergibt, ohne einen willentlichen Akt seitens des Rechteinhabers vorauszusetzen, erscheint aber dennoch zweifelhaft. Denn als Berechtigter gilt nur derjenige, der „rechtmäßiger Erwerber" ist.[63] Die Programmkopie, die der Nutzer erworben hat, muss also mit Zustimmung des Rechteinhabers in den Verkehr gelangt sein.[64] Die Schranke des § 69d Abs. 1 UrhG gewährt folglich keinen

---

ebenfalls Berechtigter, weil er das Nutzungsrecht vom Ersterwerber erhält); Schricker/Loewenheim/*Loewenheim/Spindler*, UrhG, § 69d Rn. 4 („alle Personen, die am Pogramm urheberrechtliche Nutzungsbefugnisse wirksam erworben haben"); *Sickinger*, S. 42.

[56] Vgl. *Hilty*, MMR 2003, 3 (15): „Ein Lizenzrecht des Nutzers ist unter allen Umständen erforderlich; sonst dürfte die Software schlicht nicht gebraucht werden, weil der Rechteinhaber – zumindest auf der Basis des Urheberrechts – immer und uneingeschränkt (insbesondere auch bezogen auf den Privatgebrauch: § 53 i. V.m. §§ 69a Abs. 4, 69c und 69d UrhG; Art. 19 Abs. 4 URG) sein Verbotsrecht geltend machen könnte." Ähnlich *Bartsch*, CR 2010, 553 (554); *Lutz*, S. 144; *Moritz*, MMR 2001, 94 (95).

[57] *Lutz*, S. 126 ff.

[58] *Moritz*, MMR 2001, 94 (96); *Sickinger*, S. 42.

[59] *Jaeger/Metzger*, S. 133. Vgl. auch Bisges/*Imhof*, UrhR, Kapitel 5 Rn. 351, die den Wortlaut der Vorschrift daher als „misslungen" bezeichnen.

[60] ErwG 17 Computerprogramme-RL von 1991 (91/250/EWG).

[61] Vgl. Wandtke/Bullinger/*Grützmacher*, UrhG, § 69d Rn. 1.

[62] So auch *Stieper*, S. 115; *Sucker*, S. 111 f.; Spindler/Schuster/*Wiebe*, Recht der elektronischen Medien, § 69d UrhG Rn. 8. Vgl. auch *Lauber-Rönsberg*, S. 155, die in der Vorschrift eine „Mischform mit diversen Funktionen" sieht: für den Nutzungsrechtsinhaber sei sie Inhaltsnorm, für den Erwerber oder Zweiterwerber hingegen Schranke.

[63] *Jaeger/Metzger*, S. 133; *Metzger*, ITRB 2013, 239 (240).

[64] Vgl. *Jaeger/Metzger*, S. 133; *Poeppel*, S. 458 f.; *Stieper*, S. 116; *Sucker*, S. 112.

„urheberrechtsfreien Raum",[65] sondern bezieht sich stets auf eine initiale (freiwillige) Handlung des Rechteinhabers. Dementsprechend ist die Berechtigung i. S. v. § 69d Abs. 1 UrhG auch nicht originär gesetzlicher Natur.

C. Zwischenergebnis

Der Erwerb eines digitalen Werkexemplars, wie eines E-Books, einer Musikdatei oder eines Films, geht mit einer Vervielfältigung nach § 16 UrhG einher, wenn die Datei durch den Nutzer heruntergeladen oder von einem Datenträger auf die eigene Festplatte gezogen bzw. dezentral auf einem externen Server abgespeichert wird. Diese urheberrechtlich relevanten Handlungen sind nur dann von der Privatkopieschranke nach § 53 Abs. 1 S. 1 UrhG gedeckt, wenn es sich bei dem digitalen Werkexemplar nicht um ein Buch handelt (§ 53 Abs. 4 lit. b) UrhG).

Die Installation eines Computerprogramms stellt stets eine Vervielfältigung gem. § 69c Nr. 1 UrhG dar. Diese Vervielfältigung ist ebenfalls nicht ohne Weiteres gesetzlich privilegiert, weil die Schranke des § 69d Abs. 1 UrhG ihrerseits bereits einen willentlichen Akt des Rechteinhabers voraussetzt.

An dieser Stelle ist mithin festzustellen, dass die Speicherung im Zuge des Erwerbs eines digitalen Werkexemplars nicht in jedem Fall „urheberrechtsfrei" ist. Auf welche Weise der Nutzer die erforderliche Berechtigung zur Speicherung des digitalen Werkexemplars erhält, ist Gegenstand von Teil 2 und 3 dieser Arbeit.

---

[65] Hiergegen spricht zudem, dass „besondere vertragliche Bestimmungen" (vgl. § 69d Abs. 1 UrhG) den Anwendungsbereich einschränken können, vgl. *Lutz*, S. 123. Vgl. auch *Poeppel*, S. 457.

§ 4 Wiedergabe des digitalen Werkexemplars

Der Datensatz mit dem darin gespeicherten Werk wird zur Wiedergabe von einem Abspielprogramm verarbeitet. Dafür muss er nicht zwingend auf einem Datenträger in der räumlichen Sphäre des Nutzers gespeichert werden. Hat der Nutzer das digitale Werkexemplar extern (in der Cloud) abgelegt, genügen ein Internetzugang und ein wiedergabefähiges Endgerät. Die Dateien können dann bei Abruf – durch Streaming[1] – zum Zweck der Wiedergabe in kleinen Teilen an das Endgerät übermittelt werden. Beim Streaming wird die Datei in einzelne Datenpakete aufgeteilt, die sukzessive vom Server zum Zielrechner übertragen werden.[2] Im Zielrechner landen sie zunächst in einem „Empfangspuffer", der die Daten kurzfristig speichert und dann an das Abspielprogramm des Rechners weiterleitet.[3] Damit es beim Abspielen der Datei nicht zu Unterbrechungen kommt, nimmt auch das Abspielprogramm selbst eine Zwischenspeicherung einer gewissen Datenmenge vor.[4] Dabei kann sogar eine vollständige Datenkopie für einen gewissen Zeitraum auf dem Speichermedium des Nutzers entstehen. Allerdings ist diese in der Regel nicht – über das Streaming hinaus – nutzbar, weil die Datenkopie zum einen mangels exakter Bezeichnung kaum auffindbar ist und zum anderen die Umwandlung einer solchen vorübergehenden Datenkopie in einen permanenten Datensatz einen gewissen technischen Aufwand erfordert.[5] Wurden

---

[1] Unter dem Begriff des Streaming versteht man das gleichzeitige Empfangen und Wiedergeben von Audio- oder Audiovisuellen Dateien auf einem Endgerät. Vgl. auch *Busch*, GRUR 2011, 496; *Büscher/Müller*, GRUR 2009, 558; *Eichelberger*, in: Der Schutz des Geistigen Eigentums im Internet, S. 17 (19); *Ensthaler*, NJW 2014, 1553; *Fangerow/Schulz*, GRUR 2010, 677 (678); *v. Gerlach*, S. 47 ff.; *Graef*, S. 17; *Stieper*, MMR 2012, 12.

[2] Vgl. *Bäcker/Höfinger*, ZUM 2013, 623 (624); *Eichelberger*, in: Der Schutz des Geistigen Eigentums im Internet, S. 17 (30); *Graef*, S. 17; *Hullen*, ITRB 2008, 230; *Schulze*, NJW 2014, 721 (722); *Wagner*, GRUR 2016, 874 (875). Eine präzise Beschreibung der verschiedenen Transportprotokolle findet sich bei *Busch*, GRUR 2011, 496 (497 ff.).

[3] Vgl. *Busch*, GRUR 2011, 496 (497); *Eichelberger*, in: Der Schutz des Geistigen Eigentums im Internet, S. 17 (30); *Fangerow/Schulz*, GRUR 2010, 677 (678); *Redlich*, K&R 2012, 713 (714).

[4] Vgl. *Eichelberger*, in: Der Schutz des Geistigen Eigentums im Internet, S. 17 (30); *Graef*, S. 17; *Redlich*, K&R 2012, 713 (714); *Wagner*, GRUR 2016, 874 (875).

[5] Vgl. *Ensthaler*, NJW 2014, 1553; *Koch*, GRUR 2010, 574 (575). Zur Technik des sog. Stream-Ripping siehe auch *Redlich*, K&R 2012, 713; *Vianello*, CR 2010, 728 (734).

die Inhalte wiedergegeben, wird die Datenkopie also normalerweise (nach kurzer Zeit) wieder gelöscht.[6]

Aber nicht nur die Wiedergabe im Wege des Streaming, auch das Abspielen einer lokal gespeicherten Datei geht stets mit der automatischen Anfertigung von (Zwischen-)Kopien einher. Solche „technisch bedingt[en] Vervielfältigungshandlungen"[7] finden etwa im Arbeitsspeicher des Abspielgeräts oder in der Grafikkarte bzw. Soundkarte statt.[8] Zudem ist das Anzeigen am Bildschirm eine recht kurzlebige Kopie des Werks bzw. von Werkteilen. Für diese Speicherungen stellt sich daher die Frage, ob sie überhaupt urheberrechtlich relevante Vervielfältigungshandlungen bedeuten und ob sie gegebenenfalls von den Schrankenbestimmungen abgedeckt sind.

A. Urheberrechtliche Relevanz der Wiedergabe digitaler Werkexemplare

Die rechtliche Auffassung von dem, was eine Vervielfältigung im Sinne des Urheberrechts ausmacht, hat sich im Laufe der Zeit verändert. War das Reichsgericht noch der Ansicht, der Begriff der Vervielfältigung erfordere „die Herstellung eines körperlichen Gegenstandes, der das Werk in sinnlich wahrnehmbarer Weise wiedergibt",[9] verzichtete der BGH auf das Merkmal der Unmittelbarkeit der Wiedergabe und hielt es für ausreichend, dass die Festlegung das Werk „auf irgendeine Art mittelbar oder unmittelbar wahrnehmbar" mache.[10] Dementsprechend ist eine Vervielfältigung auch dann gegeben, wenn – wie bei einer digitalen Kopie – das Werk nur durch einen technischen Zwischenschritt wiedergegeben werden kann.[11] Eine dauerhafte Existenz der Kopie ist nicht erforderlich.[12] Und auch eine nur teilweise Vervielfältigung des Werks genügt, wenn dieser

---

[6] Vgl. *Redlich*, K&R 2012, 713 (714); *Wagner*, GRUR 2016, 874 (875); *Zech*, ZUM 2014, 3 (4).

[7] *Redeker*, CR 2011, 634 (637).

[8] Zu den genauen technischen Abläufen siehe *Bornhauser*, S. 39 f. Vgl. auch *Poeppel*, S. 55 f.

[9] RGZ 107, 277 (279).

[10] BGHZ 17, 266 (270) = GRUR 1955, 492 (494) – *Magnettonband*. Siehe auch Wandtke/Bullinger/*Heerma*, UrhG, § 16 Rn. 4; Dreier/Schulze/*Schulze*, UrhG, § 16 Rn. 6.

[11] Vgl. Wandtke/Bullinger/*Heerma*, UrhG, § 16 Rn. 4; Schricker/Loewenheim/*Loewenheim*, UrhG, § 16 Rn. 17.

[12] Dies ergibt sich seit 2003 auch aus der im Zuge der Umsetzung der InfoSoc-RL in § 16 UrhG eingefügten Ergänzung „gleichviel ob vorübergehend oder dauerhaft", vgl. Amtl. Begr. BT-Drucks. 15/38, S. 17. Vgl. auch Wandtke/Bullinger/*Heerma*, UrhG, § 16 Rn. 5; *Poeppel*, S. 57.

Teil für sich betrachtet die Voraussetzungen für den urheberrechtlichen Schutz erfüllt, also insbesondere die erforderliche Schöpfungshöhe aufweist.[13] Allerdings muss es sich um eine körperliche Festlegung handeln.[14] Dementsprechend wurde (und wird zum Teil) das reine Anzeigen auf dem Bildschirm eines Endgeräts mangels körperlicher Fixierung nicht als Vervielfältigung angesehen.[15]

Der EuGH legt allerdings – auf Grundlage von Art. 2 InfoSoc-RL, der das Vervielfältigungsrecht vollständig harmonisiert – ein sehr weitreichendes Verständnis des Vervielfältigungsbegriffs zugrunde.[16] Dementsprechend soll das Vervielfältigungsrecht auch flüchtige Fragmente eines Werks im Speicher eines Satellitendecoders oder auf einem Fernsehbildschirm erfassen, wenn diese Fragmente wiederum Elemente enthalten, die die eigene geistige Schöpfung der betreffenden Urheber zum Ausdruck bringen.[17] Die Voraussetzung der Schutzwürdigkeit des einzelnen Elements ist allerdings dann irrelevant, wenn an dem digitalen Werkexemplar auch Leistungsschutzrechte bestehen. Vor allem Schutzrechte für Tonträger-, Film- und Laufbildhersteller (§§ 85, 94, 95 UrhG) kommen bei digitalen Werkexemplaren in Betracht. Weil es bei Leistungsschutzrechten nicht auf eine individuelle Schöpfung ankommt, sondern Schutzgegenstand die wirtschaftliche und organisatorische Leistung des Herstellers ist, dürfen bereits kleinste Werkteile[18] nicht ohne Genehmigung des Rechteinhabers vervielfältigt werden.[19] Selbst die Bildschirmwiedergabe von digitalen Inhalten geht

---

[13] BGHZ 9, 262 (266) = GRUR 1953, 299 (301) – *Lied der Wildbahn I*; Wandtke/Bullinger/*Heerma*, UrhG, § 16 Rn. 6; Schricker/Loewenheim/*Loewenheim*, UrhG, § 16 Rn. 14.

[14] Vgl. Wandtke/Bullinger/*Heerma*, UrhG, § 16 Rn. 4; Schricker/Loewenheim/*Loewenheim*, UrhG, § 16 Rn. 5.

[15] BGHZ 112, 264 (278) = GRUR 1991, 449 (453) – *Betriebssystem*; *Katzenberger*, GRUR 1973, 629 (632 f.); *Ulmer*, GRUR 1971, 297 (301). Vgl. aus der aktuellen Literatur *Fangerow/Schulz*, GRUR 2010, 677 (678); Schricker/Loewenheim/*Loewenheim*, UrhG, § 16 Rn. 5 (einschränkend allerdings in Rn 19· „Regelmäßig setzt die Wiedergabe auf dem Bildschirm allerdings die Festlegung in einem Speichermedium, zumindest im Arbeitsspeicher des Computers voraus, so dass insoweit eine Vervielfältigung vorliegt."); Wandtke/Bullinger/*Heerma*, UrhG, § 16 Rn. 17. Eingehend hierzu *Berger*, in: FS Pfennig, S. 3.

[16] EuGH, Urt. v. 16.7.2009, C-5/08 – *Infopaq*, Rn. 41 ff.; EuGH, Urt. v. 4.10.2011, C-403/08 und C-429/08 – *FAPL/Murphy*, Rn. 154 ff.; Vgl. auch *Leistner*, EuZW 2016, 166 (168): „Der Begriff der Vervielfältigung ist autonom, einheitlich und weit auszulegen [...]".

[17] EuGH, Urt. v. 4.10.2011, C-403/08 und C-429/08 – *FAPL/Murphy*, Rn. 159.

[18] Im Fall von Tonträgern „kleinste Tonpartikel" bzw. „kleinste Tonfetzen", BGH GRUR 2009, 403 (403 f., Rn. 11) – *Metall auf Metall I*.

[19] Für das Leistungsschutzrecht des Tonträgerherstellers: BGH GRUR 2009, 403 (403 f. Rn. 11 ff.) – *Metall auf Metall I*; für das Leistungsschutzrecht des Herstellers von Filmwerken oder Laufbildern: BGHZ 175, 135 (140) = GRUR 2008, 693 (694, Rn. 17 ff.) – *TV Total*; BGH GRUR 2018, 400 (401, Rn. 19) – *Konferenz der Tiere*. Vgl. auch Fromm/Nordemann/*Dustmann*, UrhG, § 16 Rn. 18a.

daher in der Regel mit Vervielfältigungshandlungen einher.[20] Zwischenspeicherungen in der Grafikkarte und im Arbeitsspeicher werden im Übrigen mittlerweile einhellig als Vervielfältigungen i. S. v. § 16 UrhG – bei der Nutzung von Computerprogrammen als Vervielfältigungen nach § 69c Nr. 1 UrhG[21] – angesehen.[22] Da die Wiedergabe von digitalen Werkexemplaren, unabhängig davon, ob sie lokal gespeichert sind oder gestreamt werden, zumindest mit solchen kurzzeitigen Speicherungen einhergeht, verursacht auch Streaming urheberrechtlich relevante Vervielfältigungen.

Bei dieser Rechtslage ergibt sich, dass letztlich alle Arten der Wiedergabe digitaler Werkexemplare eine urheberrechtlich relevante Vervielfältigung mit sich bringen.[23] So kommt auch *Sucker* zu dem Ergebnis, der Werkgenuss sei im digitalen Bereich als Vervielfältigung verwertungsrechtlich erfasst.[24] Dies sei ein Paradigmenwechsel im Urheberrecht.[25]

B. Rechtfertigung durch Schranken

Auch bei der Wiedergabe digitaler Werkexemplare spielen urheberrechtliche Schrankenbestimmungen eine Rolle. Dies sind zum einen § 44a UrhG, der ephemere Vervielfältigungen unter bestimmten Voraussetzungen freistellt, und wiederum § 53 Abs. 1 UrhG, der die Privatkopie erlaubt. Für Computerprogramme

---

[20] Vgl. *Eichelberger*, in: Der Schutz des Geistigen Eigentums im Internet, S. 17 (33 f.); *Lauber-Rönsberg*, S. 149 f.; *Leistner*, JZ 2011, 1140 (1144). Im Ergebnis auch Fromm/Nordemann/*Dustmann*, UrhG, § 16 Rn. 14; *Marly*, EuZW 2014, 616 (618); *Ohly*, in: FS 50 Jahre UrhG, S. 379 (380). Für leistungsschutzrechtlich erfasste Inhalte: *Busch*, GRUR 2011, 496 (500); *Stieper*, MMR 2012, 12 (14); *Wagner*, GRUR 2016, 874 (877).

[21] Vgl. *Bartsch*, CR 2010, 553 (554); Wandtke/Bullinger/*Grützmacher*, UrhG, § 69c Rn. 5; Bisges/*Imhof*, UrhR, Kapitel 5 Rn. 201; *Junker*, JZ 1988, 464 (465); *Lauber-Rönsberg*, S. 151. Zu den technischen Abläufen vgl. auch schon *Kindermann*, GRUR 1983, 150 (153 f.). Dagegen meint *Cichon*, S. 250 Rn. 943: „§ 69c Nr. 1 UrhG muss richtigerweise eng ausgelegt werden, so dass er das bloße Laden in den Arbeitsspeicher jedenfalls dann nicht erfasst, wenn dieses notwendiger Bestandteil der Benutzungshandlung an einem bereits anderweitig inkorporierten Programm ist."

[22] Vgl. *Blenk*, AfP 2014, 220 (221); Fromm/Nordemann/*Dustmann*, UrhG, § 16 Rn. 13; *Ensthaler*, NJW 2014, 1553 (1554); *Fangerow/Schulz*, GRUR 2010, 677 (678); *v. Gerlach*, S. 165 f.; Wandtke/Bullinger/*Heerma*, UrhG, § 16 Rn. 17 f.; *Hullen*, ITRB 2008, 230 (232); *Lauber-Rönsberg*, S. 153; Schricker/Loewenheim/*Loewenheim*, UrhG, § 16 Rn. 6 und 19 f.; *Peukert*, in: Interessenausgleich im Urheberrecht, S. 11 (35 f.); *Poeppel*, S. 57; *Tinnefeld*, S. 43.

[23] So auch *Druschel*, S. 22 ff.; Bisges/*Imhof*, UrhR, Kapitel 4 Rn. 128; *Redeker*, CR 2011, 634 (637); *Zech*, ZGE 5 (2013), 368 (379).

[24] *Sucker*, S. 86.

[25] *Sucker*, S. 86.

ist die Schranke der bestimmungsgemäßen Benutzung (§ 69d Abs. 1 UrhG) relevant.

I. Zulässigkeit ephemerer Vervielfältigungen (§ 44a UrhG)

Jede Nutzung digitaler Werkexemplare geht zwingend mit (zumindest kurzzeitigen) Vervielfältigungen einher. Dieses Ergebnis der extensiven Auslegung von § 16 UrhG (bzw. Art. 2 InfoSoc-RL) soll die Schrankenbestimmung des § 44a UrhG (bzw. Art. 5 Abs. 1 InfoSoc-RL) wieder ausgleichen.[26] Hiernach sind vorübergehende Vervielfältigungshandlungen, die keine eigene wirtschaftliche Bedeutung haben, vom Ausschließlichkeitsrecht des Urhebers ausgenommen, wenn sie entweder der Übertragung in einem Netz zwischen Dritten durch einen Vermittler (Nr. 1) oder der rechtmäßigen Nutzung (Nr. 2) dienen. Letztere Variante der Schranke kommt für die Vervielfältigungen, die mit dem Abspielen digitaler Werkexemplare einhergehen, in Betracht. Die Voraussetzungen des Art. 5 Abs. 1 InfoSoc-RL (und der umsetzenden nationalen Vorschriften)[27] sind nach ständiger Rechtsprechung des EuGH eng auszulegen.[28] Sie müssen kumulativ vorliegen, um die betreffende Handlung vom Vervielfältigungsrecht auszunehmen.[29]

1. Vorübergehende Vervielfältigungshandlungen, die flüchtig oder begleitend sind

Zunächst darf es sich nur um eine *vorübergehende* Vervielfältigungshandlung handeln.[30] Die Kopie muss daher „nach einer nicht ins Gewicht fallenden Zeit" gelöscht werden.[31] Zudem darf die Vervielfältigung nur „flüchtig" oder „begleitend" sein. Dies ist nach Ansicht des EuGH der Fall,

„wenn ihre Lebensdauer auf das für das ordnungsgemäße Funktionieren des betreffenden technischen Verfahrens Erforderliche beschränkt ist, wobei dieses Verfahren derart automatisiert

---

[26] So auch *Lauber-Rönsberg*, S. 153; *Leistner*, JZ 2011, 1140 (1144 f.); *ders.*, EuZW 2016, 166 (168); *Poeppel*, S. 57 f.

[27] Die deutsche Umsetzung in § 44a UrhG ist beinah wortgleich.

[28] EuGH, Urt. v. 16.7.2009, C-5/08 – *Infopaq*, Rn. 56 ff.; EuGH, Urt. v. 4.10.2011, C-403/08 und C-429/08 – *FAPL/Murphy*, Rn. 162; EuGH, Beschl. v. 17.1.2012, C-302/10 – *Infopaq II*, Rn. 27; EuGH, Urt. v. 5.6.2014, C-360/13 – *Public Relations Consultants Association*, Rn. 23; EuGH, Urt. v. 26.4.2017, C-527/15 – *Filmspeler*, Rn. 62.

[29] Vgl. EuGH, Urt. v. 16.7.2009, C-5/08 – *Infopaq*, Rn. 55; EuGH, Beschl. v. 17.1.2012, C-302/10 – *Infopaq II*, Rn. 26; EuGH, Urt. v. 26.4.2017, C-527/15 – *Filmspeler*, Rn. 61.

[30] Zu Recht wird angemerkt, dass der Wortlaut von § 44a UrhG hier recht unpräzise ist, weil nicht die *Handlung* vorübergehend sein muss, sondern die *Vervielfältigung*. So *Bornhauser*, S. 174; *Dreier/Schulze/Dreier*, UrhG, § 44a Rn. 4; Schricker/Loewenheim/*Loewenheim*, UrhG, § 44a Rn. 7; *Stieper*, MMR 2012, 12 (14).

[31] Dreier/Schulze/*Dreier*, UrhG, § 44a Rn. 4.

sein muss, dass es diese Handlung automatisch, ohne Beteiligung einer natürlichen Person löscht, sobald ihre Funktion, die Durchführung eines solchen Verfahrens zu ermöglichen, erfüllt ist."[32]

Die Kopie muss also Begleiterscheinung eines technischen Verfahrens sein, im Rahmen dessen Ablaufs sie auch wieder – automatisch, ohne dass ein bewusstes manuelles Eingreifen erforderlich ist – gelöscht wird.[33] Dass der (automatischen) Löschung unter Umständen eine bewusste Initiierung der Vervielfältigung oder ein manuelles Beenden des technischen Ablaufs vorausgeht, ist dabei unschädlich.[34] Ferner müssen die Vervielfältigungen „integraler und wesentlicher Teil eines technischen Verfahrens" sein. Das bedeutet, dass die Durchführung des technischen Verfahrens nicht denkbar ist, ohne dass die Vervielfältigungen entstehen und dass die Schranke nur solche Vervielfältigungen, die unmittelbar im Zusammenhang mit diesem technischen Ablauf stehen, erfasst.[35]

Diese Voraussetzungen sind bei Datenkopien, die im Rahmen der Wiedergabe – sowohl lokal als auch dezentral gespeicherter – digitaler Werkexemplare im Arbeitsspeicher angefertigt werden, erfüllt.[36] Denn ohne diese Speicherungen wäre eine (unterbrechungsfreie) Wiedergabe unmöglich und sie werden ohne manuelles Zutun des Nutzers wieder gelöscht. Etwas anderes gilt, wenn digitale Werkexemplare zum Werkgenuss dauerhaft vervielfältigt werden. Wird etwa eine E-Book-Datei ausgedruckt, um auf Papier gelesen zu werden, ist diese Vervielfältigung nicht von § 44a UrhG gedeckt.[37]

Kontrovers wird diskutiert, ob Speicherungen, die beim Streaming von digitalen Inhalten entstehen, und die (bei Einsatz entsprechender Programme) dauer-

---

[32] EuGH, Urt. v. 16.7.2009, C-5/08 – *Infopaq*, Rn. 64.

[33] Vgl. *Bornhauser*, S. 174 f.; Dreier/Schulze/*Dreier*, UrhG, § 44a Rn. 5; *v. Gerlach*, S. 171 f.

[34] EuGH, Beschl. v. 17.1.2012, C-302/10 – *Infopaq II*, Rn. 32 und EuGH Urt. v. 5.6.2014, C-360/13 – *Public Relations Consultants Association*, Rn. 41 f. Vgl. auch Schricker/Loewenheim/*Loewenheim*, UrhG, § 44a Rn. 9.

[35] Vgl. EuGH, Urt. v. 16.7.2009, C-5/08 – *Infopaq*, Rn. 61; EuGH, Beschl. v. 17.1.2012, C-302/10 – *Infopaq II*, Rn. 30; EuGH Urt. v. 5.6.2014, C-360/13 – *Public Relations Consultants Association*, Rn. 28; *Bornhauser*, S. 175 f.; Dreier/Schulze/*Dreier*, UrhG, § 44a Rn. 6; Schricker/Loewenheim/*Loewenheim*, UrhG, § 44a Rn. 9.

[36] So auch *Blenk*, AfP 2014, 220 (221 f.); *Bornhauser*, S. 188; *Busch*, GRUR 2011, 496 (501) (für Streaming); Dreier/Schulze/*Dreier*, UrhG, § 44a Rn. 4; *Fangerow/Schulz*, GRUR 2010, 677 (680); *v. Gerlach*, S. 171 ff. (für Streaming); *Graef*, S. 18; *Hullen*, ITRB 2008, 230 (232) (für Streaming); *Koch*, GRUR 2010, 574 (575); Schricker/Loewenheim/*Loewenheim*, UrhG, § 44a Rn. 18; *Redeker*, CR 2011, 634 (637); *Schack*, GRUR 2007, 639 (641); *Stieper*, MMR 2012, 12 (15) (vorausgesetzt die Datei wird unmittelbar nach der Wiedergabe automatisch gelöscht); *Vianello*, CR 2010, 728 (729); *Wagner*, GRUR 2016, 874 (878) (für Streaming); *Wandtke/v. Gerlach*, GRUR 2013, 676 (678 f.) (für Streaming).

[37] Vgl. auch EuGH, Urt. v. 16.7.2009, C-5/08 – *Infopaq*, Rn. 67.

haft genutzt werden können, vorübergehende Vervielfältigungen, die flüchtig oder begleitend sind, darstellen.[38] Am überzeugendsten ist es, hier eine funktionale Betrachtung vorzunehmen: Ist die konkrete Speicherung tatsächlich dazu geeignet, über die Wiedergabe des Werks hinaus zu existieren und wiederverwendet zu werden, handelt es sich nicht mehr um eine vorübergehende Vervielfältigung nach § 44a UrhG.[39] Für die vorliegende Arbeit ist die Speicherung dann allerdings auch nicht mehr im Rahmen der Wiedergabe von Werken zu beurteilen, sondern fällt unter die Phase von „Erwerb und Speicherung" (siehe oben § 3).

2. Zweck: rechtmäßige Nutzung (§ 44a Nr. 2 UrhG)

Nr. 2 des § 44a UrhG privilegiert vorübergehende Vervielfältigungen, „deren alleiniger Zweck es ist, [...] eine rechtmäßige Nutzung [...] zu ermöglichen". Die viel diskutierte Frage, ob und unter welchen Umständen das Streaming von Inhalten, die rechtswidrig online zur Verfügung gestellt werden, unter § 44a UrhG fällt, steht hier nicht im Fokus.[40] Die Nutzungen, mit denen sich die Arbeit auseinandersetzt, greifen für die Wiedergabe nicht auf eine rechtswidrige Quelle zurück, sondern auf erworbene digitale Werkexemplare. Gleichwohl stellt sich die Frage, welche Voraussetzungen vorliegen müssen, damit diese Nutzungen rechtmäßig i. S. v. § 44a UrhG sind. Denn für die Bestimmung des Inhalts eines Vertrags über den Erwerb digitaler Werkexemplare ist entscheidend, ob die Zustimmung des Rechteinhabers erforderlich ist oder die Wiedergabe der Werkexemplare bereits nach § 44a UrhG (auch ohne Zustimmung) urheberrechtsfrei ist.

a. Der Begriff der rechtmäßigen Nutzung

Darüber, wann eine Nutzung *rechtmäßig* i. S. v. § 44a Nr. 2 UrhG ist, herrscht Uneinigkeit. Nach ErwG 33 der InfoSoc-RL ist dies der Fall, „soweit sie vom Rechteinhaber zugelassen bzw. nicht durch Gesetze beschränkt ist." Daraus wird teilweise abgeleitet, dass die Nutzung entweder durch die Zustimmung des

---

[38] Siehe zu dieser Frage eingehend *Busch*, GRUR 2011, 496 (501). Vgl. auch *Bornhauser*, S. 177 (werden Zwischenspeicherungen „zweckentfremdend" genutzt, beispielsweise um eine dauerhafte Kopie zu erstellen, liegt diese Vervielfältigung außerhalb der Privilegierung der Schranke); *Druschel*, S. 26; *Stieper*, MMR 2012, 12 (15 f.).

[39] Ähnlich Schricker/Loewenheim/*Loewenheim*, UrhG, § 44a Rn. 19; *Stieper*, MMR 2012, 12 (16) (es wäre inkonsequent, die Privilegierung wegen dieser Manipulationsmöglichkeiten aufzuheben; nur wenn die Dateien nach Beendigung der Client-Software immer noch gespeichert sind und wiedergegeben werden könne, bewegt sich die Speicherung nicht mehr in den Grenzen des § 44a Nr. 2 UrhG).

[40] Hierzu siehe *Bornhauser*, S. 180 f.; *Hullen*, ITRB 2008, 230; *Marly*, EuZW 2014, 616 (619); *Stieper*, MMR 2012, 12 (15 f.).

Rechteinhabers oder durch eine Schranke gedeckt sein muss.[41] Gegen diese Ansicht wird angeführt, dass die Privilegierung nach § 44a Nr. 2 UrhG überflüssig wäre, wenn die Handlung bereits durch eine vertragliche Erlaubnis oder eine andere Schranke legitimiert wäre.[42] Strittig ist vor allem, ob der bloße Werkgenuss eine rechtmäßige Nutzung i. S. v. § 44a UrhG ist. Dafür wird angeführt, rezeptiver Werkgenuss sei von §§ 15 ff. UrhG nicht erfasst; § 44a UrhG (bzw. Art. 5 Abs. 1 lit. b) InfoSocRL) sorge dafür, dass diese Grundentscheidung auch im digitalen Umfeld Bestand habe.[43] Die Schranke gewährleiste damit, dass die „normale Benutzung" urheberrechtlich geschützter Werke auch bei Nutzung digitaler Technik, weiterhin zulässig sei.[44] Die Schranke sei daher auch nicht auf rechtmäßige Vorlagen beschränkt.[45]

Die Rechtsprechung des EuGH ist für die Auslegung des Begriffs der rechtmäßigen Nutzung von entscheidender Bedeutung. Bereits in einigen Vorlageverfahren hatte das Gericht die Gelegenheit, den Anwendungsbereich von Art. 5 Abs. 1 lit. b) InfoSoc-RL zu konkretisieren. Die Auseinandersetzung mit der Rechtsprechung des EuGH erfordert allerdings, dass zu dem Merkmal der rechtmäßigen Nutzung auch die weiteren Voraussetzungen des Art. 5 InfoSoc-RL (bzw. § 44a UrhG) in die Betrachtung einbezogen werden. So ist die Vervielfältigung nur erlaubt, wenn sie „keine eigenständige wirtschaftliche Bedeutung" hat. Die Erwägungsgründe der InfoSoc-RL konkretisieren, dass die Vervielfältigungen „keinen eigenen wirtschaftlichen Wert besitzen" sollten.[46] Sie dürfen mithin keinen (zusätzlichen) wirtschaftlichen Vorteil bieten, der über die erlaubte Nutzung hinaus reicht.[47] Zudem schränkt die InfoSoc-RL die Schranken des Art. 5 Abs. 1–4 in Abs. 5 weiter ein:

„Die in den Absätzen 1, 2, 3 und 4 genannten Ausnahmen und Beschränkungen dürfen nur in bestimmten Sonderfällen angewandt werden, in denen die normale Verwertung des Werks oder des sonstigen Schutzgegenstands nicht beeinträchtigt wird und die berechtigten Interessen des Rechteinhabers nicht ungebührlich verletzt werden."

---

[41] So etwa *Hullen*, ITRB 2008, 230 (232); Schricker/Loewenheim/*Loewenheim*, UrhG, § 44a Rn. 12; *Vianello*, CR 2010, 728 (730).

[42] So etwa *Blenk*, AfP 2014, 220 (222) („Zirkelschluss"); *Bornhauser*, S. 179; *Fangerow/ Schulz*, GRUR 2010, 677 (681) („inhaltsleer"); *Heinz*, S. 188.

[43] *Stieper*, MMR 2012, 12 (15). Vgl. auch *Blenk*, AfP 2014, 220 (222); *Eichelberger*, in: Der Schutz des Geistigen Eigentums im Internet, S. 17 (41); *Zech*, ZUM 2014, 3 (6).

[44] *Stieper*, MMR 2011, 825 (827). Ähnlich *Wagner*, GRUR 2016, 874 (878).

[45] So *Fangerow/Schulz*, GRUR 2010, 677 (681); *Stieper*, S. 112; *ders.*, MMR 2012, 12 (15 f.).

[46] ErwG 33 InfoSoc-RL.

[47] Vgl. EuGH, Beschl. v. 17.1.2012, C‑302/10 – *Infopaq II*, Rn. 50; Dreier/Schulze/*Dreier*, UrhG, § 44a Rn. 10; Schricker/Loewenheim/*Loewenheim*, UrhG, § 44a Rn. 13.

Diese zusätzliche Begrenzung durch den Drei-Stufen-Test des Völkerrechts[48] wurde nicht in § 44a UrhG aufgenommen. Damit stellt sich die Frage, ob nationale Gerichte den Drei-Stufen-Test bei Anwendung der Schranken, die auf Art. 5 InfoSoc-RL zurückgehen, berücksichtigen müssen.[49] Während der Drei-Stufen-Test in völkerrechtlichen Verträgen wie der RBÜ oder dem WCT eindeutig an die Gesetzgebung der Vertragsstaaten adressiert ist,[50] bleibt die InfoSoc-RL hier ambivalent.[51] Auch die Rechtsprechung des EuGH ist in dieser Hinsicht nicht eindeutig. So führt er in *Infopaq II* an, den Vorgaben des Absatzes 5 sei Genüge getan, wenn die anderen Voraussetzungen von Art. 5 Abs. 1 vorlägen.[52] In *Murphy* verweist der EuGH bei Art. 5 Abs. 5 InfoSoc-RL ebenfalls auf die bereits geprüften Voraussetzungen des Absatz 1.[53] In *Filmspeler* hingegen werden das Merkmal „keine eigenständige wirtschaftliche Bedeutung" und der Drei-Stufen-Test direkt zusammen geprüft.[54]

In der Tat scheint das Merkmal „keine eigenständige wirtschaftliche Bedeutung" in den Voraussetzungen des Drei-Stufen-Tests aufzugehen, so dass eine separate Prüfung redundant wäre. Und auch das Merkmal der „rechtmäßigen Nutzung" ist kaum von der Frage der „eigenständigen wirtschaftlichen Bedeutung" zu trennen.[55] Die Schranke des § 44a UrhG beinhaltet also letztlich die Grenzen des Drei-Stufen-Tests.[56] Im Folgenden werden daher die Voraussetzungen der rechtmäßigen Nutzung sowie der fehlenden eigenständigen wirtschaftlichen Bedeutung und des Drei-Stufen-Tests, bei der Auswertung der Rechtsprechung des EuGH gemeinsam betrachtet.

b. EuGH Murphy

In der Entscheidung *Murphy* hatte der EuGH darüber zu urteilen, ob der Empfang einer urheberrechtlich geschützten Sendung mithilfe einer Decodiervorrichtung eine unzulässige Nutzung darstellt.[57] Der Empfang einer Funksendung

---

[48] Der Drei-Stufen-Test findet sich für das Vervielfältigungsrecht bereits in Art. 9 Abs. 2 der Revidierten Berner Übereinkunft (RBÜ). Daneben ist er in Art. 10 World Copyright Treaty (WCT) und Art. 13 des Agreement on Trade-Related Aspects of Intellectual Property Rights (TRIPS) niedergelegt.

[49] Hierzu eingehend *Arnold/Rosati*, GRUR-Int. 2015, 1193.

[50] Vgl. *S. v. Lewinski*, § 5.176 und § 17.86.

[51] Vgl. *Arnold/Rosati*, GRUR-Int. 2015, 1193 (1195).

[52] EuGH, Beschl. v. 17.1.2012, C-302/10 – *Infopaq II*, Rn. 56.

[53] EuGH, Urt. v. 4.10.2011, C-403/08 und C-429/08 – *FAPL/Murphy*, Rn. 181.

[54] EuGH, Urt. v. 26.4.2017, C-527/15 – *Filmspeler*, Rn. 63, 66.

[55] So auch *Ensthaler*, NJW 2014, 1553 (1555).

[56] Wandtke/Bullinger/*v. Welser*, UrhG, § 44a Rn. 22; *v. Gerlach*, S. 197; Schricker/Loewenheim/*Loewenheim*, UrhG, § 44a Rn. 14.

[57] EuGH, Urt. v. 4.10.2011, C-403/08 und C-429/08 – *FAPL/Murphy*.

über eine entsprechende Decodiervorrichtung sowie die Wiedergabe der Sendung gehen zwingend mit (vorübergehenden) Vervielfältigungen einher. Der EuGH urteilte, dass das bloße Empfangen sowie Darstellen einer Sendung im privaten Kreis keine urheberrechtlich beschränkte Handlung und mithin rechtmäßig i. S. des Art. 5 Abs. 1 lit. b) InfoSoc-RL sei.[58] Zudem habe die Vervielfältigung auch keine eigenständige wirtschaftliche Bedeutung: Zwar habe der Zugang zu einem Werk (und damit der Werkgenuss) zwangsläufig auch einen wirtschaftlichen Wert.[59] Um der Schranke aber nicht „ihre praktische Wirksamkeit zu nehmen", müsse die wirtschaftliche Bedeutung über den Vorteil der Werkwiedergabe hinausgehen; dies sei hier nicht der Fall.[60] Dem Drei-Stufen-Test in Absatz 5 sei ebenfalls Genüge getan.[61] Die mit Empfang und Wiedergabe einhergehenden Vervielfältigungen erfüllten daher die Voraussetzungen von Art. 5 Abs. 1 lit. b) InfoSoc-RL.[62]

c. EuGH Filmspeler

Einige Jahre später hatte der EuGH erneut über die Auslegung des Begriffs der „rechtmäßigen Nutzung" zu entscheiden. In der Sache *Filmspeler* ging es um die Verwendung eines Medienabspielers, mit dessen Hilfe im Internet abrufbare audiovisuelle Inhalte (aus legalen und illegalen Quellen) auf Fernsehbildschirmen dargestellt werden können. Endnutzern ermöglichte der Medienabspieler somit rechtswidrig öffentlich zugänglich gemachte Werke zu streamen.[63] Wiederum stand die Anwendung von Art. 5 Abs. 1 lit. b) InfoSoc-RL auf flüchtige Vervielfältigungen, die im Rahmen der Wiedergabe von Inhalten vorgenommen werden, in Frage.[64] Der EuGH befand, dass sich die Umstände dieses Falls maßgeblich

---

[58] EuGH, Urt. v. 4.10.2011, C-403/08 und C-429/08 – *FAPL/Murphy*, Rn. 171. Zustimmend *Blenk*, AfP 2014, 220 (222); *Eichelberger*, in: Der Schutz des Geistigen Eigentums im Internet, S. 17 (42); *Stieper*, MMR 2011, 825 (827); *Wagner*, GRUR 2016, 874 (878). Der EuGH hat diese Argumentation fortgeführt in EuGH, Urt. v. 5.6.2014, C-360/13 – *Public Relations Consultants Association*, Rn. 60 f.

[59] EuGH, Urt. v. 4.10.2011, C-403/08 und C-429/08 – *FAPL/Murphy*, Rn. 174.

[60] EuGH, Urt. v. 4.10.2011, C-403/08 und C-429/08 – *FAPL/Murphy*, Rn. 175. Auch dieser Aspekt des Urteils wurde in der Literatur positiv aufgenommen, vgl. *Leistner*, JZ 2011, 1140 (1146); *Stieper*, MMR 2012, 12 (16); *Wagner*, GRUR 2016, 874 (879).

[61] EuGH, Urt. v. 4.10.2011, C-403/08 und C-429/08 – *FAPL/Murphy*, Rn. 181.

[62] EuGH, Urt. v. 4.10.2011, C-403/08 und C-429/08 – *FAPL/Murphy*, Rn. 182.

[63] EuGH, Urt. v. 26.4.2017, C-527/15 – *Filmspeler*.

[64] Die Vorlagefrage der Rechtbank Midden-Nederland lautete: „Ist Art. 5 der Richtlinie 2001/29 dahin auszulegen, dass eine ,rechtmäßige Nutzung' im Sinne von Abs. 1 Buchst. b dieser Vorschrift nicht vorliegt, wenn ein Endnutzer beim Streaming eines urheberrechtlich geschützten Werks von einer Website eines Dritten, auf der dieses urheberrechtlich geschützte

von jenen im Fall *Murphy* unterschieden.[65] Weil das rechtswidrige Streaming „die normale Verwertung solcher Werke grundsätzlich beeinträchtigen und die berechtigten Interessen der Rechteinhaber ungebührlich verletzen" könne, seien die Vervielfältigungen nicht von Art. 5 Abs. 1 InfoSoc-RL gedeckt.[66] Dagegen hatte der EuGH in *Murphy* noch allein auf die Urheberrechtsfreiheit des Empfangs aus Perspektive des Nutzers abgestellt.[67] Konsequenterweise hätte auch im Fall des Streamings keine Rolle spielen dürfen, aus welcher Quelle die Inhalte stammen, soweit der Nutzer selbst sie lediglich zum privaten Werkgenuss gebraucht. Der EuGH scheint in *Filmspeler* also eine Differenzierung einzuführen zwischen Werkgenuss, für den auf eine rechtmäßige Quelle zugegriffen wird, und Werkgenuss, für den unrechtmäßige Quellen genutzt werden. So lässt sich auch erklären, warum das Gericht ausdrücklich auf die Aussagen, die im Rahmen der Werbung für den Medienabspieler getätigt wurden, und den „Hauptanreiz" für die potenziellen Erwerber, kostenlosen Zugang zu unrechtmäßig veröffentlichten Werken zu erhalten,[68] abstellt.

d. Bewertung

Die Unterscheidung zwischen rechtmäßigen und rechtswidrigen Quellen[69] führt auf den ersten Blick zu einer Ungleichbehandlung von digitalem und analogem Werkgenuss. Denn analoge Werkexemplare müssen für den Werkgenuss nicht vervielfältigt werden, so dass unerheblich ist, ob das Werkexemplar rechtmäßig hergestellt wurde. Diese Friktion löst sich allerdings auf, wenn differenzierter beurteilt wird, was die Werkgenuss-Freiheit ausmacht (und was nicht).[70] Unzweifelhaft *frei* ist allein der rezeptive Werkgenuss – das Lesen, Hören, Sehen. Nicht unbedingt urheberrechtsfrei sind hingegen die Handlungen, die diesen Werkgenuss erst ermöglichen oder ihm dienen.[71] Inwieweit Handlungen erforderlich sind, um ein Werk rezipieren zu können hängt von der konkreten Situation und dem Werkexemplar ab. So ist im analogen Bereich das Hören eines

---

Werk ohne Zustimmung des Rechtsinhabers bzw. der Rechtsinhaber angeboten wird, eine vorübergehende Kopie anfertigt?"

[65] EuGH, Urt. v. 26.4.2017, C-527/15 – *Filmspeler*, Rn. 67 ff.

[66] EuGH, Urt. v. 26.4.2017, C-527/15 – *Filmspeler*, Rn. 70.

[67] Vgl. EuGH, Urt. v. 4.10.2011, C-403/08 und C-429/08 – *FAPL/Murphy*, Rn. 171.

[68] EuGH, Urt. v. 26.4.2017, C-527/15 – *Filmspeler*, Rn. 69.

[69] So auch schon *v. Gerlach*, S. 178 ff., der diese Differenzierung bereits vorgeschlagen und als „Quellentheorie" bezeichnet hat.

[70] Vgl. hierzu eingehend *Sucker*, Der digitale Werkgenuss im Urheberrecht, 2014.

[71] Ähnlich *Lauber-Rönsberg*, S. 162: „[Z]war [ist] nicht die Benutzung als solche dem Ausschließlichkeitsrecht unterworfen, jedoch die für die Benutzung technisch erforderlichen Vervielfältigungshandlungen, was faktisch zum gleichen Ergebnis führt". Vgl. auch *Ulmer*, Urheber- und Verlagsrecht, S. 227.

Musikstücks urheberrechtsfrei; die Herstellung einer Kassette mit dem betreffenden Werk ist urheberrechtlich relevant. Möchte der Erwerber einer CD das Musikstück auch auf seinem Kassetten-Spieler anhören, muss er die Musik überspielen. Auch das ist urheberrechtlich relevant. Ist das Magnetband der Kassette nach einiger Zeit knittrig, kann er eine Kopie auf einer neuen Kassette anfertigen. Er nimmt dann ebenfalls eine urheberrechtlich relevante Handlung vor.

Zwar bringt allein das Abspielen eines analogen Werkexemplars – im Gegensatz zum Abspielen eines digitalen Werkexemplars – keine Vervielfältigungen mit sich. Das bedeutet jedoch nicht, dass deshalb das Abspielen *immer* frei sein muss. Allein die Rezeption ist frei. Das ist auch im digitalen Bereich unzweifelhaft: Wer als Gast einer Feier der Musik zuhört oder eine Videoprojektion ansieht, nimmt selbstverständlich keine urheberrechtlich relevante Handlung vor – gleich, ob es sich um digitale oder analoge Werkexemplare handelt. Damit die Musik erklingt oder das Video projiziert wird, können hingegen urheberrechtlich relevante Handlungen erforderlich sein. Bei digitalen Werkexemplaren mehr als bei analogen. Ein „Gleichlauf" von analoger und digitaler Welt besteht richtigerweise nur im Hinblick auf den rezeptiven Werkgenuss als solchen.

Wird § 44a Nr. 2 UrhG nun so interpretiert, dass er lediglich Vervielfältigungen privilegiert, die bei der Nutzung einer rechtmäßigen Quelle entstehen, dann steht dies nicht in Widerspruch zur (rezeptiven) Werkgenussfreiheit.[72]

Für die vorliegende Arbeit ergibt sich daraus, dass bei der Wiedergabe von (legal) erworbenen digitalen Werkexemplaren stets eine rechtmäßige Nutzung i. S. v. § 44a Nr. 2 UrhG vorliegt. Denn es genügt, dass die Nutzer nicht auf eine urheberrechtswidrig zugänglich gemachte Quelle zurückgreifen. Die wirtschaftliche Bedeutung der Vervielfältigungen zum Werkgenuss gehen nicht über die wirtschaftliche Bedeutung des Erwerbs hinaus, für den der Rechteinhaber bereits vergütet wurde.[73] Eine (vertragliche) Zustimmung zur Nutzung und den damit einhergehenden Vervielfältigungen ist nicht erforderlich.

II. Privatkopie (§ 53 Abs. 1 S. 1 UrhG)

Vervielfältigungen, die im Rahmen der Wiedergabe digitaler Werkexemplare anfallen und nicht flüchtig sind, werden für die Zwecke der vorliegenden Arbeit als Speicherung eingeordnet (siehe hierzu § 3). Sie können von § 53 Abs. 1 S. 1 UrhG gedeckt sein. Dies setzt insbesondere voraus, dass die Wiedergabe den

---

[72] Ähnlich *v. Gerlach*, S. 177 f.: „Nun geht es hier nicht um den puren rezeptiven Werkgenuss, sondern um die vorgelagerte vorübergehende Vervielfältigung."

[73] Ähnlich *Bornhauser*, S. 181 (keine „eigenständige" wohl aber „unselbständige" wirtschaftliche Bedeutung, die aber durch vorgelagerte, vergütete Handlungen abgegolten ist).

privaten Werkgenuss ermöglicht, also zum privaten Gebrauch erfolgt.[74] Zudem darf für die Vervielfältigung keine offensichtlich rechtswidrige Vorlage verwendet werden. Beides wird in den hier untersuchten Fällen zutreffen.[75] Für die weiteren Voraussetzungen sowie Einschränkungen der Privatkopieschranke wird auf die Erläuterungen in § 3 B.I. verwiesen.

III. Bestimmungsgemäße Benutzung (§ 69d Abs. 1 UrhG)

Für Computerprogramme enthält § 69d UrhG eine spezielle Schranke. Absatz 1 privilegiert Vervielfältigungen, die mit dem normalen Gebrauch des Programms durch den zur Verwendung Berechtigten einhergehen.[76] Für die Frage, wer Berechtigter ist und ob eine Zustimmung des Rechteinhabers erforderlich ist, wird auf die obigen Ausführungen (§ 3 B.III.) verwiesen. Nach richtigem Verständnis legt § 69d Abs. 1 UrhG zwar (gesetzlich) den Umfang der erlaubten Handlungen fest, setzt aber einen (initialen) willentlichen Akt des Rechteinhabers voraus.

C. Zwischenergebnis

Die Wiedergabe digitaler Werkexemplare zum privaten Werkgenuss geht stets mit Vervielfältigungshandlungen einher. Selbst kurzzeitige Speicherungen, die unmittelbar nach oder während der Wiedergabe gelöscht werden, sind urheberrechtlich relevant. Sie werden allerdings durch die Schranke des § 44a Nr. 2 UrhG abgedeckt. Entscheidend ist insofern, dass die erworbenen digitalen Werkexemplare mit Zustimmung des Rechteinhabers zugänglich gemacht wurden. Länger andauernde Speicherungen können als Privatkopien nach § 53 Abs. 1 S. 1 UrhG privilegiert sein, soweit es sich bei dem Werkexemplar nicht um ein Buch handelt. Vervielfältigungen, die im Rahmen der bestimmungsgemäßen Benutzung eines Computerprogramms erfolgen, sind von § 69d UrhG gedeckt, soweit der Nutzer eine Berechtigung zur Nutzung besitzt.

Während die Wiedergabe bzw. der Gebrauch eines analogen Werkexemplars die Ausschließlichkeitsrechte des Urhebers nicht berührt, ist dies im digitalen Bereich anders. Teilweise wird daher gefordert, das Vervielfältigungsrecht enger auszulegen, um einen Gleichlauf zwischen analoger und digitaler Welt herzu-

---

[74] Vgl. *Heinz*, S. 191; *Vianello*, CR 2010, 728 (733); *Zech*, ZUM 2014, 3 (7).

[75] Zu der Frage, wann bei illegalen Streaming-Angeboten von einer „offensichtlich rechtswidrigen" Vorlage auszugehen ist siehe *Eichelberger*, in: Der Schutz des Geistigen Eigentums im Internet, S. 17 (35 ff.); *Fangerow/Schulz*, GRUR 2010, 677 (679 f.).

[76] Wandtke/Bullinger/*Grützmacher*, UrhG, § 69d Rn. 9.

stellen.[77] Andere hingegen halten ein Nutzungsrecht für den Gebrauch digitaler Werkexemplare, vor allem für Software, für generell erforderlich.[78]

Eine enge Auslegung des urheberrechtlichen Vervielfältigungsrechts würde allerdings an der falschen Stelle ansetzen. Dass die Rechte des Urhebers digitale Nutzungen erfassen, ist grundsätzlich richtig. Ein Wertungswiderspruch besteht nicht zwischen analogen und digitalen Werkexemplaren, sondern darin, dass der Erwerbsvorgang urheberrechtlich nicht hinreichend berücksichtigt wird. Anstatt zu versuchen, den privaten Gebrauch digitaler Werkexemplare auf der Ebene der Ausschließlichkeitsrechte zu berücksichtigen, ist die andere Seite – nämlich das vom Nutzer erworbene Recht – in den Fokus zu rücken. Ob es sich bei diesem Recht zwingend um ein urheberrechtliches Nutzungsrecht handelt, ist im Rahmen der Bestimmung des Erwerbsgegenstands (Teil 3) zu klären.

---

[77] So etwa *Marly*, EuZW 2014, 616 (618); *Stieper*, AfP 2010, 217 (220). Vgl. auch *Cichon*, S. 294 Rn. 1102.
[78] *Hauck*, ZGE 9 (2017), 47 (55 f.).

§ 5 Weiterverkauf des digitalen Werkexemplars

Dass ein erworbenes Buch, eine CD oder eine Videokassette weiterverkauft werden dürfen, erscheint selbstverständlich. Ob in einem Antiquariat, auf dem Flohmarkt oder auf Online-Handelsplätzen; überall werden Werkexemplare, die von ihren Eigentümern nicht mehr genutzt werden, zum Verkauf angeboten.[1] Handelt es sich um ein digitales Werkexemplar, ist die rechtliche Zulässigkeit dieses Weiterverkaufs in Frage gestellt. Unzählige juristische Beiträge haben sich bereits mit diesem Problem auseinandergesetzt.[2]

Da die Möglichkeit des Weiterverkaufs digitaler Werkexemplare eine zentrale Rolle für die Bestimmung des Vertragsgegenstands des Ersterwerbs spielt, kann auch die vorliegende Arbeit nicht auf diesen Aspekt verzichten. Die Diskussion zu diesem Thema hier in voller Breite wiederzugeben würde jedoch kaum neue Erkenntnisse hervorbringen. Stattdessen werden im Folgenden die rechtlichen Grundlagen sowie die wichtigsten Argumente der Diskussion genannt. Kernthese der vorliegenden Arbeit ist dabei, dass die (urheberrechtliche) Zulässigkeit des Weiterverkaufs maßgeblich von der Bestimmung des Vertragsgegenstands (Teil 3) abhängt.

---

[1] Zu den verschiedenen Ausprägungen des Zweitmarkts für digitale Werkexemplare siehe *Ganzhorn*, S. 102 ff.

[2] Siehe etwa die Monographien von *Ammann*, Der Handel mit Second Hand-Software aus rechtlicher Sicht, 2011; *Becher*, Der Sekundärmarkt für Software, 2015; *Bruch*, Der Handel mit gebrauchter Software – legal oder das Ende eines Geschäftsmodells?, 2010; *Ganzhorn*, Rechtliche Betrachtung des Vertriebs und der Weitergabe digitaler Güter, 2015; *Hantschel*, Softwarekauf und -weiterverkauf, 2011; *Herzog*, Handel mit gebrauchter Software, 2009; *Koehler*, Der Erschöpfungsgrundsatz des Urheberrechts im Online-Bereich, 2000; *Konieczek*, Die Erschöpfung im digitalen Werkvertrieb über Cloud Computing, 2017; *Kulpe*, Der Erschöpfungsgrundsatz nach Europäischem Urheberrecht, 2012; *Stein*, Der Gebrauchtsoftware-Handel nach den „UsedSoft"-Entscheidungen des EuGH und des BGH, 2017.

A. Urheberrechtliche Relevanz des Weiterverkaufs digitaler Werkexemplare

Die urheberrechtliche Bewertung des Weiterverkaufs digitaler Werkexemplare erfordert zunächst eine Differenzierung zwischen den möglichen Wegen einer Weitergabe digitaler Inhalte. Im Folgenden wird zwischen drei technischen Möglichkeiten unterschieden. So können digitale Werkexemplare etwa durch Übergabe eines Datenträgers weiterverkauft werden (I.). Dies ist sowohl dann möglich, wenn bereits der Ersterwerb auf einem Datenträger erfolgte, als auch wenn der Ersterwerber/Verkäufer das digitale Werkexemplar auf einen Datenträger überspielt. Daneben können digitale Werkexemplare durch unkörperliche Versendung einer Datei über das Internet zum Zweiterwerber gelangen (II.). Drittens ist denkbar, dass digitale Werkexemplare auf einem externen Speicher (in der Cloud) liegen und der Zweiterwerber zu diesem Speicherplatz Zugang erhält (III.).

I. Übergabe eines Datenträgers

Wird ein Datenträger, auf dem ein urheberrechtlich geschütztes Werk gespeichert ist (z.B. CD, DVD, USB-Stick), weitergegeben, kann das urheberrechtliche Verbreitungsrecht betroffen sein. § 17 Abs. 1 UrhG gewährt dem Urheber das ausschließliche Recht, „das Original oder Vervielfältigungsstücke des Werkes der Öffentlichkeit anzubieten oder in Verkehr zu bringen".[3] Nicht erst eine Übergabe, sondern bereits das Angebot zum Verkauf stellt eine Verbreitungshandlung i.S.v. § 17 UrhG dar.[4] Entscheidend ist allerdings, dass letztlich eine Eigentumsübertragung, nicht lediglich eine Besitzüberlassung, stattfinden soll.[5] Welcher schuldrechtliche Vertrag – Kauf, Tausch, Schenkung o.ä. – der Übereignung zugrunde liegt, ist dabei unerheblich.[6]

Erforderlich ist zudem, dass der Verkauf an die bzw. das Angebot hierzu gegenüber der Öffentlichkeit erfolgt. Zur Öffentlichkeit gehören nach § 15 Abs. 3 S. 2 UrhG alle Personen, die mit dem Handelnden nicht „durch persönliche Beziehungen verbunden sind". Diese Legaldefinition gilt auch im Rahmen des § 17

---

[3] Für Computerprogramme ist das Verbreitungsrecht in § 69c Nr. 3 UrhG geregelt. Es entspricht inhaltlich dem Verbreitungsrecht nach § 17 UrhG (vgl. Gesetzesbegründung, BT-Drucks. 12/4022, S. 11).

[4] Vgl. BGHZ 113, 159 (162) = GRUR 1991, 316 (317) – *Einzelangebot*; Schricker/Loewenheim/*Loewenheim*, UrhG, § 17 Rn. 9; Dreier/Schulze/*Schulze*, UrhG, § 17 Rn. 11.

[5] Vgl. EuGH, Urt. v. 17.4.2008, C-456/06 – *Peek & Cloppenburg*, Rn. 36. Kritisch Schricker/Loewenheim/*Loewenheim*, UrhG, § 17 Rn. 17 ff.

[6] Vgl. Dreier/Schulze/*Schulze*, UrhG, § 17 Rn. 15.

UrhG; eine Vielzahl von Personen ist hier jedoch nicht erforderlich.[7] Soweit der Zweiterwerber nicht zum Familien-, Freundes- oder Bekanntenkreis des Verkäufers zählt,[8] ist das Merkmal der „Öffentlichkeit" also erfüllt und die Weitergabe des Datenträgers stellt eine urheberrechtlich relevante Verbreitung dar. Dies gilt sowohl dann, wenn das digitale Werkexemplar auf dem „originalen" Datenträger, also jenem Speichermedium, auf dem es der Ersterwerber erhalten hat, weitergegeben wird, als auch bei Übergabe einer vom Ersterwerber hergestellten Kopie. Denn § 17 Abs. 1 UrhG erfasst auch die Verbreitung von Vervielfältigungsstücken. In diesem Fall berührt die Herstellung des Datenträgers zudem das urheberrechtliche Vervielfältigungsrecht nach § 16 UrhG.[9] Beide Rechte stehen selbstständig nebeneinander.[10]

II. Digitale Versendung einer Datei

Bei der digitalen Versendung des Werkexemplars (z. B. per E-Mail) werden an verschiedenen Punkten Kopien der digitalen Datei angefertigt. Sowohl der E-Mail-Anbieter des Absenders als auch jener des Empfängers speichern eine Kopie des Datensatzes der E-Mail auf ihren Servern. Der Empfänger wiederum kann die empfangene Datei auf seinem Computer oder einem externen Speicherplatz ablegen. Die Versendung eines digitalen Werkexemplars berührt mithin das urheberrechtliche Vervielfältigungsrecht nach § 16 UrhG;[11] bei Computerprogrammen das Vervielfältigungsrecht nach § 69c Nr. 1 S. 2 UrhG.[12]

Das Verbreitungsrecht nach § 17 Abs. 1 UrhG ist bei diesem Übermittlungsweg hingegen nicht betroffen. Denn es erfasst nur die Verbreitung *körperlicher* Werkexemplare.[13] Dies gilt selbst dann, wenn der Erwerber seinerseits das digitale Exemplar wiederum auf einen körperlichen Träger bringt – etwa durch Ausdruck oder Speicherung auf einem Datenträger.[14]

---

[7] Vgl. BGHZ 113, 159, (162) = GRUR 1991, 316 (317) – *Einzelangebot*; Dreier/Schulze/ *Schulze*, UrhG, § 17 Rn. 7.

[8] Ähnlich Dreier/Schulze/*Schulze*, UrhG, § 17 Rn. 8.

[9] Vgl. BGHZ 112, 264 (278) = GRUR 1991, 449 (453) – *Betriebssystem*; *Ganzhorn*, S. 103; Schricker/Loewenheim/*Loewenheim*, UrhG, § 16 Rn. 17.

[10] Vgl. Schricker/Loewenheim/*Loewenheim*, UrhG, § 17 Rn. 22.

[11] Vgl. *Cichon*, GRUR-Prax 2010, 381 (383); Fromm/Nordemann/*Dustmann*, UrhG, § 16 Rn. 29; *Ganzhorn*, S. 107; *Lauber-Rönsberg*, S. 147; Schricker/Loewenheim/*Loewenheim*, UrhG, § 16 Rn. 21; *Poeppel*, S. 70.

[12] Vgl. *Zimmeck*, ZGE 1 (2009), 324 (331).

[13] Vgl. Schricker/Loewenheim/*Loewenheim*, UrhG, § 17 Rn. 6; *Schack*, GRUR 2007, 639 (643); Dreier/Schulze/*Schulze*, UrhG, § 17 Rn. 5.

[14] Vgl. Dreier/Schulze/*Schulze*, UrhG, § 17 Rn. 6.

In der Versendung der Datei liegt auch keine öffentliche Zugänglichmachung nach § 19a UrhG. Nach § 19a UrhG hat der Urheber das ausschließliche Recht, „das Werk drahtgebunden oder drahtlos der Öffentlichkeit in einer Weise zugänglich zu machen, dass es Mitgliedern der Öffentlichkeit von Orten und zu Zeiten ihrer Wahl zugänglich ist." Die Vorschrift geht auf Art. 3 Abs. 1 Info-Soc-RL zurück. Nach ErwG 25 der Richtlinie sollte hiermit insbesondere klargestellt werden, dass der Rechteinhaber das ausschließliche Recht hat, das Werk „im Wege der interaktiven Übertragung auf Abruf für die Öffentlichkeit zugänglich zu machen". Nach Auslegung des EuGH setzt der Begriff der Öffentlichkeit in Art. 3 Abs. 1 InfoSoc-RL voraus, dass „eine unbestimmte Zahl potenzieller Leistungsempfänger" und „recht viele Personen" Zugang erhalten.[15] Bei dem Versand einer E-Mail handelt es sich um eine sog. Punkt-zu-Punkt-Übertragung zwischen Absender und Empfänger. Zugang zu den digitalen Inhalten erhält also nur eine einzige weitere Person und nicht eine Vielzahl von Mitgliedern der Öffentlichkeit.[16] Dagegen wendet *Schulze* ein, für die öffentliche Zugänglichmachung gem. § 19a UrhG genüge, dass *ein* Mitglied der Öffentlichkeit Zugang erhält.[17] Dabei schweben ihm aber vor allem Situationen vor, in denen ein Werkexemplar sukzessive an eine Vielzahl von Empfängern versendet wird.[18] In diesem Fall sei es nicht gerechtfertigt, eine öffentliche Zugänglichmachung abzulehnen, nur weil der Zugang den Mitgliedern der Öffentlichkeit nicht „zeitgleich" verschafft wird.[19] Hier wird der Unterschied zu den in dieser Arbeit untersuchten Fällen deutlich, bei denen davon ausgegangen wird, dass der Ersterwerber sein Werkexemplar – wie auch beim Weiterverkauf eines analogen Werkexemplars – lediglich *einmal* weiterverkauft und es auch nur *einer* anderen Person zusendet. Dies erfüllt nicht die Voraussetzungen einer öffentlichen Zugänglichmachung gem. § 19a UrhG.

III. Zugang zu externem Speicherplatz

Wird das digitale Werkexemplar dem Zweiterwerber zugänglich gemacht, indem dieser Zugang zu einem externen Speicherplatz erhält, auf dem es gespeichert ist, erfolgen mehrere Vervielfältigungen: das Werk wird bereits bei der Speicherung,

---

[15] EuGH Urt. v. 15.3.2012, C-135/10, – *SCF*, Rn. 84; EuGH Urt. v. 15.3.2012, C-162/10 – *Phonographic Performance (Ireland)*, Rn. 33.

[16] Vgl. OLG München ZUM-RD 2007, 347 (358); *Bruch*, S. 95; *Hantschel*, S. 223; *Lauber-Rönsberg*, S. 145.

[17] *Schulze*, ZUM 2008, 836 (837).

[18] Vgl. *Schulze*, ZUM 2008, 836 (838 und 842).

[19] *Schulze*, ZUM 2008, 836 (842). Vgl. auch *Cichon*, GRUR-Prax 2010, 381 (383); Dreier/Schulze/*Dreier*, UrhG, § 19a UrhG Rn. 8.

dem Hochladen auf den externen Server, vervielfältigt.[20] Lädt der Zweiterwerber, nachdem er Zugang erhalten hat, die Datei auf seine eigene Festplatte, nimmt auch er eine Vervielfältigung vor.[21]

Eine öffentliche Zugänglichmachung nach § 19a UrhG ist hingegen wiederum nicht gegeben. Wird das digitale Werkexemplar für den Zweiterwerber zum Abruf bereitgehalten, wird es ihm zwar zugänglich gemacht. Ebenso wie beim Weiterverkauf im Wege der Versendung einer Datei, wird das Werk aber nicht *öffentlich* zugänglich gemacht, weil nur eine einzige Person, nämlich der Zweiterwerber, die Datei abrufen darf. Damit fehlt es an einer Zugänglichmachung für Mitglieder der Öffentlichkeit.[22]

Eine Verbreitung i. S. v. § 17 Abs. 1 UrhG scheitert wiederum daran, dass kein körperliches Werkexemplar weitergegeben wird. Allerdings wird in Bezug auf Fälle der Bereitstellung zum Download vorgebracht, dass dies funktional einer Verbreitungshandlung entspreche.[23] Das „tradierte Bild der strikten Trennung körperlicher und unkörperlicher Verwertung" entspreche nicht mehr der Lebenswirklichkeit.[24] Ebenso wie die Verbreitung sei der Download ein Vorgang, der das Werkexemplar einer weiteren Person zugänglich mache.[25] Ob das bei dem Erwerber entstehende Werkexemplar ein analoges oder ein digitales sei, mache letztlich keinen Unterschied.[26] Gegen eine Ausdehnung des Verbreitungsrechts auf digitale Übertragungsvorgänge streitet jedoch, dass das Urheberrecht klar zwischen körperlichen und unkörperlichen Verwertungshandlungen trennt.[27] Es wird daher zu Recht angeführt, die gleiche Verwertungshandlung könne nicht zugleich körperlich und unkörperlich sein.[28]

---

[20] Vgl. *Bäcker/Höfinger*, ZUM 2013, 623 (636); *Ganzhorn*, S. 107; Schricker/Loewenheim/ *Loewenheim*, UrhG, § 16 Rn. 21.

[21] Vgl. *Bäcker/Höfinger*, ZUM 2013, 623 (636); *Ganzhorn*, S. 107; *Hoeren*, CR 2006, 573 (574 f.).

[22] Etwas anderes würde gelten, wenn die Datei frei abrufbar wäre, vgl. *Ganzhorn*, S. 119. A.A. *Bäcker/Höfinger*, ZUM 2013, 623 (636) (schon das Bereithalten zum Download für nur eine Person stellt eine öffentliche Zugänglichmachung dar).

[23] *Ganzhorn*, S. 153; *Hoeren/Jakopp*, MMR 2014, 646 (648); *Konieczek*, S. 111; *Orgelmann*, S. 175 ff.; *Redeker*, CR 2014, 73 (76); *Schneider/Spindler*, CR 2014, 213 (222).

[24] *Ganzhorn*, S. 155. Vgl. auch *Bruch*, S. 104; *Schneider/Spindler*, CR 2014, 213 (223).

[25] *Redeker*, CR 2014, 73 (76).

[26] *Orgelmann*, S. 174.

[27] Vgl. *Grützmacher*, CR 2007, 549 (550).

[28] *Koch*, ITRB 2013, 9 (10); *Stieper*, ZUM 2012, 668.

B. Privilegierung durch den Erschöpfungsgrundsatz

Nach § 17 Abs. 2 UrhG ist die Weiterverbreitung des Originals oder von Verviel-fältigungsstücken zulässig, wenn diese mit Zustimmung des zur Verbreitung Be-rechtigten im Wege der Veräußerung in Verkehr gebracht worden sind. Dieser sog. Erschöpfungsgrundsatz verhindert, dass der Rechteinhaber Kontrolle über Werkexemplare ausüben kann, die mit seiner Zustimmung in den Verkehr ge-langt sind. Dadurch wird ein Ausgleich zwischen den Interessen des Urhebers und des Erwerbers, der als Eigentümer des Werkexemplars dieses grundsätzlich auch veräußern kann, hergestellt.[29] Wer ein Werkexemplar erworben hat, darf es also weiterverkaufen, ohne dass die Rechte des Urhebers entgegenstehen. Ob der Erschöpfungsgrundsatz auch im digitalen Bereich anwendbar ist, ist jedoch höchst umstritten. Im Folgenden wird daher zunächst geprüft, ob der Erschöp-fungsgrundsatz in seiner jetzigen Fassung in § 17 Abs. 2 UrhG und § 69c Nr. 3 UrhG dem Wortlaut nach die Weitergabe digitaler Werkexemplare abdeckt bzw. wo Schwierigkeiten bestehen (I.). Daran anschließend werden die für diesen Be-reich relevanten Entscheidungen des EuGH wiedergegeben (II.), bevor auf die Diskussion um die Ausdehnung des Erschöpfungsgrundsatzes auf digitale Sach-verhalte eingegangen wird (III.). Es folgt eine eigene Stellungnahme (IV.).

I. Anwendungsbereich des Erschöpfungsgrundsatzes gem. §§ 17 Abs. 2 und 69c Nr. 3 UrhG

Wie bereits festgestellt, ist bei der Weitergabe eines digitalen Werkexemplars in Form der Übergabe eines Datenträgers das Verbreitungsrecht des Rechteinhabers betroffen.[30] Vom Erschöpfungsgrundsatz gedeckt ist diese Verbreitungshandlung dann, wenn der Datenträger mit Zustimmung des Rechteinhabers in den Verkehr gelangt ist. Davon ist in den hier im Fokus stehenden Fällen auszugehen.

Etwas anderes gilt allerdings, wenn der Veräußerer das digitale Werkexemplar unkörperlich erworben und den Datenträger selbst angefertigt hat. Denn die Er-schöpfung erfasst nur solche Vervielfältigungsstücke, die durch den Rechteinha-ber selbst bzw. mit seiner Zustimmung in Verkehr gelangt sind.[31] Auch wenn die Herstellung des Datenträgers seitens des Veräußerers rechtmäßig war, etwa als Anfertigung einer Privatkopie, greift die Weitergabe dieses Vervielfältigungs-stücks in das urheberrechtliche Verbreitungsrecht ein.

---

[29] Vgl. *Hauck*, NJW 2014, 3616 (3617). Zum Erschöpfungsgrundsatz als Interessenaus-gleich und den verschiedenen hierzu vertretenen Theorien siehe auch *de la Durantaye/Kuschel*, ZGE 8 (2016), 195 (209 ff.).

[30] Siehe oben § 5 A.I.

[31] Vgl. Wandtke/Bullinger/*Heerma*, UrhG, § 17 Rn. 26; *Koch*, ITRB 2013, 9 (10).

Bei der Weitergabe des Werkexemplars im Wege der digitalen Versendung oder durch das Bereitstellen auf einem externen Speicher zum Herunterladen ist das urheberrechtliche Vervielfältigungsrecht betroffen. Das Vervielfältigungsrecht wird durch den Erschöpfungsgrundsatz nicht eingeschränkt. Sowohl § 17 Abs. 2 als auch § 69c Nr. 3 UrhG beziehen sich explizit nur auf das Verbreitungsrecht.[32] Soweit der Weiterverkauf digitaler Werkexemplare mit Vervielfältigungen einhergeht, kann der Erschöpfungsgrundsatz ihn also grundsätzlich nicht abdecken.[33]

Der in §§ 17 Abs. 2 und 69c Nr. 3 UrhG niedergelegte Erschöpfungsgrundsatz passt seinem Wortlaut nach nur auf die Weitergabe körperlicher Werkexemplare. Der unkörperliche bzw. Weiterverkauf ohne Datenträger ist nicht abgedeckt.

II. Die Rechtsprechung des EuGH

Die Rechtslage auf Ebene des deutschen Urheberrechts ist, wie soeben festgestellt, eindeutig. Die Rechtsprechung des EuGH könnte allerdings eine andere Beurteilung des unkörperlichen Weiterverkaufs digitaler Werkexemplare erfordern. Im Folgenden werden daher kurz die wegweisenden Entscheidungen des EuGH auf diesem Gebiet vorgestellt.

1. Erschöpfung bei unkörperlichen Computerprogrammkopien

In *UsedSoft* hatte der EuGH über die Zulässigkeit des Weiterverkaufs von online erworbener Software nach den Bestimmungen der Computerprogramme-Richtlinie[34] zu entscheiden.[35] Die Klägerin, *Oracle*, entwickelt Software und vertreibt diese überwiegend über das Internet. Mit den Kunden schließt sie Lizenzverträge, die diesen ein dauerhaftes, einfaches Nutzungsrecht verschaffen. Die Kunden zahlen ein einmaliges Entgelt und laden eine Programmkopie von den Servern von *Oracle* herunter. Die Beklagte, *UsedSoft*, handelte mit gebrauchten Softwarelizenzen. Sie kaufte Lizenzen und bot diese wiederum zum Verkauf an. Die Kunden von *UsedSoft* luden ihre Programmkopie dann direkt von der Internetseite von *Oracle* herunter. *Oracle* sah hierin eine Verletzung ihres urheberrechtlichen Vervielfältigungsrechts.

---

[32] Vgl. *Ganzhorn*, S. 234 f.; *Haberstumpf*, CR 2012, 561 (566); *Herzog*, S. 65; *Hoeren/Jakopp*, MMR 2014, 646 (647); *Jani*, in: FS Wandtke, S. 331 (338); *Senftleben*, NJW 2012, 2924 (2925).

[33] Vgl. *Bäcker/Höfinger*, ZUM 2013, 623 (638); *Ganzhorn*, S. 234 f.; *Jani*, in: FS Wandtke, 331 (337 f.); *Koch*, ITRB 2013, 9 (10); *Schack*, GRUR 2007, 639 (644); *Stieper*, ZUM 2012, 668 (669).

[34] RL 2009/24/EG.

[35] EuGH Urt. v. 3.7.2012, C-128/11 – *UsedSoft*.

Der EuGH entschied, das Recht zur Verbreitung eines Computerprogramms sei auch dann erschöpft, wenn der Nutzer die Programmkopie mit Zustimmung des Rechteinhabers aus dem Internet heruntergeladen und gegen Entgelt ein unbegrenztes Nutzungsrecht erhalten habe.[36] Der Ersterwerber müsse seine eigene Programmkopie allerdings unbrauchbar machen.[37] Der EuGH beruft sich dabei auf den Wortlaut von Art. 4 Abs. 2 der Computerprogramme-RL. Hiernach sei entscheidend, dass ein „Erstverkauf einer Programmkopie" stattgefunden habe.[38] „Verkauf" definiert der EuGH als „Vereinbarung, nach der eine Person ihre Eigentumsrechte an einem ihr gehörenden körperlichen oder nichtkörperlichen Gegenstand gegen Zahlung eines Entgelts an eine andere Person abtritt".[39] Gegenstand dieses Verkaufs sei in Fällen des Online-Vertriebs von Computerprogrammen eine Kopie des Computerprogramms und eine Lizenz, die gemeinsam ein „unteilbares Ganzes" bildeten.[40] Der EuGH geht dabei davon aus, dass „das Eigentum an der Kopie des Computerprogramms übertragen wird", unabhängig davon, ob ein materieller Datenträger übergeben oder die Kopie aus dem Internet heruntergeladen werde.[41]

2. Anwendung der UsedSoft-Rechtsprechung auf andere Werkarten?

Die Entscheidung *Nintendo* setzt sich im Kern mit technischen Schutzmaßnahmen bei Computerspiel-Konsolen auseinander.[42] In diesem Zusammenhang macht der EuGH Ausführungen zu der rechtlichen Qualifikation sog. „Hybrid-Werke", die zum einen aus Software und zum anderen aus Bild-, Film- oder Tonmaterial bestehen. Für die Frage der digitalen Erschöpfung ist dies insofern relevant, als dass der EuGH in *UsedSoft* lediglich zu Bestimmungen der Computerprogramme-RL Stellung beziehen konnte und die Richtlinie als *lex specialis* im Verhältnis zur InfoSoc-RL bezeichnete.[43] Damit stellte sich die Frage, ob die Entscheidung *UsedSoft* auf digitale Exemplare anderer Werkarten übertragbar ist. In *Nintendo* führt der EuGH aus, Videospiele seien „Gesamtwerke" und auch die Softwarebestandteile nähmen an der „Originalität des Gesamtwerks" teil und seien daher von der InfoSoc-RL geschützt.[44] Dass die Computerprogramme-RL

---

[36] EuGH Urt. v. 3.7.2012, C-128/11 – *UsedSoft*, Rn. 72.

[37] EuGH Urt. v. 3.7.2012, C-128/11 – *UsedSoft*, Rn. 70.

[38] EuGH Urt. v. 3.7.2012, C-128/11 – *UsedSoft*, Rn. 38.

[39] EuGH Urt. v. 3.7.2012, C-128/11 – *UsedSoft*, Rn. 42.

[40] EuGH Urt. v. 3.7.2012, C-128/11 – *UsedSoft*, Rn. 44.

[41] EuGH Urt. v. 3.7.2012, C-128/11 – *UsedSoft*, Rn. 45 ff.

[42] EuGH, Urt. v. 23.01.2014, C-355/12 – *Nintendo*.

[43] EuGH Urt. v. 3.7.2012, C-128/11 – *UsedSoft*, Rn. 56.

[44] EuGH, Urt. v. 23.01.2014, C-355/12 – *Nintendo*, Rn. 22 f.

lex specialis zur InfoSoc-RL sei, stehe dem nicht entgegen.[45] Zur Anwendung der *UsedSoft*-Rechtsprechung auf andere Werkarten trifft der EuGH keine Aussage.

3. Erschöpfung im Rahmen des E-Lending?

In *Stichting Leenrecht* stand die Frage im Mittelpunkt, ob Art. 1 und 2 Abs. 1 b) der Vermiet- und Verleihrichtlinie[46] auch das zeitlich begrenzte Zurverfügungstellen von Büchern in digitaler Form umfassen.[47] Zudem wollte das vorlegende Gericht, die Rechtbank Den Haag, wissen, ob die Zulässigkeit des Verleihens von der Erschöpfung des Verbreitungsrechts abhängig gemacht werden darf – wie dies Art. 15c Abs. 1 des niederländischen Urheberrechts (*Auteurswet*) tut[48] – und wann Erschöpfung bei den in Rede stehenden Werkarten eintritt. Die Rechtbank Den Haag stellte daher die 4. Vorlagefrage:

„Ist Art. 4 Abs. 2 der Richtlinie 2001/29 dahin auszulegen, dass unter dem Erstverkauf von Gegenständen oder einer anderen erstmaligen Eigentumsübertragung im Sinne dieser Vorschrift auch eine zeitlich unbegrenzte Gebrauchsüberlassung eines digitalen Vervielfältigungsstücks urheberrechtlich geschützter Romane, Erzählungssammlungen, Biografien, Reiseberichte, Kinderbücher und Jugendliteratur zu verstehen ist, die online durch Herunterladen vorgenommen wird?"[49]

Der EuGH entschied, dass der Begriff des Verleihens grundsätzlich auch digitale Kopien von Büchern erfasst, soweit gewährleistet ist, dass stets nur ein Nutzer das Buch während der Leihfrist nutzen kann und die Kopie nach Ende der Leihfrist unbrauchbar wird.[50] Dass ein Mitgliedstaat die Zulässigkeit des Verleihens an weitere Voraussetzungen knüpfe, sei mit europäischem Recht vereinbar, da dieses nur „eine Untergrenze des Schutzes für die Urheber" vorsehe.[51] Aufgrund der Formulierung der 4. Vorlagefrage, die nur für den Fall gestellt worden war, dass der EuGH die zusätzliche Voraussetzung der Erschöpfung des Verbreitungsrechts für unzulässig befinde,[52] musste der EuGH die Frage nicht beantworten und äußerte sich dementsprechend auch nicht explizit zu den Voraussetzungen der Erschöpfung bei digitalen Büchern.

---

[45] EuGH, Urt. v. 23.01.2014, C-355/12 – *Nintendo*, Rn. 23.

[46] RL 2006/115/EG.

[47] EuGH, Urt, v. 10.11.2016, C-174/15 – *Stichting Leenrecht*.

[48] Auch im deutschen Urheberrecht wird die Zulässigkeit des Verleihens an die Erschöpfung des Verbreitungsrechts geknüpft, vgl. § 27 Abs. 2 UrhG.

[49] EuGH, Urt. v. 10.11.2016, C-174/15 – *Stichting Leenrecht*, Rn. 26.

[50] EuGH, Urt. v. 10.11.2016, C-174/15 – *Stichting Leenrecht*, Rn. 54.

[51] EuGH, Urt. v. 10.11.2016, C-174/15 – *Stichting Leenrecht*, Rn. 61.

[52] *Stieper*, GRUR 2016, 1270 (1271), hält dies für ein Versehen des niederländischen Gerichts.

4. Erschöpfung bei Weitergabe einer Sicherungskopie?

Hintergrund der Entscheidung *Ranks und Vasiļevičs* war ein Strafverfahren wegen widerrechtlichen Vertriebs urheberrechtlich geschützter Computerprogramme.[53] In diesem Zusammenhang stellte sich die Frage, ob Erschöpfung auch dann eintritt, wenn der Datenträger, auf dem ein Computerprogramm erworben wurde, beschädigt oder zerstört wurde und lediglich eine Sicherungskopie, die auf einem neuen Datenträger gespeichert ist, weitergegeben wird, soweit der Ersterwerber seine Programmkopie löscht.

Die Vorlagefrage gab dem EuGH die Gelegenheit, den in *UsedSoft* geprägten Begriff der Programmkopie weiter zu schärfen. Der Gerichtshof führt hierzu aus, dass es um die „Kopie des Computerprogramms selbst und die mit ihr verbundene Nutzungslizenz und nicht den körperlichen Datenträger, auf dem diese Kopie gegebenenfalls durch den Urheberrechtsinhaber oder mit dessen Zustimmung in der Union erstmals verkauft wurde", geht.[54] Die Zulässigkeit des Weiterverkaufs einer Sicherungskopie lehnt der Gerichtshof, vermutlich vor dem Hintergrund der Gefahr des Verkaufs illegaler Kopien unter Berufung auf den Verlust der Originalkopie,[55] ab. Begründet wird dies damit, dass die Anfertigung einer Sicherungskopie nur zur bestimmungsgemäßen Benutzung des Computerprogramms erfolgen darf, der Weiterverkauf der Programmkopie jedoch nicht zu dieser bestimmungsgemäßen Benutzung zählt.[56] An der in *UsedSoft* begründeten Linie zur digitalen Erschöpfung hält der EuGH aber fest: sei der Originaldatenträger beschädigt, zerstört oder verschwunden, müsse der Erwerber dennoch die Möglichkeit haben, das Computerprogramm weiterzuverkaufen, weil ansonsten dem Erschöpfungsgrundsatz „die praktische Wirksamkeit genommen" würde.[57] Der Erwerber habe in dieser Situation das Recht, die Programmkopie von der Website des Herstellers herunterzuladen, wenn er nachweise, „dass er die Lizenz rechtmäßig erworben" habe.[58] Er kann seine Programmkopie weiterveräußern, wenn er eigene Kopien löscht und dem Zweiterwerber den erforderlichen Nachweis des legalen Erwerbs übergibt, so dass dieser eine eigene Programmkopie von der Website des Herstellers herunterladen kann.[59]

---

[53] EuGH, Urt. v. 12.10.2016, C-166/15 – *Ranks und Vasiļevičs*.
[54] EuGH, Urt. v. 12.10.2016, C-166/15 – *Ranks und Vasiļevičs*, Rn. 34.
[55] Vgl. dazu auch die Schlussanträge des Generalanwalts *Saugmandsgaard* vom 1.6.2016, C-166/15, Rn. 53.
[56] EuGH, Urt. v. 12.10.2016, C-166/15 – *Ranks und Vasiļevičs*, Rn. 43.
[57] EuGH, Urt. v. 12.10.2016, C-166/15 – *Ranks und Vasiļevičs*, Rn. 53.
[58] EuGH, Urt. v. 12.10.2016, C-166/15 – *Ranks und Vasiļevičs*, Rn. 54 und 56.
[59] EuGH, Urt. v. 12.10.2016, C-166/15 – *Ranks und Vasiļevičs*, Rn. 55 und 56.

III. Erweiterung des Erschöpfungsgrundsatzes auf digitale Werkexemplare

Während der EuGH für Computerprogramme explizit zugunsten der Zulässigkeit des Weiterverkaufs entschieden hat,[60] ist diese Frage für Werkexemplare anderer Werkarten weiterhin offen. Die seit Jahren geführte Diskussion über die Erweiterung des Erschöpfungsgrundsatzes auf digitale Werkexemplare ist insofern nach wie vor aktuell. Die Argumente für und wider der digitalen Erschöpfung wurden bereits vielfach behandelt,[61] sie werden daher hier nur im Überblick dargestellt.

1. Argumente für und wider die Erweiterung des Erschöpfungsgrundsatzes

In der Literatur hat vor allem die dogmatische Herangehensweise des EuGH in *UsedSoft* Kritik erfahren. Beim Erwerb digitaler Werkexemplare handele es sich um den Erwerb urheberrechtlicher Lizenzen.[62] Ob diese Lizenzen veräußerlich seien, richte sich nach dem zugrundeliegenden Nutzungsvertrag und sei von der Zustimmung des Rechteinhabers abhängig.[63] Auch die vom EuGH kreierte Figur der veräußerlichen Programmkopie weise Schwächen auf.[64] Denn nach den Entscheidungsgründen des EuGH sei die Programmkopie nicht an eine dauerhafte Verkörperung gebunden.[65] Es handele sich letztlich um ein Mischgebilde aus Lizenz und digitaler Datei.[66]

Daneben wird der Zweck des Erschöpfungsgrundsatzes gegen eine Ausdehnung auf digitale Sachverhalte angeführt. Der Erschöpfungsgrundsatz löse das Spannungsverhältnis zwischen Eigentum und Urheberrecht.[67] Beim Erwerb ei-

---

[60] EuGH Urt. v. 3.7.2012, C-128/11 – *UsedSoft.*

[61] Vgl die in Fn. 2 genannten Monographien. Siehe hierzu auch *de la Durantaye/Kuschel,* ZGE 8 (2016), 195.

[62] *Bäcker/Höfinger,* ZUM 2013, 623 (637); *Haberstumpf,* CR 2012, 561 (566); *Hauck,* ZGE 9 (2017), 47 (60); *Hilty,* CR 2012, 625 (636 f.); *Ohly,* JZ 2013, 42 (43); *Zech,* ZGE 5 (2013), 368 (380).

[63] *Bäcker/Höfinger,* ZUM 2013, 623 (637).

[64] *Bäcker,* ZUM 2014, 333 (334); *Haberstumpf,* CR 2012, 561 (570); *Hauck,* ZGE 9 (2017), 47 (59); *Koch,* ITRB 2013, 9 (12); *Ohly,* JZ 2013, 42 (43); *Schneider/Spindler,* CR 2012, 489 (493); *dies.,* CR 2014, 213 (218).

[65] *Bäcker,* ZUM 2014, 333 (334); *Koch,* ITRB 2013, 9 (12); *Schneider/Spindler,* CR 2012, 489 (493); *dies.,* CR 2014, 213 (218); *Stieper,* ZUM 2012, 668 (669). Vgl. auch *Stieper,* GRUR 2016, 1270, zu der gleichen Schwäche der Urteilsgründe in EuGH *Stichting Leenrecht.*

[66] *Bäcker,* ZUM 2014, 333 (334); *Hauck,* ZGE 9 (2017), 47 (59); *Schneider/Spindler,* CR 2012, 489 (494). Vgl. auch *Senftleben,* NJW 2012, 2924 (2926), der von einem „bedeutsamen Abstraktionsschritt" spricht.

[67] *Hauck,* NJW 2014, 3616 (3617); *Hofmann,* UFITA 2014/II, 381 (390 f.); *Spindler,* CR 2008, 69 (73 f.); *Schulze,* NJW 2014, 721 (724).

ner digitalen Datei im Wege des Downloads existiere keine Sache, die übergeben werde und folglich auch kein Eigentum.[68]

Befürworter der digitalen Erschöpfung argumentieren hingegen, der EuGH übertrage die Wertungen der analogen Welt sinnvoll in die digitale Welt.[69] Sie verweisen dabei insbesondere auf die funktionale Vergleichbarkeit zwischen analogen und digitalen Sachverhalten.[70] Digitale Werkexemplare seien in vielen Bereichen an die Stelle von analogen Stücken getreten.[71] Zwar gehe der Weiterverkauf digitaler Werkexemplare häufig mit Vervielfältigungen einher, dies sei aber für die Interessen des Rechteinhabers unerheblich, solange am Ende der Transaktion nur der (Zweit-)Erwerber eine Kopie besitze und rechtmäßigerweise nutzen könne.[72]

Dagegen wird eingewendet, dass analoge und digitale Werkexemplare in Wirklichkeit keineswegs gleichwertig seien. So sei die Gefahr des illegalen Handels bei digitalen Exemplaren ungleich größer, weil nicht erkennbar sei, ob es sich um eine rechtmäßige Kopie handele.[73] Bei analogen Werkexemplaren könne das Originalwerkexemplar hingegen von einer Raubkopie unterschieden werden. Vor allem unterlägen digitale Werkexemplare keiner Abnutzung.[74] Im Gegensatz zu analogen Exemplaren, bei denen zwischen dem ersterworbenen und dem gebraucht gekauften Exemplar ein deutlicher qualitativer Unterschied bestehe, sei eine „gebrauchte" digitale Kopie genauso gut wie ein neu erworbenes Exemplar.[75] Ihr Weiterverkauf stelle daher eine Gefährdung für den Primärmarkt dar.[76]

---

[68] LG Bielefeld GRUR-RR 2013, 281 (282); OLG Hamm GRUR 2014, 853 (861); OLG Stuttgart GRUR-RR 2012, 243 (245); *Apel*, ZUM 2015, 640 (645); *Bäcker/Höfinger*, ZUM 2013, 623 (637); *Haberstumpf*, CR 2012, 561 (562 f.); *Hofmann*, UFITA 2014/II, 381, (391 Fn. 32). Vgl. auch LG Berlin GRUR-RR 2009, 329 (330) (nicht rechtskräftig).

[69] *Ganzhorn*, S. 136 ff.; *Hoeren/Jakopp*, MMR 2014, 646 (648); *Lehmann*, GRUR Int. 2015, 677 (678); *Ohly*, JZ 2013, 42 (44); *Orgelmann*, S. 190 f.; *Redeker*, CR 2014, 73.

[70] Für eine ausführliche Untersuchung der wirtschaftlichen Vergleichbarkeit siehe *Ganzhorn*, S. 162 ff.

[71] *Lehmann*, GRUR Int. 2015, 677 (678); *Redeker*, CR 2014, 73 (77). So auch schon *Berger*, GRUR 2002, 198 (199); *Bruch*, S. 110 f.; *Hoeren*, CR 2006, 573 (574); *Kulpe*, S. 168.

[72] *Berger*, GRUR 2002, 198 (201 f.); *Ganzhorn*, S. 162; *Redeker*, CR 2014, 73 (77).

[73] LG Bielefeld GRUR-RR 2013, 281 (282); *Becker*, UFITA 2015/III, 687 (697 f.); *Schack*, GRUR 2007, 638 (644); *Spindler*, CR 2008, 69 (72). Vorsichtiger *Leistner*, CR 2011, 209 (213) („Authentizitätsfunktion […] nicht in vergleichbarer Weise gewährleistet"). Kritisch *Grützmacher*, ZGE 5 (2013), 46 (69); *Ohly*, JZ 2013, 42 (44).

[74] LG Bielefeld GRUR-RR 2013, 281 (282); *Becker*, UFITA 2015/III, 687 (696); *Hauck*, NJW 2014, 3616; *Schulze*, NJW 2014, 721 (724). Vgl. auch *Zech*, ZGE 5 (2013), 368 (394).

[75] LG Bielefeld GRUR-RR 2013, 281 (282); *Becker*, UFITA 2015/III, 687 (696); *Hauck*, ZGE 9 (2017), 47 (49); *ders.*, NJW 2014, 3616; *Schulze*, NJW 2014, 721 (724); *Zech*, ZGE 5 (2013), 368 (394). Kritisch; *Ganzhorn*, S. 165 f.; *Redeker*, CR 2014, 73 (74).

[76] *Hansen*, GRUR-Prax, 2012, 143; *Hauck*, NJW 2014, 3616; *ders.*, ZGE 9 (2017), 47 (49); *Becker*, UFITA 2015/III, 687 (696). Dagegen gibt *C. Wolf*, S. 223, zu Bedenken, dass der

Im Übrigen sei die EuGH Entscheidung *UsedSoft* ausdrücklich auf Computerprogramme begrenzt, denn – wie auch der Gerichtshof anmerke – die Computerprogramme-RL sei *lex specialis* zur InfoSoc-RL.[77] Diese Differenzierung habe der EuGH in *Nintendo* aufrechterhalten.[78] Die InfoSoc-RL unterscheide sich auch maßgeblich von der Computerprogramme-RL, denn in der InfoSoc-RL seien körperliche Verbreitung und unkörperliche Zugänglichmachung deutlicher voneinander abgegrenzt.[79] Art. 3 Abs. 3 und ErwG 29 der InfoSoc-RL stellten explizit klar, dass bei öffentlicher Zugänglichmachung – im Gegensatz zu körperlicher Verbreitung – keine Erschöpfung eintrete.[80] In der Computerprogramme-RL fehle eine solche Begrenzung.[81] Zudem existiere in der InfoSoc-RL keine dem Art. 5 Abs. 1 der Computerprogramme-RL entsprechende Bestimmung, die dem „rechtmäßigen Erwerber" die bestimmungsgemäßen Benutzungshandlungen erlaube.[82] Der Zweiterwerber eines anderen digitalen Werkexemplars als eines Computerprogrammes sei also auf ein vertragliches Nutzungsrecht angewiesen, das nicht unbedingt übertragbar sei.[83]

Hiergegen wird angeführt, Computerprogramme-RL und InfoSoc-RL seien einheitlich auszulegen, weil sie die gleiche „Schutzrichtung" aufwiesen.[84] Insbe-

---

„marktwirtschaftliche Allokationsmechanismus auf eine möglichst weitgehende Verkehrsfähigkeit in Verkehr gebrachter Waren angewiesen" ist; Geschäftsmodelle hätten sich an den rechtlichen Vorgaben zu orientieren. Kritisch auch *Grützmacher*, CR 2010, 141 (142).

[77] *Bäcker/Höfinger*, ZUM 2013, 623 (637); *Dreyer*, in: Die Kollision von Urheberrecht und Nutzerverhalten, S. 131 (143); *Hauck*, NJW 2014, 3616 (3617); Schricker/Loewenheim/*Loewenheim*, UrhG, § 17 Rn. 38; *Marly*, EuZW 2012, 654 (657); *Obergfell*, in: Verträge über digitale Inhalte und digitale Dienstleistungen, S. 193 (204 f.). Kritisch *Stieper*, ZUM 2012, 668 (669), der auf den Grundsatz *lex posterior derogat legi priori* verweist. Diese Begrenztheit der *UsedSoft*-Entscheidung bereits vorausahnend *Leistner*, CR 2011, 209 (214).

[78] *Apel*, ZUM 2015, 640 (648).

[79] *Bäcker/Höfinger*, ZUM 2013, 623 (637).

[80] LG Berlin GRUR-RR 2009, 329 (330); *Bäcker/Höfinger*, ZUM 2013, 623 (637); *Dreyer*, in: Die Kollision von Urheberrecht und Nutzerverhalten, S. 131 (143); *Hauck*, NJW 2014, 3616 (3618); *Hilty*, GRUR 2018, 865 (869); Schricker/Loewenheim/*Loewenheim*, UrhG, § 17 Rn. 38; *Senftleben*, NJW 2012, 2924 (2925). A.A. *Hoeren*, CR 2006, 573 (574), der Erwägungsgrund sei auf Dienstleistungen bezogen und passe nicht für den Online-Erwerb von Werkexemplaren. Ähnlich *Grützmacher*, ZGE 5 (2013), 46 (57); *Orgelmann*, S. 180 ff.; *Schneider/Spindler*, CR 2012, 489 (497); *Spindler*, CR 2008, 69 (71).

[81] *Senftleben*, NJW 2012, 2924 (2925), spricht insofern von einer Regelungslücke, die der EuGH als „Schlupfloch" nutze. Vgl. auch *Stieper*, ZUM 2012, 668 (669), der das Fehlen einer solchen Bestimmung in der Computerprogramme-RL nicht auf ein bewusstes Unterlassen des Gesetzgebers zurückführt.

[82] *Bäcker/Höfinger*, ZUM 2013, 623 (638).

[83] *Bäcker/Höfinger*, ZUM 2013, 623 (638).

[84] *Hoeren/Jakopp*, MMR 2014, 646 (648). Vgl. auch die Schlussanträge des Generalanwalts *Szpunar*, in EuGH *Stichting Leenrecht*, 16.06.2016, ECLI:EU:C:2016:459, Rn. 51, der

sondere zeigten die Entscheidungsgründe in *Filmspeler*, dass der EuGH analoge und digitale Sachverhalte möglichst gleich behandeln wolle und daher auch der digitalen Erschöpfung für andere Werkarten positiv gegenüberstehe.[85] Zudem sei ein Verleih digitaler Werkexemplare, der an die Voraussetzung der Erschöpfung geknüpft ist, nur dann möglich, wenn auch bei solchen digitalen Werkexemplaren Erschöpfung eintritt.[86] In *Ranks und Vasiļevičs* habe er zudem die Bereitschaft gezeigt, den Erschöpfungsgrundsatz weiter fortzuentwickeln und auch Vervielfältigungshandlungen darunter zu fassen.[87]

2. Stellungnahme

Der Erschöpfungsgrundsatz ist auf analoge Sachverhalte zugeschnitten.[88] Er bezieht sich auf das urheberrechtliche Verbreitungsrecht und ein konkretes, mit Erlaubnis des Rechteinhabers in den Verkehr gelangtes Vervielfältigungsstück.

Für eine Anwendung des Erschöpfungsgrundsatzes auf digitale Werkexemplare, die unkörperlich erworben werden, im Wege der Analogie streitet zweifelsohne die funktionale Vergleichbarkeit von analogem und digitalem Erwerb. Die Übertragung des Erschöpfungsgrundsatzes ins Digitale scheitert aber an dessen Bezugspunkt: Selbst wenn die Online-Übertragung als Verbreitungshandlung angesehen würde, kann die Erschöpfung dieses Verbreitungsrecht den digitalen Weiterverkauf noch nicht ermöglichen, weil stets bereits für den Übertragungsvorgang eine Vervielfältigung des digitalen Werkexemplars erforderlich ist. Erschöpfung tritt jedoch nur hinsichtlich der Verbreitungshandlung ein. Eine „Erschöpfung des Vervielfältigungsrechts" wiederum ist gar nicht erforderlich, weil dem Rechteinhaber das ausschließliche Recht, über die Vervielfältigung seines Werks und prinzipiell auch des konkreten Werkexemplars zu entscheiden, selbstverständlich verbleibt. Das gleiche gilt für das Recht der öffentlichen Zugänglichmachung. Soweit Gegner der digitalen Erschöpfung ErwG 29 der InfoSoc-RL anführen, der bestimmt, dass das Recht der öffentlichen Wiedergabe sich nicht erschöpft, unterstellen sie, eben dies sei für den Weiterverkauf eines

---

feststellt, dass die Bestimmungen von Computerprogramme-RL und InfoSoc-RL sich im Kern entsprechen.

[85] *Marly/Wirz*, EuZW 2017, 16 (19).

[86] *Maier*, EuGH gibt grünes Licht für E-Book-Verleih, doch offene Fragen bleiben, 14.11. 2016, abrufbar unter: https://irights.info/artikel/eugh-openbare-bibliotheken-e-lending/28165, zuletzt abgerufen am 1.1.2019; *Marly/Wirz*, EuZW 2017, 16 (19); *Stieper*, GRUR 2016, 1270 (1271).

[87] *Grünberger*, ZUM 2017, 361 (366 f.). Vgl. auch *Czychowski*, GRUR 2017, 362 (363), der sich im Ergebnis aber gegen eine Erweiterung des Erschöpfungsgrundsatzes auf andere digitale Werkexemplare als Computerprogramme ausspricht.

[88] So auch *Ganzhorn*, S. 122; *Hilty*, CR 2012, 625 (629); *Spindler*, CR 2008, 69 (73 f.).

online erworbenen Werkexemplars erforderlich. Dabei ist für den Weiterverkauf lediglich das Recht notwendig, das digitale Werkexemplar *einer* anderen Person zugänglich zu machen. Das Recht der öffentlichen Zugänglichmachung verbleibt dem Rechteinhaber. Hieran wird deutlich, dass bereits der Begriff der „Erschöpfung" bei seiner Übertragung auf digitale Sachverhalte enorme Schwierigkeiten bereitet.

Auch aus einem weiteren Grund ist die Übertragung des Erschöpfungsgrundsatzes auf digitale Sachverhalte nicht zufriedenstellend. Der Erwerber eines analogen Werkexemplars, das er für den privaten Werkgenuss nutzt, ist von urheberrechtlichen Ausschließlichkeitsrechten im Grunde nicht betroffen. Allein die Übergabe des Werkexemplars im Fall des Weiterverkaufs führt zu einer punktuellen Berührung mit dem Urheberrecht, nämlich mit dem Verbreitungsrecht. In dieser Situation erscheint es sinnvoll, die Kollision der Interessen von Erwerber und Rechteinhaber durch eine Ausnahme vom urheberrechtlichen Verbreitungsrecht zu lösen. Bei digitalen Werkexemplaren geht hingegen schon der gewöhnliche Gebrauch mit urheberrechtlich relevanten Handlungen einher. Vor diesem Hintergrund ist die Zulässigkeit des Weiterverkaufs nur ein weiterer Punkt der fraglichen Befugnisse des Nutzers. Anstatt hier mit einer Ausnahme vom Ausschließlichkeitsrecht des Urhebers zu operieren, erscheint es sinnvoller, sich auf diese erworbene Berechtigung zu konzentrieren und deren Umfang auszuloten.[89]

C. Zwischenergebnis

Der Weiterverkauf digitaler Werkexemplare geht zwingend mit urheberrechtlich relevanten Vervielfältigungen einher, wenn es sich um ein Werkexemplar handelt, das unkörperlich erworben wurde. Bei Werkexemplaren, die auf einem Datenträger erworben werden, berührt der Weiterverkauf das urheberrechtliche Verbreitungsrecht.

Der urheberrechtliche Erschöpfungsgrundsatz deckt die Weitergabe von unkörperlich erworbenen digitalen Werkexemplaren nicht ab. Für Computerprogramme hat der EuGH in *UsedSoft* zwar auch den Weiterverkauf unkörperlich erworbener Programmkopien für zulässig erklärt. Für digitale Werkexemplare anderer Werkarten steht ein entsprechendes höchstrichterliches Urteil jedoch aus. Zudem weist der Weg über den Erschöpfungsgrundsatz deutliche dogmatische Schwächen auf. So bleibt bei der Entscheidung des EuGH in *UsedSoft* letzt-

---

[89] Vgl. auch *Hilty*, CR 2012, 625 (629 und 632) und GRUR 2018, 865 (876) der anregt, anstatt über den Eintritt von „Erschöpfung" zu diskutieren, über eine „implied license" nachzudenken.

lich offen, was genau Veräußerungsgegenstand ist, woran also die Erschöpfung bzw. die Nutzungsbefugnis anknüpft.[90]

Der EuGH entfernt sich in seiner Argumentation offensichtlich von dem Prinzip der Erschöpfung, die an einen bestimmten Gegenstand – die körperliche oder digitale Programmkopie – anknüpft.[91] Die Zulässigkeit des Weiterverkaufs hängt demnach nicht mit der Erschöpfung des Rechts des Urhebers zusammen, die Verbreitung eines Vervielfältigungsstückes zu untersagen. Dies wird auch in der Entscheidung *Ranks und Vasiļevičs* deutlich, in der der EuGH auf „die Kopie des Computerprogramms selbst und die mit ihr verbundene Nutzungslizenz und nicht den körperlichen Datenträger, auf dem diese Kopie gegebenenfalls durch den Urheberrechtsinhaber oder mit dessen Zustimmung in der Union erstmals verkauft wurde"[92] abstellt.

Ob ein digitales Werkexemplar weiterverkauft werden darf, hängt also weniger davon ab, ob die Voraussetzungen der Erschöpfung vorliegen. Stattdessen ist relevant, ob der Nutzer ein Recht erworben hat, das es ihm auch erlaubt, die Programmkopie wieder zu veräußern und die Nutzungsbefugnis auf einen Dritten zu übertragen.[93]

---

[90] Vgl. auch *Hauck*, ZGE 9 (2017), 47 (59); *Redeker*, CR 2014, 73 (75).
[91] So auch *Redeker*, CR 2014, 73 (74).
[92] EuGH, Urt. v. 12.10.2016, C-166/15 – *Ranks und Vasiļevičs*, Rn. 34.
[93] Ähnlich *Berger*, GRUR 2002, 198 (201); *Hauck*, NJW 2014, 3616 (3618); *Leistner*, JZ 2011, 1140 (1142).

Ergebnis Teil 1

Die Untersuchung hat ergeben, dass Nutzungshandlungen zum privaten Gebrauch digitaler Werkexemplare urheberrechtlich relevant sind. Schon der Erwerb erfordert eine urheberrechtlich relevante Vervielfältigung, wenn das Werk unkörperlich erworben wird. Die Wiedergabe des Werkexemplars geht ebenfalls mit urheberrechtlich relevanten Vervielfältigungen einher. Wird das digitale Werkexemplar weiterverkauft, ist bei körperlichen Datenträgern das Verbreitungsrecht und bei unkörperlichen Werkexemplaren das Vervielfältigungsrecht berührt. Diese Nutzungshandlungen sind durch gesetzliche Schrankenbestimmungen nicht vollständig abgedeckt. Hierin besteht in der Tat ein gewisser Wertungswiderspruch gegenüber der Nutzung analoger Werkexemplare, die die urheberrechtlichen Ausschließlichkeitsrechte nicht berühren.[1] Allerdings liefert diese Feststellung alleine noch keinen rechtlichen Ansatzpunkt für eine Zulässigkeit im digitalen Bereich.

Im Übrigen erscheint der Weg, den Gebrauch des erworbenen digitalen Werkexemplars über die urheberrechtlichen Schranken zu erlauben, auch nicht ideal. Ökonomisch gesehen dienen die hier relevanten Schranken, insbesondere die Privatkopieschranke, dazu, ein Marktversagen auszugleichen. Sie decken – im Ausgangspunkt – Nutzungen ab, die einerseits schwerlich durch den Rechteinhaber kontrollierbar sind und bei denen andererseits die Transaktionskosten zur Einholung einer individuellen Nutzungserlaubnis prohibitiv hoch wären.[2] In den hier betrachteten Fällen greift diese Rechtfertigung jedoch nicht, denn der Nutzer hat ja bereits einen Vertrag geschlossen und auch eine Vergütung gezahlt, um das Werk zum privaten Werkgenuss nutzen zu dürfen. Es ist zwar richtig, dass – wie *Stieper* feststellt – die urheberrechtlichen Schranken auch im digitalen Bereich nicht überflüssig sind.[3] Allerdings gilt das nicht für solche Erlaubnistatbestände,

---

[1] So etwa *Cichon*, S. 295 Rn. 1104; *Marly*, EuZW 2014, 616 (618); *Stieper*, AfP 2010, 217 (220).

[2] Vgl. *Metzger*, in: Europäische Perspektiven des Geistigen Eigentums, S. 101 (103 f.); *Ohly*, in: FS 50 Jahre UrhG, S. 379 (384); *Stieper*, S. 84 ff.; *Zurth*, S. 77.

[3] *Stieper*, S. 92 ff.

die die gleiche Nutzung abdecken, die bereits auf vertraglichem Weg erworben wurde.[4]

Zudem wird den urheberrechtlichen Schranken ganz überwiegend lediglich rechtfertigender bzw. begrenzender Charakter beigemessen.[5] Die Nutzungserlaubnis ist damit lediglich ein „tatsächlicher Reflex".[6] Einen Nutzer, der ein digitales Werkexemplar zum privaten Gebrauch erworben hat, in seinen Nutzungsrechten auf diese refelexhafte Erlaubnis zu verweisen, erscheint nicht interessengerecht.

Stattdessen muss sich die Berechtigung zum privaten Gebrauch digitaler Werkexemplare aus dem Erwerb selbst ergeben. Durch den Vertrag mit dem Diensteanbieter wird dem Nutzer eine Berechtigung eingeräumt, die ihm ermöglicht, urheberrechtlich relevante Handlungen vorzunehmen, ohne auf gesetzliche Schranken angewiesen zu sein. Wie dieser Vertrag zu qualifizieren ist und wie die erworbene Berechtigung ausgestaltet ist, wird nun im Rahmen der schuldrechtlichen Wertung (Teil 2) und der Bestimmung des Vertragsgegenstands (Teil 3) eingehend untersucht.

---

[4] So nennt *Stieper*, S. 94 f., etwa Nutzungen, die positive Effekte für die Allgemeinheit mit sich bringen oder eine kritische Auseinandersetzung mit dem Werk ermöglichen.

[5] *Arlt*, S. 203 (im Zusammenhang mit der Frage, ob sich aus § 53 UrhG ein Recht zur Umgehung technischer Schutzmaßnahmen ergibt); *Stieper*, S. 168 f. („tatbestandliche Begrenzungen der ausschließlichen Verwertungsrechte des Urhebers").

[6] *Ullrich*, ZUM 2010, 311 (312).

Teil 2

Schuldrechtliche Wertungen

Für Verträge über digitale Werkexemplare existieren bislang keine spezifischen schuldrechtlichen Regelungen.[1] Sowohl die vertragstypologische Einordnung als auch die Festlegung allgemeiner Charakteristika bereiten Schwierigkeiten.[2] Diese Defizite setzen für Diensteanbieter den Anreiz, durch Vertragsgestaltung und Inhaltsbeschreibung ihren Leistungsgegenstand selbst zu bestimmen und ihre vertraglichen Pflichten festzulegen; die Rechtsposition des Erwerbers scheint vor allem von den Allgemeinen Geschäftsbedingungen der Diensteanbieter abhängig. Es besteht dabei die Gefahr, dass diese vorformulierten Verträge in wesentlichen Punkten hinter den berechtigten Erwartungen der Nutzer zurückbleiben und zu unausgewogenen Ergebnissen führen.

Im Folgenden wird der wesentliche und typische Inhalt von Verträgen über den dauerhaften Erwerb digitaler Werkexemplare betrachtet. Dies geschieht losgelöst von konkreten Verträgen und in der Praxis verwendeten (AGB-)Klauseln.[3] Es wird ein Vertragsbild herausgearbeitet, das als Maßstab für die Kontrolle von AGB dienen kann.[4] Relevant ist dabei, worin die primären Leistungen und Erwartungen[5] der Parteien bestehen und welches Regelungsregime die sachgerechtesten Lösungen bereithält.[6] Zudem ist zu untersuchen, welche Rahmenbe-

---

[1] Besondere Vorschriften für Verträge über digitale Inhalte wurden etwa in England (sec. 33–47 Cosumer Rights Act 2015 Chapter 15) geschaffen.

[2] Vgl. *Loos/Helberger/Guibault/Mak*, ERPL 2011, 729 (740): „Member States struggle with the classification of contracts – are they sales contracts, service contracts, or a sui generis type of contracts?". Vgl. auch für Softwarelizenzverträge *Schneider/Spindler*, CR 2014, 213 (215).

[3] So auch *Grübler*, S. 90. Vgl. *Schneider/Spindler*, CR 2014, 213 (215); *Stieper*, in: FS Köhler, S. 729 (730 f.); *Koch*, Computer-Vertragsrecht, S. 398 f. Siehe auch BGH NJW 1997, 2043 (2045).

[4] Die Inhaltskontrolle von AGB hat sich gem. § 307 Abs. 2 Nr. 2 BGB auch an der Natur des Vertrages zu orientieren. Es ist auf dieser Grundlage festzustellen, ob Kardinalpflichten des Vertragsverhältnisses beeinträchtigt werden, vgl. nur BGH NJW 2005, 1774. Den über die vertragstypologische Einordnung ermittelten Vorschriften des BGB kommt dann eine Maßstabsfunktion zu, vgl. Staudinger/*Beckmann*, BGB, § 453 Rn. 54; *Stoffels*, S. 108.

[5] Vgl. *Renner*, AcP 213 (2013), 677 (696) (§ 307 Abs. 2 Nr. 2 BGB ist als „Öffnung der AGB-Inhaltskontrolle für tatsächliche Verhaltenserwartungen" zu lesen.).

[6] Zu den verschiedenen methodischen Ansätzen zur Bestimmung des Vertragstyps *Sickinger*, S. 15 ff.

dingungen insbesondere das europäische Recht derzeit bereithält und ob die Zusammenschau dieser Regelungen Rückschlüsse auf die vertragstypologische Einordnung oder auch generell auf die Rechtsposition des Nutzers[7] erlauben.

Zunächst werden europäische Regelungsinstrumente, die Verträge über digitale Inhalte betreffen, betrachtet (§ 6). Dabei steht die Frage im Vordergrund, welche Eckpunkte in Bezug auf Verträge über digitale Werkexemplare sich aus den europäischen Regelungen ergeben und ob hieraus auf eine vertragstypologische Einordnung geschlossen werden kann. Die Arbeit wird sich dann der schuld-rechtlichen Einordnung nach deutschem Recht zuwenden (§ 7).

---

[7] Dies klingt an bei *Helberger/Loos/Guibault/Mak/Pessers*, J Consum Policy 36 (2013), 37 (47), die im europäischen Verbraucherrecht einen entscheidenden Impuls zur Veränderung der Rechtsposition der Nutzer im Urheberrecht sehen.

§ 6 Verträge über digitale Inhalte im Europäischen Recht

Nach Art. 26 des Vertrags über die Arbeitsweise der Europäischen Union (AEUV) gehören die Schaffung eines Raums ohne Binnengrenzen sowie die Errichtung eines Binnenmarkts zu den Zielen der Europäischen Union. Hierzu zählt auch die Verwirklichung eines digitalen Binnenmarkts.[1] Eines der größten Hindernisse für den Binnenmarkt generell wird in der „Zersplitterung" des Privatrechts gesehen.[2] Die Unterschiede zwischen den verschiedenen Privatrechtsordnungen der Mitgliedstaaten seien für den wirtschaftlichen Fortschritt der Informationsgesellschaft zunehmend hinderlich.[3] Die Europäische Kommission hat besonders für den Bereich der Verträge über digitale Inhalte festgestellt, dass die Rechte und Pflichten der Parteien in den Rechtsordnungen der einzelnen Mitgliedstaaten stark divergieren.[4] Es herrsche Unklarheit über die Rechte der Verbraucher bei Verträgen über digitale Inhalte, was nicht nur für die Verbraucher Nachteile mit sich bringe, sondern auch zu Rechtsunsicherheiten auf Seiten der Anbieter führe.[5] Um zu verhindern, dass die Mitgliedstaaten, in Abwesenheit europäischer Rahmenbedingungen, unkoordinierte einzelstaatliche Gesetze erlassen, schlägt die Kommission den Erlass einer „Richtlinie über bestimmte vertragsrechtliche Aspekte der Bereitstellung digitaler Inhalte" vor.[6] Sie soll Rechtssicherheit

---

[1] So ist der digitale Binnenmarkt Teil der „Digitalen Agenda für Europa", die ihrerseits eine der sieben Leitinitiativen der „Strategie Europa 2020" ist, vgl. Mitteilung der Kommission Europa 2020, Strategie für intelligentes, nachhaltiges und integratives Wachstum, vom 3.3. 2010, KOM(2010) 2020 endg., abrufbar unter: http://eur-lex.europa.eu/legal-content/DE/ TXT/?uri=celex:52010DC2020, zuletzt abgerufen am 1.1.2019.

[2] Vgl. *von Bar*, JZ 2014, 473: „Diesen Zustand [der Zersplitterung des Privatrechts in Europa] zumindest in den Kerngebieten des Vermögensrechts zu überwinden, erscheint heute als die Zukunftsaufgabe des Privatrechts in Europa schlechthin."

[3] *Leible*, JZ 2010, 272 (278), stellt fest: „Einer Weiterentwicklung der Dienste der Informationsgesellschaft stehen in der Union vor allem zwei Hindernisse im Wege: Zum einen die Unterschiede im materiellen Recht der Mitgliedstaaten und zum anderen die Unsicherheiten bei der Frage nach dem anwendbaren Recht." Vgl auch KOM(2015) 634 endg., S. 2; *Loos/ Helberger/Guibault/Mak*, ERPL 2011, 729 (730).

[4] KOM(2015) 634 endg., S. 6. Vgl. auch *Schmidt-Kessel et al.*, GPR 2011, 7 (9 f.).

[5] KOM(2015) 634 endg., S. 3.

[6] Vorschlag für eine Richtlinie des Europäischen Parlaments und des Rates über bestimmte

schaffen und den digitalen Binnenmarkt stärken.[7] Dieser Richtlinienvorschlag ist allerdings nur einer von vielen Schritten auf dem Weg der europäischen Privatrechtsvereinheitlichung im Bereich der Verträge über digitale Inhalte. Im Folgenden werden diese Entwicklung nachvollzogen und die relevanten Regelungsinstrumente vorgestellt.

A. Verbraucherrechte-Richtlinie

Die im Dezember 2011 in Kraft getretene Verbraucherrechte-Richtlinie (VRRL)[8] zielt vor allem auf die Systematisierung des *acquis communautaire* im Verbraucherrecht ab.[9] Sie vollzieht den Wechsel vom Ansatz der Mindestharmonisierung zu jenem der Vollharmonisierung.[10] Zugleich wurden mit der Verbraucherrechte-RL erstmalig differenzierte Regelungen zu digitalen Inhalten getroffen.[11]

I. Definitionen und Anwendungsbereich

Die VRRL ist die erste Richtlinie, die eine Definition für „digitale Inhalte" enthält.[12] Nach Art. 2 Nr. 11 VRRL sind digitale Inhalte „Daten, die in digitaler Form hergestellt und bereitgestellt werden".[13] Aus ErwG 19 ergeben sich weitere Details. Als Beispiele für digitale Inhalte werden Computerprogramme, Anwendungen (Apps), Spiele, Musik, Videos und Texte genannt. Für die Qualifizierung als „digitale Inhalte" ist dabei zunächst irrelevant, wie der Nutzer auf sie zugreift bzw. sie erwirbt.[14] Sowohl bei Dateien, die aus dem Internet heruntergeladen werden, als auch bei jenen, die auf einem Datenträger gespeichert sind, handelt

---

vertragsrechtliche Aspekte der Bereitstellung digitaler Inhalte v. 9.12.2015, KOM(2015) 634 endg.

[7] KOM(2015) 634 endg., S. 2 f.

[8] Richtlinie 2011/83/EU des Europäischen Parlaments und des Rates vom 25. Oktober 2011 über die Rechte der Verbraucher, zur Abänderung der Richtlinie 93/13/EWG des Rates und der Richtlinie 1999/44/EG des Europäischen Parlaments und des Rates sowie zur Aufhebung der Richtlinie 85/577/EWG des Rates und der Richtlinie 97/7/EG des Europäischen Parlaments und des Rates (im Folgenden VRRL).

[9] Vorschlag für eine Richtlinie des Europäischen Parlaments und des Rates über Rechte der Verbraucher vom 8.10.2008, KOM(2008) 614 endg., S. 3. Vgl. auch *Hörmann*, S. 55. Der ursprünglich ambitionierte Plan reduzierte sich letztlich auf die Haustürgeschäfte-Richtlinie (85/577/EWG vom 20.12.1985) und die Fernabsatz-Richtlinie (97/7/EG vom 20.5.1997).

[10] Art. 4 VRRL sowie ErwG 2. Dazu ausführlich *Hörmann*, S. 88 ff.; *Mittwoch*, S. 266 ff.

[11] Vgl. *Hörmann*, S. 132; *Lehmann*, CR 2012, 261 (264).

[12] *Unger*, ZEuP 2012, 270 (300).

[13] Umgesetzt im deutschen Recht in § 312f Abs. 3 BGB.

[14] ErwG 19 VRRL („unabhängig davon, ob auf sie durch Herunterladen oder Herunterladen

es sich um digitale Inhalte. Die unterschiedlichen Wege der Bereitstellung spielen jedoch bei der Charakterisierung des Vertrages eine entscheidende Rolle.[15]

II. Informationspflichten

Im Mittelpunkt der VRRL stehen Aufklärungspflichten des Unternehmers beim Vertrieb digitaler Inhalte, unabhängig von der konkreten Absatzform (Fernabsatz, Haustürgeschäft oder gewöhnlicher Vertragsabschluss).[16] Die einzelnen Informationspflichten sind in Art. 5 und Art. 6 VRRL aufgezählt.[17] Für digitale Inhalte sind besonders die Pflichten zur Aufklärung über die Funktionsweise[18] sowie über die Interoperabilität[19] relevant.

Welche Informationen die „Funktionsweise" der digitalen Inhalte betreffen, ist allerdings unklar.[20] Manche legen hier ein enges Verständnis zugrunde.[21] Entsprechend ErwG 19 VRRL sei entscheidend, in welcher Art und Weise das Produkt vom Hersteller (zu Lasten des Verbrauchers) verwendet werden könne, beispielsweise in Bezug auf die Nachverfolgung von Nutzungshandlungen.[22] Die Informationspflicht bestehe, da solche Funktionen für den Nutzer nicht offensichtlich seien.[23] Nur bei dieser Auslegung sei verständlich, warum keine Einschränkung auf wesentliche Informationen, wie bei der Interoperabilität, vorgenommen werde.[24] Diese restriktive Auslegung überzeugt nicht. ErwG 19 bestimmt, dass darüber informiert werden solle, „wie digitale Inhalte verwendet werden können". Hieraus wird zu Recht geschlossen, dass der Unternehmer

---

in Echtzeit (Streaming), von einem körperlichen Datenträger oder in sonstiger Weise zugegriffen wird").

[15] Siehe dazu unten § 6 A.IV.

[16] Vgl. *Grundmann*, JZ 2013, 53 (60).

[17] Vgl. hierzu *Grundmann*, JZ 2013, 53 (58).

[18] Art. 5 Abs. 1 lit. g) und Art. 6 Abs. 1 lit. r): „gegebenenfalls die Funktionsweise digitaler Inhalte, einschließlich anwendbarer technischer Schutzmaßnahmen für solche Inhalte".

[19] Art. 5 Abs. 1 lit. h) und Art. 6 Abs. 1 lit. s): „gegebenenfalls – soweit wesentlich – die Interoperabilität digitaler Inhalte mit Hard- und Software, soweit diese dem Unternehmer bekannt ist oder vernünftigerweise bekannt sein muss [Art. 6: „sein dürfte"]." Die unterschiedliche Formulierung („sein muss", „sein dürfte") scheint keine Bedeutung zu haben, insbesondere existiert dieser Unterschied in der englischen Fassung nicht („can reasonably be expected to have been aware of").

[20] Vgl. *Hörmann*, S. 132: „Die Bestimmung ist insgesamt betrachtet ziemlich unbestimmt." So auch *Rudkowski/Werner*, MMR 2012, 711 (713).

[21] So *Rudkowski/Werner*, MMR 2012, 711 (713).

[22] *Rudkowski/Werner*, MMR 2012, 711 (713).

[23] *Rudkowski/Werner*, MMR 2012, 711 (713).

[24] *Rudkowski/Werner*, MMR 2012, 711 (713).

letztlich eine Funktionsbeschreibung liefern muss.[25] Der Begriff der „Funktionsweise" muss also weit verstanden werden und auch Informationen zu Beschaffenheit, Eigenart und Verwendungszweck umfassen.[26] Beschaffenheit und mögliche Verwendung werden dabei auch wesentlich vom Einsatz technischer Schutzmaßnahmen geprägt bzw. beschränkt. Damit der Verbraucher seine Freiheiten beim Gebrauch der digitalen Inhalte abschätzen und eine informierte Entscheidung treffen kann, hat der Anbieter über die technischen Schutzmaßnahmen aufzuklären.[27]

Digitalen Inhalten ist die Besonderheit zu eigen, dass ihre Nutzung von einer geeigneten Hard- und Softwareumgebung abhängig ist.[28] Die VRRL verpflichtet den Unternehmer daher, den Nutzer über die „Interoperabilität" der Inhalte, also die Systemanforderungen zur Nutzung der digitalen Inhalte zu informieren. Die Relevanz dieser Informationspflicht wird teilweise bezweifelt, weil der Markt sich hier selbst reguliere.[29] Verbraucher würden keine Produkte kaufen, bei denen nicht klar sei, ob sie mit ihrer Hard- und Software kompatibel sind.[30] Dagegen lässt sich allerdings anführen, dass fehlende Interoperabilität den Erwerb der digitalen Inhalte für den Verbraucher nutzlos machen kann und entsprechende Informationen folglich höchst relevant sind.[31] Gleichzeitig ist für den Verbraucher mitunter gar nicht zu erkennen, mit welchen Hard- und Softwareumgebungen die Inhalte kompatibel sind. Soweit dieses Wissen auch beim Anbieter fehlt, weil er zwar die Funktionsweise seines Produkts kennt, ihm aber Kenntnisse hinsichtlich der Interoperabilität in bestimmten Konstellationen fehlen, sieht die VRRL im Übrigen eine Ausnahmeregelung vor: Die Informationspflicht des Unternehmers bezüglich der Interoperabilität wird insoweit eingeschränkt, als er über sie nur informieren muss, soweit sie ihm „bekannt ist oder vernünftigerweise bekannt sein muss".[32]

Über diese Detailfragen hinaus stellt sich insgesamt die Frage, ob die von der VRRL statuierten Informationspflichten dem Verbraucher überhaupt nutzen, wenn sie nicht in einer leicht zugänglichen Weise vermittelt werden.[33] Die VRRL

---

[25] *Hörmann*, S. 133 f.

[26] *Hörmann*, S. 133.

[27] So auch *Hörmann*, S. 134.

[28] Vgl. *Druschel*, 2014, S. 162; *Loos/Helberger/Guibault/Mak*, ERPL 2011, 729 (744); *Schmidt-Kessel*, K&R 2014, 475 (478).

[29] So *Rudkowski/Werner*, MMR 2012, 711 (713).

[30] *Rudkowski/Werner*, MMR 2012, 711 (713).

[31] So auch *Hörmann*, S. 134.

[32] Vgl hierzu *Grundmann*, JZ 2013, 53 (60).

[33] Vgl. *Helberger/Loos/Guibault/Mak/Pessers*, J Consum Policy 36 (2013), 37 (48): „In other words, the amount of information that digital consumers need to process is overwhelming, and evidence is amassing that consumers are neither able nor willing to understand and

gibt vor, dass die Information in „klarer und verständlicher Weise" zu erfolgen hat,[34] lässt den Mitgliedstaaten darüber hinaus aber keinen Spielraum für zusätzliche Voraussetzungen.[35] Es wird daher kritisiert, dass die VRRL zwar Informationspflichten auferlege, dabei jedoch nicht sicherstelle, dass diese auch in einer effektiven Weise präsentiert würden und die Vergleichbarkeit der Produkte mithin nicht gewährleistet sei.[36] Es wird vorgeschlagen, Verbraucher mithilfe von „labels", die auf die jeweiligen Befugnisse bzw. Einschränkungen der Nutzungsmöglichkeit hinweisen, zu informieren.[37] Diese Idee setzt allerdings voraus, dass zunächst Kategorien festgelegt werden, die mit entsprechenden Charakteristika ausgestattet sind.[38] Eine solche Standardisierung des Vertragsinhalts läuft letztlich wieder auf die Frage hinaus, wie der Vertragsinhalt zu qualifizieren ist und welche Befugnisse dem Verbraucher hieraus erwachsen können.

III. Widerrufsrecht und Rückabwicklung

Grundsätzlich gewährt die VRRL dem Verbraucher ein Widerrufsrecht gem. Art. 9 Abs. 1.[39] Das Widerrufsrecht besteht auch bei Verträgen über digitale Inhalte und dies selbst dann, wenn sie nicht auf einem körperlichen Datenträger geliefert werden, Art. 9 Abs. 2 lit. c) VRRL.[40] Allerdings ist die Rechtsfolge der Rückgewähr schwer auf digitale Inhalte zu übertragen, weil ein Download nicht zurückgegeben werden kann.[41] Das Widerrufsrecht für digitale Inhalte wird daher von manchen als verfehlt erachtet.[42] Der Verbraucher müsse eigentlich Wertersatz leisten, da dies jedoch gem. Art. 14 Abs. 4 lit. b) VRRL ausgeschlossen sei, würde der Verbraucher von seiner Pflicht freigestellt, während der Unternehmer den Kaufpreis zurückerstatten müsse.[43] Dieser Kritik kann jedoch auch auf andere Weise begegnet werden, indem die Erstattungspflicht bei Bereitstellung

---

process much of the information that is being supplied." Vgl. auch *Loos/Helberger/Guibault/ Mak*, ERPL 2011, 729 (734): „It does not seem strange that consumers – even if they would be properly informed – would feel confused by the differing conditions of use."

[34] Art. 5 Abs. 1 und Art. 6 Abs. 1 VRRL.

[35] Art. 7 Abs. 5 und Art. 8 Abs. 10 VRRL.

[36] *Helberger/Loos/Guibault/Mak/Pessers*, J Consum Policy 36 (2013), 37 (50).

[37] *Helberger/Loos/Guibault/Mak/Pessers*, J Consum Policy 36 (2013), 37 (50).

[38] Vgl. *Helberger/Loos/Guibault/Mak/Pessers*, J Consum Policy 36 (2013), 37 (51).

[39] Umgesetzt im deutschen Recht in § 312g Abs. 1 BGB.

[40] Hierzu eingehend *Peintinger*, MMR 2016, 3.

[41] Vgl. *Hörmann*, S. 200; *Rudkowski/Werner*, MMR 2012, 711 (712); *Stöhr*, ZIP 2016, 1468 (1471).

[42] *Rudkowski/Werner*, MMR 2012, 711 (712).

[43] *Rudkowski/Werner*, MMR 2012, 711.

per Download als Pflicht zur endgültigen Löschung der Dateien ausgelegt wird.[44] Diese Lesart führt zu einem sachgerechten Ergebnis: der Verbraucher kann die Inhalte nicht mehr nutzen, für den Unternehmer ergäbe sich aus einer „Rücksendung" der Datenkopie kein Vorteil.[45]

Beim Erwerb digitaler Inhalte, die nicht auf einem körperlichen Datenträger geliefert werden, kann das Widerrufsrecht im Übrigen ausgeschlossen werden, „wenn die Ausführung mit vorheriger ausdrücklicher Zustimmung des Verbrauchers und seiner Kenntnisnahme, dass er hierdurch sein Widerrufsrecht verliert, begonnen hat", Art. 16 lit. m) VRRL.[46] Diese Ausschlussmöglichkeit wurde geschaffen, um dem Anbieter zu ermöglichen, digitale Inhalte sofort (vor Ablauf einer etwaigen Widerrufsfrist) zu liefern.[47] Zudem soll sie einem etwaigen Missbrauch des Widerrufsrechts vorbeugen.[48]

IV. Folgen für die vertragstypologische Einordnung

Die VRRL behandelt digitale Inhalte, die auf einem körperlichen Datenträger zur Verfügung gestellt werden, als „Waren".[49] In diesem Fall wird der Vertrag als Warenkauf klassifiziert. Fehlt es hingegen an einem körperlichen Träger, enthält sich die Richtlinie einer Einordnung des Vertrages.[50] Es wird lediglich festgestellt, solche Verträge sollten „für die Zwecke dieser Richtlinie weder als Kaufverträge noch als Dienstleistungsverträge betrachtet werden."[51]

Diese Differenzierung wird kontrovers beurteilt. *Hörmann*, der die Unterscheidung für sachgerecht hält,[52] meint, dass die kaufrechtlichen Vorschriften auf bewegliche körperliche Gegenstände zugeschnitten seien, einem Merkmal, das digitalen Inhalten (ohne körperlichen Datenträger) fehle.[53] Anstatt der Übertragung von Eigentum an einem Gegenstand sei hier die Einräumung von (urheber-

---

[44] Vgl. *Hörmann*, S. 200 f.; *Schmidt-Kessel*, K&R 2014, 475 (480).

[45] So auch *Hörmann*, S. 200 f. *Loos/Helberger/Guibault/Mak*, ERPL 2011, 729 (756), halten es allerdings für problematisch, dass der Diensteanbieter nicht kontrollieren kann, ob der Nutzer seine Kopie tatsächlich gelöscht hat und sprechen sich deshalb für eine Wertersatzpflicht aus.

[46] Umgesetzt im deutschen Recht in § 356 Abs. 5 BGB.

[47] Vgl. *Hörmann*, S. 201; *Lehmann*, CR 2012, 261 (263). *Rudkowski/Werner*, MMR 2012, 711 (712), meinen, der Unternehmer sollte die „ausdrückliche Zustimmung", entsprechend der sog. Button-Lösung, durch Anklicken eines Auswahlkästchens einholen.

[48] Vgl. *Hörmann*, S. 200; *Lehmann*, CR 2012, 261 (263).

[49] ErwG 19 VRRL.

[50] Vgl. *Druschel*, S. 41; *Ganzhorn*, S. 95; *Unger*, ZEuP 2012, 270 (300).

[51] ErwG 19 VRRL. *Schmidt-Kessel*, K&R 2014, 475 (478), spricht von einem „*tertium datur*", mit dem die VRRL einen eigenen Vertragstyp etablieren wolle.

[52] *Hörmann*, S. 72.

[53] *Hörmann*, S. 72 f.

rechtlichen) Nutzungsrechten geschuldet.[54] Dass die Richtlinie solche Verträge letztlich nur als „Verträge sui generis" einordne, ohne weitere Konkretisierung des Vertragscharakters, kritisiert er.[55] *Stadler* bemängelt insofern, das europäische Recht versäume wiederum, den Dienstleistungsbegriff festzulegen.[56] *Grundmann* hingegen meint, die VRRL lasse zwar den Streit um die vertragstypologische Einordnung offen, ordne ansonsten aber eine inhaltliche Gleichbehandlung an.[57] Dies sei sachgerecht, weil bei digitalisierten Inhalten die Art der Bereitstellung kaum Bedeutung habe.[58]

Gegen die Differenzierung der Richtlinie wendet sich *Druschel*.[59] Gegenstand der betreffenden Verträge sei niemals der Verkauf eines körperlichen Datenträgers, sondern immer die Bereitstellung digitaler Inhalte: „Vertragsbestimmend müssen daher diese Inhalte sein."[60] Würden sie auf Dauer überlassen, dann sei eine generelle Einordnung als Kaufvertrag am überzeugendsten.[61] Dies vertritt auch *Lehmann*, der anmerkt, der Richtliniengeber habe „erstmalig digitale Daten, also bits and bytes, als eigenständige und verkehrsfähige Kaufgegenstände anerkannt und kaufrechtlich speziell geregelt".[62]

Dass die VRRL Verträge über digitale Inhalte generell als Kaufverträge einordnet, kann allerdings schwerlich angenommen werden. An verschiedenen Stellen wird explizit festgestellt, dass nur bei Übergabe eines körperlichen Datenträgers ein Kaufvertrag vorliege.[63] Eine vertragstypologische Zuordnung der Fälle der Online-Lieferung wird ausdrücklich verwehrt und es den Mitgliedstaaten überlassen, eine „systemkohärente Lösung" zu entwickeln.[64] Immerhin stellt ErwG 19 VRRL aber zu Recht klar, dass grundsätzlich kein Unterschied zwischen der Bereitstellung digitaler Inhalte mit und ohne Datenträger besteht. Auch

---

[54] *Hörmann*, S. 72.

[55] *Hörmann*, S. 72: „Was die Frage der Klassifizierung dieser Verträge anbelangt, hüllt sich die Richtlinie in Schweigen, so dass auch unter Geltung der Verbraucherrechterichtlinie weiter nicht abschließend geklärt ist, wie sie zu qualifizieren sind. Die Richtlinie behandelt sie als Verträge ‚sui generis'. Damit ist freilich noch nichts über den Schutz des Verbrauchers in diesen Fällen gesagt."

[56] *Stadler*, AcP 212 (2012), 473 (493 Fn. 95).

[57] *Grundmann*, JZ 2013, 53 (60).

[58] „[O]b nun auf physischem Träger geliefert oder direkt aus dem Netz heruntergeladen – der Nutzen ist der gleiche, und dem folgt die Richtlinienregelung […].", *Grundmann*, JZ 2013, 53 (60).

[59] *Druschel*, S. 41 f.

[60] *Druschel*, S. 42.

[61] Die besseren Argumente sprechen für die kaufrechtliche Behandlung von sämtlichen digitalen Inhalten, die auf Dauer überlassen werden.", *Druschel*, S. 46.

[62] *Lehmann*, CR 2012, 261 (264).

[63] Vgl. *Helberger/Loos/Guibault/Mak/Pessers*, J Consum Policy 36 (2013), 37 (44).

[64] Vgl. *Unger*, ZEuP 2012, 270 (300).

in den Informationspflichten werden die beiden Fälle gleichbehandelt. Die Richtlinie abstrahiert hier also den Vertragszweck von der (physischen) Bereitstel-
lungsform.

Ob die VRRL die Verkehrsfähigkeit von digitalen Inhalten erhöht,[65] erscheint
dennoch zweifelhaft. Eine Verbesserung ergibt sich lediglich dadurch, dass die
VRRL einige Pflichten des Unternehmers bei Verträgen über digitale Inhalte
klarstellt.[66] Insofern senkt sie möglicherweise auch Transaktionskosten.[67] Darüber hinaus wäre ein explizit einheitlicher Ansatz für digitale Inhalte, unabhängig
von ihrer Lieferform, sinnvoller gewesen.

Die einheitliche Einordnung in Bezug auf den Vertragstyp scheitert in der
VRRL jedoch daran, dass der Vertragstyp Kaufvertrag zu streng an einen restrik-
tiven Warenbegriff gebunden ist. Nur wenn und weil (körperliche) „Ware" Gegenstand des Vertrages ist, handelt es sich auch um einen Kaufvertrag. Während
die VRRL auf diese Weise bei digitalen Inhalten auf einem körperlichen Datenträger noch von einem Kaufvertrag ausgehen kann, fallen andere Bereitstel-
lungsformen durchs Raster. Teilweise wird dieses Defizit darauf zurückgeführt,
dass das Unionsrecht, geprägt durch die europäischen Grundfreiheiten, in den
Kategorien „Warenverkehr" und „Dienstleistungen" denkt.[68] Diese Begriffe
eigneten sich kaum für eine präzise zivilrechtliche Strukturierung und vertragstypologische Einordnung.[69] Allerdings scheint sich der Warenbegriff im Unionsrecht zunehmend zu öffnen. In dem Streben sämtliche handelbaren Gegenstände
zu erfassen, werden auch unkörperliche Gegenstände in den Schutz der Waren-
verkehrsfreiheit einbezogen.[70] Diese Tendenz zeigt sich etwa in der Entscheidung *UsedSoft*, wenn der EuGH unkörperliche Computerprogrammkopien als
verkehrsfähige Gegenstände ansieht.[71] Auch im Rahmen der VRRL wäre es sinn-

---

[65] So *Lehmann*, CR 2012, 261.

[66] Vgl. *Helberger/Loos/Guibault/Mak/Pessers*, J Consum Policy 36 (2013), 37 (46 f.);
Loos/Helberger/Guibault/Mak, ERPL 2011, 729 (751 f.).

[67] So *Lehmann*, CR 2012, 261 (264).

[68] Ähnlich *Helberger/Loos/Guibault/Mak/Pessers*, J Consum Policy 36 (2013), 37 (42):
„European consumer law largely pivots around the key distinction between goods and services,
a distinction that has been further reinforced by European primary and secondary law." Vgl.
auch *von Bar*, JZ 2014, 473 (475), der konstatiert, dass „eingreifendes Unionsrecht" nicht zu
einem europäischen Privatrecht kumulieren kann: „Privatrecht, das sich vor allem aus Binnen-
marktförderung, der Hoffnung auf neue Arbeitsplätze, Verbraucherschutz und Schutz vor Dis-
kriminierung speist, formt sich nicht zu einer organischen Einheit."; *Schmidt-Kessel*, K&R
2014, 475 (477) (das Unionsrecht spreche „in der Sprache des Binoms ,Waren und Dienstleistungen'", Gebrauchsüberlassungen würden damit vernachlässigt).

[69] Vgl. *Schmidt-Kessel et al.*, GPR 2011, 7 (8).

[70] So vor allem Staudinger/*Stieper*, BGB, Vorbem zu §§ 90 ff Rn. 10; *ders.*, in: FS Köhler,
2014, S. 729 (738). Vgl. auch *Lober/Weber*, MMR 2005, 653 (655).

[71] Vgl. EuGH Urt. v. 3.7.2012, C-128/11 – *UsedSoft*.

voll gewesen, die Charakterisierung als Kaufvertrag von der Begrenzung auf körperliche Gegenstände zu lösen und weniger am (physischen) Vertragsgegenstand als vielmehr am Vertragszweck auszurichten.[72] Entscheidend wäre dann, ob der Vertrag zu einer dauerhaften Überlassung der Inhalte an den Verbraucher führen soll.

B. Entwurf für ein Gemeinsames Europäisches Kaufrecht

Einen eigenständigen neuen Vertragstyp „Bereitstellung digitaler Inhalte" kreiert der Entwurf für ein Gemeinsames Europäisches Kaufrecht (GEKR).[73] Das GEKR ist als optionales Regelungsinstrument für grenzübergreifende Verträge konzipiert.[74] Dem Verordnungsvorschlag der Europäischen Kommission zum GEKR von 2011 (GEKR-VO), in dem die zentralen Begriffe, der Anwendungsbereich sowie die Möglichkeit der Vereinbarung des GEKR festgehalten waren, stimmte das Europäische Parlament, unter Änderungen,[75] im Februar 2014 zu.[76] Der Regelungsentwurf stieß jedoch auf Widerstand seitens der Mitgliedstaaten[77]

---

[72] So auch *Stieper*, in: FS Köhler, 2014, S. 729 (739 f.), der deshalb für eine analoge Anwendung der entsprechenden Vorschriften auf den Kauf von standardisierten digitalen Inhalten ohne Datenträger plädiert.

[73] Vorschlag für eine Verordnung des Europäischen Parlaments und des Rates über ein Gemeinsames Europäisches Kaufrecht v. 11.10.2011, KOM(2011) 635 endg.

[74] Vgl. Art. 1 Abs. 1 und Art. 3 und 4 GEKR-VO.

[75] Vgl. die konsolidierte Fassung der GEKR-VO, Standpunkt des Europäischen Parlaments festgelegt in erster Lesung am 26. Februar 2014 im Hinblick auf den Erlass der Verordnung (EU) Nr. .../2014 des Europäischen Parlaments und des Rates über ein Gemeinsames Europäisches Kaufrecht, EP-PE_TC1-COD(2011)0284. Insbesondere wurde der Anwendungsbereich des GEKR auf Fernabsatzverträge und Online-Verträge beschränkt, ErwG 9.

[76] Legislative Entschließung des Europäischen Parlaments vom 26. Februar 2014 zu dem Vorschlag für eine Verordnung des Europäischen Parlaments und des Rates über ein Gemeinsames Europäisches Kaufrecht (COM(2011)0635 – C7-0329/2011 – 2011/0284(COD)), P7_TA(2014)0159.

[77] Belgien, Deutschland, Österreich und das Vereinigte Königreich reichten Stellungnahmen ein, in denen geltend gemacht wurde, dass die GEKR-VO nicht mit dem Subsidiaritätsprinzip vereinbar sei, vgl. Legislative Entschließung des Europäischen Parlaments vom 26. Februar 2014 zu dem Vorschlag für eine Verordnung des Europäischen Parlaments und des Rates über ein Gemeinsames Europäisches Kaufrecht (COM(2011)0635 – C7-0329/2011 – 2011/0284(COD)), P7_TA(2014)0159.

und erfuhr auch in Wissenschaft[78] und Öffentlichkeit[79] Kritik. Einzig der Vorstoß, Regelungen für Verträge über die Bereitstellung digitaler Güter zu schaffen, erzielte Konsens.[80] In einer Mitteilung an das Europäische Parlament vom 16.12.2014 führte die Europäische Kommission die GEKR-VO in der Liste der zurückzuziehenden bzw. zu ändernden Vorschläge auf (Annex 2, Nr. 60).[81] Der Entwurf solle grundsätzlich überarbeitet und auf den Handel mit digitalen Gütern zugeschnitten werden.[82] Daraufhin stellte die Europäische Kommission im Dezember 2015 zwei Entwürfe vor: den Vorschlag für eine Richtlinie über bestimmte vertragsrechtliche Aspekte des Online-Warenhandels und anderer Formen des Fernabsatzes von Waren[83] und den Vorschlag für eine Richtlinie über bestimmte vertragsrechtliche Aspekte der Bereitstellung digitaler Inhalte.[84] Letzterem kommt für die hier im Mittelpunkt stehende Frage große Bedeutung zu und er wird im anschließenden Abschnitt (§ 6 C.) eingehend untersucht.

---

[78] *Eidenmüller/Jansen/Kieninger/Wagner/Zimmermann*, JZ 2012, 269; *Kindler*, JZ 2012, 712. *Wagner/Zimmermann*, AcP 212 (2012), 467 (471), stellen in ihrer Zusammenfassung der Bonner Sondertagung der Zivilrechtslehrervereinigung fest, „dass dem vorliegenden Verordnungsentwurf samt Anhang große Skepsis entgegenschlug." Auch die Ausgestaltung als optionales Regelungsinstrument wurde kritisch beurteilt, vgl. *Wendehorst*, in: R. Schulze, Common European Sales Law (CESL), Art. 5 CESL-Regulation Rn. 21. A.A. *Busch*, euvr 2013, 33 (36). Für die Herausbildung eines alternativen europäischen Privatrechts spricht sich deutlich aus *v. Bar*, JZ 2014, 473 (479): „Die Union benötigt eine Alternative, eben ein alternatives Unionsprivatrecht." Zum GEKR: „Das CESL soll den Bürgern der Union ein erstes Angebot machen, sich aus den Fesseln des nationalen Rechts zu lösen." (474). *Eidenmüller/Jansen/Kieninger/Wagner/Zimmermann*, JZ 2012, 269 (285), befürworteten zwar den optionalen Charakter des GEKR, allerdings vor allem wegen der mangelnden Qualität der Regelungen.

[79] Siehe *Balthasar*, RIW 2012, 361 (m.w.N. aus der Tagespresse).

[80] Vgl. *Busch*, euvr 2013, 33 (36); *Druschel*, S. 3; *Haug*, K&R 2012, 1 (5). *Balthasar*, RIW 2012, 361 (363) bezeichnet die Regelungen über die Bereitstellung digitaler Inhalte als das „Herzstück des GEKR".

[81] „Der Vorschlag wird geändert, um das Potenzial des elektronischen Handels im digitalen Binnenmarkt voll zur Entfaltung zu bringen.", Anhang zur Mitteilung der Kommission an das Europäische Parlament, den Rat, den Europäischen Wirtschafts- und Sozialausschuss und den Ausschuss der Regionen vom 16.12.2014, KOM(2014) 910 endg., Annex 2, abrufbar unter: https://ec.europa.eu/info/sites/info/files/cwp_2015_annex_ii_de.pdf, zuletzt abgerufen am 1.1. 2019.

[82] KOM(2014) 910 endg., Annex 2, S. 13.

[83] Vorschlag für eine Richtlinie des Europäischen Parlaments und des Rates über bestimmte vertragsrechtliche Aspekte des Online-Warenhandels und anderer Formen des Fernabsatzes von Waren vom 9.12.2015, KOM(2015) 635 endg. Zu diesem Vorschlag siehe *Maultzsch*, JZ 2016, 236.

[84] Vorschlag für eine Richtlinie des Europäischen Parlaments und des Rates über bestimmte vertragsrechtliche Aspekte der Bereitstellung digitaler Inhalte v. 9.12.2015, KOM(2015) 634 endg.

Im Folgenden wird zunächst auf die Regelungen des GEKR eingegangen. Zum einen bieten sie einen Verständniszugang zu den Vorschriften des Richtlinienvorschlags. Zum anderen lassen sich aus dem GEKR und der wissenschaftlichen Diskussion um den Vertragstyp „Bereitstellung digitaler Inhalte" Erkenntnisse für die vertragstypologische Einordnung im deutschen Recht ziehen.[85]

I. Entstehungsgeschichte

Im Jahr 2008 wurde der Entwurf eines Gemeinsamen Referenzrahmens für das Europäische Privatrecht (Draft Common Frame of Reference, DCFR) vorgestellt. Er ist das Arbeitsergebnis des Joint Network on European Private Law.[86] Dieses Netzwerk wurde von der Europäischen Kommission ins Leben gerufen nachdem sich verschiedene akademische Gruppen gegründet hatten, die sich mit der europäischen Privatrechtsvergleichung befassten. Eine dieser Gruppen, die sogenannte *Lando*-Kommission,[87] hatte den gemeinsamen Kern der Privatrechtsordnungen in Europa untersucht und in den Principles of European Contract Law (PECL)[88] zusammengefasst. Die PECL flossen später in den DCFR teilweise ein.[89] Das Bestreben, einen Gemeinsamen Referenzrahmen für das Europäische Vertragsrecht zu erstellen, war von der Europäischen Kommission in zwei Mitteilungen[90] beschrieben und das Ziel verkündet worden, „die Kohärenz des derzeit geltenden und künftigen Gemeinschaftsrecht[s] zu verbessern".[91]

Der DCFR hält für digitale Güter keine expliziten Regelungen bereit.[92] Insbesondere ist der Sachbegriff (*goods*) im Vermögensrecht eng definiert und umfasst

---

[85] Ähnlich *Druschel*, GRUR Int. 2015, 125 (137).

[86] Study Group on a European Civil Code, Principles, Definitions and Model Rules of European Private Law. Draft Common Frame of Reference, Outline Edition, 2009. Zu der Entstehung des Referenzrahmens und insbesondere der Struktur des Netzwerks, siehe nur *Eidenmüller/Faust/Grigoleit/Jansen/Wagner/Zimmermann*, JZ 2008, 529 (532 f.).

[87] Eine Gruppe europäischer Hochschullehrer um *Ole Lando*.

[88] The Commission on European Contract Law, Principles of European Contract Law, Parts I and II, 2000; The Commission on European Contract Law, Principles of European Contract Law, Part III, 2003.

[89] Vgl. *Eidenmüller/Faust/Grigoleit/Jansen/Wagner/Zimmermann*, JZ 2008, 529 (532).

[90] Mitteilung der Kommission an das Europäische Parlament und den Rat – Ein kohärentes Europäisches Vertragsrecht – Ein Aktionsplan, vom 12.2.2003, KOM/2003/0068 endg., abrufbar unter: http://eur-lex.europa.eu/legal-content/DE/TXT/?uri=CELEX:52003DC0068, und Mitteilung der Kommission an das Europäische Parlament und den Rat – Europäisches Vertragsrecht und Überarbeitung des gemeinschaftlichen Besitzstands – weiteres Vorgehen vom 11.10.2004, KOM/2004/0651 endg., abrufbar unter: http://eur-lex.europa.eu/legal-content/DE/ALL/?uri=CELEX%3A52004DC0651, beides zuletzt abgerufen am 1.1.2019.

[91] KOM/2004/0651 endg., Einleitung.

[92] Vgl. hierzu *Zoll*, in: Unkörperliche Güter im Zivilrecht, S. 123 (126).

nur körperliche Güter.[93] Allerdings wird diese Definition, wie auch in einigen anderen Fällen,[94] nicht sauber durchgehalten. Zum einen ist der Sachbegriff im schuldrechtlichen Teil weiter, als im vermögensrechtlichen Teil, denn wenn die kaufrechtlichen Vorschriften den Begriff *goods* verwenden, verweisen sie gem. Art. IV.A.-1:201 (b) auf Art. IV.A.-1:101, der auch unkörperliches Vermögen erfasst.[95] Ein besonderer Vertragstyp für Verträge über digitale Güter existiert im DCFR nicht.[96] Die Bestimmungen des DCFR lassen somit noch keine Erkenntnisse über diesen Vertragstyp zu.

Auf Basis des DCFR erarbeitete eine im April 2010 von der Europäischen Kommission eingesetzte Expertengruppe[97] eine Durchführbarkeitsstudie, die im Mai 2011 vorgelegt wurde.[98] Da die Expertengruppe ausschließlich damit beauftragt war, Regelungen für körperliche Gegenstände zu entwerfen, enthielt die Durchführbarkeitsstudie keine Vorschriften für Verträge über digitale Güter.[99] Für digitale Inhalte hatte die EU-Kommission stattdessen eine separate Expertengruppe, bestehend aus Wissenschaftlern des Centre for the Study of European Contract Law und des Institute for Information Law eingesetzt.[100] Diese veröffentlichte ihre Erkenntnisse im Jahr 2011.[101]

---

[93] Art. VIII-1:201 DCFR. Der Eigentumsbegriff („property") reicht hingegen weiter und umfasst auch unkörperliche Güter, Art. VIII-1:202 DCFR.

[94] Weitere Mängel in den Definitionen stellen *Eidenmüller/Faust/Grigoleit/Jansen/Wagner/Zimmermann*, JZ 2008, 529 (547) fest und kritisieren: „Wenn man definiert, dann müssen diese Definitionen jedenfalls in sich stimmig sein und die Rechtssicherheit fördern."

[95] Diese Uneinheitlichkeit kritisiert auch *Zoll*, in: Unkörperliche Güter im Zivilrecht, S. 123 (126).

[96] Das Buch IV des DCFR umfasst die besonderen Vertragstypen Kauf, Miete, Dienstleistungsvertrag, Auftrag, Handelsvertreter-, Franchise- und Vertriebsvertrag, Darlehensvertrag, Verträge über persönliche Sicherheiten und Schenkung.

[97] Beschluss der Kommission vom 26. April 2010 zur Einsetzung einer Expertengruppe für einen gemeinsamen Referenzrahmen im Bereich des europäischen Vertragsrechts, 2010/233/EU, ABl. L 105 vom 27.4.2010, S. 109–111, abrufbar unter: http://eur-lex.europa.eu/legal-content/DE/TXT/?uri=CELEX%3A32010D0233, zuletzt abgerufen am 1.1.2019.

[98] Vgl. Pressemitteilung der Europäischen Kommission vom 3. Mai 2011, Grenzüberschreitender Handel: EU-Kommission veröffentlicht Durchführbarkeitsstudie der Sachverständigengruppe zum europäischen Vertragsrecht, abrufbar unter: http://europa.eu/rapid/press-release_IP-11-523_de.htm, zuletzt abgerufen am 1.1.2019. Zur Entstehungsgeschichte der Studie siehe nur *Schulte-Nölke*, in: Der Entwurf für ein optionales europäisches Kaufrecht, S. 1 (13 ff.).

[99] Vgl. *Schulte-Nölke*, in: Der Entwurf für ein optionales europäisches Kaufrecht, S. 1 (16 f.).

[100] Vgl. *Schulte-Nölke*, in: Der Entwurf für ein optionales europäisches Kaufrecht, S. 1 (17).

[101] *Loos/Helberger/Guibault/Mak/Pessers/Cseres/van der Sloot/Tigner*, Final Report. Comparative analysis, Law & Economics analysis, assessment and development of recommendations for possible future rules on digital content contracts, 2011, abrufbar unter: http://dare.

Der im Oktober 2011 vorgelegte Entwurf für ein Gemeinsames Europäisches Kaufrecht setzt sich schließlich aus dem Vorschlag der Expertengruppe, der Durchführbarkeitsstudie und den von der EU-Kommission intern erarbeiteten *chapeau rules* zusammen.[102]

II. Definition und Anwendungsbereich

Das GEKR kann für grenzübergreifende Verträge, die zwischen einem Unternehmer und einem Verbraucher oder zwischen Unternehmern (sofern einer von ihnen ein kleines oder mittleres Unternehmen ist) vereinbart werden.[103] Die Verordnung unterscheidet drei Vertragstypen, für die der Anwendungsbereich des GEKR eröffnet ist: Kaufverträge, Verträge über die Bereitstellung digitaler Inhalte und Verträge über verbundene Dienstleistungen.[104]

Die GEKR-VO definiert „digitale Inhalte in Art. 2 lit. j) als

„Daten, die – gegebenenfalls auch nach Kundenspezifikationen – in digitaler Form hergestellt und bereitgestellt werden, darunter Video-, Audio-, Bild oder schriftliche Inhalte, digitale Spiele, Software und digitale Inhalte, die eine Personalisierung bestehender Hardware oder Software ermöglichen".[105]

Durch die ausdrückliche Beschreibung digitaler Inhalte „bemüht sich die Kommission um die Beschreibung einer neuen Kategorie von Vertragsgegenständen im digitalen Zeitalter."[106] Zugleich entzieht sich das GEKR damit der Frage, ob und unter welchen Voraussetzungen digitale Güter als Waren anzusehen sind.[107]

---

uva.nl/search?identifier=7d3d806d-8315-4aa6-8fb6-1fc565d2b557, zuletzt abgerufen am 1.1. 2019.

[102] Vgl. *Schulte-Nölke*, in: Der Entwurf für ein optionales europäisches Kaufrecht, S. 1 (17 f.).

[103] Art. 7 Abs. 1 GEKR-VO.

[104] Art. 5 GEKR-VO.

[105] Ausgenommen sind hingegen verschiedene elektronische Dienstleistungen: „i) elektronische Finanzdienstleistungen, einschließlich Online-Banking, ii) Rechts- oder Finanzberatungsleistungen, die in elektronischer Form erbracht werden, iii) elektronische Gesundheitsdienstleistungen, iv) elektronische Kommunikationsdienste und -netze mit den dazugehörigen Einrichtungen und Diensten, v) Glücksspiele, vi) die Erstellung neuer digitaler Inhalte oder die Veränderung vorhandener digitaler Inhalte durch den Verbraucher oder jede sonstige Interaktion mit den Schöpfungen anderer Nutzer".

[106] Schmidt-Kessel/*Schmidt-Kessel*, Entwurf für ein Gemeinsames Europäisches Kaufrecht, Art. 2 Rn. 44.

[107] Vgl. *Balthasar*, RIW 2012, 361 (362); Schmidt-Kessel/*Schmidt-Kessel*, Entwurf für ein Gemeinsames Europäisches Kaufrecht, Art. 2 GEK-VO-E Rn. 44 („Ausgliederung aus dem Warenbegriff").

Art. 5 lit. b) GEKR-VO beschreibt den Vertragsgegenstand als

„Bereitstellung digitaler Inhalte gleich, ob auf einem materiellen Datenträger oder nicht, die der Nutzer speichern, verarbeiten oder wiederverwenden kann oder zu denen er Zugang erhält, unabhängig davon, ob die Bereitstellung gegen Zahlung eines Preises erfolgt oder nicht".[108]

Der Vertragstyp ist mithin einschlägig, unabhängig davon, ob die Bereitstellung gegen einen Kaufpreis erfolgte. Und auch ob die Inhalte auf einem materiellen Datenträger bereitgestellt werden, ist nicht relevant.[109] Diese „medienneutrale Formulierung"[110] berücksichtigt die schwindende Bedeutung der Art der Bereitstellung digitaler Inhalte; entscheidend ist nicht die Form der Speicherung, sondern dass der Erwerber die Möglichkeit der Nutzung erhält.[111] Auch bei Übergabe eines materiellen Datenträgers handelt es sich nur um *einen* Vertrag und nicht etwa um eine Kombination aus Warenkaufvertrag und Bereitstellung digitaler Inhalte.[112]

Anlass zu Streit gibt jedoch die Aufzählung der einzelnen Nutzungsmöglichkeiten in Art. 5 lit. b) GEKR-VO, genauer, die Verknüpfung „oder" („die der Nutzer speichern, verarbeiten *oder* wiederverwenden kann *oder* zu denen er Zugang erhält"). Es stellt sich die Frage, ob ein Vertrag der Definition unterfällt, nach dem der Nutzer nur den Zugang erhält, nicht aber die Möglichkeit zur Wiederverwendung der digitalen Inhalte.[113] In diesem Fall wären nicht nur dauerhafte Berechtigungen, sondern auch vorübergehender Zugang bzw. vorübergehende Gebrauchsüberlassung, also Dauerschuldverhältnisse, erfasst.[114] Die deutsche Fassung scheint hier inhaltlich weiter zu sein als beispielsweise die englische Fassung. Letztere verbindet die Möglichkeit der Wiederverwendbarkeit mit ei-

---

[108] Die Definition der Verträge über digitale Inhalte findet sich also, insofern entgegen dem System der GEKR-VO, in Art. 5 lit. b) und nicht in Art. 2 GEKR-VO. Hierzu kritisch Schmidt-Kessel/*Schmidt-Kessel*, Entwurf für ein Gemeinsames Europäisches Kaufrecht, Art. 5 Rn. 1 f.

[109] Vgl. auch ErwG 17.

[110] Schmidt-Kessel/*Schmidt-Kessel*, Entwurf für ein Gemeinsames Europäisches Kaufrecht, Art. 2 Rn. 63.

[111] So auch *Zahn*, ZEuP 2014, 77 (90): „Auf das Vorliegen eines Datenträgers abzustellen, wird dem Wesen digitaler Inhalte nicht gerecht, da für sie charakteristisch ist, dass die Art der Speicherung nur von nachrangiger Bedeutung ist." Vgl. auch *Druschel*, S. 151 und *Lehmann*, in: FS J. Schneider, S. 133 (136 Rn. 7), der den Entwurf als „wesentlich zeitgemäßer und technologieorientierter" lobt.

[112] Vgl. *Zenefels*, K&R 2012, 463 (465).

[113] So *Zenefels*, K&R 2012, 463 (465): „Damit sind Streaming-Angebote vom GEK ebenso erfasst wie Formen des Cloud-Computing". Vgl. auch *Stieper*, in: FS Köhler, S. 729 (740).

[114] Vgl. *Druschel*, S. 82; *Schmidt-Kessel*, in: Ein einheitliches europäisches Kaufrecht?, S. 29 (30); *Stadler*, AcP 212 (2012), 473 (492 f.); *Zahn*, ZEuP 2014, 77 (95).

nem „und".[115] Die deutsche Formulierung wird daher teilweise auf einen Übersetzungsfehler zurückgeführt.[116]

In der Tat spricht viel für eine entsprechende einschränkende Auslegung des Wortlauts von Art. 5 lit. b) GEKR-VO. Die Regelung über die Bereitstellung digitaler Inhalte ist Bestandteil eines Kaufrechtsinstrumentariums und sollte folglich eine dem Sachkauf ähnliche Regelung enthalten.[117] Dies bestätigt ErwG 17, der das Beispiel des „Download" nennt, also einen dauerhaften Erwerb, bei dem Wiederverwendbarkeit gegeben ist.[118] Ebenso wie bei der Übergabe eines Datenträgers handelt es sich bei der Zurverfügungstellung zum Download um eine „punktuelle Form der Leistungserbringung".[119] Auch hierdurch unterscheidet sich die Bereitstellung digitaler Inhalte, wie sie das GEKR vorsieht, von einer nur vorübergehenden Zugangsverschaffung. Im Übrigen sind die Regelungen des GEKR auf den einmaligen Leistungsaustausch und nicht auf Dauerschuldverhältnisse zugeschnitten.[120] So beinhalten sie beispielsweise keine Pflicht des Lieferanten, den vertragsgemäßen Zustand während der Dauer der Bereitstellung aufrecht zu erhalten und auch keine Kündigungsrechte.[121] *Stadler* weist zudem zu Recht darauf hin, das GEKR würde die Grenzen zwischen Kauf, Miete und Lizenz verwischen, wenn es auch auf zeitlich begrenzte Nutzungsüberlassungen angewendet würde.[122]

Teilweise wird deshalb angeregt, den Wortlaut des GEKR zu überarbeiten und explizit auf Verträge zu begrenzen, bei denen der digitale Inhalt bereitgestellt *und*

---

[115] „[…] which can be stored, processed or accessed, and re-used by the user […]", COM(2011) 635 final.

[116] *Druschel*, S. 74; *Zahn*, ZEuP 2014, 77 (85). Auf weitere Übersetzungsfehler machen *Eidenmüller/Jansen/Kieninger/Wagner/Zimmermann*, JZ 2012, 269 (272), aufmerksam.

[117] So auch *Druschel*, S. 81; *Lehmann*, in: FS J. Schneider, S. 133 (136 Rn. 8); *Schmidt-Kessel*, in: Ein einheitliches europäisches Kaufrecht?, S. 29 (30); *Stieper*, in: FS Köhler, S. 729 (741); *Zahn*, ZEuP 2014, 77 (85). *Micklitz/Reich*, The Commission Proposal for a „Regulation on a Common European Sales Law (CESL)" – Too broad or not broad enough?, EUI Working Papers Law 2012/04, S. 15, sprechen von „quasi-sales contract". Schmidt-Kessel/*Schmidt-Kessel*, Entwurf für ein Gemeinsames Europäisches Kaufrecht, Art. 2 Rn. 66 („fast vollständige Parallelführung" mit dem Warenkaufvertrag). *Wendehorst*, in: R. Schulze, Common European Sales Law (CESL), Art. 5 CESL-Regulation Rn. 19 ("equivalent to a contract of sale rather than to a contract of service").

[118] Vgl. *Druschel*, S. 75.

[119] Vgl. *Zahn*, ZEuP 2014, 77 (86).

[120] Vgl. *Druschel*, S. 82; Schmidt-Kessel/*Schmidt-Kessel*, Entwurf für ein Gemeinsames Europäisches Kaufrecht, Art. 2 Rn. 66; *Zahn*, ZEuP 2014, 77 (95).

[121] *Druschel*, S. 82; Schmidt-Kessel/*Schmidt-Kessel*, Entwurf für ein Gemeinsames Europäisches Kaufrecht, Art. 2 Rn. 66; *Zahn*, ZEuP 2014, 77 (88).

[122] *Stadler*, AcP 212 (2012), 473 (493).

die Möglichkeit der Wiederverwendung gewährt wird.[123] Die *ELI Working Group* schlägt zur Klarstellung, dass es nur um endgültige, dauerhafte Überlassungen geht, eine abgeänderte Formulierung vor („[the seller] makes available a right to re-use the digital content for an unlimited period").[124] Eine dauerhafte Gebrauchsüberlassung soll dabei auch dann vorliegen, wenn die Dateien so programmiert werden, dass sie nach gewisser Zeit nicht mehr nutzbar sind.[125] In diesem Fall bliebe es dem Erwerber aber frei, die technische Beschränkung außer Kraft zu setzen und die Inhalte dauerhaft zu nutzen.[126]

III. Pflichten des Lieferanten

Die Hauptleistungspflicht des Lieferanten besteht in der Bereitstellung vertragsgemäßer digitaler Inhalte (2. und 3.). Zudem treffen den Lieferanten Informationspflichten (1.).

1. Informationspflichten

Auch das GEKR statuiert besondere vorvertragliche Informationspflichten für Verträge über die Bereitstellung digitaler Güter. Diese finden sich in Art. 13 Abs. 1 lit. h) und i) GEKR für Verträge im Fernabsatz und in Art. 20 Abs. 1 lit. f) und g) GEKR für andere Verbraucherverträge.[127] Die Bestimmungen legen fest, dass der Lieferant über „die Funktionen digitaler Inhalte, einschließlich der anwendbaren technischen Schutzmaßnahmen"[128] sowie über „die Interoperabilität digitaler Inhalte mit Hard- und Software, soweit sie dem Unternehmer bekannt ist oder bekannt sein müsste"[129] zu informieren hat. Ebenso wie bei den insofern gleichlautenden Informationspflichten der VRRL soll der Erwerber aufgeklärt werden; denn häufig sei ihm nicht bewusst, inwieweit der Einsatz technischer

---

[123] *Zahn*, ZEuP 2014, 77 (86). Schmidt-Kessel/*Schmidt-Kessel*, Entwurf für ein Gemeinsames Europäisches Kaufrecht, Art. 2 Rn. 66, fordert ein „zusätzliches ungeschriebenes Tatbestandsmerkmal […], welches die Dauerhaftigkeit der Belassung und Nutzungsmöglichkeit zur Voraussetzung für die Erfassung durch Art. 5 lit. b GEK-VO-E macht."

[124] *European Law Institute Working Group*, Statement of the European Law Institute on the Proposal for a Regulation on a Common European Sales Law, COM(2011) 635 final, 1st Supplement, 2014, S. 19.

[125] COM(2011) 635 final, 1st Supplement, 2014, S. 20.

[126] COM(2011) 635 final, 1st Supplement, 2014, S. 20.

[127] Für Verbraucherverträge, die nicht im Fernabsatz abgeschlossen werden, besteht allerdings der Unterschied, dass die Information nicht in einer spezifischen Art und Weise erfolgen muss und Absatz 2 befreit von der Informationspflicht, „wenn der Vertrag ein Alltagsgeschäft betrifft und zum Zeitpunkt des Vertragsschlusses sofort erfüllt wird."

[128] Art. 13 Abs. 1 lit. h) bzw. Art. 20 Abs. 1 lit. f) GEKR.

[129] Art. 13 Abs. 1 lit. i) bzw. Art. 20 Abs. 1 lit. g) GEKR.

Schutzmaßnahmen die Nutzung der digitalen Inhalte einschränken kann.[130] Allerdings wird teilweise bezweifelt, dass die Regelung des GEKR ausreichend wirkungsvoll ist, weil die Informationspflicht nur soweit besteht, wie die Interoperabilität dem Verkäufer bekannt ist oder bekannt sein müsste. Hierdurch würden falsche Anreize, etwa zum Nicht-Testen der angebotenen Inhalte, gesetzt.[131] Dagegen wird eingewandt, dass der Verkäufer die Attraktivität seines Produkts steigere, wenn er mehr Informationen über die Interoperabilität bereithalte.[132]

In jedem Fall stellt sich wiederum das Problem, dass Verbrauchern mit der Informationspflicht allein noch nicht gedient ist, solange keine Standards existieren, an denen sich der Inhalt der Information orientiert. Die Informationspflichten des GEKR bieten allein daher nur einen schwachen Schutz für Erwerber.

2. Vertragsgemäßheit

Die Hauptpflichten des Unternehmers – er wird bei Verträgen über die Bereitstellung digitaler Güter in der Verordnung teilweise als Lieferant und teilweise als Verkäufer bezeichnet – finden sich in Art. 91 GEKR. Der Lieferant hat die digitalen Inhalte bereitzustellen (bzw. bei körperlichen Datenträgern zu übereignen) und dafür zu sorgen, dass die digitalen Inhalte vertragsgemäß sind. Wann Waren oder digitale Inhalte vertragsgemäß sind, legen die Artt. 99 ff. GEKR fest.

Für digitale Inhalte besonders relevant und zugleich problematisch sind dabei Art. 100 lit. b) und lit. g) GEKR. Hiernach kommt es darauf an, ob sie „sich für die Zwecke eignen, für die Waren oder digitale Inhalte der gleichen Art gewöhnlich gebraucht werden" (lit. b)) und ob sie „diejenigen Eigenschaften und diejenige Tauglichkeit besitzen, die der Käufer erwarten kann" (lit. g)). Schwierigkeiten können sich aus diesen Maßstäben deshalb ergeben, weil bei digitalen Inhalten zum einen fraglich ist, was der „gewöhnliche Gebrauch" ist.[133] Zum anderen hängen die Erwartungen der Käufer nicht unerheblich von der Darstellung des Produkts durch den Lieferanten ab.[134] Sinnvoller wäre es, für digitale Inhalte einige Mindestrechte der Nutzer festzulegen, anhand derer die Vertragsgemäßheit

---

[130] *Druschel*, S. 162.

[131] *Loos/Helberger/Guibault/Mak*, ERPL 2011, 729 (746).

[132] *Druschel*, S. 163.

[133] *Helberger/Loos/Guibault/Mak/Pessers*, J Consum Policy 36 (2013), 37 (51), führen dies vor allem auf die Unkörperlichkeit der digitalen Inhalte zurück, deren Eigenschaften von der jeweiligen Programmierung abhängen.

[134] *Loos/Helberger/Guibault/Mak*, ERPL 2011, 729 (741), sprechen treffend von einer „self-fulfilling prophecy".

bemessen werden könnte.[135] Welche konkreten Befugnisse und Handlungen dabei umfasst sein müssten, wird in Teil 3 (Gegenstand des Erwerbs) untersucht.

3. Bereitstellung

Das GEKR lässt die Regelungen des nationalen Sachenrechts grundsätzlich unberührt.[136] Nichtsdestotrotz schwingt in manchen Regelungen ein gewisses Verständnis der dinglichen Rechtslage mit.[137] Wie bereits erwähnt, muss der Lieferant die digitalen Inhalte „bereitstellen".[138] Im Falle der Speicherung auf einem materiellen Datenträger stellt sich die Frage, ob die Regelungen über Warenkaufverträge zusätzlich zur Anwendung gelangen. Dies würde allerdings, wie *Zenefels* zeigt, zu einer Kollision unterschiedlicher anwendbarer Normen führen.[139] Dagegen spricht zudem, dass Art. 91 lit. b) GEKR bereits ausdrücklich die Eigentumsübertragung eines etwaigen Datenträgers regelt, der als „bloßes Trägermedium" qualifiziert wird.[140] Die Übereignung des Datenträgers wirft mithin keine weiteren Schwierigkeiten auf.

Diffiziler ist hingegen die dingliche Einordnung der „Bereitstellung", also jenes Vorgangs, der bei der Überlassung digitaler Inhalte stets geschuldet ist. „Bereitstellung" kann jedenfalls nicht auf einen tatsächlichen Vorgang der Nutzungsermöglichung reduziert werden. Dieses Verständnis würde nur einen Teil der Pflichten des Lieferanten abbilden. Denn auch Art. 91 lit. d) GEKR prägt die Leistungspflicht des Lieferanten; er legt fest, dass der Lieferant „sicherstellen [muss], dass der Käufer das Recht hat, die digitalen Inhalte entsprechend dem Vertrag zu nutzen". Diese Pflicht verdeutlicht, dass die Position, die der Käufer erwirbt, nicht nur das tatsächliche Verhältnis zwischen ihm und dem Lieferanten berührt. Vielmehr müssen zwei Pflichten des Lieferanten unterschieden werden. Die Verschaffung einer tatsächlichen und einer rechtlichen Position.[141] Einer

---

[135] Konkret festgelegte Mindestrechte der Nutzer fordern auch *Helberger/Loos/Guibault/ Mak/Pessers*, J Consum Policy 36 (2013), 37 (51).

[136] Vgl. ErwG 27.

[137] Vgl. *Druschel*, S. 120: „Dennoch können schuldrechtliche Verpflichtungen ein bestimmtes sachenrechtliches Verständnis implizieren."

[138] Art. 91 lit. a) GEKR.

[139] *Zenefels*, K&R 2012, 463 (465). Vgl. auch *Druschel*, S. 121.

[140] Vgl. *Druschel*, S. 122. Ähnlich *Zenefels*, K&R 2012, 463 (465). A.A. *Remien*, in: Ein einheitliches europäisches Kaufrecht?, S. 307 (309), der den Datenträger als „Ware" ansieht und der Regelung daher nur „klarstellenden Charakter" beimisst.

[141] Wenn *Druschel*, S. 123, davon spricht, erforderlich sei „die Verschaffung einer endgültigen Position, die dem Nutzer den Werkgenuss ermöglicht", hat auch diese Position eine tatsächliche und eine rechtliche Komponente. Die *ELI Working Group*, COM(2011) 635 final, 1st Supplement, 2014, S. 18 f., schlägt eine enstprechende Ergänzung des GEKR vor: „both delivery and transfer of ownership be mentioned in the definition of sale of goods, and both supply

rechtlichen Möglichkeit zur Nutzung bedarf es jedenfalls dann, wenn die digitalen Inhalte Immaterialgüterrechtsschutz beanspruchen (vgl. Teil 1). Der Käufer muss dann ein irgendwie geartetes Recht zur Nutzung erhalten, welches ihm der Lieferant vermittelt.

a. Tatsächliche Nutzungsmöglichkeit

Bei einem materiellen Datenträger wird die tatsächliche Nutzungsmöglichkeit durch Übergabe des Datenträgers erreicht. Fehlt es an einem Datenträger, so wird die Nutzungsmöglichkeit durch das Zurverfügungstellen einer digitalen Kopie (z. B. im Wege des Download) eingeräumt.[142] Ebenso wie bei der Übergabe einer Sache gelangt der digitale Inhalt bei der Speicherung in die Herrschaftssphäre des Nutzers.[143] Allerdings ist der Verkäufer, wie *Druschel* zu Recht feststellt, dann nicht zu einer Verfügung verpflichtet, sondern „lediglich zu einem Realakt, Verschaffung der Kontrolle über die ‚gekaufte' Kopie".[144] Dieses Verständnis passt auch zu dem Begriff der Lieferung, wie ihn das GEKR in Art. 94 lit. a) festlegt. Bei digitalen Inhalten soll die Lieferung in der Regel „durch die Übertragung der Kontrolle über die digitalen Inhalte auf den Verbraucher" erfolgen. An den Zeitpunkt des Erlangens der Kontrolle ist auch der Übergang der Gefahr geknüpft.[145] Der Begriff der „Kontrolle" wird im GEKR nicht definiert und bedarf daher einer Konkretisierung.[146]

„Kontrolle" kann dabei nicht im Sinne einer absoluten (Besitz-)Herrschaftsposition gemeint sein, denn an dieser fehlt es bei digitalen Inhalten, die nicht auf einem materiellen Datenträger übergeben werden.[147] Auch kann der Lieferant

---

and provision of a licence or similar right to use which makes the customer's legal position equivalent to ownership be mentioned in the definition of sale of digital content." Vgl. für Standardsoftware schon *Sickinger*, S. 30 ff.

[142] Ähnlich *Zahn*, ZEuP 2014, 77 (86), der die Speicherung als ein „Analogon zur Übergabe der Kaufsache" bezeichnet.

[143] *Zahn*, ZEuP 2014, 77 (86).

[144] *Druschel*, S. 122 f.

[145] Art. 142 Abs. 2 GEKR. Ist ein materieller Datenträger vorhanden, so ist der Übergang des Besitzes erforderlich, Art. 142 Abs. 1 GEKR.

[146] So auch *Wiese*, in: Ein einheitliches europäisches Kaufrecht?, S. 469 (495); *Zenefels*, K&R 2012, 463 (468). Kritisch hierzu *Helberger/Loos/Guibault/Mak/Pessers*, J Consum Policy 36 (2013), 37 (44).

[147] Die Vorschrift des Art. 142 Abs. 2 GEKR existiert vor allem deshalb, weil für digitale Inhalte nicht an Besitzerlangung (wie in Art. 142 Abs. 1) angeknüpft werden sollte, vgl. *Wiese*, Ein einheitliches europäisches Kaufrecht?, S. 469 (492 f.). Ähnlich *Zenefels*, K&R 2012, 463 (468). Die Regelungen der VRRL über die Lieferung und den Risikoübergang stellen bei Waren grundsätzlich auf den Übergang des „physischen Besitzes" bzw. die Inbesitznahme ab und lassen für digitale Inhalte offen, woran der Zeitpunkt des Gefahrübergangs stattdessen geknüpft ist. Kritisch hierzu *Helberger/Loos/Guibault/Mak/Pessers*, J Consum Policy (2013), 37 (44).

seine Besitzposition in diesem Fall nicht „übertragen".[148] Stattdessen muss „Kontrolle" im Zusammenhang mit Sinn und Zweck der Regelungen über die Bereitstellung digitaler Inhalte gelesen werden. Der Lieferant muss dem Käufer ermöglichen, (zumindest einmal) auf die digitalen Inhalte zugreifen zu können und so abzuspeichern, dass er sie ohne Mitwirkung des Lieferanten nutzen kann.[149] Im Falle der Bereitstellung durch Download muss also der Vorgang (erfolgreich) abgeschlossen sein.[150] Das bedeutet auch, dass der Lieferant etwaige Zugangsschlüssel für die Nutzung zur Verfügung stellt. Wird etwa eine Datei heruntergeladen, die erst mit einem bestimmten, vom Lieferanten vorgehaltenen, Zugangscode nutzbar ist, erlangt der Nutzer erst dann die Kontrolle über die digitalen Inhalte, wenn er auch diesen Zugangsschlüssel erhält. Dagegen meint *Wiese*, „Kontrolle" dürfe gerade nicht mit der Möglichkeit der Nutzung der digitalen Inhalte gleichgesetzt werden.[151] Dies würde zu unbilligen Ergebnissen führen, wenn die Datei in der Zwischenzeit beschädigt oder gelöscht wird.[152] Dass der Lieferant in diesem Fall die digitale Datei noch einmal versendet bzw. zum Abruf zur Verfügung stellt, scheint allerdings, entgegen *Wiese*, durchaus sachgerecht. Schließlich hat auch der Lieferant die zusätzliche Voraussetzung eines Zugangscodes aufgestellt und hierdurch einen „Schwebezustand", in dem die Datei bereits in der Sphäre des Nutzers existiert, aber noch unbrauchbar ist, kreiert. Dann sollte auch der Lieferant das Risiko des Untergangs der Inhalte während dieses Schwebezustands tragen. Im Übrigen wird für den Lieferanten eine erneute Bereitstellung digitaler Inhalte mit keinen nennenswerten Kosten verbunden sein.

b. Rechtliche Nutzungsmöglichkeit

Der Lieferant hat die Pflicht, dem Käufer eine rechtliche Nutzungsmöglichkeit einzuräumen. Art. 91 lit. d) GEKR erschöpft sich in der Aussage, der Lieferant müsse „sicherstellen, dass der Käufer das Recht hat, die digitalen Inhalte entsprechend dem Vertrag zu nutzen". Eine weitere, spezifische Ausgestaltung der recht-

---

[148] Vgl. *Schmidt-Kessel*, K&R 2014, 475.

[149] Ähnlich *Haberstumpf*, NJOZ 2015, 793 (800); *Zenefels*, K&R 2012, 463 (468). Vgl auch *Druschel*, S. 76: „In Anlehnung an die Besitzübertragung und die damit verbundene Risikoverteilung in der analogen Welt [...], ist daher davon auszugehen, dass der Nutzer die Kontrolle erlangt, sobald der digitale Inhalt auf irgendeinem materiellen Träger Verkörperung gefunden hat, über den er oder ein anderer für ihn den Besitz ausübt, sodass ein vom Lieferanten ungestörter Zugriff auf den digitalen Inhalt für den Nutzer besteht."

[150] Wird der Downloadvorgang aufgrund eines Übertragungsfehlers unterbrochen oder abgebrochen, liegt dies also noch im Gefahrbereich des Lieferanten, es sei denn er weist nach, dass der Fehler aus der Sphäre des Verbrauchers stammt. Vgl. auch *Loos/Helberger/Guibault/Mak*, ERPL 2011, 729 (754 f.).

[151] *Wiese*, in: Ein einheitliches europäisches Kaufrecht?, S. 469 (493 f.).

[152] *Wiese*, in: Ein einheitliches europäisches Kaufrecht?, S. 469 (494).

lichen Position der Parteien erfolgt nicht. *Zahn* ist daher der Ansicht, das GEKR sehe für digitale Inhalte nicht vor, dass ein absolutes Recht am digitalen Inhalt eingeräumt werden muss.[153] Den Grund hierfür sieht er darin, dass nicht alle digitalen Inhalte auch immaterialgüterrechtlichen Schutz beanspruchen und dementsprechend nicht immer ein Nutzungsrecht eingeräumt werden könne.[154] Dass das GEKR insofern nicht differenziere, sei problematisch.[155] *Zahn* empfiehlt daher, die Einräumung eines Nutzungsrechts explizit vertraglich zu vereinbaren, um den Nutzer im Fall der Insolvenz des Lieferanten abzusichern.[156] Dagegen meint *Druschel*, der Nutzer müsse ein „endgültiges und definitives (dem kaufähnlichen Geschäft entsprechendes) Nutzungsrecht erhalten."[157] Er führt hierzu aus, die kaufrechtliche „Konzeption" des GEKR spiegele „schuldrechtlich genau das wider, was das Urheberrecht für die Erschöpfung des Verbreitungsrechts fordert – nämlich die Verpflichtung zur endgültigen Überlassung gegen einmaliges Entgelt und zwar unabhängig von einer Verkörperung dieser."[158] Um das GEKR entsprechend seiner Zielsetzung (Abbau von Hindernissen beim Handel mit digitalen Gütern im Binnenmarkt) auszulegen, müsse davon ausgegangen werden, dass es „auf Vertragsverhältnisse mit digitalen Inhalten als Gegenstand gerichtet [ist], bei deren Abwicklung jeweils urheberrechtliche Erschöpfung eintritt."[159]

Für die (vorgelagerte) Frage, welche rechtliche Position der Lieferant dem Käufer einzuräumen verpflichtet ist, bedeutet dies: der Käufer muss in der Lage sein, die digitalen Inhalte vertragsgemäß zu nutzen, ohne dabei mit fremden Immaterialgüterrechten in Konflikt zu geraten. Wie dieses Nutzungsrecht konkret ausgestaltet sein muss, ist Gegenstand von Teil 3. An dieser Stelle ist vor allem entscheidend, dass ein Vertrag über die Bereitstellung digitaler Güter nach dem GEKR überhaupt eine Pflicht zur Einräumung der rechtlichen Nutzungsmöglichkeit impliziert.

IV. Widerrufsrecht und Rückabwicklung

Ebenso wie nach der VRRL steht dem Verbraucher nach dem GEKR bei Verträgen, die im Fernabsatz oder außerhalb von Geschäftsräumen geschlossen wur-

---

[153] *Zahn*, ZEuP 2014, 77 (88).
[154] *Zahn*, ZEuP 2014, 77 (88).
[155] *Zahn*, ZEuP 2014, 77 (88).
[156] *Zahn*, ZEuP 2014, 77 (88 f.).
[157] *Druschel*, S. 78. Dagegen meint *Zech*, ZGE 5 (2013), 368 (386), das GEKR normiere bei Verträgen über die Bereitstellung digitaler Inhalte, anders als bei Warenkaufverträgen, gerade keine „Hauptleistungspflicht zur Verschaffung weiterveräußerbarer Rechte".
[158] *Druschel*, S. 151.
[159] *Druschel*, S. 152.

den, ein Widerrufsrecht zu; dies gilt auch, wenn es sich um eine Bereitstellung digitaler Güter ohne materiellen Datenträger handelt.[160] Allerdings kann in diesem Fall, gleich den Bestimmungen der VRRL, das Widerrufsrecht ausgeschlossen werden,

> „wenn die Bereitstellung digitaler Inhalte, die nicht auf einen materiellen Datenträger bereitgestellt werden, bereits begonnen und der Verbraucher dieser Bereitstellung zuvor ausdrücklich zugestimmt und zur Kenntnis genommen hat, dass er hierdurch das Widerrufsrecht verliert".[161]

Wird das Widerrufsrecht nicht ausgeschlossen, stellt sich auch für das GEKR die Frage, wie bei digitalen Inhalten ohne Datenträger die Rückgewähr geschehen soll.[162] Auch hier wird vorgeschlagen, eine Pflicht zur Löschung der eigenen Datenkopie als Pflicht des Verbrauchers im Fall der Rückabwicklung aufzunehmen.[163] In manchen Konstellationen könne der Unternehmer die Nutzung dadurch unterbinden, dass er den Zugang bzw. das Nutzerkonto sperrt.[164] Darüber hinaus stehen auch die Regelungen des GEKR einer Wertersatzpflicht im Fall des Widerrufs entgegen. Art. 45 Abs. 6 lit. b) GEKR befreit den Verbraucher von der Kostentragungspflicht für die Bereitstellung der Inhalte. *Weller* ist der Ansicht, dies sei nicht als Sanktion gegenüber dem Unternehmer aufzufassen, sondern lediglich logische Konsequenz daraus, dass bei digitaler Bereitstellung keine Kosten für den Unternehmer anfielen.[165] Allerdings ist Art. 45 Abs. 6 lit. b) GEKR jedenfalls insofern nachteilig für den Unternehmer, als er keinen Wertersatz für die zwischenzeitliche Nutzung verlangen kann. Im Rahmen der Vorschriften über die Rückabwicklung von Verträgen aus anderen Gründen als Widerruf sieht das GEKR in Art. 173 Abs. 4 eine abweichende Regelung vor. Hiernach hat der Verbraucher den Geldwert zu erstatten, den er „durch die Nutzung der digitalen Inhalte gespart hat." *Wendehorst* hält diese Regelung für „völlig missglückt".[166] Zum einen sei nicht verständlich, warum die Regelung nur bei Verbrauchern und nicht bei Unternehmern Anwendung finden solle.[167] Zum anderen bliebe offen, wie festgesetzt werden solle, was der Verbraucher „gespart" habe, insbesondere wenn es sich um Luxusgüter handele.[168] *Zenefels* vermutet hinter der Regelung den Gedanken, dass der Lieferant digitaler Inhalte möglicherweise nicht kontrollieren könne, ob der Verbraucher sie auch nach Rückab-

---

[160] Art. 40 Abs. 1 GEKR.
[161] Art. 40 Abs. 3 lit. d) GEKR.
[162] Vgl. *Druschel*, GRUR Int. 2015, 125 (136).
[163] So auch *Druschel*, GRUR Int. 2015, 125 (136).
[164] *Wendehorst*, in: Ein einheitliches europäisches Kaufrecht?, S. 371 (396).
[165] *Weller*, in: Ein einheitliches europäisches Kaufrecht?, S. 147 (172).
[166] *Wendehorst*, in: Ein einheitliches europäisches Kaufrecht?, S. 371 (395).
[167] *Wendehorst*, in: Ein einheitliches europäisches Kaufrecht?, S. 371 (395).
[168] *Wendehorst*, in: Ein einheitliches europäisches Kaufrecht?, S. 371 (396).

wicklung nutze.[169] Allerdings müsste ein Ersatz dafür, dass der Verbraucher die Inhalte auch nach Rückabwicklung nutzt, anders berechnet werden und nicht die Nutzung der digitalen Inhalte in der Vergangenheit, sondern die dauerhafte (auch zukünftige) Nutzung ausgleichen. Die Wertersatzpflicht kompensiert aber nicht das Risiko eines pflichtwidrigen Verhaltens des Verbrauchers (der Nicht-Löschung der digitalen Inhalte), sondern nur den Vorteil, den der Verbraucher aus der Nutzung vor Rückabwicklung zieht. Zudem bestünde das von *Zenefels* aufgezeigte Risiko der Weiternutzung ebenso im Fall des Widerrufs.

V. Folgen für die vertragstypologische Einordnung

Das GEKR zielt bei den Verträgen über die Bereitstellung digitaler Inhalte auf Konstellationen ab, die der sonstigen Regelungsmaterie des GEKR, also Kaufverträgen, ähnlich sind. Einer Einordnung dieser Verträge als Dienstvertrag steht das GEKR hingegen klar entgegen, denn Dienstleistungen regelt das GEKR ausdrücklich nur insoweit, als es sich um „verbundene Dienstleistungen" handelt.[170] Die schwierige Ein- und Abgrenzung des Dienstvertrages im europäischen Recht wird durch das GEKR damit zwar nicht verbessert.[171] Immerhin wird aber klargestellt, dass Verträge über die Bereitstellung digitaler Inhalte im Sinne des GEKR keine Dienstverträge sind.[172]

Ferner stellt das GEKR eine Weiterentwicklung und Verbesserung der VRRL insofern dar, als es Verträge über digitale Inhalte, die auf einem materiellen Datenträger zur Verfügung gestellt werden, nicht als Warenkaufvertrag qualifiziert. Wie *Druschel* richtig feststellt, ist „Vertragsgegenstand weder der Träger als Ware noch der Träger und die digitalen Inhalte gemeinsam, sondern eben nur letztere".[173] Dass das GEKR deshalb, wie *Schmidt-Kessel* meint, nahelegt, dass Verträge über digitale Inhalte einen eigenen Vertragstyp erfordern,[174] ist nicht zwingend. Das GEKR behandelt Warenkaufverträge und Verträge über die Be-

---

[169] So *Zenefels*, K&R 2012, 463 (468).

[170] Vgl. ErwG 19 GEKR-VO.

[171] Das Fehlen eines klaren Leitbildes für den Dienstvertrag kritisieren *Helberger/Loos/Guibault/Mak/Pessers*, J Consum Policy 36 (2013), 37 (42); *Schmidt-Kessel*, in: Ein einheitliches europäisches Kaufrecht?, S. 29 (31); *Stadler*, AcP 212 (2012), 473 (493).

[172] Dagegen meint Schmidt-Kessel/*Schmidt-Kessel*, Entwurf für ein Gemeinsames Europäisches Kaufrecht, Art. 2 Rn. 44: „Ihre [der Bereitstellung digitaler Inhalte] Abgrenzung zu Dienstleistungen muss erst noch neu austariert werden und ist im vorliegenden Vorschlag nicht vollständig gelungen." Er schlägt hierfür vor, darauf abzustellen, ob die digitalen Inhalte Leistungsgegenstand oder Leistungsmittel sind (Rn. 46).

[173] *Druschel*, 2014, S. 238.

[174] *Schmidt-Kessel*, K&R 2014, 475 (477).

reitstellung digitaler Inhalte schließlich weitestgehend gleich.[175] Nur an einigen Stellen werden Sonderregelungen normiert.[176] Daraus kann der Schluss gezogen werden, dass das GEKR (dauerhafte) Verträge über digitale Inhalte letztlich als Kaufverträge behandelt, bloß nicht als *Waren*kaufverträge. Entscheidend ist mithin, den Gegenstand dieses Kaufvertrags klar zu definieren. Hieraus könnten sich dann auch automatisch entsprechende Unterschiede in der materiell-rechtlichen Behandlung ergeben.[177]

C. Vorschlag für eine Richtlinie über bestimmte vertragsrechtliche Aspekte der Bereitstellung digitaler Inhalte

Die Europäische Kommission legte am 9.12.2015 einen Vorschlag für eine Richtlinie über bestimmte vertragsrechtliche Aspekte der Bereitstellung digitaler Inhalte vor.[178] Primäres Ziel des Vorschlags ist es, die Rechte und Pflichten der Parteien bei entsprechenden Verträgen zu vereinheitlichen.[179] Insbesondere sollen Verbrauchern konkrete Rechtspositionen bei Abschluss eines Vertrages über die Bereitstellung digitaler Güter gewährt und dadurch – spiegelbildlich – Unsicherheiten seitens der Unternehmer, die digitale Inhalte in anderen Mitgliedstaaten vertreiben möchten, beseitigt werden.[180] Zu diesem Zweck normiert die Richtlinie, wie in ihrem Art. 1 beschrieben,

„bestimmte Anforderungen an Verträge über die Bereitstellung digitaler Inhalte an Verbraucher […], insbesondere die Anforderungen an die Vertragsmäßigkeit digitaler Inhalte, die Abhilfen bei nicht vertragsgemäßen digitalen Inhalten und die Art und Weise, wie Mängeln abgeholfen werden kann, sowie Bestimmungen über die Änderung und Beendigung solcher Verträge."

---

[175] Vgl. *Druschel*, S. 150.

[176] *Druschel*, GRUR Int. 2015, 125 (136), hält die Sonderregelungen für nicht umfassend genug, insbesondere im Hinblick auf die Zulässigkeit bestimmter AGB-Normen und technischer Schutzmaßnahmen.

[177] Dieses Verständnis würde auch den Bedenken von *Druschel*, GRUR Int. 2015, 125 (136), begegnen, der meint, „eine einheitliche Behandlung unabhängig von der Art und Weise der Überlassung für die vertragsrechtliche Einordnung [ist] zwar richtig, eine gemeinsame materiell-rechtliche Regelung [wird] aber beiden Fallgruppen nicht immer gerecht."

[178] Vorschlag für eine Richtlinie des Europäischen Parlaments und des Rates über bestimmte vertragsrechtliche Aspekte der Bereitstellung digitaler Inhalte v. 9.12.2015, KOM(2015) 634 endg.

[179] KOM(2015) 634 endg., S. 5.

[180] KOM(2015) 634 endg., S. 6. Zudem sollen die Rechte der Verbraucher dadurch gestärkt werden, dass die Preisgabe von Daten als Entgelt für die Bereitstellung digitaler Inhalte anerkannt wird, vgl. Art. 3 Abs. 1 DIRL-Vorschlag. Siehe hierzu auch *Metzger*, AcP 216 (2016), 817.

In der Begründung des Richtlinienvorschlags wird zwar festgestellt, dass die vertragstypologische Einordnung von Verträgen über die Bereitstellung digitaler Inhalte unsicher ist.[181] Der Vorschlag enthält sich aber bewusst einer vertragstypologischen Einordnung und wählt den Weg einer Richtlinie, um den Mitgliedstaaten in dieser Frage möglichst großen Spielraum zu gewähren.[182] Die Richtlinie normiert aber einige konkrete Rechte, die „für grenzüberschreitende Online-Geschäfte unerlässlich sind".[183] Außen vor gelassen werden Fragen zum Vertragsschluss.[184]

Zu dem Richlinienvorschlag der Kommission bezog der Europäische Rat am 8./9.6.2017 im Rahmen einer Allgemeinen Ausrichtung Stellung und legte einen Kompromissvorschlag (DIRL-Kompromissvorschlag) vor.[185] Soweit für die folgenden Ausführungen relevant, werden die Änderungsvorschläge des Rats einbezogen.

I. Anwendungsbereich

In Fortführung der Bestimmungen der VRRL und des GEKR definiert der Richtlinienvorschlag „digitale Inhalte" in Art. 2 Abs. 1 lit. a) DIRL-Vorschlag als „Daten, die in digitaler Form hergestellt und bereitgestellt werden".[186] Der Richtlinienvorschlag geht jedoch über VRRL und GEKR hinaus.[187] So werden etwa auch Cloud Computing-Dienstleistungen als „digitale Inhalte" bezeichnet (lit. b) und c)). Aus den Erläuterungen ergibt sich, dass hierdurch einerseits der Anwendungsbereich der Richtlinie auch für technische Weiterentwicklungen geöffnet und andererseits die Wettbewerbsbedingungen für die Anbieter verschie-

---

[181] KOM(2015) 634 endg., S. 5.
[182] KOM(2015) 634 endg., S. 7. Vgl. auch *Wendland*, GPR 2016, 8 (13). Dagegen hatte die *ELI Working Group* angeregt, in Form einer Verordnung tätig zu werden, um eine möglichst einheitliche Rechtslage sicherzustellen, *European Law Institute Working Group*, Statement of the European Law Institute: Unlocking the Digital Single Market – An Instrument for 21st Century Europe, 2nd Supplement to the Statement of the European Law Institute on the Proposal for a Regulation on a Common European Sales Law, 2015, S. 12.
[183] KOM(2015) 634 endg., S. 6 f.
[184] KOM(2015) 634 endg., S. 6 f.
[185] Vorschlag für eine Richtlinie des Europäischen Parlaments und des Rates über bestimmte vertragsrechtliche Aspekte der Bereitstellung digitaler Inhalte (erste Lesung) – Allgemeine Ausrichtung, ST 9901 2017 ADD1 – 2015/0287 (OLP).
[186] Explizit benannt werden in lit. a) Video- und Audioinhalte, Anwendungen, digitale Spiele und sonstige Software.
[187] Vgl. *Spindler*, MMR 2016, 147 (148): „fast schon extrem zu nennende[r] Anwendungsbereich".

dener digitaler Inhalte angeglichen werden sollen.[188] Im Gegensatz zum GEKR, welches überwiegend als Instrumentarium für kaufähnliche Verträge gesehen wurde,[189] beschränkt sich der Richtlinienvorschlag gerade nicht auf einzelne Geschäftsmodelle und deckt somit sämtliche Verträge über digitale Inhalte ab. Sowohl zeitlich befristete Abonnementverträge als auch dauerhafte Überlassungsverträge fallen unter die Regelungen. Aus den Erwägungsgründen ergibt sich, dass man es in Anbetracht der vielfältigen Geschäftsmodelle und Arten der Bereitstellung für nicht sinnvoll erachtete, zwischen den Modellen zu unterscheiden.[190] Der DIRL-Kompromissvorschlag will den Anwendungsbereich des Richtlinienvorschlags zwar nicht einschränken, differenziert aber (zu Recht) klarer zwischen „digitalen Inhalten" und „digitalen Dienstleistungen".[191]

Die Richtlinie soll im Übrigen auch für den „offline" Verkauf digitaler Inhalte, beispielsweise in Form von CDs oder DVDs, gelten.[192] Hierin unterscheidet sich der Richtlinienvorschlag, wie auch schon das GEKR, von der VRRL, die den Verkauf digitaler Inhalte auf physischen Trägern als Warenkaufvertrag behandelt.[193] Der DIRL-Vorschlag erkennt damit richtigerweise an, dass die Art und Weise der Übertragung und Speicherung keine entscheidende Rolle mehr spielt, sondern vor allem die Nutzungsmöglichkeit im Vordergrund steht.[194]

II. Vertragsgemäßheit der digitalen Inhalte

Für die Vertragsgemäßheit der digitalen Inhalte stellt Art. 6 DIRL-Vorschlag maßgeblich auf die vertraglich vereinbarten Eigenschaften ab (Abs. 1) und sonst auf den gewöhnlichen Nutzungszweck (Abs. 2), wobei besondere Umstände des Vertrages berücksichtigt werden sollen.[195] Der Kompromissvorschlag ergänzt die Regelungen zur Vertragsgemäßheit um einige objektive Kriterien (Art. 6a DIRL-Kompromissvorschlag). Es soll damit ein „Mittelweg zwischen ‚subjektiven' (d.h. im Vertrag vereinbarten) und ‚objektiven' (d.h. gesetzlich vorgeschriebenen Kriterien" eingeschlagen werden.

Besondere Regelung hat daneben die Integration der digitalen Inhalte in „die digitale Umgebung des Verbrauchers" erfahren (Art. 7). Darüber hinausgehende

---

[188] KOM(2015) 634 endg., S. 13. Einige Beispiele der erfassten digitalen Inhalte nennt *Wendland*, GPR 2016, 8 (12 f.).

[189] Siehe oben § 6 B.

[190] Vgl. ErwG 11 DIRL-Vorschlag.

[191] Vgl. Art. 2 Abs. 1 und 1a DIRL-Kompromissvorschlag.

[192] ErwG 12 DIRL-Vorschlag.

[193] Siehe oben § 6 A.IV.

[194] Zustimmend zu diesem Ansatz des DIRL-Vorschlags auch *Druschel/Lehmann*, CR 2016, 244 (246); *Spindler*, MMR 2016, 147 (149).

[195] Siehe hierzu *Wendland*, GPR 2016, 8 (15).

Fragen der Interoperabilität, insbesondere die Portabilität in weitere, neue Umgebungen – etwa bei einem Systemwechsel des Verbrauchers – werden nicht geregelt.[196]

Im Folgenden wird näher untersucht, inwieweit der Einsatz technischer Schutzmaßnahmen der Vertragsgemäßheit entgegen steht (1.) und welche Besonderheiten für digitale Inhalte gilt, die nur für einen begrenzten Zeitraum zur Verfügung gestellt werden (2.).

1. Einsatz technischer Schutzmaßnahmen

Die Anwendung von technischen Schutzmaßnahmen wird in Art. 13 Abs. 3 und Art. 16 Abs. 5 DIRL-Vorschlag angesprochen. In beiden Vorschriften geht es allerdings um langfristige Verträge, nach deren Beendigung der Anbieter technische Funktionen einsetzen darf, um den Zugang des Nutzers zu den digitalen Inhalten zu unterbinden. Hieraus könnte man den Umkehrschluss ziehen, dass technische Schutzmaßnahmen bei einmaligen Austauschverträgen, für die eine „Beendigung" nicht relevant wird, unzulässig sind. *Schmidt-Kessel et al.* geben allerdings zu Bedenken, dass entsprechende Schutzmechanismen in die Leistungsbeschreibung nach Art. 6 Abs. 1 lit. a) DIRL-Vorschlag aufgenommen werden könnten und dann zulässiger Bestandteil der digitalen Inhalte wären.[197] Auch *Spindler* meint, aufgrund dieser Bestimmung wäre es für den Anbieter weiterhin möglich, die Verwendung und Nutzungsumgebung der digitalen Inhalte zu beschränken.[198] Entscheidendes Gewicht käme daher wiederum den Informationspflichten nach der VRRL zu;[199] der Anbieter müsse den Verbraucher über die (Grenzen von) Funktion und Interoperabilität der digitalen Inhalte in transparenter Weise aufklären.[200] Hier wird letztlich das Dilemma deutlich, welches dadurch entsteht, dass die sachenrechtliche Ebene von Verträgen über digitale Inhalte keine Regelung erfahren hat: Das Vertragsrecht ist mit der Aufgabe überfordert, Verträge zu regeln, deren Gegenstand erst durch den Vertrag selbst festgelegt wird.

2. Besonderheiten bei für einen begrenzten Zeitraum bereitgestellter digitaler Inhalte

In Art. 6 Abs. 1 lit. d) DIRL-Vorschlag wird die Pflicht normiert, die Inhalte „den Anforderungen des Vertrags entsprechend" zu aktualisieren. Dies wirft die Frage

---

[196] So auch *Spindler*, MMR 2016, 147 (152).
[197] *Schmidt-Kessel et al.*, GPR 2016, 54 (68).
[198] *Spindler*, MMR 2016, 147 (152).
[199] Siehe oben § 6 A.II.
[200] *Spindler*, MMR 2016, 147 (153).

auf, ob auch im Falle eines Erwerbs digitaler Inhalte eine dauerhafte Pflicht des Anbieters, die Inhalte zu aktualisieren, besteht. Denn im Gegensatz zu einer Gebrauchsüberlassung sind einmalige Austauschverhältnisse gerade nicht von einer andauernden Pflicht zur Instandhaltung geprägt. Allerdings ist dennoch denkbar, dass die Parteien eine Vereinbarung treffen, dass zusätzlich zur Bereitstellung auch die Aktualisierung der digitalen Inhalte geschuldet ist.[201] So wird auch der Zusatz „den Anforderungen des Vertrags entsprechend" zu verstehen sein müssen.

Betrifft der Vertrag die Bereitstellung digitaler Inhalte für eine begrenzte Zeit, so müssen die Inhalte innerhalb dieses Zeitraums den Anforderungen entsprechen (Art. 6 Abs. 3). Letzteres betrifft insbesondere Abonnementmodelle. So führen auch die Erwägungsgründe zu den Fällen der Bereitstellung für einen begrenzten Zeitraum aus: „Da digitale Inhalte unter Umständen im Laufe eines Zeitraums bereitgestellt werden, haftet der Anbieter zudem für jede Vertragswidrigkeit, die während dieses Zeitraums eintritt."[202] Für einmalige Erwerbsvorgänge passt diese Instandhaltungspflicht offensichtlich nicht.[203]

Auch in einer weiteren Bestimmung wird der Unterschied zwischen Fällen der vorübergehenden Bereitstellung und des dauerhaften Erwerbs deutlich. Nach Art. 15 Abs. 1 DIRL-Vorschlag kann sich der Anbieter im Vertrag vorbehalten, die Parameter, vor allem die Zugänglichkeit, im Laufe der Vertragslaufzeit zu ändern, wenn er diese Änderung dem Verbraucher rechtzeitig anzeigt. Der Verbraucher hat dann ein Sonderkündigungsrecht (das er innerhalb von 30 Tagen nach Anzeige ausüben muss), Art. 15 Abs. 1 lit. c) DIRL-Vorschlag.

III. Bereitstellung

Als Verträge über die Bereitstellung digitaler Güter gelten gem. Art. 3 Abs. 1 DIRL-Vorschlag:

„alle Verträge, auf deren Grundlage ein Anbieter einem Verbraucher digitale Inhalte bereitstellt oder sich hierzu verpflichtet und der Verbraucher als Gegenleistung einen Preis zahlt oder aktiv eine andere Gegenleistung als Geld in Form personenbezogener oder anderer Daten erbringt."

Als „Bereitstellung" definiert Art. 2 Abs. 10 DIRL-Vorschlag „die Verschaffung des Zugangs zu oder die Zurverfügungstellung von digitalen Inhalten". Diese „Bereitstellung der digitalen Inhalte" ist Hauptpflicht des Anbieters gem. Art. 5 DIRL-Vorschlag.

---

[201] So auch *Schmidt-Kessel et al.*, GPR 2016, 54 (68). A.A. wohl *Spindler*, MMR 2016, 147 (152), der – andersherum – meint, dass die Parteien eine Pflicht zur Aktualisierung ggf. durch eine entsprechende Leistungsbeschreibung ausschließen könnten.

[202] KOM(2015) 634 endg., S. 14.

[203] Vgl. *Druschel/Lehmann*, CR 2016, 244 (248); *Schmidt-Kessel et al.*, GPR 2016, 54 (68).

Teilweise wird in den Alternativen der Bereitsstellung lediglich eine konsequente Fortführung der Medienneutralität des DIRL-Vorschlags gesehen.[204] *Wendland* hingegen etwa erkennt einen qualitativen Unterschied zwischen den beiden Alternativen im Hinblick auf das „Maß der tatsächlichen Verfügungsgewalt über die digitalen Inhalte".[205] Er führt aus:

„Während die Schaffung des Zugangs (access) lediglich den beschränkten Zugriff auf die digitalen Inhalte meint, geht der Begriff des Zurverfügungstellens (making available) weiter und umfasst das Einräumen einer umfassenden Verfügungsmacht über die digitalen Inhalte."[206]

Als Beispiel nennt *Wendland* den Unterschied zwischen einem Datensatz mit und ohne (planmäßiger) Exportmöglichkeit. Nur in letzterem Fall würde der Anbieter dem Verbraucher „die umfassende Verfügungsmacht einräumen".[207] Dagegen wird von *Schmidt-Kessel et al.* eingewandt, dass auch in „kaufartigen Konstellationen" die Zugänglichkeit zu den digitalen Inhalten genügen könnte, wenn dieser Zugang permanent aufrechterhalten würde.[208] Dagegen spricht allerdings, dass es sich bei einem dauerhaften Verfügbarhalten seitens des Anbieters nicht mehr um eine kaufartige Situation handelt. Denn die Leistung des Anbieters würde sich gerade nicht mehr in einer einmaligen Handlung erschöpfen, sondern eine dauerhafte Pflichtenerfüllung erfordern. Richtig ist zwar, dass der DIRL-Vorschlag keine Regelungen in Bezug auf die dingliche Rechtslage trifft.[209] Dennoch ist *Wendland* insofern zuzustimmen, als der DIRL-Vorschlag zumindest Raum für die Anerkennung einer dinglichen Ebene des Erwerbs digitaler Inhalte lässt. Durch die zwei Alternativen der Bereitstellung erkennt der DIRL-Vorschlag bereits auf schuldrechtlicher Ebene den Unterschied zwischen dauerhaftem Erwerb und vorübergehendem Zugang an.

1. Tatsächliche Nutzungsmöglichkeit

Ebenso wie die Regelungen des GEKR lässt auch der DIRL-Vorschlag erkennen, dass die Leistung des Anbieters eine tatsächliche und eine rechtliche Komponente hat. Die tatsächliche Nutzungsmöglichkeit wird durch die Bereitstellung der digitalen Inhalte gewährt. Die Bereitstellung an den Verbraucher kann direkt oder an eine Plattform, die der Verbraucher zur Speicherung der Inhalte nutzt, erfolgen, Art. 5 Abs. 1 DIRL-Vorschlag. In Absatz 2 S. 2 wird konkretisiert, zu welchem Zeitpunkt die Inhalte als bereitgestellt gelten, nämlich „sobald die digi-

---

[204] *Schmidt-Kessel et al.*, GPR 2016, 54 (56).
[205] *Wendland*, GPR 2016, 8 (13).
[206] *Wendland*, GPR 2016, 8 (13).
[207] *Wendland*, GPR 2016, 8 (13).
[208] *Schmidt-Kessel et al.*, GPR 2016, 54 (56).
[209] Vgl. *Schmidt-Kessel et al.*, GPR 2016, 54 (60).

talen Inhalte dem Verbraucher oder dem von ihm bestimmten Dritten [...] bereitgestellt worden sind". Dieser Satz, der auf den ersten Blick etwas tautologisch
wirkt,[210] wird als Bestätigung dafür gedeutet, dass die Bereitstellung erst nach
vollständig abgeschlossenem Download (soweit nicht nur der Zugang geschuldet ist) erfolgt ist.[211] Lediglich das Bereithalten zum Download würde dementsprechend nicht ausreichen, um die vertragliche Pflicht des Anbieters zu erfüllen.[212] Dem ist zuzustimmen. Im Wesentlichen lassen sich hierfür die Argumente
anführen, die bereits in Zusammenhang mit dem GEKR genannt wurden.[213] Treten beim Übertragungsvorgang Fehler auf, die das Herunterladen vereiteln, ist
eine erneute Übertragung für den Anbieter mit keinerlei Kosten verbunden. Die
Möglichkeit der tatsächlichen Nutzung besteht erst in dem Augenblick, in dem
die digitalen Inhalte vollständig und fehlerfrei auf dem Gerät des Verbrauchers
gespeichert sind.

2. Rechtliche Nutzungsmöglichkeit

Die Richtlinie soll ausweislich ErwG 21 Aspekte des Urheberrechts sowie sonstiger Rechte des geistigen Eigentums unberührt lassen. Mit etwaigen immaterialgüterrechtlichen Implikationen der Bereitstellung befasst sich die Richtlinie lediglich insofern, als dass sie klarstellt, dass der Anbieter die erforderlichen Rechte innehaben und dem Verbraucher die Nutzung (rechtlich) ermöglichen muss.
Art. 8 Abs. 1 DIRL-Vorschlag formuliert dies etwas umständlich:

> „Damit die digitalen Inhalte vertragsgemäß genutzt werden können, müssen sie zu dem Zeit-
> punkt ihrer Bereitstellung für den Verbraucher frei von Rechten Dritter – einschließlich frei von
> Rechten an geistigem Eigentum – sein."

Da der Richtlinienvorschlag, wie oben dargelegt, insbesondere die Bereitstellung
von Video- und Audioinhalten abdecken soll, kann mit dieser Formulierung nicht
gemeint sein, dass die Inhalte urheberrechts*frei* sein müssen, es sich also um
ungeschützte Werke handeln muss.[214] Stattdessen ist die Vorschrift dahingehend
zu interpretieren, dass der Vertrag über die Bereitstellung digitaler Inhalte auch
erfordert, dass der Nutzer die erforderliche (urheberrechtliche) Nutzungsberechtigung erhält. Hierfür spricht auch ErwG 31,[215] der verdeutlicht, dass der Nutzer

---

[210] Vgl. auch *Metzger*, AcP 216 (2016), 817 (848), der Art. 5 einen „sehr begrenzt[en]"
Regelungsgehalt attestiert.
[211] *Druschel/Lehmann*, CR 2016, 244 (247).
[212] *Druschel/Lehmann*, CR 2016, 244 (247).
[213] Siehe oben § 6 B.III.3.a.
[214] Vgl. *Grünberger*, AcP 218 (2018), 213 (249).
[215] „Der Anbieter sollte deshalb verpflichtet sein sicherzustellen, dass die digitalen Inhalte

in die Lage versetzt werden muss, die Inhalte legal zu nutzen. Der DIRL-Kompromissvorschlag ist in diesem Punkt im Übrigen prägnanter formuliert:

„Bei den digitalen Inhalten oder der digitalen Dienstleistung darf kein Verstoß gegen die Rechte Dritter, insbesondere gegen Rechte des geistigen Eigentums, vorliegen, der die Nutzung der digitalen Inhalte oder der digitalen Dienstleistung gemäß den Artikeln 6 und 6a verhindert."[216]

Dies bedeutet, dass die rechtliche Nutzungsmöglichkeit bereits aufgrund des Vertrags über die digitalen Inhalte vom Anbieter geschuldet wird. Die Nutzungsmöglichkeit darf sich nicht erst aus einem (weiteren) Vertrag ergeben, den der Verbraucher gezwungen ist mit einem Dritten abzuschließen. Insbesondere kann die rechtliche Nutzungsmöglichkeit nicht von dem (nachgelagerten) Abschluss sog. End-User-License-Agreements abhängen.[217]

Dennoch kann der zwischen Diensteanbieter und Verbraucher geschlossene Vertrag selbstverständlich zunächst nur zwischen den Parteien wirken.[218] Hat der Anbieter selbst nicht die für den Vertrieb digitaler Inhalte erforderlichen Rechte eingeholt, kann auch der Verbraucher keine Rechte zur Nutzung der Inhalte erwerben. Insofern ist es richtig, dass die urheberrechtliche Umsetzung der Pflichten des Anbieters nicht Regelungsgegenstand der Richtlinie ist.[219] Sowohl die Erläuterungen[220] als auch ErwG 21[221] machen dies deutlich. Der Richtlinienvorschlag stellt mithin nur die Voraussetzung auf, dass Diensteanbieter dafür sorgen müssen, dass ihre Nutzer die Inhalte vertragsgemäß gebrauchen dürfen. Ist der Anbieter aus urheberrechtlichen Gründen nicht in der Lage, die Nutzungsmöglichkeit einzuräumen, erfüllt er seine Leistungspflicht nicht.[222]

---

frei von Rechten Dritter wie etwa Urheberrechten sind, die den Verbraucher an der vertragsgemäßen Nutzung der digitalen Inhalte hindern könnten."

[216] Art. 8 Abs. 1 DIRL-Kompromissvorschlag.

[217] Vgl. aber *Metzger*, AcP 216 (2016), 817 (820).

[218] Vgl. *Spindler*, MMR 2016, 147 (149).

[219] Vgl. *Schmidt-Kessel et al.*, GPR 2016, 54 (60); *Spindler*, MMR 2016, 219.

[220] „Der Vorschlag entspricht außerdem dem allgemeinen EU-Rahmen für das Urheberrecht und lässt sämtliche Rechte und Pflichten nach dem Urheberrecht unberührt.", KOM(2015) 634 endg., S. 5.

[221] „Diese Richtlinie sollte nicht die Aspekte der Bereitstellung digitaler Inhalte behandeln, die das Urheberrecht und sonstige Rechte des geistigen Eigentums betreffen. Daher sollte sie etwaige Rechte und Pflichten im Rahmen des Urheberrechts und sonstiger Rechte des geistigen Eigentums unberührt lassen."

[222] Vgl. *Schmidt-Kessel et al.*, GPR 2016, 54 (60), die hierin hierin den „rechtspolitischen Kern des Projekts" sehen: „Leistungsversprechen des Vertragspartners des Verbrauchers, die nicht kohärent mit der urheberrechtlichen Lage sind, sollen die Haftung des Unternehmers begründen. Rechtspolitisch und ökonomisch betrifft dies zugleich die Rechteinhaber, die über ihre Vertriebskanäle mittelbar zu Reaktionen gezwungen würden."

IV. Beendigung wegen Nicht- oder Schlechterfüllung des Vertrags

Stellt der Anbieter dem Verbraucher die digitalen Inhalte nicht rechtzeitig bereit, so hat dieser das Recht zur sofortigen Vertragsbeendigung, Art. 11 DIRL-Vorschlag. Werden die Inhalte nicht vertragsgemäß bereitgestellt, so stehen dem Verbraucher die in Art. 12 DIRL-Vorschlag genannten Rechte zur Verfügung. Zunächst kann er Nachbesserung bzw. Nachlieferung verlangen. Ist diese Option nicht möglich bzw. unzumutbar, besteht ein Recht zur Minderung und unter Umständen zur Vertragsbeendigung.

Die gegenseitigen Rechte und Pflichten im Falle einer Vertragsbeendigung regelt Art. 13 DIRL-Vorschlag. Wurden die digitalen Inhalte auf einem körperlichen Datenträger geliefert, hat der Verbraucher diesen auf Anforderung des Anbieters zurückzusenden (Abs. 2 lit. e) i)). Darüberhinaus muss der Verbraucher, sowohl bei Lieferung auf einem Datenträger (Abs. 2 lit. e)) als auch bei unkörperlicher Zurverfügungstellung (Abs. 2 lit. d)), die ihm bereitgestellten Inhalte löschen und etwaige Kopien unlesbar machen, so dass sie weder ihm selbst noch Dritten weiterhin zugänglich sind. Die Durchsetzbarkeit dieser Pflicht mag mitunter Schwierigkeiten bereiten, weil sich die erforderlichen Handlungen in der Privatsphäre des Verbrauchers abspielen.[223] Aber nur weil sich möglicherweise nicht jedermann pflichtgemäß verhält, bedeutet dies nicht, dass die Pflicht als solche überflüssig wäre. Denn durch die Pflicht zur Löschung der digitalen Inhalte im Falle der Rückabwicklung wird ein Zustand hergestellt, der jenem bei der Lieferung körperlicher Waren möglichst ähnlich ist. Die Rahmenbedingungen für die Handelbarkeit digitaler Inhalte werden damit verbessert. Im Übrigen können die digitalen Inhalte mit technischen Schutzmaßnahmen versehen sein, die eine Kontrolle der Löschpflicht ermöglichen.[224]

V. Sonderkündigungsrecht und Kündigungsrecht

Ein Sonderkündigungsrecht für den Verbraucher entsteht dann, wenn der Anbieter von seinem oben genannten[225] Recht zur Änderung des Vertragsinhalts Gebrauch macht, Art. 15 lit. c) DIRL-Vorschlag. Die Regelung unterstreicht den Charakter des Vertrags bei einer zeitlich begrenzten Bereitstellung: Sowohl Änderungsmöglichkeit als auch das hieraus resultierende Recht zur Kündigung ist dem Umstand geschuldet, dass die Parteien ein Dauerschuldverhältnis verbin-

---

[223] *Stöhr*, ZIP 2016, 1468 (1473), bezeichnet die Vorschrift daher als „stumpfes Schwert".
[224] Vgl. *Druschel/Lehmann*, CR 2016, 244 (249).
[225] § 6 C.II.2.

det.[226] Das Synallagma des Vertrags gerät durch die spätere Änderung des Vertragsinhalts aus dem Gleichgewicht und berechtigt daher zur Kündigung.[227]

Anders als bei einem dauerhaften Erwerb digitaler Inhalte, erschöpft sich die Leistung des Verbrauchers bei einem Abonnement nicht in einer einmaligen Handlung, sondern ist dauerhaft bzw. wiederkehrend.[228] Eine besonders lange Vertragslaufzeit stellt für den Verbraucher daher unter Umständen eine nicht unwesentliche Belastung dar.[229] Dem trägt Art. 16 DIRL-Vorschlag Rechnung. Bei unbefristeten oder langfristigen (für mehr als 12 Monate abgeschlossenen) Verträgen kann der Verbraucher nach Ablauf der ersten 12 Monate kündigen, Art. 16 Abs. 1 DIRL-Vorschlag.

Ein Widerrufsrecht ist im DIRL-Vorschlag nicht festgelegt. Stattdessen gelten hier die Vorschriften der VRRL.[230]

VI. Folgen für die vertragstypologische Einordnung

Der Richtlinienvorschlag nimmt keine vertragstyplogische Einordnung vor und gibt somit nicht unmittelbar Aufschluss darüber, wie das schuldrechtliche Verhältnis zwischen Erwerber und Diensteanbieter zu qualifizieren ist. In den einzelnen Vorschriften der Richtlinie (und besonders des Kompromissvorschlags) zeigt sich allerdings, dass zwischen dauerhaftem Erwerb und vorübergehendem Zugang Unterschiede bestehen.[231]

Im Rahmen der Vertragsgemäßheit etwa werden Verträge über einen zeitlich begrenzten Zeitraum besonderen Regelungen unterworfen. Der Diensteanbieter hat hier während der gesamten Vertragslaufzeit den Zugang zu gewährleisten und etwaige Mängel zu beseitigen. Im Gegensatz zu einem dauerhaften Erwerb weisen diese Verträge typische Indizien eines Dauerschuldverhältnisses auf.[232] Der Anbieter unterliegt einer die Vertragslaufzeit überdauernden Pflichtenanspannung. Auf der anderen Seite kann der Anbieter sich vorbehalten, gewisse Änderungen während der Vertragslaufzeit vorzunehmen, weil seine Leistung sich nicht in einer einmaligen Transaktion erschöpft, sondern sich über einen gewissen Zeitraum erstreckt. Die Kündigungsrechte sind ebenfalls auf Dauer-

---

[226] *Schmidt-Kessel et al.*, GPR 2016, 54 (70), sprechen insofern von „notgedrungen[en] Elementen der Flexibilisierung". Vgl. auch *Spindler*, MMR 2016, 219 (223).

[227] Vgl. *Wendland*, GPR 2016, 8 (14 f.).

[228] Vgl. auch *Druschel/Lehmann*, CR 2016, 244 (250).

[229] Vgl. *Wendland*, GPR 2016, 8 (18). Kritisch *Smits*, ZEuP 2016, 319 (320).

[230] Vgl. *Schmidt-Kessel et al.*, GPR 2016, 2 (6).

[231] So auch *Schmidt-Kessel et al.,* GPR 2016, 54 (67).

[232] Anders das GEKR, welches auf kaufrechtliche Fälle gerichtet ist und gerade keine Regelungen zu Gebrauchsüberlassungen enthält, wie etwa die Pflicht des Anbieters, den Vertragsgegenstand in mangelfreiem Zustand zu erhalten. Vgl. hierzu *Zahn*, ZEuP 2014, 77 (87).

schuldverhältnisse zugeschnitten und entfalten bei einmaligen Erwerbsvorgängen keine Relevanz.

Die differenzierenden Regelungen weisen Ähnlichkeit mit den Vertragstypen Kauf und Miete auf. Daneben umfasst der DIRL-Vorschlag auch dienstleistungsartige Konstellationen, wie etwa die Verträge mit Cloud-Anbietern. *Schmidt-Kessel et al.* konstatieren daher, dass sich – trotz der „Lippenbekenntnisse in der Begründung zum Entwurf"[233] – drei „Grundvertragstypen" ausmachen ließen: Kauf, Gebrauchsüberlassung und Dienstleistung.[234] Den Kauf definieren sie als „auf dauerhafte (permanente) Übertragung respektive Verschaffung digitaler Inhalte und der Nutzungsrechte daran gerichtet."[235]

Die Differenzierung zwischen verschiedenen Vertragstpen nimmt der DIRL-Vorschlag richtigerweise nicht durch den Begriff der digitalen Inhalte – wie dies bei der VRRL und dem GEKR der Fall ist –, sondern im Rahmen der Leistungsvarianten (einmaliger Erwerb und vorübergehende Zurverfügungstellung) vor.[236] Dass digitale Inhalte durch den DIRL-Vorschlag als Vertragsgegenstand anerkannt werden, zeigt ihre Relevanz als Objekt des Rechtsverkehrs und unterstreicht die Bedeutung einer Bestimmung des Leistungsgegenstands.[237]

D. Zwischenergebnis

Die Untersuchung der einschlägigen europäischen Regelungsinstrumente hat ergeben, dass beim Erwerb digitaler Werkexemplare mittlerweile nicht mehr zwischen körperlicher und unkörperlicher Übermittlung unterschieden wird. Der Begriff der Verträge über digitale Inhalte wird nicht mehr auf unkörperliche Übermittlungen beschränkt und die Anwendung von Warenkaufvertragsrecht auf solche Erwerbsvorgänge, die einen materiellen Datenträger beinhalten, wurde aufgegeben. In dieser Hinsicht hat der Europäische Gesetzgeber das System der VRRL in GEKR und DIRL-Vorschlag zu Recht nicht fortgeführt.

Die Differenzierung zwischen einmaligem Erwerb und vorübergehender Zurverfügungstellung wird hingegen beibehalten. Richtigerweise sind die Regelungen des GEKR so zu verstehen, dass sie lediglich einmalige Austauschverträge,

---

[233] *Schmidt-Kessel et al.*, GPR 2016, 54 (67).

[234] *Schmidt-Kessel et al.*, GPR 2016, 54 (61). Ähnlich *Kindl*, in: Verträge über digitale Inhalte und digitale Dienstleistungen, 2018, S. 63 (71 ff.) A.A. *Metzger*, AcP 216 (2016), 817 (836): Der Richtlinienvorschlag verfolgt das Ziel, „die klassischen Vertragstypen Kauf, Dienst, Miete etc. für die Bereitstellung digitaler Inhalte ad acta zu legen."

[235] *Schmidt-Kessel et al.*, GPR 2016, 54 (61).

[236] Vgl. auch *Schmidt-Kessel et al.*, GPR 2016, 54 (55).

[237] Siehe hierzu Teil 3. Vgl. auch *Schmidt-Kessel et al.*, GPR 2016, 54.

also den dauerhaften Erwerb, umfassen. Dass der DIRL-Vorschlag nun beide Fälle umfasst, bedeutet nicht, dass die Differenzierung aufgegeben wurde. An verschiedenen Stellen des Regelwerks (und besonders im Kompromissvorschlag) wird deutlich, dass auf einmalige Austauschverträge andere Regelungen Anwendung finden als auf zeitlich begrenzte Bereitstellungen.

Aus den Regelungswerken ergibt sich keine klare Festlegung des Gegenstands eines Erwerbs digitaler Werkexemplare. Allerdings ist zu erkennen, dass sich die Hauptleistungspflichten des Diensteanbieters in zwei Komponenten gliedern: der Verschaffung der tatsächlichen und der rechtlichen Nutzungsmöglichkeit.

§ 7 Einordnung im Deutschen Recht

Weder das BGB noch das UrhG kennen einen spezifischen Vertragstyp für Verträge über digitale Güter. Im BGB finden sich lediglich einzelne besondere Regelungen, die in Umsetzung der VRRL eingefügt wurden.[1] Neben diesen Einzelvorschriften mangelt es jedoch an konkreten Bestimmungen. Eine vertragstypologische Einordnung ist im deutschen Vertragsrecht grundsätzlich auch nicht zwingend. Den Parteien steht es frei, entsprechend § 311 Abs. 1 BGB die vertraglichen Leistungspflichten selbst festzulegen und dabei nicht auf die (dispositiven) Vorschriften des Schuldrechts zurückzugreifen.[2] Es besteht anders als im Sachenrecht kein Typenzwang.[3]

Auf die Zuordnung zu einem bestimmten Vertragstyp zu verzichten bringt allerdings Nachteile mit sich. Denn die jeweiligen schuldrechtlichen Normen können bei der Auslegung des Vertrages weiterhelfen und etwaige Vertragslücken schließen.[4] Sie führen zu vorhersehbaren Ergebnissen und damit zu mehr Rechtssicherheit.[5] Bei einer AGB-Kontrolle kann auf die Wertungen, die der Gesetzgeber im Hinblick auf einen bestimmten Vertragstyp getroffen hat, als Maßstab zurückgegriffen werden.[6]

Im Übrigen handelt es sich bei den hier betrachteten Verträgen über digitale Inhalte kaum um individuelle Vereinbarungen. Es geht um standardmäßige Verträge im Massengeschäft, um „typische" Verträge. Es ist daher sinnvoll, diese

---

[1] Die Regelungen betreffen insbesondere das Widerrufsrecht (§§ 312g Abs. 1; 356 Abs. 2 Nr. 2, Abs. 5 BGB) sowie Informationspflichten im Hinblick auf Interoperabilität und Kopierschutzmechanismen (Art. 246 Abs. 1 Nr. 7 und 8; Art. 246a § 1 Abs. 1 Nr. 14 und 1 EGBGB).

[2] Vgl. *Kötz*, Vertragsrecht, Rn. 481. Dies ist Ausfluss der Vertragsfreiheit, vgl. *Charmatz*, S. 4 f.: „Nach diesem Begriff der Vertragsfreiheit haben die Parteien die Möglichkeit, Schuldverträge zu schließen, deren Inhalt dem Gesetze vollkommen fremd ist, d. h. in keiner der gesetzlichen Vertragstypen ganz oder nur zum Teil vorkommt."

[3] Vgl. Palandt/*Grüneberg*, BGB, Überbl v § 311 Rn. 11; *Larenz*, Schuldrecht II 1, S. 3.

[4] Vgl. Staudinger/*Beckmann*, BGB, § 453 Rn. 54; *Hantschel*, S. 103. *Stoffels*, S. 106, bezeichnet das dispositive Schuldvertragsrecht als „Reserveordnung". Ähnlich *McGuire*, S. 617 („Reserveordnung für unvollständige oder unwirksame Parteivereinbarungen").

[5] Vgl. *Stoffels*, S. 107 f.

[6] So auch *Hantschel*, S. 104; *Metzger*, AcP 216 (2016), 817 (847).

Verträge auch einer einheitlichen (bereits existierenden oder neu zu entwickeln-den) Typologie[7] zuzuordnen.

Bei der Frage, welchem Vertragstyp Verträge über digitale Werkexemplare zu-zuordnen sind, steht nicht die Sache, beziehungsweise der konkrete Gegenstand des Vertrages, im Vordergrund. Eine typologische Zuordnung orientiert sich nicht daran, *was* die Parteien verkaufen, vermieten, verpachten etc.[8] Folglich kann es auch nicht um die Einordnung *sämtlicher* Verträge über digitale Werk-exemplare gehen, unabhängig davon, ob ein dauerhafter Erwerb oder nur ein vorübergehender Zugang gewollt ist. Relevant ist stattdessen der Inhalt der nach dem Vertrag geschuldeten Leistung, also das Ziel der Parteien, das sie durch den Vertrag erreichen wollen.[9] So formuliert *Larenz*:

> „Die im Gesetz geregelten Schuldvertragstypen unterscheiden sich vornehmlich durch die *Art der geschuldeten Leistung* – geschuldet wird etwa die Veräußerung einer Sache oder ihre Über-lassung zu zeitweiligem Gebrauch oder Fruchtgenuß, die Leistung von Diensten oder die Her-beiführung eines Erfolgs, eine Geschäftsbesorgung oder ein Zusammenwirken zu einem ge-meinsamen Zweck – und ferner durch den vorhandenen oder fehlenden Austauschcharakter."[10]

Die folgende Untersuchung wird sich in erster Linie an dem von den Parteien mit dem Vertrag über die digitalen Werkexemplare bezweckten Erfolg sowie ihren typischen Interessen und Vorstellungen orientieren. Das *was* dieses Vertrags kann zunächst ein abstrakter „Gegenstand"[11] bleiben.[12] Er wird in Teil 3 näher bestimmt.

Die Diskussion um die vertragstypologische Einordnung von Verträgen über digitale Güter wird in Deutschland seit geraumer Zeit geführt. Zunächst konzen-triert auf die Frage, welchem Vertragstyp die Überlassung von Computersoft-ware zuzuordnen ist,[13] erstreckt sich die wissenschaftliche Debatte mittlerweile

---

[7] Zum Begriff des Typus vgl. *Larenz*, Schuldrecht II 1, S. 4: „Der Ausdruck ‚Typus' meint, im Gegensatz zum ‚Begriff' oder zu einer ‚Klasse' von Gegenständen, ein Merkmalganzes, dessen einzelne ‚Züge' in gewissem Grade ersetzbar oder verschieden stark ausgeprägt sein können, sich indessen stets zu einem Sinnganzen zusammenfügen."

[8] So auch *Haedicke*, S. 79; *McGuire*, S. 622.

[9] Vgl. Staudinger/*Beckmann*, BGB, § 453 Rn. 53; *McGuire*, GRUR 2009, 13 (19); Palandt/ *Weidenkaff*, BGB, Überbl v § 433 Rn. 3.

[10] *Larenz*, Schuldrecht II 1, S. 1.

[11] Zu dem Begriff des „Gegenstands" vgl. *v. Bar*, JZ 2015, 845 (847): „Wir meinen, ‚Gegen-stand' alles nennen zu dürfen, was nicht Person und doch eine Entität ist, die der Rechtsord-nung so zureichend bestimmbar erscheint, dass sie sie in ihr privatrechtliches Regelwerk ein-bauen kann und auch tatsächlich einbaut. Etwas, das verkauft, getauscht oder verschenkt wer-den kann, ist ein ‚Gegenstand des Rechtsverkehrs' und damit auch ein ‚Gut'." Vgl. auch MüKo/ *Stresemann*, BGB, § 90 Rn. 3; *Wieacker*, AcP 148 (1943), 57 (65).

[12] A.A. wohl *Hauck*, ZGE 9 (2017), 47 (56) (bereits auf schuldvertraglicher Ebene ist die urheberrechtliche Relevanz der Nutzungshandlungen zu berücksichtigen).

[13] Siehe hierzu verschiedene Beiträge aus den 1980er und 90er Jahren, wie *Hoeren*, Soft-

auf digitale Werkexemplare aller Werkarten sowie sämtliche Modelle der dauerhaften und vorübergehenden Überlassung zur Nutzung. Stets schweben dabei die gleichen Vertragstypen, gegebenenfalls in Analogie,[14] durch den Raum. Verträge über digitale Werkexemplare werden teils als Lizenzvertrag, teils als Werk-, Pacht- oder Kaufvertrag und teils als Verträge bzw. Dauerschuldverhältnisse *sui generis* eingeordnet. Die Auseinandersetzung mit den jeweiligen Auffassungen wird dadurch erschwert, dass sie auf unterschiedlichen Ebenen liegen. So ist der Lizenzvertrag kein eigenständiger Vertragstyp, sondern kann seinerseits Elemente des Werk-, Dienst-, Pacht- oder Kaufvertrags enthalten.[15]

Der Lizenzvertrag, als einziger vom Urheberrechtsgesetz vorgesehener Vertrag, wird im folgenden Abschnitt vorangestellt (A.). Es gilt dabei zu untersuchen, ob der Zweck und die Besonderheiten dieser Vorschriften taugen, Verträge über den Erwerb digitaler Werkexemplare zu regeln. Die Einordnung als Dauerschuldverhältnis, entweder aufgrund der Qualifizierung als Lizenzvertrag, als (Rechts-)Pachtvertrag oder allgemein als Gebrauchsüberlassungsvertrag wird danach analysiert (B.) Im nächsten Schritt geht es um die Frage, ob bzw. wann der Vertrag den Charakter eines Werkvertrags bzw. Werklieferungsvertrag hat (C.). Zuletzt wird darauf eingegangen, ob Verträge über den Erwerb digitaler Werkexemplare als Kaufverträge einzuordnen sind (D.).

A. Lizenzvertrag

Soweit digitale Inhalte urheberrechtlich geschützt sind, wird teilweise vertreten, der Vertrag zwischen Diensteanbieter und Nutzer sei als Lizenzvertrag bzw. urheberrechtlicher Nutzungsvertrag zu qualifizieren.[16] Die Formulierung mancher

---

wareüberlassung, 1989; *Kilian*, Haftung für Mängel der Computersoftware, 1986; *König*, Das Computerprogramm im Recht, 1991; *Moritz*, CR 1994, 257; *Müller-Hengstenberg*, NJW 1994, 3128; *Ruppelt*, Die Überlassung von Computerprogrammen. Vertragstypenzuordnung und besondere Formen der Gewährleistung, 1990; *Sickinger*, Vertrieb von Standardsoftware, 1993.

[14] Vgl. *Druschel*, GRUR Int. 2015, 125 (127).

[15] RGZ 142, 212 (213); BGHZ 2, 331 (335) = GRUR 1951, 471 (473); BGHZ 13, 115 (119) = GRUR 1954, 412 (414); BGHZ 105, 374 (377 f.) = GRUR 1989, 68 (70) – *Präsentbücher*; *Gitter*, S. 398 f.; Staudinger/*Beckmann*, BGB, Vorbem zu §§ 433 ff Rn. 183; *Krause*, S. 38; Palandt/*Weidenkaff*, BGB, Einf v § 433 Rn. 22; *Druschel*, GRUR Int. 2015, 125 (127); *Haedicke*, S. 107; *Schack*, Urheber- und Urhebervertragsrecht, Rn. 1071; *Wandtke*, Urheberrecht, S. 86 Rn. 5.

[16] *Hilty*, S. 695 f. (für Software); *ders.*, CR 2012, 625 (630); *Metzger*, NJW 2003, 1994 (1995) (für Software: typengemischter Vertrag Kaufvertrag-Lizenzvertrag; bei Softwarevertrieb über das Internet dominiert Lizenzvertrag); *Nordemann*, CR 1996, 5 (7) (typengemischter Vertrag bei Software); *Sickinger*, S. 44 (einfaches Nutzungsrecht); *Zech*, ZGE 5 (2013), 368 (369); OLG Frankfurt MMR 2009, 544 (545) (Lizenzvertrag bei online erworbener Software).

Standardverträge scheint diese Auffassung zu stützen. Häufig werden nicht die Begriffe „Verkauf" oder „Veräußerung" verwendet, sondern es wird von einer Lizenzierung oder einem Nutzungsrecht gesprochen.[17]

Eine Einordnung als Lizenzvertrag beruht zunächst auf dem richtigen Ausgangspunkt, dass der Nutzer digitaler Inhalte urheberrechtlich relevante Handlungen vornimmt.[18] Der digitale Werkgenuss berührt die ausschließlichen Rechte des Urhebers und erfordert eigene Rechte des Nutzers.[19] Die Schranken, die das UrhG für die legale Nutzung bereithält, decken den Bereich des digitalen Werkgenusses nicht vollumfänglich ab. Das Argument, der Erwerber benötige kein Nutzungsrecht, weil seine Werknutzung nicht urheberrechtlich relevant bzw. von den urheberrechtlichen Schranken gedeckt sei,[20] überzeugt also nicht. Vielmehr ist unter diesem Aspekt eine Einordnung als Lizenzvertrag durchaus naheliegend. Denn die Erlaubnis zu urheberrechtlich relevanten Handlungen wird in der Regel im Wege des Lizenzvertrags erteilt.

Ob die Einordnung als Lizenzvertrag auch zwingend und richtig ist, muss dennoch hinterfragt werden. Dass der Erwerber eine urheberrechtliche Berechtigung zum Werkgenuss benötigt, bedeutet nicht automatisch, dass er diese auch im Wege des Lizenzvertrags erhält.[21] Vor allem die Bezeichnung des Vertrages als „Lizenzvertrag" kann allein nicht ausschlaggebend sein.[22] Entscheidend ist stattdessen, ob die Grundzüge und Besonderheiten des Lizenzvertrags auf die Interessenlage bei Verträgen über digitale Werkexemplare passen.

Die Vorschriften des UrhG zum Lizenzvertrag bzw. zu Verträgen über die Einräumung von Nutzungsrechten (§§ 31 ff. UrhG) sind wenig detailliert.[23] Daneben unterliegt der Vertrag den allgemeinen vertragsrechtlichen Vorschriften des

---

[17] So beispielsweise in den Nutzungsbedingungen des *Kindle-Shop* von *Amazon*, abrufbar unter: https://www.amazon.de/gp/help/customer/display.html?nodeId=201014950, zuletzt abgerufen am 1.1.2019. Für weitere Beispiele siehe *Orgelmann*, S. 242 Fn. 7; *Stieper*, S. 401 Fn. 1125.

[18] Vgl. *Loewenheim*, in: FS Pfennig, S. 65 (67); *Sickinger*, S. 44.

[19] Siehe Teil 1.

[20] So aber *Cichon*, S. 248 Rn. 938 f. und S. 295 Rn. 1105; *Stieper*, AfP 2010, 217 (220); *Zahrnt*, NJW 1996, 1798 (1799).

[21] Vgl. *Cichon*, GRUR-Prax 2010, 381; *Druschel*, S. 36; *Schmidt-Kessel*, K&R 2014, 475 (477). A.A. *Hilty*, CR 2012, 625 (637).

[22] Vgl. LG Düsseldorf CR 2009, 221 (222); Staudinger/*Beckmann*, BGB, § 453 Rn. 53 (Bezeichnung hat allenfalls Indizwirkung); *Cichon*, GRUR-Prax 2010, 381 (Bezeichnung als Lizenzvertrag ist „Wunschvorstellung" der Diensteanbieter); Palandt/*Grüneberg*, BGB, Überbl v § 311 Rn. 11 (entscheidend ist der Vertragsinhalt, nicht die Bezeichnung durch die Parteien); *Hantschel*, S. 104; *Koch*, Computer-Vertragsrecht, S. 403; *Stieper*, AfP 2010, 217 (220).

[23] Vgl. *Haedicke*, S. 107; *McGuire*, S. 613.

BGB.[24] Der Lizenzvertrag ist daher, soweit es sich nicht um einen Verlagsvertrag handelt, kein eigenständiger Vertragstyp, sondern wird ganz überwiegend als Vertrag *sui generis* mit unterschiedlichen Schwerpunkten eingeordnet.[25] Soweit sich diese Einordnung in der negativen Feststellung erschöpft, dass der Lizenzvertrag keinem der Vertragstypen des BGB zugeordnet werden kann,[26] ergibt sich für die hier gestellte Frage kein Mehrwert; die Aussage, es handele sich um einen Vertrag *sui generis*, lässt keine Schlüsse über charakteristische Grundzüge des Lizenzvertrags zu und gibt keine Anhaltspunkte für dessen rechtliche Behandlung.[27] Hierauf muss sich die Einordnung als Vertrag *sui generis* jedoch nicht beschränken. Stattdessen kann auch für den Lizenzvertrag ein charakterisierendes Vertragsbild festgestellt werden.[28] Die nachfolgenden Untersuchungen nehmen jene Punkte in den Blick, die spezifisch lizenzvertraglicher Natur sind.

I. Die Grundlagen des Lizenzvertrags

Das Urheberrecht ist entsprechend der monistischen Theorie[29] unübertragbar.[30] Der Urheber kann jedoch Nutzungsrechte an seinem Werk einräumen, schuldrechtliche Einwilligungen erteilen sowie Vereinbarungen über Verwertungsrechte und Urheberpersönlichkeitsrechte treffen.[31] Der urheberrechtliche Nutzungsvertrag ermöglicht dem Urheber den wirtschaftlichen Wert seines Werks (durch Verwerter) zu realisieren.[32] Darüber hinaus kann die Einräumung von Nutzungsrechten auch den ideellen Interessen des Urhebers dienen, der erreichen möchte, dass sein Werk verbreitet und genutzt wird.[33] Indem der Urheber (meist) kommerziellen Verwertern gewährt, sein Werk zu nutzen und dem Publikum zugäng-

---

[24] Vgl. Fromm/Nordemann/*J. B. Nordemann*, UrhG, Vor §§ 31 Rn. 4; Dreier/Schulze/*Schulze*, UrhG, Vor § 31 Rn. 8.

[25] RGZ 142, 212 (213); BGHZ 2, 331 (335) = GRUR 1951, 471 (473); BGHZ 13, 115 (119) = GRUR 1954, 412 (414); BGHZ 105, 374 (377 f.) = GRUR 1989, 68 (70) – *Präsentbücher*; *Gitter*, S. 398 f.; Staudinger/*Beckmann*, BGB, Vorbem zu §§ 433 ff Rn. 183; *Krause*, S. 38; Palandt/*Weidenkaff*, BGB, Einf v § 433 Rn. 22; *Druschel*, GRUR Int. 2015, 125 (127); *Haedicke*, S. 107; *Wandtke*, Urheberrecht, S. 86 Rn. 5.

[26] Dies kritisierend *McGuire*, S. 676.

[27] So auch *Cichon*, S. 256 Rn. 957; *Ganzhorn*, S. 94; *Grübler*, S. 102; *Pahlow*, S. 261. Vgl. auch *Hörmann*, S. 72, der, im Zusammenhang mit der VRRL, Verträge über digitale Inhalte, die nicht auf einem Datenträger geliefert werden, als Verträge „sui generis" einordnet.

[28] Zu diesem Ergebnis kommt *McGuire*, S. 671; *dies.*, GRUR 2009, 13 (20).

[29] Siehe hierzu nur *Eggersberger*, S. 37 ff. und S. 70 ff.

[30] § 29 Abs. 1 UrhG.

[31] § 29 Abs. 2 UrhG.

[32] Vgl. *Berger*, S. 347; Fromm/Nordemann/*J. B. Nordemann*, UrhG, Vor §§ 31 Rn. 1; *Schack*, Urheber- und Urhebervertragsrecht, Rn. 1068; *Wandtke*, Urheberrecht, S. 86 Rn. 4.

[33] Vgl. *Berger*, S. 347; Dreier/Schulze/*Schulze*, UrhG, Vor § 31 Rn. 40.

lich zu machen, kann er also sowohl finanzielle als auch ideelle Vorteile aus seinen Ausschließlichkeitsrechten ziehen.

In der Rechtspraxis war die Einräumung von urheberrechtlichen Nutzungsrechten bereits im 19. Jahrhundert anerkannt.[34] Auf dieser Grundlage wurde der Lizenzvertrag von Lehre und Rechtsprechung thematisiert und fortentwickelt.[35] Bei der wirtschaftlichen Verwertung des Urheberrechts spielte zunächst der Verlagsvertrag die wichtigste Rolle.[36] Dieser war in manchen einzelstaatlichen Regelungen festgehalten, bevor 1901 das Verlagsgesetz erlassen wurde.[37] Außerhalb des Verlagsrechts orientierten sich Rechtsprechung und Lehre an den Grundsätzen der patentrechtlichen Lizenz und entwickelten sowohl obligatorische als auch ausschließliche Nutzungsberechtigungen.[38] Diese Lizenzverträge wurden vom Verlagsrecht anhand der fehlenden Ausübungspflicht unterschieden.[39] Im Zuge der Schaffung des UrhG von 1965 wurde auch der urheberrechtliche Lizenzvertrag ausdrücklich geregelt.

Die Einräumung von Nutzungsrechten richtet sich nach §§ 31 ff. UrhG. Anstatt von Lizenz oder Lizenzvertrag spricht das Urheberrechtsgesetz von Nutzungsrecht und Nutzungsvertrag.[40] Da inhaltlich keine Unterschiede bestehen, werden die Begriffe Lizenzvertrag und Nutzungsrechtseinräumung im Folgenden synonym verwendet. Entscheidend ist, dass der Urheber bzw. Rechteinhaber dem Lizenznehmer bzw. Nutzungsrechteinhaber vertraglich den Gebrauch seines Immaterialgüterrechts im festgelegten Rahmen erlaubt.[41]

Überwiegend wird bei der Nutzungsrechtseinräumung zwischen Verpflichtungs- und Verfügungsgeschäft unterschieden.[42] Die Erfüllung der durch den Li-

---

[34] Vgl. *Pahlow*, S. 16 ff.

[35] Vgl. hierzu nur *Pahlow*, S. 16 ff.

[36] Dies wird etwa deutlich bei *Daude*, S. 32.

[37] Zu den verschiedenen einzelstaatlichen Regelungen vor Erlass des VerlG siehe *Voigtländer*, S. 33 ff.

[38] Vgl. *Pahlow*, S. 95, 100.

[39] *Elster*, UFITA 1 (1928), 195 (201); *Krause*, S. 9.

[40] *Ulmer*, Urheber- und Verlagsrecht, S. 465, erkennt einen Unterschied zwischen urheberrechtlichem Nutzungsrecht und Lizenz; letztere bezeichne nur die nachgelagerten Verwertungsverträge, also jene, die ein Nutzungsrechtsinhaber als Lizenzgeber schließe. Gegen eine solche inhaltliche Differenzierung werden allerdings zu Recht die Parallelen der patentrechtlichen und urheberrechtlichen Lizenz in der historischen Entwicklung angeführt und auf fehlende Differenzen zwischen Lizenz und Nutzungsrecht verwiesen (*Pahlow*, S. 188 f.). Nach *Pahlow* können „Lizenzen im gewerblichen Rechtsschutz und Nutzungsrechte im Urheberrecht […] einheitlich als Benutzungsberechtigungen an unkörperlichen Gegenständen definiert werden." (S. 191).

[41] Ähnlich *Marly*, Praxishandbuch Softwarerecht, Rn. 697. Vgl. auch *McGuire*, S. 623.

[42] Fromm/Nordemann/*J. B. Nordemann*, UrhG, § 31 Rn. 26 ff.; *Schack*, Urheber- und Urhebervertragsrecht, Rn. 1070; *Wandtke*, Urheberrecht, S. 86 Rn. 5.

zenzvertrag begründeten Hauptleistungspflicht erfolgt durch die (verfügende) Einräumung der jeweiligen Nutzungsrechte.[43] Diese sachenrechtliche Ebene und die mit ihr zusammenhängenden Fragen sollen allerdings erst im folgenden Teil 3 (Gegenstand des Erwerbs) in den Fokus rücken. Zunächst geht es allein um die schuldrechtlichen Aspekte des Lizenzvertrags.

II. Divergenzen in der typischen Interessenlage

Die Verwertung des Urheberrechts kann der Rechteinhaber entweder selbst vornehmen oder er erlaubt die Verwertung einem Dritten, indem er ihm ein urheberrechtliches Nutzungsrecht einräumt. Der Lizenzvertrag ist also zunächst durch ein wirtschaftliches Interesse der Parteien gekennzeichnet.[44] Der Rechteinhaber bzw. Lizenzgeber partizipiert an den Früchten seines Werks, ohne selbst Verwertungshandlungen vornehmen zu müssen.[45] Der Lizenznehmer, beispielsweise ein Verlag, generiert wirtschaftliche Einnahmen, weil er Verwertungshandlungen vornehmen darf, die sonst nur dem Rechteinhaber zustehen.[46]

Diese Situation deckt sich nicht mit der typischen Interessenlage bei einem Vertrag über digitale Inhalte. Dort nimmt der Diensteanbieter die wirtschaftliche Verwertung (die ihm als Rechteinhaber zusteht oder ihm wiederum auf Grundlage eines Lizenzvertrags erlaubt ist) selbst vor. Sein Geschäftsmodell ist der Endvertrieb der digitalen Inhalte. Den Vertrag mit dem Nutzer schließt er nicht ab, um die wirtschaftliche Verwertung zu delegieren. Der Vertrag ist vielmehr der letzte Schritt in der Verwertungskette. Auch das Interesse des Nutzers entspricht nicht dem eines Lizenznehmers. Ihm kommt es nicht auf eine wirtschaftliche Nutzung des Werks an, sondern auf den privaten Werkgenuss.[47] Die Handlungen, die hierfür notwendig sind, sind zwar urheberrechtlich relevant, sie stellen aber keine wirtschaftliche Verwertung dar. Der rezeptive Werkgenuss unterscheidet sich qualitativ von den Verwertungshandlungen, die der Rechteinhaber selber vornimmt. Der Werkgenuss des Nutzers stellt das Spiegelbild der Verwertung durch den Urheber dar.

---

[43] Fromm/Nordemann/*J. B. Nordemann*, UrhG, § 31 Rn. 26 ff.; *Wandtke*, Urheberrecht, S. 86 Rn. 5.

[44] So auch *Pahlow*, S. 225, der die Interessenlage beim Lizenzvertrag analysiert und zu dem Ergebnis kommt, dass die Beteiligten „vor allem wirtschaftliche Interessen verfolgen".

[45] Vgl. *Pahlow*, S. 225.

[46] Vgl. *McGuire*, S. 632; *dies.*, GRUR 2009, 13 (20); *Pahlow*, S. 226.

[47] So auch *Grübler*, S. 102.

III. Fehlende Treuepflichten

Der Lizenznehmer bezahlt für die Erlaubnis der Verwertung eines Immaterialgutes, ohne sicher zu wissen, dass dieses tatsächlich besteht und in der gewünschten Weise verwertbar ist. Der Lizenzvertrag ist für ihn insofern ein „gewagtes Geschäft".[48] Dieser Charakter fehlt einem Vertrag über digitale Inhalte. Der Werkgenuss des Nutzers wird nicht davon tangiert, ob sich das Werk wirtschaftlich verwerten lässt.[49]

Beim Lizenzvertrag wiederum kann der Rechteinhaber bzw. Lizenzgeber auf die Mitwirkung des Lizenznehmers angewiesen sein. Zum einen ist dies der Fall, wenn die Lizenzgebühr vom Umfang der Verwertung abhängig ist und dem Lizenzgeber hierüber Auskunft erteilt werden muss.[50] Zum anderen können die (materiellen und immateriellen) Interessen des Rechteinhabers bzw. Lizenzgebers gefährdet sein, wenn der Lizenznehmer die Verwertung unterlässt.[51] Es existieren daher entsprechende Treuepflichten zwischen den Parteien des Lizenzvertrags.[52]

Solche Treuepflichten sind bei einem Vertrag über digitale Inhalte hingegen nicht erkennbar. Der Diensteanbieter hat weder ein materielles noch immaterielles Interesse daran, dass der Nutzer das Werk tatsächlich konsumiert. Insbesondere ist bei den hier im Fokus der Untersuchung stehenden Verträgen die Vergütung, die der Nutzer zahlt, im Voraus zu leisten und ist nicht von der tatsächlichen Quantität der Nutzung abhängig.

IV. Rückrufsrechte

Der Verwerter ist mitunter unternehmerisch versierter als der Urheber und beansprucht in den Verhandlungen eine gewichtigere Position, weshalb zwischen beiden ein gewisses Ungleichgewicht herrschen kann.[53] Das UrhG trägt dieser Schutzbedürftigkeit des Urhebers in verschiedenen Vorschriften des Urhebervertragsrechts Rechnung.[54] Neben Bestimmungen, die eine angemessene Vergütung des Urhebers sichern sollen, äußert sich die urheberschützende Tendenz des

---

[48] Vgl. BGH GRUR 1961, 27 (29) – *Holzbauträger*; *Gitter*, S. 397; *McGuire*, S. 635 ff.; *dies.*, GRUR 2009, 13 (20).

[49] Ähnlich *Koch*, Computer-Vertragsrecht, S. 425. Vgl. auch BGHZ 102, 135 (144) = NJW 1988, 406 (408).

[50] Vgl. *Gitter*, S. 406 f.; *McGuire*, GRUR 2009, 13 (20).

[51] Vgl. *McGuire*, GRUR 2009, 13 (20).

[52] Vgl. *Gitter*, S. 399; *McGuire*, S. 635; *dies.*, GRUR 2009, 13 (20).

[53] Vgl. Dreier/Schulze/*Schulze*, UrhG, Vor § 31 Rn. 2.

[54] Vgl. *McGuire*, S. 642 (die daraus aber keine Rückschlüsse auf den Vertragstyp der Lizenz ziehen will, weil die typisierte Ungleichgewichtslage nicht bei jedem Lizenzvertrag vorliege).

UrhG auch in den Rückrufsrechten. So stehen dem Urheber gesetzliche Rückrufsrechte zu wegen Nichtausübung (§ 41 UrhG), wegen gewandelter Überzeugung (§ 42 UrhG) und wegen Übertragung des Nutzungsrechts des Verwerters im Zuge einer Unternehmensveräußerung (§ 34 Abs. 3 S. 2 UrhG). Das Rückrufsrecht des Urhebers nach §§ 42 und 34 Abs. 3 S. 2 UrhG führt zu einem Heimfall sämtlicher Nutzungsrechte, also auch von einfachen Nutzungsrechten.[55] Der schuldrechtliche Lizenzvertrag wird durch den Rückruf mit Wirkung *ex nunc* beendet.[56]

Um die Frage beantworten zu können, inwiefern die Rückrufsrechte des Urhebers für oder gegen die Annahme eines Lizenzvertrags sprechen, muss zunächst zwischen zwei Situationen unterschieden werden: dem mittelbaren und dem direkten Vertrieb. Handelt es sich um eine mittelbare Vertriebssituation, ist der Diensteanbieter nicht mit dem Urheber identisch. Der Diensteanbieter ist vielmehr Dritter, der mit dem Urheber (gegebenenfalls unter Einschaltung weiterer Zwischenstufen) einen Lizenzvertrag abgeschlossen hat und der nun dem Endnutzer entgegentritt. Macht der Urheber in dieser Situation von seinem Rückrufsrecht Gebrauch, stellt sich die Frage, ob dies auch Auswirkungen auf das Verhältnis zwischen Diensteanbieter und Nutzer hat. Heftig diskutiert werden vor allem die Folgen eines Rückrufs auf dinglicher Ebene, die die Arbeit in Teil 3 (Gegenstand des Erwerbs) thematisieren wird.[57] Für das Verpflichtungsgeschäft ergeben sich zunächst keine Besonderheiten. Entsprechend dem Grundsatz der Relativität der Schuldverhältnisse wird der Vertrag zwischen Nutzer und Diensteanbieter von einem Wegfall des Vertrags zwischen Diensteanbieter und Urheber nicht berührt.[58] Für die hier interessierende schuldrechtliche Ebene ist der Fall eines Rückrufs allerdings dann relevant, wenn der Urheber sein Werk selbst vertreibt. Hier schließen Urheber und Nutzer den Vertrag über die digitalen Inhalte. Ordnet man diesen Vertrag als Lizenzvertrag ein, könnte der Urheber gegenüber dem Nutzer von seinem Rückrufsrecht Gebrauch machen. In Betracht käme dabei ein Rückruf wegen gewandelter Überzeugung, § 42 UrhG.[59] So wäre denkbar, dass

---

Vgl. auch Fromm/Nordemann/*J. B. Nordemann*, UrhG, Vor §§ 31 Rn. 6; Dreier/Schulze/*Schulze*, UrhG, Vor § 31 Rn. 2.

[55] Vgl. Fromm/Nordemann/*J. B. Nordemann*, UrhG, § 34 Rn. 34 und § 42 Rn. 6; Dreier/Schulze/*Schulze*, UrhG, § 34 Rn. 11 und § 42 Rn. 10.

[56] Vgl. Schricker/Loewenheim/*Peukert*, UrhG, § 41 Rn. 28; Wandtke/Bullinger/*Wandtke*, UrhG, § 41 Rn. 28.

[57] Vgl. § 10 B.I.2.c.aa.

[58] Zu dem Charakter schuldrechtlicher Ansprüche als relative Rechte vgl. *Leipold*, BGB I AT, § 7 Rn. 36.

[59] Ein Rückruf gem. § 34 Abs. 3 S. 2 UrhG oder wegen Nichtausübung, § 41 UrhG, spielt hingegen keine Rolle. Insbesondere soll der Nutzer kein ausschließliches Nutzungsrecht erhalten.

ein Autor, der sein Werk als E-Book an Nutzer vertrieben hat, zu seinen darin getroffenen Aussagen nicht mehr steht und deswegen die Nutzungsrechte zurückruft. Wäre der Vertrag mit dem Nutzer ein Lizenzvertrag, wäre dem Urheber die Möglichkeit gegeben, dem Nutzer den weiteren Werkgenuss zu untersagen. Denn der Nutzer würde seine Befugnis, urheberrechtlich relevante Handlungen vorzunehmen, die zum digitalen Werkgenuss erforderlich sind, verlieren.

Dieses Ergebnis ist nicht sinnvoll. Übertragen auf analoge Konstellationen, beispielsweise den Verkauf von Druckexemplaren, müsste der Rückruf dazu führen, dass alle Buchkäufer ihr Exemplar zurückzugeben haben. Werkexemplare sind aber gerade nicht von einem Rückruf erfasst.[60] Die einzige Möglichkeit, Werkexemplare zurückzuerlangen, ist der „Rückrufsanspruch" gem. § 98 Abs. 2 UrhG. Mit Hilfe dieses Anspruchs kann der Urheber darauf hinwirken, dass Vervielfältigungsstücke, die sich nicht mehr im Besitz des Verletzers befinden, zurückgerufen bzw. aus dem Vertriebsweg entfernt werden. Allerdings geht es hierbei um rechtswidrig hergestellte bzw. verbreitete Werkexemplare. Selbst wenn man eine analoge Anwendung auf digitale Werkexemplare annehmen und den Anspruch auf eine Löschung digitaler Inhalte ausdehnen würde,[61] greift er im hier untersuchten Fall nicht durch, weil die digitalen Inhalte rechtmäßig hergestellt und erworben wurden.

Darüber hinaus ist der Schutzzweck, den das UrhG mit dem Rückrufsrecht nach § 42 UrhG verfolgt, nicht berührt. Das Rückrufsrecht wegen gewandelter Überzeugung schützt den Urheber davor, dass sein Werk in zunehmendem Ausmaß der Öffentlichkeit zugänglich gemacht wird. Insbesondere soll die Produktion weiterer Vervielfältigungsstücke und deren Verbreitung untersagt werden können, um zu verhindern, dass der Inhalt des Werks einem wachsenden Personenkreis offenbar wird. Der Werkgenuss einer Einzelperson, die den Inhalt des Werks bereits kennt (oder kennen kann) ist hingegen nicht Gegenstand des Rückrufsrechts.

V. Zwischenergebnis

Die Auffassung, Verträge über digitale Werkexemplare seien als Lizenzvertrag einzuordnen, kann aus verschiedenen Gründen nicht überzeugen. Der typische Zweck eines Lizenzvertrages deckt sich nicht mit dem eines Vertrages über den Erwerb digitaler Werkexemplare. Während ersterer der wirtschaftlichen Verwer-

---

[60] Vgl. OLG Celle ZUM 2000, 325 (326); Fromm/Nordemann/*J. B. Nordemann*, UrhG, § 42 Rn. 7; Dreier/Schulze/*Schulze*, UrhG, § 42 Rn. 12.

[61] Siehe hierzu *Stieper*, AfP 2010, 217 (219), der die analoge Anwendung letztlich ablehnt, weil es bei digitalen Inhalten nicht um „Vertrieb" i. S. v. § 98 Abs. 2 UrhG, sondern eine öffentliche Zugänglichmachung gehe.

tung eines urheberrechtlich geschützten Werks dient, soll letzterer die private Nutzung, den Konsum eines Werks ermöglichen. Bei Verträgen über digitale Inhalte bestehen auch keine Treuepflichten zwischen Diensteanbieter und Nutzer und schließlich sind auch die Folgen eines Rückrufs durch den Urheber im Verhältnis zum Nutzer unangebracht. Es ist daher festzuhalten, dass Regelungen und Grundsätze des Lizenzvertrags auf Fälle der Fremdverwertung des Urheberrechts zugeschnitten sind. Der Werkgenuss und die damit einhergehenden Handlungen des Nutzers sind hingegen nicht typischer Gegenstand eines Lizenzvertrags.

B. Gebrauchsüberlassungsvertrag

Der Frage, ob Verträge über den Erwerb digitaler Güter den Charakter eines Dauerschuldverhältnisses haben, begegnen zunächst jene, die von einem Lizenzvertrag ausgehen. Denn der Lizenzvertrag wird ganz überwiegend als Dauerschuldverhältnis eingeordnet.[62] Es handele sich nicht um eine Rechtsübertragung, sondern nur um einen Fall der Gebrauchsüberlassung auf bestimmte Zeit, denn der Lizenzgeber verliere sein Recht nicht.[63]

Daneben werden Verträge über digitale Werkexemplare auch ganz explizit – also nicht nur als zwangsläufige Folge einer Einordnung als Lizenzvertrag – als Dauerschuldverhältnisse angesehen.[64] Der Rechteinhaber gebe sein Recht nicht auf, sondern lasse den Nutzer der digitalen Inhalte nur an diesem Recht, in bestimmtem Umfang, partizipieren.[65] Es handele sich nicht um ein Austausch-, sondern ein Dauerschuldverhältnis.[66] Zudem entstehe eine dauerhafte Rechtsbeziehung zwischen Rechteinhaber und Nutzer dadurch, dass die Nutzung der digitalen Inhalte eine urheberrechtsrelevante Handlung sei und gewissen Beschränkungen unterliege.[67]

---

[62] BGH GRUR 1956, 93 (95) – *Bioglutan*; BGH GRUR 1977, 551 (553) – *Textdichteranmeldung*; *Gitter*, S. 396; *Hilty*, S. 6; *Marly*, Praxishandbuch Softwarerecht, Rn. 698; *McGuire*, S. 624; *Pahlow*, S. 256.

[63] *McGuire*, S. 624 f.; *dies.*, GRUR 2009, 13 (20); *Moritz/Tybusseck*, Computersoftware, Rn. 742.

[64] *Hilty*, MMR 2003, 3 (14); *ders.*, CR 2012, 625; *Moritz*, CR 1994, 257 (261). Zu den Indizien, die für ein Dauerschuldverhältnis sprechen sollen siehe *Moritz/Tybusseck*, Computersoftware, Rn. 327 f.

[65] *Moritz*, CR 1994, 257 (261).

[66] *Hilty*, MMR 2003, 3 (15); *Moritz*, CR 1994, 257 (261).

[67] *Hilty*, CR 2012, 625 (630); *Moritz/Tybusseck*, Computersoftware, Rn. 326. A.A. *Koch*, Computer-Vertragsrecht, S. 402.

Im Folgenden wird der Frage nachgegangen, ob der Vertrag über den Erwerb digitaler Werkexemplare tatsächlich einen Gebrauchsüberlassungsvertrag bzw. ein Dauerschuldverhältnis darstellt.

I. Regelmäßiger Leistungsaustausch

Bei einem Gebrauchsüberlassungsvertrag verpflichtet sich der Eigentümer oder Rechteinhaber, seinem Vertragspartner den Gebrauch oder die Nutzung der Sache oder des Rechts auf Zeit zu gestatten.[68] Es handelt sich „um die *nur zeitweilige Überlassung* eines Gegenstandes, wobei […] die *Zuordnung des Gegenstands zum Vermögen* [des Eigentümers oder Rechtsinhabers] *unverändert* bleibt."[69] Solche Verträge, wie Miete, Pacht oder Leihe, begründen ein Dauerschuldverhältnis;[70] in den Worten *v. Gierkes* ein „auf Dauer, jedoch nicht auf immerwährende Dauer angelegtes Schuldverhältnis."[71] Kennzeichnend für Dauerschuldverhältnisse ist mithin, dass sie sich nicht in einem einmaligen Leistungsaustausch erschöpfen, sondern zu einem Tun, Dulden oder Unterlassen über einen gewissen Zeitraum verpflichten.[72]

Die hier untersuchten Verträge unterscheiden sich in diesem Punkt signifikant. Die Leistung des Nutzers besteht in einer einmaligen Zahlung an den Diensteanbieter.[73] Hierdurch grenzt sich der Erwerb digitaler Inhalte insbesondere von Abonnementverträgen ab, bei denen der Nutzer monatlich Zahlungen leistet.[74] Auf der anderen Seite erschöpft sich auch die Verpflichtung des Diensteanbieters in einer einmaligen Leistung.[75] Nutzer und Diensteanbieter müssen zur Abwicklung eines (einzelnen) Vertrages nur einmal in Kontakt treten.[76] Im Rahmen dieses einmaligen Leistungsaustausches soll dem Nutzer eine Rechtsposition eingeräumt werden, die ihn fortan zum Werkgenuss berechtigt.[77] Ein regelmäßiger

---

[68] Vgl. *Kötz*, Vertragsrecht, Rn. 709.

[69] *Larenz*, Schuldrecht II 1, S. 212.

[70] Vgl. *Larenz*, Schuldrecht II 1, S. 212. Vgl. auch *Oetker*, S. 135: „Ein Dauerschuldverhältnis liegt demnach vor, wenn der Umfang der geschuldeten vertragstypischen Hauptleistung ausschließlich mit Hilfe der Zeit quantifizierbar ist."

[71] *O. v. Gierke*, Deutsches Privatrecht 3, S. 509.

[72] Vgl. *O. v. Gierke*, Deutsches Privatrecht 3, S. 509; *Larenz*, Schuldrecht II 1, S. 212; *Oetker*, S. 134 ff.

[73] Vgl. *Cichon*, S. 246 f. Rn. 934; *Grübler*, S. 92; *Sickinger*, S. 66.

[74] Vgl. *Koch*, Computer-Vertragsrecht, S. 455 (regelmäßig fällige Nutzungsgebühr kann Indiz für die Anwendbarkeit von Mietvertragsrecht sein).

[75] Vgl. *Gitter*, S. 7. Siehe auch *Kloos/Wagner*, CR 2002, 865, die anhand dieses Merkmals die Abgrenzung zu den von ihnen untersuchten „Verfügbarkeitsverträgen" vornehmen.

[76] Vgl. *Cichon*, S. 246 Rn. 933.

[77] So auch *Stieper*, S. 401; *ders.*, AfP 2010, 217 (220); *ders.*, in: FS Köhler, S. 729 (737).

Leistungsaustausch, wie für ein Dauerschuldverhältnis typisch, ist mithin nicht gegeben.[78]

Aus dem Charakter des Dauerschuldverhältnisses folgt zudem, dass bei Gebrauchsüberlassungsverträgen die Sachgefahr auf der Seite des Leistenden liegt.[79] So hat der Verpächter für die Erhaltung des Pachtgegenstands zu sorgen.[80] Diese Verteilung der Sachgefahr ist bei Verträgen über digitale Werkexemplare mit dem Ziel eines dauerhaften Erwerbs hingegen nicht gewollt. Nach dem fehlerfreien Download und vollständiger Nutzbarkeit soll nicht der Diensteanbieter das Risiko eines zufälligen Untergangs der digitalen Inhalte tragen, sondern der Nutzer.[81] Aus dem einmaligen Leistungsaustausch resultiert also ein Gefahrübergang auf den Nutzer.[82]

II. Keine dauerhafte Rechtsbeziehung

Weiteres Merkmal eines Dauerschuldverhältnisses ist eine über den vertraglich bestimmten Zeitraum andauernde Leistungserbringung und Pflichtenanspannung.[83] Das Verhältnis der Vertragsparteien ist stärker als sonst geprägt von gegenseitigem Vertrauen und Rücksicht, weil der zeitlich gestreckte Erfolg des Vertrages hiervon abhängen kann.[84]

Wie bereits festgestellt geht der Kontakt zwischen Nutzer und Diensteanbieter (zumindest in Bezug auf die jeweiligen digitalen Inhalte) nicht über einen einmaligen Leistungsaustausch hinaus. Dementsprechend besteht keine dauerhafte Pflichtenanspannung.[85] Auch ist kein Grund für eine dauerhafte Pflicht zu gegenseitiger Rücksichtnahme erkennbar, wie dies für Dauerschuldverhältnisse typisch ist. Weder Diensteanbieter noch Nutzer haben ein erkennbares Interesse

---

[78] Selbst *Hilty*, CR 2012, 625 (634), der grundsätzlich von einem Dauerschuldverhältnis ausgeht, relativiert: „[I]m Falle von Softwareverträgen jener Art, wie sie der Entscheidung des EuGH zugrunde lagen, [ist] das Dauerschuldelement im Prinzip von sehr geringer Tragweite. Der Nutzer leistet eine Einmallizenzgebühr und erwirbt damit ein unbefristetes Nutzungsrecht; der Rechteinhaber bietet die Software einmalig zum Download an und braucht sich nachher – Leistungsstörungen vorbehalten – nicht mehr um den Lizenznehmer zu kümmern. Ist mehr gewollt, bedarf es eines zusätzlichen Wartungsvertrages, durch welchen z.B. Updates erworben werden können. D. h. das Dauerelement hat im Grunde nur noch eine rechtliche Tragweite, weil ohne eine auf Dauer ausgelegte Berechtigung der Nutzer durch den Gebrauch der Software eine Urheberrechtsverletzung begehen würde, kaum mehr aber eine tatsächliche."

[79] *Sickinger*, S. 62.

[80] *Sickinger*, S. 63.

[81] Vgl. *Koch*, Computer-Vertragsrecht, S. 444; *Sickinger*, S. 65.

[82] So für Software-Downloadverträge *Cichon*, S. 246 Rn. 933.

[83] Vgl. *Gitter*, S. 7.

[84] Vgl. *Larenz*, Schuldrecht I, S. 32.

[85] Vgl. *Cichon*, S. 246 Rn. 933; *McGuire*, S. 626.

daran, dass der jeweils andere Teil Rücksicht nimmt oder den Rechtskreis des Vertragspartners schützt.[86]

III. Keine Rückgabepflicht

Im Gegensatz zu einem Austauschverhältnis erfolgt bei einem Dauerschuldverhältnis die Vermögensverschiebung nur zeitweise.[87] Durch Zeitablauf oder Kündigung enden die Pflichten der Parteien.[88] Daher tragen Gebrauchsüberlassungsverträge einen Rückgewähranspruch in sich.

Soweit ein Vertrag über digitale Inhalte nur für einen bestimmten Zeitraum geschlossen wurde oder, wie bei einem Abonnement, gekündigt werden kann, wird der Nutzer möglicherweise auch zur Rückgabe des Datenträgers, bzw. zur Löschung der Daten,[89] verpflichtet sein.[90] Bei der dauerhaften Überlassung eines digitalen Werkexemplars hingegen ist eine Rückübertragung gerade nicht gewollt.[91]

IV. Zwischenergebnis

Die Charakteristika von Gebrauchsüberlassungsverträgen bzw. Dauerschuldverhältnissen passen nicht zu einem Vertrag über den dauerhaften Erwerb digitaler Inhalte. Einer entsprechenden Einordnung widersprechen sowohl der Wille der Parteien als auch die äußeren Merkmale der Transaktion. Die Vertragsparteien beabsichtigen nicht, in ein zeitlich gestrecktes Vertragsverhältnis einzutreten und dauerhaft gegenseitige Rechte und Pflichten zu begründen. Dementsprechend fehlt es der Vereinbarung auch an der Festlegung regelmäßiger, wiederkehrender Leistungspflichten und Bindungen.

---

[86] Vgl. hierzu *Sickinger*, S. 65, der feststellt, der „Softwaregeber" wolle Nutzungshandlungen zwar möglicherweise begrenzen, hierbei gehe es aber nicht um Sorgfaltspflichten, die für einen Gebrauchsüberlassungsvertrag typisch seien, weil nicht die Schonung des überlassenen Gegenstands, sondern der „Schutz sonstiger Vermögensinteressen des Softwaregebers" bezweckt werde.

[87] Vgl. *Sickinger*, S. 62.

[88] Vgl. *Larenz*, Schuldrecht II 1, S. 212.

[89] Unter Umständen geschieht die Löschung der Dateien auch durch entsprechende technische Maßnahmen automatisch, ohne Mitwirkung des Nutzers.

[90] Vgl. *Koch*, Computer-Vertragsrecht, S. 455.

[91] So auch *Ganzhorn*, S. 94; *Sickinger*, S. 64.

C. Werkvertrag

Bei der Übertragung ohne Datenträger entstehen die digitalen Dateien erst bei Abruf. Die Programmkopie existiert, sobald der Speichervorgang abgeschlossen ist. Insofern könnte man an eine vertragstypologische Einordnung als Werkvertrag denken.[92] Leistungsinhalt eines Werkvertrags ist die Herbeiführung eines bestimmten Erfolgs; die Herstellung des vertraglich versprochenen Werks durch den Unternehmer, § 631 BGB.[93] Bei digitalen Inhalten überwiegt also zunächst dann die werkvertragliche Komponente, wenn schwerpunktmäßig ein individueller Erfolg geschuldet ist.[94] Die Erstellung von Individualsoftware soll dementsprechend Werkvertragsrecht unterliegen.[95] In diesem Fall wird die Software speziell auf Bestellung des Nutzers angefertigt; das werkvertragliche Element steht klar im Vordergrund. Und auch wenn das Programm für die konkreten Bedürfnisse des Nutzers modifiziert wird, kann ein Werkvertrag vorliegen.[96]

In den hier im Interesse stehenden Konstellationen werden die digitalen Inhalte nicht auf besondere Bestellung der Nutzer angefertigt. Es handelt sich vielmehr um Dateien, die, wie Standard-Software, ein „Serienprodukt"[97] darstellen. Im Vordergrund steht nicht die Pflicht zur Herstellung eines Werks, sondern zur Verschaffung der digitalen Dateien.[98] Dementsprechend ist die Anwendung von Kaufrecht und nicht Werkvertragsrecht gerechtfertigt.[99]

Zudem existiert das eigentliche Werk beim Abruf bereits. Die Erstellung der Programmkopie beim Nutzer erfordert keine aktive Leistung des Diensteanbieters mehr. Allein durch die Zurverfügungstellung zum Download ermöglicht der Diensteanbieter die zukünftige Existenz der digitalen Kopie. Er liefert nicht ein

---

[92] So für Standard-Software *Müller-Hengstenberg*, NJW 1994, 3128 (3132). Eine Einordnung als Werklieferungsvertrag gem. § 651 BGB scheidet hingegen aus, weil es nicht um die Lieferung einer beweglichen Sache geht, vgl. *Koch*, Computer-Vertragsrecht, S. 472. Generell zu der Einordnung von Software-Verträgen als Werklieferungsverträge gem. § 651 BGB siehe *Thewalt*, CR 2002, 1.

[93] Vgl. auch MüKo/*Busche*, BGB, § 631 Rn. 1; *Looschelders*, Schuldrecht BT, Rn. 622; Staudinger/*Peters/Jacoby*, BGB, § 631 Rn. 1.

[94] *Koch*, Computer-Vertragsrecht, S. 421.

[95] BGH NJW 1987, 1259; *Grunewald*, Kaufrecht, S. 48; *Koch*, Computer-Vertragsrecht, S. 460; *Oetker/Maultzsch*, Vertragliche Schuldverhältnisse, § 2 Rn. 12; Staudinger/*Peters/Jacoby*, BGB, Vorbem zu §§ 631 ff Rn. 78; Palandt/*Weidenkaff*, BGB, § 433 Rn. 9.

[96] *Grunewald*, Kaufrecht, S. 46; *Koch*, Computer-Vertragsrecht, S. 421 (individuelles Anpassen und Einrichten auf den Arbeitsplätzen des Kunden); *Mehrings*, NJW 1986, 1904 (1905); *Zahrnt*, NJW 1996, 1798 (1800) (Anpassungsprogrammierung).

[97] *Grunewald*, Kaufrecht, S. 48. Vgl. auch BGHZ 102, 135 (141) = NJW 1988, 406 (407).

[98] Vgl. *Beurskens*, in: Einheit des Privatrechts, S. 443 (465 f.); *Grunewald*, Kaufrecht, S. 46.

[99] Vgl. *Beurskens*, in: Einheit des Privatrechts, S. 443 (466); *Grunewald*, Kaufrecht, S. 48; Staudinger/*Peters/Jacoby*, BGB, Vorbem zu §§ 631 ff Rn. 78.

eigens hergestelltes „Werk".[100] Die Verträge sind folglich nicht als Werkverträge einzuordnen.

D. Kaufvertrag

Die vorstehende Argumentation hat gezeigt, dass es sich bei Verträgen über den Erwerb digitaler Werkexemplare um Austauschverträge handelt. Im Folgenden soll nun untersucht werden, ob (bei entgeltlichen Verträgen) von einem Kaufvertrag gesprochen werden kann.

Insbesondere für den Erwerb von Standardsoftware auf körperlichen Trägern wie CD-ROM, Diskette o. ä. wurde und wird die Ansicht vertreten, es handele sich um einen Sachkauf. Das Urteil des BGH vom 4.11.1987[101] gilt hier als grundlegend.[102] Bei Standardsoftware sei Kaufgegenstand „ein Datenträger mit dem darin verkörperten Programm, insofern also eine körperliche Sache".[103] Die Vorschriften über die Sachmängelhaftung seien zumindest entsprechend anwendbar.[104] Zu diesem Ergebnis kommen auch große Teile der Literatur.[105]

Soweit sich die Argumente für eine Anwendung von Kaufrecht primär auf die Übergabe eines körperlichen Trägers beziehen, lassen sie sich für die vorliegende Analyse nicht verwerten. Zum einen wird zu Recht eingewandt, dass die Übergabe des Datenträgers lediglich ein Realakt sei und im Vordergrund des Rechtsgeschäfts „die Überlassung eines immateriellen Gutes zum Gebrauch" stehe.[106] Zum anderen gilt es, einen Vertragstyp herauszuarbeiten, der für den Erwerb digitaler Werkexemplare tauglich ist, unabhängig davon, auf welche Weise die Bereitstellung erfolgt.

Gerade das Fehlen eines körperlichen Datenträgers wird teilweise als entscheidendes Argument gegen eine Anwendung von Kaufrecht gesehen. Der Kunde könne nicht erwarten, die „Rechtsstellung eines typischen Käufers" zu erlangen und den Regelungen des Sachkaufs zu unterfallen, wenn er keinen kör-

---

[100] So auch *Härting/Schätzle*, ITRB 2006, 186 (187).

[101] BGHZ 102, 135 = NJW 1988, 406.

[102] Vgl. *Junker*, JZ 1988, 464 (die Entscheidung nimmt eine „Schlüsselstellung" ein); *Müller-Hengstenberg*, NJW 1994, 3128 („Grundentscheidung").

[103] BGHZ 102, 135 (144) = NJW 1988, 406 (408).

[104] BGHZ 102, 135 (144) = NJW 1988, 406 (408).

[105] *Grunewald*, Kaufrecht, S. 62; *Heymann*, CR 1990, 112 (113); *Hoeren*, Softwareüberlassung, S. 30 ff.; *ders.*, IT-Vertragsrecht, S. 89; Moritz/Dreier/*Holzbach/Süßenberger*, Handbuch E-Commerce, S. 479 Rn. 339; *Junker*, JZ 1988, 464 f.; *Kilian*, S. 36; *Moritz/Tybusseck*, Computersoftware, Rn. 735; Palandt/*Weidenkaff*, BGB, § 433 Rn. 9.

[106] *Moritz*, CR 1994, 257 (263).

perlichen Gegenstand erhalte.[107] Dieser kategorische Ausschluss geht fehl, denn das deutsche Kaufrecht ist nicht auf körperliche Gegenstände begrenzt, sondern lässt auch den Verkauf von Rechten und sonstigen Gegenständen zu.[108]

Dass auch „sonstige Gegenstände" verkauft werden können, wurde im Rahmen der Schuldrechtsmodernisierung 2001 mit § 453 Abs. 1 2. Fall BGB klargestellt. Nach der Begründung des Gesetzentwurfs sollte mit dieser Änderung bestätigt werden, dass das Kaufrecht auch für „die entgeltliche Übertragung von Unternehmen oder Unternehmensteilen, von freiberuflichen Praxen, von Elektrizität und Fernwärme, von (nicht geschützten) Erfindungen, technischem Knowhow, Software, Werbeideen" ein geeignetes Regime bereithalte.[109] Dementsprechend wird mittlerweile von vielen vertreten, dass sonstige Gegenstände i. S. v. § 453 BGB gerade auch digitale Inhalte seien, die ohne Datenträger erworben werden.[110]

Ganz so leicht lässt sich die Frage nach der kaufrechtlichen Einordnung allerdings nicht beantworten. Wie aus der Aufzählung der Regierungsbegründung hervorgeht, unterscheiden sich „sonstige Gegenstände" von rechtlich unmittelbar geschützten Gegenständen. So wird betont, dass es hier um *nicht geschützte* Erfindungen und *Ideen* gehe, in Abgrenzung zu patentierten Erfindungen oder urheberrechtlich geschützten Schöpfungen. Die Nennung von Software scheint insofern aus der Reihe zu fallen. Dieser scheinbare Widerspruch löst sich auf, wenn die Aussagen der Regierungsbegründung einige Seiten zuvor, zu Beginn des Kaufrechtsabschnitts, hinzugezogen werden. Hier wird klar, dass es eigentlich nur um „urheberrechtlich nicht geschützte Software" gehen soll.[111] „Sonstige Gegenstände" i. S. v. § 453 Abs. 1 BGB sind folglich solche Gegenstände, an

---

[107] LG Bielefeld GRUR-RR 2013, 281 (282).

[108] Vgl. *Ganzhorn*, S. 92 f.; *Moritz/Dreier/Holzbach/Süßenberger*, Handbuch E-Commerce, S. 479 Rn. 339; *Mackenrodt*, S. 30; *Orgelmann*, S. 148; *Stieper*, in: FS Köhler, 2014, S. 729 (737); *ders.*, AfP 2010, 217 (220), *Warnke*, S. 8 Rn. 12.

[109] Begründung zum Entwurf eines Gesetzes zur Modernisierung des Schuldrechts, BT-Drucks. 14/6040, S. 242.

[110] *Bräutigam/Rücker*, CR 2006, 361 (364); *Cichon*, S. 257 Rn. 959; *Diedrich*, CR 2002, 473 (479); *Druschel*, S. 31 ff.; *ders.*, GRUR Int. 2015, 125 (128); *Grunewald*, Kaufrecht, S. 62; *Haedicke*, S. 72 f.; *Hoeren*, IT-Vertragsrecht, S. 78; *Oetker/Maultzsch*, Vertragliche Schuldverhältnisse, § 2 Rn. 12; *Rudkowski/Werner*, MMR 2012, 711 (712); *Schmidt-Kessel*, K&R 2014, 475 (479); Palandt/*Weidenkaff*, BGB, § 453 Rn. 8; *Werner*, CR 2013, 516 (518).

[111] „Der Kaufvertrag ist ein geeigneter Vertragstyp auch für die entgeltliche dauerhafte Übertragung anderer Vermögenswerte, z. B. von Sach- und Rechtsgesamtheiten, insbesondere von Unternehmen und Unternehmensteilen sowie freiberuflichen Praxen; Elektrizität und Fernwärme; (noch) ungeschützten Erfindungen, technischem Know-how, urheberrechtlich nicht geschützter Software; Werbeideen; Adressen.", Begründung zum Entwurf eines Gesetzes zur Modernisierung des Schuldrechts, BT-Drucks. 14/6040, S. 208.

denen kein subjektives Recht besteht.[112] Die Vorschrift deckt somit beispielsweise den Verkauf von Ideen, Erfahrungswissen oder nicht-patentierten Erfindungen ab.[113] Geht es um den Erwerb digitaler Inhalte, die ein urheberrechtlich geschütztes Werk enthalten, ist hingegen nach wie vor unklar, ob der Vertrag als Kauf zu behandeln ist.

Um diese Frage beantworten zu können, ist festzustellen, wie das Leitbild eines Kaufvertrages aussieht und was typischerweise Inhalt eines solchen Vertrags ist. Auf dieser Grundlage ist zu ermitteln, ob der Erwerb digitaler Inhalte als Kaufvertrag qualifiziert werden kann. Relevant ist dabei nicht, ob die Inhalte mit oder ohne Datenträger veräußert werden, sondern allein, ob der Vertragszweck und der von den Parteien anvisierte Erfolg dem eines Kaufvertrags entspricht. Dementsprechend soll die Frage, *was* Vertragsgegenstand ist, also die dingliche Ebene des Geschäfts, im daran anschließenden Teil 3 untersucht werden.

I. Leitbild und Charakteristika des Kaufvertrags

Wirtschaftlicher Zweck eines Kaufvertrages ist der Austausch eines Kaufgegenstandes gegen Geld.[114] *Larenz* präzisiert:

„Von einem Kaufvertrage lässt sich also nur dort sprechen, wo ein von der Person ablösbarer, in diesem Sinne übertragbarer Vermögengegenstand für dauernd (sonst würde es sich um bloße Gebrauchs- oder Nutzungsüberlassung auf Zeit handeln) aus dem Vermögensbereich des einen in den eines anderen überführt und dafür ein Preis gezahlt werden soll."[115]

Merkmale eines Kaufvertrages sind also die Verschaffung einer endgültigen Rechtsposition durch einen einmaligen Leistungsaustausch.[116] Die Endgültigkeit des Leistungsaustauschs äußert sich beim Sachkauf in der Eigentumsverschaffungspflicht des Verkäufers, die den Kauf von Gebrauchsüberlassungen abhebt.[117]

Die Untersuchungen zu Lizenz- und Gebrauchsüberlassungsvertrag[118] haben verdeutlicht, dass Verträge über digitale Werkexemplare, die nicht nur vorüber-

---

[112] Vgl. *Haedicke*, S. 97.

[113] Vgl. *Kötz*, Vertragsrecht, Rn. 537.

[114] Vgl. nur Staudinger/*Beckmann*, BGB, Vorbem zu §§ 433 ff Rn. 9; *Grunewald*, Kaufrecht, S. 40 f.; *Haedicke*, S. 93; *Kötz*, Vertragsrecht, Rn. 536; *Larenz*, Schuldrecht II 1, S. 6; *Oetker/Maultzsch*, Vertragliche Schuldverhältnisse, § 2 Rn. 4; Palandt/*Weidenkaff*, BGB, Einf v § 433 Rn. 1.

[115] *Larenz*, Schuldrecht II 1, S. 164.

[116] Vgl. Staudinger/*Beckmann*, BGB, Vorbem zu §§ 433 ff Rn. 9 und 53; *Oetker/Maultzsch*, Vertragliche Schuldverhältnisse, § 2 Rn. 4; *Stieper*, AfP 2010, 217 (220).

[117] Staudinger/*Beckmann*, BGB, Vorbem zu §§ 433 ff Rn. 9; *Grunewald*, Kaufrecht, S. 43.

[118] Siehe § 7 A. und § 7 B.

gehenden Zugang erlauben, einen einmaligen Leistungsaustausch zum Inhalt haben. Der Nutzer leistet eine einmalige Zahlung; der Diensteanbieter muss die digitalen Inhalte einmal bereitstellen.[119]

Für den Fall der Software-Überlassung setzt der BGH voraus, dass die Software aufgrund einer entgeltlichen Vereinbarung dauerhaft und „zur freien Verfügung" überlassen wird.[120] Aus dem Kriterium „zur freien Verfügung" wird teilweise abgeleitet, dass es entscheidend darauf ankomme, „welche Überlassungsform nach dem Willen der Parteien vereinbart" und welche Vertragsbedingungen festgelegt wurden.[121] Dieser Schlussfolgerung ist allerdings nicht zuzustimmen. Eine Überlassung „zur freien Verfügung" bedeutet zunächst nur, dass die Nutzung nicht mehr (tatsächlich oder rechtlich) von der Mitwirkung des Diensteanbieters abhängig ist.[122] Die zulässigen Nutzungshandlungen müssen aber keineswegs grenzenlos sein. Stattdessen ergeben sich Befugnisse und Schranken aus dem Gegenstand, den der Nutzer erworben hat. Auch die Befugnisse des Käufers eines körperlichen Gegenstands sind nicht unbegrenzt, denn das Eigentum unterliegt gewissen Schranken.[123] Welche rechtliche Qualität der Gegenstand eines Vertrags über digitale Inhalte hat, und welche Nutzungsgrenzen diesem Gegenstand immanent sind, ist mithin für die Einordnung als Kaufvertrag nicht ausschlaggebend.

Stattdessen ist relevant, ob der Nutzer durch eine einmalige Transaktion die Möglichkeit des Werkgenusses erhalten und ihm diese Nutzungsmöglichkeit dauerhaft zustehen soll.[124] Liegen diese Voraussetzungen vor, weist der Vertrag entscheidende Merkmale eines Kaufvertrags auf.[125] Bei Verträgen über den Er-

---

[119] Vgl. *Haberstumpf*, NJOZ 2015, 793 (802); *Koch*, Computer-Vertragsrecht, S. 401 f.; *McGuire*, GRUR 2009, 13 (19).

[120] BGHZ 102, 135 (144) = NJW 1988, 406 (407).

[121] *Moritz*, CR 1994, 257 (261). Von einem Kaufvertrag will *Moritz* nur in Ausnahmefällen ausgehen (262).

[122] Vgl. auch *König*, S. 210 Rn. 668, der meint, der BGH beziehe sich mit dem Merkmal „zur freien Verfügung" auf die fehlende Pflicht zur Rückgabe.

[123] Vgl. Staudinger/*Althammer*, BGB, Einl zu §§ 903 ff Rn. 4; *König*, S. 209 Rn. 668; *Warnke*, S. 12 Rn. 21.

[124] Vgl. *Cichon*, S. 258 Rn. 963 (für den Fall des Software-Download); *McGuire*, GRUR 2009, 13 (19) (für Software-Erwerb); *Schneider/Spindler*, CR 2014, 213 (216) (Softwarekauf); *Stieper*, S. 401.

[125] Vgl. Staudinger/*Beckmann*, BGB, Vorbem zu §§ 433 ff Rn. 142; *Haberstumpf*, NJOZ 2015, 793 (802); *Moritz/Dreier/Holzbach/Süßenberger*, Handbuch E-Commerce, S. 480 Rn. 339 (für Standardsoftware) und S. 489, Rn. 361 (für andere Werkarten); *Koch*, Computer-Vertragsrecht, S. 401; *Konieczek*, S. 68; *König*, S. 211 Rn. 671; *Rudkowski/Werner*, MMR 2012, 711 (712); *Schmidt-Kessel*, K&R 2014, 475 (479); *Schmidt-Kessel et al.*, GPR 2011, 7 (14); *Sickinger*, S. 71 (dauerhafte Nutzungsmöglichkeit für den Erwerber ist „das entscheiden-

werb digitaler Werkexemplare ist dies der Fall – der Nutzer soll die zeitlich unbegrenzte Möglichkeit zur Nutzung der digitalen Inhalte erlangen.[126]

II. Kaufrechtliches Synallagma

Beim Kaufvertrag sind die Pflicht zur Zahlung des Kaufpreises und die Pflicht
zur Lieferung der Sache, des Rechts oder des sonstigen Gegenstands synallag-
matisch miteinander verknüpft.[127] Ebenso stehen bei Verträgen über digitale
Werkexemplare die Leistungen im Synallagma.[128] Der Erwerber zahlt einen
(Kauf-)Preis. Im Gegenzug erhält er die dauerhafte Möglichkeit zur Nutzung des
Werkexemplars.

III. Wirtschaftliche Identität

Betrachtet man den wirtschaftlichen Zweck eines Vertrags über digitale Inhalte,
unabhängig von der rechtlichen Qualität dieser digitalen Inhalte, stellt man ebenfalls eine Ähnlichkeit zum Kaufvertrag fest. Dies erkennt auch der BGH in einem Urteil aus dem Jahr 1989 an.[129] Dort ging es um die Frage, ob die Vorschriften des Abzahlungskaufs Anwendung finden, wenn Standardsoftware nicht auf
einem Datenträger übergeben, sondern unmittelbar von der Festplatte des Verkäufers auf jene des Käufers gespielt wird. Der BGH bejaht zumindest eine entsprechende Anwendung und führt aus:

> „So gesehen, ist bei der im vorliegenden Fall erfolgten unmittelbaren Überspielung des gekauf-
> ten Programms von einer Festplatte des Verkäufers auf eine solche des Käufers lediglich das
> ‚Zwischenstadium' der Kopierung des Programms auf Diskette oder andere Datenträger entfal-
> len; der Endzweck des Erwerbs von Standard-Software, nämlich die Nutzbarmachung des Pro-
> gramms für den Erwerber durch Einspeicherung auf die Festplatte seines Computers, ist im
> einen wie dem anderen Fall in gleicher Weise erreicht."[130]

Einer ähnlichen Argumentation bedient sich auch der EuGH in seiner Entscheidung *UsedSoft*.[131] Das Herunterladen der Software von einem Server und der

---

de Merkmal"); *Stieper*, AfP 2010, 217 (220); *Warnke*, S. 10 ff. Rn. 16 ff.; *Zahn*, ZEuP 2014, 77
(79).

[126] So auch *Ganzhorn*, S. 97; *Redeker*, CR 2014, 73 (74); *Stieper*, S. 401.

[127] Staudinger/*Beckmann*, BGB, Vorbem zu §§ 433 ff Rn. 41; *Kötz*, Vertragsrecht, Rn. 625.

[128] Vgl. *Ammann*, S. 63 f.; *Cichon*, GRUR-Prax 2010, 381 (382).

[129] BGHZ 109, 97 = NJW 1990, 320.

[130] BGHZ 109, 97 (100 f.) = NJW 1990, 320 (321). Dagegen meinen *Moritz/Tybusseck*,
Computersoftware, Rn. 739, der BGH habe das Ergebnis vor allem aus dem Schutzzweck des
Abzahlungsgeschäfts abgeleitet.

[131] EuGH, Urt. v. 3.7.2012, C-128/11 – *Used Soft*.

Erwerb eines Programms auf CD-ROM o. ä. seien „wirtschaftlich gesehen vergleichbar".[132]

Die Vertreter dieser Ansicht argumentieren richtig, dass es für den Zweck des Vertrags keinen Unterschied macht, *wie* die digitalen Inhalte in den Herrschaftsbereich des Nutzers gelangen.[133] In jedem Fall handelt es sich ökonomisch um ein Umsatzgeschäft über Wirtschaftsgüter.[134] Egal ob Software-, Musik-, oder Film-Download: der Online-Erwerb der digitalen Inhalte tritt an die Stelle eines Kaufvertrags über ein körperliches Werkexemplar.[135] Diese Feststellung ist möglich, ohne digitale Inhalte sachenrechtlich einzuordnen. Denn die schuldrechtliche Beurteilung ist hiervon nicht abhängig.[136] Die Abstraktion des schuldrechtlichen Vertrags von der sachenrechtlichen Qualifikation erleichtert es zudem, die Regeln der analogen und digitalen Welt anzugleichen.[137]

IV. Vermögensverschiebung

Werden digitale Werkexemplare auf einem Datenträger erworben, ist eine Vermögensverschiebung unproblematisch gegeben.[138] Bezogen auf den körperlichen Träger steht der Vermögensmehrung auf Seiten des Käufers eine Vermögensminderung auf Seiten des Diensteanbieters gegenüber. Gelangen die digitalen Werkexemplare hingegen per Download in die Sphäre des Nutzers, fehlt es an diesem körperlichen Gegenstand. Dementsprechend wird hier die Besonderheit betont, dass der Diensteanbieter seine Kopie nicht unmittelbar verliere.[139] Nach dem Download sei diese nach wie vor auf dem Server des Diensteanbieters

---

[132] EuGH, Urt. v. 3.7.2012, C-128/11 – *Used Soft*, Rn. 61. Ferner: „Die Online-Übertragung entspricht funktionell der Aushändigung eines materiellen Datenträgers."

[133] Vgl. *Grunewald*, Kaufrecht, S. 62; *König*, NJW 1990, 1584 (1585).

[134] Vgl. Moritz/Dreier/*Holzbach/Süßenberger*, Handbuch E-Commerce, S. 479 Rn. 339; *Lehmann*, in: FS J. Schneider, S. 133 (136 Rn. 9); *McGuire*, GRUR 2009, 13 (19).

[135] Ähnlich *Beurskens*, in: Einheit des Privatrechts, S. 443 (449); *Cichon*, S. 254 Rn. 951 und S. 256 Rn. 958 (Musik-Dateien), S. 308 Rn. 1160 (Bild-Dateien) und S. 309 Rn. 1163 (Text-Dateien); *Redeker*, CR 2011, 634 (635); *Stieper*, AfP 2010, 217 (220) (für E-Books).

[136] Vgl. *Bydlinski*, AcP 198 (1998), 287 (296); *Cichon*, S. 296 Rn. 1110; *Härting/Schätzle*, ITRB 2006, 186 (187); *Lutz*, S. 29 f.; *Orgelmann*, S. 148.

[137] Diesen Aspekt der EuGH-Entscheidung in *UsedSoft* begrüßend, European Law Institute Working Group, Statement of the European Law Institute on the Proposal for a Regulation on a Common European Sales Law, COM(2011) 635 final, 1st Supplement, 2014, S. 18: „[T]he decision serves to illustrate that entitlement in the digital world can and should, as far as ever possible, be construed in a way that is parallel to the treatment of entitlement in the tangible world."

[138] Vgl. *Koch*, Computer-Vertragsrecht, S. 402.

[139] *Beurskens*, in: Einheit des Privatrechts, S. 443 (450); *Grübler*, S. 96; *Zahn*, ZEuP 2014, 77 (80).

gespeichert und könne von weiteren Nutzern heruntergeladen werden.[140] Eine Vermögensminderung trete mithin nicht ein.[141]

Dabei wird allerdings verkannt, dass auch bei Lieferung der Werkexemplare auf einem körperlichen Datenträger der Anbieter „seine" Programmkopie nicht verliert. Die Masterkopie, auf deren Grundlage die Vervielfältigungsstücke angefertigt werden, verbleibt beim Hersteller. Er verliert lediglich das körperliche Transportmittel, auf das es den Parteien aber kaum ankommt.[142] So gesehen sind der Erwerb digitaler Inhalte im Wege des Downloads und der Erwerb digitaler Inhalte auf beispielsweise einer CD im Hinblick auf die Vermögenverschiebung gar nicht so unterschiedlich.

Im Übrigen schließt ein fehlender Vermögensverlust seitens des Diensteanbieters die Einordnung als Kaufvertrag auch nicht aus.[143] Entscheidend ist vielmehr, dass dem Käufer eine Vermögensmehrung zuteil wird.[144] Dies ist problemlos festzustellen, denn das von den Parteien angestrebte Ziel der Transaktion ist, dass der Nutzer in die Lage versetzt wird, das digitale Werkexemplar dauerhaft (tatsächlich und rechtlich) nutzen zu können.[145] Dies ist sowohl dann der Fall, wenn das digitale Werkexemplar per Download zum Nutzer gelangt als auch beim Erwerb eines körperlichen Datenträgers.

---

[140] Moritz/Dreier/*Holzbach/Süßenberger*, Handbuch E-Commerce, S. 479 Rn. 339. Vgl. auch *Haberstumpf*, NJOZ 2015, 793 (800): „Dem Verkäufer eines immateriellen Gutes ist es dagegen physisch unmöglich, kausal zu bewirken, dass er es in Vollzug des Kaufvertrags verliert und der Käufer es statt seiner hat."

[141] *Haberstumpf*, NJOZ 2015, 793 (800); Moritz/Dreier/*Holzbach/Süßenberger*, Handbuch E-Commerce, S. 479 Rn. 339; *Köhler*, CR 1987, 827 (830); *Sickinger*, S. 69 Fn. 191. Dagegen meint *Grübler*, S. 96, eine Vermögensverminderung sei zu erkennen, weil der Diensteanbieter zunächst selbst eine Datenkopie generieren müsse, die er dann verschicken kann.

[142] So auch *Ganzhorn*, S. 98; *Lutz*, S. 30 f. (für Software).

[143] Vgl. *Busse*, CR 1996, 389 (390); *Haberstumpf*, NJOZ 2015, 793 (802); *Sickinger*, S. 70; *Warnke*, S. 11 Rn. 20.

[144] Vgl. *Busse*, CR 1996, 389 (390); *Cichon*, S. 258 Rn. 962 („Das Kaufrecht erfordert allein den Erwerb eines wirtschaftlichen Gutes, nicht dessen Verlust."); Moritz/Dreier/*Holzbach/Süßenberger*, Handbuch E-Commerce, S. 480 Rn. 339; *Köhler*, CR 1987, 827 (830) („Die Vorschriften des Kaufrechts, geht man sie einzeln durch, stellen nämlich nicht auf den Verlust eines Vermögenswertes beim Verkäufer, sondern nur auf den Vermögenserwerb beim Käufer ab."); *Sickinger*, S. 70.

[145] Vgl. *Koch*, Computer-Vertragsrecht, S 402; *Sickinger*, S. 70; *Warnke*, S. 11 Rn. 20; *Zahn*, ZEuP 2014, 77 (80).

E. Zwischenergebnis

Der Vertrag über den Erwerb digitaler Werkexemplare ist als Kaufvertrag einzuordnen. Die Transaktion weist die typischen Strukturmerkmale eines Kaufvertrags auf. Insbesondere werden die gegenseitigen Leistungen nur einmalig erbracht und führen zu einem dauerhaften Rechtserwerb auf beiden Seiten.

Ergebnis Teil 2

Die Untersuchung der relevanten Regelungsinstrumente auf europäischer Ebene (§ 6) hat ergeben, dass eine vertragstypologische Einordnung nicht vorgegeben wird. Auf europäischer Ebene ist im Rahmen der aktuellsten Regelungsinitiativen (GEKR und DIRL-Vorschlag) allerdings ein Trend zu erkennen, den unkörperlichen und den körperlichen Erwerb digitaler Güter einheitlich zu behandeln. Zwischen vorübergehenden Zugangsmöglichkeiten und dauerhaftem Erwerb wird hingegen durchaus differenziert.

Damit kann die vertragstypologische Einordnung anhand der schuldrechtlichen Dogmatik des deutschen Rechts erfolgen. Hier hat sich in der Untersuchung gezeigt, dass der Vertrag über den Erwerb digitaler Werkexemplare die Charakteristika eines Kaufvertrags aufweist. Insbesondere der einmalige Leistungsaustausch und die dem Erwerber dadurch ermöglichte dauerhafte Nutzungsmöglichkeit sind maßgebend. Wie dieser Vertrag zu erfüllen ist, der dauerhafte Rechtserwerb auf Seiten des Nutzers also herbeigeführt wird, hängt davon ab, was bei einem Vertrag über digitale Werkexemplare Gegenstand des Vertrags ist. Dies ist eine Frage der sachenrechtlichen Einordnung und wird im nun anschließenden Teil 3 untersucht.

Teil 3

Gegenstand des Erwerbs

Die vorangegangenen Teile 1 und 2 haben die urheberrechtlichen Rahmenbedingungen des Erwerbs digitaler Werkexemplare dargelegt und gezeigt, dass es sich aus schuldrechtlicher Perspektive um einen Kaufvertrag handelt. Es gilt nun zu untersuchen, was der Gegenstand dieses Kaufvertrags ist, was also der Erwerber eines digitalen Werkexemplars erhält.

§ 8 Strukturierung des Erwerbsgegenstands

Die digitalen Werkexemplare, mit denen sich diese Arbeit beschäftigt, können auf zwei Wegen erworben werden. Entweder werden sie auf einem Datenträger bereitgestellt, wie beim Kauf einer CD oder DVD. Oder sie werden ohne Datenträger übertragen, beispielsweise durch Download auf die Festplatte des Nutzers oder einen externen Speicher, wie einen Cloud-Server. Der geistige Gehalt der digitalen Inhalte ist höchst divers. Es kann sich um Literatur, Musik oder Filme handeln. Es können aber auch umfangreiche Computerprogramme oder Apps sein. In jedem Fall ist dieser geistige Gehalt digitalisiert, also in binäre Daten übersetzt. Digitale Inhalte kennzeichnet somit ein Zusammentreffen verschiedener Bestandteile. Für die sachenrechtliche Beurteilung ihres Erwerbs stellt sich die Frage, was diese Bestandteile kennzeichnet und wie sie voneinander abzugrenzen sind. Es bestehen bereits verschiedene Abgrenzungskonzepte – insbesondere zur Strukturierung des Informationsbegriffs. Diese werden kurz dargestellt (A. – C.), bevor die für digitale Inhalte am besten geeignete (und daher hier gewählte) Herangehensweise beschrieben wird (D.).

A. Unterteilung nach Phasen der Erstellung

Zunächst lässt sich, ähnlich wie bei der Beurteilung analoger Sachverhalte, an eine Unterteilung nach den Phasen der Erstellung denken.[1] Das urheberrechtlich geschützte Werk unterliegt einem anderen Regelungsregime als das Vervielfältigungsstück, in dem es enthalten ist. Ein Buch wird beispielsweise unabhängig von dem darin verkörperten literarischen Werk als körperlicher Gegenstand nach

---

[1] Eine Abgrenzung nach „Produktionsschritten" oder „Produktionsstufen" wird beispielsweise im Zusammenhang mit Herkunftsangaben vorgeschlagen, vgl. *Gündling*, GRUR 2007, 921 (923). Ferner wird im Rahmen des § 950 BGB nach „Verarbeitungsstufen", „Entwicklungsschritten" oder „Bearbeitungsschritten" differenziert, vgl. OLG Stuttgart NJW 2001, 2889 (2890); Erman/*Ebbing*, BGB, § 950 Rn. 4; *Emge*, AcP 114 (1916), 23 (84) („Produktionsstufen"); Palandt/*Herrler*, BGB, § 950 Rn. 3; *Hofmann*, NJW 1961, 1246 (1247); Prütting/Wegen/Weinreich/*Prütting*, BGB, § 950 Rn. 5.

sachenrechtlichen Grundsätzen beurteilt.[2] Auch der Erstellungsprozess digitaler Inhalte durchläuft verschiedene Phasen. Am Anfang steht ein Gedanke oder das Bedürfnis, etwas zu kreieren. Aus dieser Idee kann dann ein Werk, beispielsweise der Literatur, der Musik, der Kunst, oder ein Computerprogramm entstehen. Zwar muss nur das Computerprogramm zwingend in digitaler Form vorliegen, um seinen Sinn zu erfüllen, mittlerweile werden aber auch andere Werkarten – Texte, Musik und Filme – standardmäßig digitalisiert bzw. unmittelbar digital erstellt. Die nun existierenden Dateien enthalten das Werk. Sollen sie verbreitet werden, eröffnen sich zwei Wege. Entweder werden sie elektronisch versendet bzw. zum digitalen Abruf bereitgestellt oder die Dateien werden auf einem Trägermedium – CD, DVD o. ä. – gespeichert und vertrieben.

Bei einer vorgangsbezogenen Abgrenzung könnten digitale Inhalte anhand folgender Phasen geordnet werden: Zunächst existiert lediglich eine Idee, die noch keinen rechtlichen Schutz beanspruchen kann. Die darauf aufbauende konkrete Gestaltung kann Gegenstand von Leistungsschutzrechten sein und ist, vorausgesetzt sie erreicht die für ein Werk erforderliche Gestaltungshöhe (§ 2 Abs. 2 UrhG),[3] urheberrechtlich geschützt. Diese immaterialgüterrechtlich geprägte Phase endet mit der Erstellung der digitalen Datei.[4] Wird die digitale Datei auf ein Trägermedium übertragen, existiert eine körperliche Sache, die als solche zu beurteilen ist.

Ein Vorteil dieses Ansatzes sind die klaren Linien, die er hervorbringt. Indem die digitalen Inhalte anhand ihrer evolutiven Phase kategorisiert werden, wird eine Überschneidung verschiedener Regime vermieden. Mit jeder Stufe, die erreicht wird, ändert sich auch die rechtliche Beurteilung. Ebenso hätte auch bei digitalen Inhalten die jeweils vorhergehende Stufe keine Auswirkungen auf die sachenrechtliche Beurteilung des nachfolgenden Produktes. Es wäre gleichgültig, ob die digitalen Inhalte ein urheberrechtlich geschütztes Werk enthalten und ob auf dem körperlichen Träger digitale Inhalte gespeichert sind.

Allerdings besteht bereits für analoge Werkexemplare Grund genug, diese Sichtweise zu hinterfragen. Wird das Werkexemplar veräußert, handelt es sich zunächst um eine urheberrechtlich relevante Verbreitung (§ 17 Abs. 1 UrhG). Es erfordert eine explizite Ausnahme, um die Veräußerung urheberrechtlich frei zu

---

[2] Vgl. *Schack*, Urheber- und Urhebervertragsrecht, Rn. 34.

[3] Vgl. nur Wandtke/Bullinger/*Bullinger*, UrhG, § 2 Rn. 23.

[4] Vgl. *Zech*, GRUR 2015, 1151 (1152): „Nutzungsrechte bzw. Ausschließlichkeitsrechte greifen tatbestandlich und mit ihrer Wirkung auf verschiedenen Ebenen ein. Klassisches IP (insbesondere das Patentrecht, aber auch das Urheberrecht) greift mit seinen Schutzgegenständen erst auf der Ebene der Innovation (genauer gesagt im Stadium der Invention, nicht im Stadium der vorgelagerten Idee oder des nachgelagerten Produkts)."

stellen. Dies geschieht durch den Erschöpfungsgrundsatz (§ 17 Abs. 2 UrhG).[5] Unter bestimmten Umständen muss der Eigentümer bzw. Besitzer des Vervielfältigungsstückes Zugang zu diesem gewähren (§ 25 Abs. 1 UrhG). Auch darf er das Werkexemplar nicht derart verändern oder in Kontext setzen, dass das Werk entstellt und die geistigen und persönlichen Interessen des Urhebers gefährdet werden (§ 14 UrhG).[6] Der immaterialgüterrechtliche Schutz des Werks strahlt also auch auf die nächste Ebene des Herstellungsprozesses aus und überlappt sich mit dem sachenrechtlichen Regelungsregime.[7]

Diese Verflechtungen bestehen auch bei digitalen Inhalten auf einem körperlichen Datenträger. Der urheberrechtliche Schutz zeigt sich bei digitalen Vervielfältigungsstücken aber noch weit darüber hinaus. Wie in Teil 1 herausgearbeitet, ist der digitale Werkgenuss in verschiedener Hinsicht urheberrechtlich relevant. Zudem sind digitale Inhalte, die auf einem Trägermedium gespeichert sind, meist nicht untrennbar mit diesem verbunden. Sie können auf andere Speichergeräte übertragen und unabhängig von ihrem ursprünglichen Träger genutzt werden. Sie können entfernt und modifiziert werden, ohne dass sich der körperliche Träger äußerlich erkennbar verändert.

Eine isolierte Betrachtung der Entwicklungsstufen wird den Charakteristika digitaler Inhalte daher nicht gerecht. Eine rechtliche Beurteilung kann nicht ohne Berücksichtigung der vorhergehenden Prozesse und der eingebundenen Elemente erfolgen. Eine Abgrenzung nach Phasen der Herstellung überzeugt folglich nicht.

B. Unterteilung nach Informationsdimensionen

Werden Werke in digitaler Form erworben, stehen meist nicht der körperliche Datenträger oder die digitalen Daten als solche im Vordergrund, sondern die Informationen, die auf ihnen transportiert werden. Der Begriff der Information ist allerdings denkbar weit und schillernd.[8] Versuche, ihn zu definieren, führen häu-

---

[5] Genau entgegengesetzt interpretieren den Erschöpfungsgrundsatz *Hoeren/Völkel*, in: Big Data und Recht, S. 11 (14): „Der Erschöpfungsgrundsatz durchbricht das Prinzip der Trennung von Sacheigentum und Recht am Inhalt partiell: Es wird ein Nutzungsrecht an eine Sache gekoppelt, um diese verkehrsfähig zu halten."

[6] Vgl. *Rehbinder/Peukert*, Urheberrecht, 17. Aufl. 2015, Rn. 134, die feststellen, das einzelne Werkexemplar bleibe insofern „im Banne des Urhebers".

[7] Ähnlich *Rehbinder/Peukert*, Urheberrecht, 17. Aufl. 2015, Rn. 162 ff.

[8] Vgl. *Kloepfer*, Informationsrecht, § 1 Rn. 52, der bestätigt, dass Ansätze, den Begriff der Information zu präzisieren, „eine außerordentliche Begriffs- und Bedeutungsvielfalt hervorgebracht" haben. Ähnlich *Kuhlen*, S. 35: Der Begriff der Information ist „zu vielschichtig und zu umfassend […], als daß er verbindlich festgelegt werden könnte."

fig zu einer Differenzierung zwischen unterschiedlichen Bedeutungsdimensionen. So zählen beispielsweise *Druey* und *Kloepfer* – in Anlehnung an die Sprachwissenschaft – drei Dimensionen auf: die syntaktische, die semantische und die pragmatische.[9] Auch der Informationsbegriff von *Zech* umfasst drei Dimensionen.[10] Dabei setzt er allerdings auf einer tieferen Stufe an, nämlich der von ihm sog. „strukturellen Information".

Im Folgenden werden diese vier Informationsdimensionen näher beleuchtet und geprüft, ob sie für den Gegenstand der digitalen Inhalte taugliche Abgrenzungskriterien bereithalten.

I. Strukturelle Dimension

Strukturelle Information ergibt sich unmittelbar aus dem jeweiligen körperlichen Gegenstand.[11] Sie schöpft sich aus den beobachtbaren Merkmalen einer Sache. Derartige Informationen können beispielsweise das Gewicht, die Größe oder die Farbe eines Gegenstands sein. Strukturelle Information ist daher an den jeweiligen Gegenstand gebunden, aus dem sie sich ergibt.[12] Indem sie von ihrer Verkörperung abstrahiert wird, also etwa die Maße des Gegenstands notiert werden, kann sie jedoch vervielfältigt werden.[13] Hierdurch entsteht syntaktische Information.[14] *Zech* bezeichnet diese Umwandlung als „*Codieren*".[15] Ein körperlicher Gegenstand, der die so geschaffene syntaktische Information trägt, ist nach *Zech* ein „Informationsträger zweiter Ordnung", während ein Gegenstand in Bezug auf seine strukturelle Information einen „Informationsträger erster Ordnung" darstellt.[16]

---

[9] *Druey*, S. 6 ff.; *Kloepfer*, Informationsrecht, § 1 Rn. 53 ff. Vgl. auch *Wiebe*, GRUR Int. 2016, 877 (881).

[10] *Zech* differenziert zwischen „semantischer Information", „syntaktischer Information" und „struktureller Information", *Zech*, S. 45 et passim.

[11] *Zech*, S. 41 („Daher wird als *strukturelle Information* für die weitere Untersuchung die *beobachtbare Struktur körperlicher Gegenstände* bezeichnet, also mit anderen Worten die Information in einem bestimmten (körperlichen) Träger.").

[12] *Zech*, S. 41.

[13] *Zech*, S. 41.

[14] *Zech*, S. 41.

[15] *Zech*, S. 42.

[16] *Zech*, S. 42 („Verkörpert ein Gegenstand keine syntaktische Information, so ist er Informationsträger erster Ordnung. Dient ein Gegenstand dagegen als Träger syntaktischer Information, so kann er als Informationsträger zweiter Ordnung bezeichnet werden.").

II. Syntaktische Dimension

Die Syntax einer Sprache legt die Regeln fest, nach denen eine Folge von Zeichen sinnvolle Wörter und Sätze dieser Sprache bildet.[17] Als syntaktische Information wird die „durch eine Menge von Zeichen und deren Beziehung zueinander bestimmte Information" bezeichnet.[18] Die syntaktische Dimension ist mithin dadurch gekennzeichnet, dass sie sich durch Zeichen ausdrückt und von ihrer Bedeutung für Sender und Empfänger unabhängig ist.[19] Sie ergibt sich nicht unmittelbar aus den Merkmalen eines Gegenstands, sondern aus den Zeichen, die beispielsweise auf einer Sache festgehalten sein können. Ein Buch enthält Text und trägt damit syntaktische Information, weil der Text aus Zeichengebilden wie Buchstaben oder Zahlen besteht.[20] Die syntaktische Information ist von diesem konkreten Träger aber unabhängig.[21] Sie könnte ebenso auf einem einfachen Blatt Papier o. ä. enthalten sein. Allerdings wird für erforderlich gehalten, dass zumindest noch *eine* Verkörperung vorhanden ist, die die syntaktische Information trägt.[22] Ansonsten existiere auch die Information nicht mehr.[23]

III. Semantische Dimension

Auch der Begriff der Semantik ist der Sprachwissenschaft entlehnt. Die Semantik legt fest, welche Bedeutung Zeichen in einer bestimmten Sprache zugewiesen wird.[24] Ebenso geht es bei den Dimensionen des Informationsbegriffs auf semantischer Ebene um den Bedeutungsgehalt.[25] Soll semantische Information kommuniziert werden, erfordert dies auf Seiten von Sender und Empfänger der Infor-

---

[17] *R. Grimm*, S. 8: „Unter Syntax einer Sprache versteht man das Regelwerk, das entscheidet, ob eine Zeichenfolge Wörter und Sätze dieser Sprache bildet oder nicht."

[18] *Zech*, S. 38. Ähnlich *Wiebe*, GRUR Int. 2016, 877 (881).

[19] Vgl. *Druey*, S. 7: „Die Information im *syntaktischen* Sinn abstrahiert vom Sender und Empfänger; die Betrachtung beschränkt sich auf den zwischen ihnen liegenden Vorgang, d. h. auf den Informations*kanal*." Vgl. auch *Zech*, S. 38.

[20] Vgl. *Kloepfer*, Informationsrecht, § 1 Rn. 53: „[Information] läßt sich zunächst als ein Zeichengebilde, bestehend aus Text (Zahlen, Buchstaben etc.), Bildern (Grafiken, Farben etc.), Tönen (Laute, Sprache, Musik) und/oder sonstigen, nicht audiovisuellen Sinneseindrücken beschreiben (syntaktische Dimension)."

[21] Vgl. *Zech*, S. 39 („Beispiele für *Information, die durch Zeichen dargestellt und so abgegrenzt wird*, sind Text (sprachlich codierte Information unabhängig vom konkreten Schriftstück oder Buch) und Daten (maschinenlesbare codierte Information), soweit sie als unabhängig vom konkreten Speichermedium betrachtet werden.").

[22] *Zech*, S. 40.

[23] *Zech*, S. 40.

[24] Vgl. *R. Grimm*, S. 8; *Wiebe*, GRUR Int. 2016, 877 (881).

[25] *Zech*, S. 37.

mation eine Umwandlung von Zeichen in einen bestimmten Sinn.[26] Eine Zeitung enthält beispielsweise syntaktische Information in Form von Text. Der Inhalt der Nachrichten, den die Leser der Zeitung entnehmen, ist die semantische Informationsdimension. Dabei ist in semantischer Information stets eine Aussage enthalten, die wahr oder falsch sein kann.[27] Selbst Wertungen tragen eine (wahre oder falsche) Aussage in sich, nämlich eine Information über den Wertenden selbst.[28]

IV. Pragmatische Dimension

Der Nutzen und die Wirkung, die von Informationen ausgehen, werden als pragmatische Dimension bezeichnet.[29] Es geht um die „verhaltensbezogene Bedeutung" der Information, also darum, welche Entscheidungen und Handlungen der Empfänger auf ihrer Grundlage vornimmt.[30] *Kloepfer* bezeichnet Information in diesem pragmatischen Sinn als „Wirtschaftsgut", „Machtfaktor", „Herrschaftsinstrument", „Kulturgut" und „Erkenntnisgut".[31]

V. Informationsdimensionen als Abgrenzungskriterien für digitale Inhalte

Digitale Inhalte lassen sich zum Teil in die unterschiedlichen Dimensionen von Information einordnen. So ist der Vorgang der Digitalisierung vergleichbar mit der Codierung von struktureller Information in syntaktische Information. Angenommen, die auf einer Schellackplatte geschriebene Musik wird digitalisiert, so wird strukturelle Information in syntaktische Information übersetzt. Eine DVD, auf der die digitalisierte Musik gespeichert ist, könnte als Informationsträger zweiter Ordnung i. S. v. *Zech* bezeichnet werden. Denn es handelt sich um einen körperlichen Gegenstand, der syntaktische Information enthält.

Die Informationsdimensionen eignen sich allerdings nicht, um das Phänomen digitaler Inhalte abschließend zu erfassen.[32] Denn die Bedeutung des körperlichen Trägermediums erschöpft sich nicht in seiner Rolle als Informationsträger. Es handelt sich um einen körperlichen Gegenstand, der als solcher sachrechtlich zu beurteilen ist. Der geistige Inhalt digitaler Güter lässt sich hingegen we-

---

[26] *Druey*, S. 7; *Kloepfer*, Informationsrecht, § 1 Rn. 54.

[27] *Zech*, S. 37.

[28] *Zech*, S. 37 Fn. 7 („Wertungen, die selbst nicht wahr oder falsch sind, enthalten zumindest semantische Information über den Wertenden.").

[29] *Druey*, S. 8; *Kloepfer*, Informationsrecht, § 1 Rn. 55; *Wiebe*, GRUR Int. 2016, 877 (881).

[30] *Druey*, S. 8.

[31] *Kloepfer*, Informationsrecht, § 1 Rn. 55.

[32] So aber *Grünberger*, AcP 218 (2018), 213 (226 ff.).

der der pragmatischen noch der semantischen Ebene sauber zuordnen. Digitale Inhalte umspannen unterschiedlichste Werkkategorien. Es kann sich um wissenschaftliche Literatur ebenso wie um Prosa, um filmische Dokumentationen oder Unterhaltungsfilme, um klassische oder Popmusik handeln. Ob die Inhalte für den Erwerber nützlich sind, lässt sich nicht objektiv beantworten. Die Wirkungen, die der Werkgenuss auf den Nutzer hat, sind höchst individuell. Digitale Inhalte können daher nicht anhand ihrer pragmatischen Dimension gemessen werden.

Auch die semantische Dimension trifft nicht den Kern der Bedeutung digitaler Inhalte. Der Begriff der „semantischen Information" wird von *Zech* auf (wahre oder unwahre) Aussagen, die einem Zustand entnommen werden können, begrenzt.[33] Dies bedeutet beispielsweise für Bildkunst, dass sie semantische Information nur insofern enthält, als sie erkennbare Gegenstände oder Personen zeigt oder Aussagen über die Persönlichkeit des Urhebers wiedergibt.[34] Der geistige Inhalt digitaler Güter ist hingegen nicht auf die in ihnen enthaltenen verifizierbaren Informationen begrenzt, sondern geht darüber hinaus. Der geistige Gehalt von beispielsweise David Bowie's „Dancing in the Street" zeichnet sich nicht durch die Information aus, dass in den Straßen von Chicago, New Orleans und New York getanzt wird. Ebenso wenig kann die Lektüre Thomas Manns „Zauberberg" durch eine Auflistung aller Ereignisse ersetzt oder ihnen gleichgesetzt werden.

Zudem besteht die Schwierigkeit, dass der Begriff der Semantik im Zusammenhang mit Softwaretechnik bereits eine konkret zugewiesene Bedeutung hat.[35] Als „semantische Eigenschaft" eines Computerprogramms wird dessen Korrektheit bezeichnet. Es geht hier um den Erfolg, dass eine Operation des Programmes so wie geplant abläuft.[36]

Mit Hilfe der unterschiedlichen Dimensionen von Information kann man sich dem Gegenstand digitaler Inhalte nähern. Für eine abschließende Bestimmung der Komponenten digitaler Inhalte eignen sie sich hingegen nicht.

---

[33] *Zech*, S. 37.
[34] *Zech*, S. 37.
[35] *R. Grimm*, S. 11.
[36] *R. Grimm*, S. 12.

C. Der hierarchische Aufbau von Daten, Information und Wissen

Ein weiteres Konzept, sich dem Gegenstand digitaler Inhalte zu nähern, besteht in der Differenzierung zwischen Daten, Information und Wissen.[37] Hiernach handelt es sich um unterschiedliche Elemente, die aufeinander aufbauen.[38] Daten dürfen demnach nicht als Synonym für Information verwendet werden.[39] Stattdessen seien sie die Grundlage für Information, welche wiederum zu Wissen erwachsen könne.[40] Vor allem der im Rahmen dieses hierarchischen Ordnungssystems präzisierte Datenbegriff ist für die Einordnung digitaler Inhalte nützlich.

I. Daten

Aus dem angenommenen Stufenverhältnis folgt bereits, dass Daten von der in ihnen enthaltenen Information zu unterscheiden sind. Worin genau dieser Unterschied besteht und welche Eigenschaften Daten charakterisieren, wird jedoch sehr unterschiedlich beurteilt.

Für *Pombriant* sind Daten die qualitativen oder quantitativen Merkmale und Eigenschaften eines Objekts.[41] Dies ähnelt der strukturellen Dimension von Information nach *Zech*. Allerdings werden Daten explizit von ihrer Verkörperung unterschieden.[42] Daten sind zwar stets auf (irgend-)einem Datenträger gespei-

---

[37] So *Albers*, in: Grundlagen des Verwaltungsrechts II, S. 114 ff.; *Pombriant*, CRi 2013, 97; *Specht*, CR 2016, 288 (290); *Vesting*, in: Grundlagen des Verwaltungsrechts II, S. 9 ff. Vgl. auch *Spiecker gen. Döhmann*, RW 2010, 247 (250 ff.), die beklagt: „Die Begriffe ‚Wissen‘, ‚Information‘, ‚Daten‘ und nicht zuletzt ‚Kommunikation‘ werden kontextabhängig, variabel und multidimensional verwendet; eine feststehende Begrifflichkeit lässt sich nicht ausmachen.").

[38] *Spiecker gen. Döhmann*, RW 2010, 247 (255 f.).

[39] *Albers*, S. 89; *dies.*, in: Grundlagen des Verwaltungsrechts II, S. 116 Rn. 13; *Specht*, CR 2016, 288 (290).

[40] *Albers*, in: Grundlagen des Verwaltungsrechts II, S. 114 Rn. 7; *Pombriant*, CRi 2013, 97; *Specht*, CR 2016, 288 (290); *Spiecker gen. Döhmann*, RW 2010, 247 (255). Vgl. auch *Kloepfer*, Informationsrecht, § 1 Rn. 58: „Daten bilden also die potentielle Grundlage für Kommunikation, Wissen und Entscheidung."

[41] *Pombriant*, CRi 2013, 97: „Data are the attributes, properties, or characteristics of an object. Data can be both qualitative such as brown eye color and quantitative, an object is 10 cm long […]."

[42] Vgl. *Vesting*, in: Grundlagen des Verwaltungsrechts II, S. 11 Rn. 14–17, der von „dem Datum und seiner Vergegenständlichung auf dem materiellen Datenträger, z.B. der Harddisc oder dem USB-Stick" spricht.

chert.[43] Sie müssten jedoch „losgelöst vom Datenträger"[44] beurteilt werden, der insofern nur eine „materielle Hülle"[45] ist. Damit ist ausgeschlossen, dass Daten strukturelle Information sind.

Eine gewisse Überschneidung haben Daten hingegen mit der syntaktischen Dimension von Information.[46] So bezeichnet *Vesting* Daten als einen „hoch formalisierte[n] Typus von Zeichen"[47]. Auch andere Definitionen kennzeichnen Daten als eine Menge von Zeichen.[48] Dabei ist die konkrete Anordnung der Zeichen entscheidend, damit Daten Information transportieren können.[49] Für diese Deutung des Datenbegriffs spricht im Übrigen auch die Definition DIN 44300. Hiernach sind Daten

„Gebilde aus Zeichen oder kontinuierliche Funktionen, die aufgrund bekannter oder unterstellter Abmachungen Information darstellen, vorrangig zum Zweck der Verarbeitung oder als deren Ergebnis".[50]

Daten sind also zunächst als eine bestimmte Menge von Zeichen zu verstehen, die von ihrer jeweiligen Verkörperung zu unterscheiden sind. Ob diese Zeichen zudem maschinenlesbar sein müssen, hängt davon ab, ob man ein enges oder weites Verständnis des Datenbegriffs zugrunde legt. Ein weites Verständnis legt beispielsweise *Albers* zugrunde, die den Datenbegriff nicht auf Fälle der elektronischen Datenverarbeitung verengen möchte.[51] Auch bei *Specht* findet man diese Ansicht: der Begriff der Daten erfordere zwar, dass diese niedergelegt seien, dies könne aber beispielsweise auch auf Papier erfolgen.[52] Dagegen definiert *Zech*

---

[43] *Albers*, S. 89; *dies.*, in: Grundlagen des Verwaltungsrechts II, S. 115 Rn. 11.
[44] *Beurskens*, in: Einheit des Privatrechts, S. 443 (456).
[45] *Specht*, S. 19 Rn. 49.
[46] So auch *Kloepfer*, Informationsrecht, § 1 Rn. 58; *Spiecker gen. Döhmann*, RW 2010, 247 (253) (Daten werden von Information „auf der syntaktischen Ebene" umfasst); *Wiebe*, GRUR Int. 2016, 877 (882) („data would be allocated to the level of syntactics").
[47] *Vesting*, in: Grundlagen des Verwaltungsrechts II, S. 11 Rn. 14–17.
[48] *Albers*, S. 89 („Zeichen oder Zeichengebilde"); *dies.*, in: Grundlagen des Verwaltungsrechts II, S. 115 Rn. 11 („Daten sind Zeichen, die auf einem Datenträger festgehalten sind und als Informationsgrundlage fungieren können."); *Specht*, S. 19 Rn. 48; *dies.*, CR 2016, 288 (290); *Spiecker gen. Döhmann*, RW 2010, 247 (255) („Daten sind […] als fixierte Zeichen Grundlage und Voraussetzung von Information."); *Zech*, CR 2015, 137 (138) („Information in Form einer Menge von Zeichen").
[49] Vgl. *Albers*, in: Grundlagen des Verwaltungsrechts II, S. 115 Rn. 11: „Daten sind weniger als einzelnes Datum von Bedeutung, sondern verweisen in der Strukturdimension auf wissensrelevante Speicherformen […]."
[50] DIN 44300 T 2. Zitiert nach *Wende*, in: Einführung in die DIN-Normen, S. 37.
[51] *Albers*, S. 96.
[52] *Specht*, S. 19 Rn. 48; *dies.*, CR 2016, 288 (290).

Daten als „maschinenlesbar codierte Information".[53] Die Zeichen müssen „durch Informationstechnik verarbeitet" werden können.[54] Soweit diese maschinelle Informationsverarbeitung die Steuerung einer Maschine bewirke, handele es sich um Software, um „funktionale Daten".[55] Auch *Vesting* legt ein entsprechend enges Verständnis des Datenbegriffs zugrunde und führt aus: „Im Unterschied zu Zahlen setzt das Prozessieren von Daten jedoch eine digitale Codeschrift und darauf abgestimmte technische Datenträger und Prozessoren voraus."[56] Gleiches gilt für *Beurskens*, der den Schutzgegenstand der Daten eingrenzt als „nicht unmittelbar durch Menschen wahrnehmbar" und daher nur durch technische Hilfsmittel nutzbar.[57] Diesem engen Verständnis ist zuzustimmen, weil auf diese Weise Daten von anderen Fällen syntaktischer Information sinnvoll abgegrenzt werden können.

Daten werden von *Zech* zudem bestimmte „Wesensmerkmale" beigemessen. Hierzu zählt ihre nicht-rivale Nutzbarkeit, ihre fehlende Exklusivität nach Veröffentlichung und ihre nicht gegebene Abnutzbarkeit.[58]

Eine weitere Abgrenzung des hier gesuchten Datenbegriffs muss gegenüber jenem des Datenschutzrechts erfolgen. Denn die Gesetze des Datenschutzrechts knüpfen tatsächlich auch am „Datum" an, genauer, am „personenbezogenen Datum".[59] Dementsprechend wird vorgebracht, Schutzgegenstand des Rechts auf informationelle Selbstbestimmung sei das Datum, nicht die Information die hieraus abgeleitet werde.[60] Dennoch werden Daten und Datenschutz überwiegend voneinander unterschieden. Datenschutz beziehe sich „auf (sinnhafte) Informationen […], nicht auf (physische) Daten."[61] Es gehe um die (semantische) Bedeutung,[62] den „dargestellten Inhalt, sprich die Information, welche sich mit einer anderen Person in Beziehung bringen lässt."[63] Eine Person habe das Recht zu

---

[53] *Zech*, S. 32. Ebenso *ders.*, CR 2015, 137 (138); *ders.*, GRUR 2015, 1151 (1153). Ebenso *Jendrian/Weinmann*, DuD 2010, 108.

[54] *Zech*, CR 2015, 137 (138).

[55] *Zech*, S. 33.

[56] *Vesting*, in: Grundlagen des Verwaltungsrechts II, S. 11 Rn. 14–17.

[57] *Beurskens*, in: Einheit des Privatrechts, S. 443 (456).

[58] *Zech*, CR 2015, 137 (139). Das Merkmal der fehlenden Exklusivität nennt *Beurskens*, in: Einheit des Privatrechts, S. 443 (457), letztlich auch, indem er Daten als „reproduzierbar" beschreibt, allerdings hält er es auch für möglich, dass die Daten „fixiert", also doch exklusiv nutzbar sind.

[59] Vgl. *K. v. Lewinski*, S. 4.

[60] *Specht*, CR 2016, 288 (290).

[61] *K. v. Lewinski*, S. 5.

[62] *Zech*, CR 2015, 137 (138).

[63] *Hoeren/Völkel*, in: Big Data und Recht, S. 11 (19). Ähnlich *Jendrian/Weinmann*, DuD 2010, 108.

wissen, „wer was wann und bei welcher Gelegenheit über sie weiß".[64] Datenschutzrecht gewähre deshalb „Schutz vor Daten(verarbeitungen)."[65] Daten selbst
seien hingegen „interpretationsfrei",[66] ihr potentieller Informationsgehalt nicht
als „intrinsische Eigenschaft einzustufen".[67] Der Begriff „Datenschutzrecht", der
auf einen Schutz von Daten zu zielen scheine, sei insofern irreführend.[68] Im
Grunde wäre die Bezeichnung „Informationsschutz"[69] oder „Informations-
schutzrecht"[70] präziser. Personenbezogene Daten werden also aufgrund ihrer Bedeutung, ihrer semantischen Dimension, vom Datenschutzrecht geschützt und
stehen damit auf einer anderen Stufe als der hier interessierende Datenbegriff.[71]

II. Information und Wissen

Information, als zweite Stufe, wird aus der Kombination und dem in Beziehung
setzen von Daten gewonnen.[72] Digitale Daten bleiben „ohne Relevanz", solange
sie nicht abgerufen und verarbeitet werden.[73] Welche Informationen aus Daten
abgeleitet werden, hängt von ihrer Interpretation und dem jeweiligen Kontext
ab.[74] Dabei geht es stets um eine menschlich-geistige Verarbeitung; im Rahmen
eines Verständnisvorgangs werden Daten interpretiert und es wird ihnen eine
Bedeutung beigemessen.[75] Information soll dementsprechend „im Gegensatz zu
Daten nicht visuell fassbar, nicht auf einem Medium speicherbar und auch nicht
übermittelbar" sein.[76]

---

[64] BVerfGE 65, 1 (43) – *Volkszählung.*

[65] *K. v. Lewinski*, S. 4.

[66] *Specht*, S. 19 Rn. 48; *dies.*, CR 2016, 288 (290).

[67] *Albers*, S. 89.

[68] *K. v. Lewinski*, S. 4. Ähnlich *Hoeren/Völkel*, in: Big Data und Recht, S. 11 (19): „Das
Datenschutzrecht schützt nur dem Namen nach ‚Daten'."

[69] *K. v. Lewinski*, S. 5.

[70] *Spiecker gen. Döhmann*, RW 2010, 247 (255).

[71] Vgl. *Hoeren/Völkel*, in: Big Data und Recht, S. 11 (19); *Zech*, CR 2015, 137 (138).

[72] *Albers*, in: Grundlagen des Verwaltungsrechts II, S. 116 Rn. 12; *Pombriant*, CRi 2013, 97
(98) („Information is a set of data in a context; however, knowledge, or wisdom, is usually
derived indirectly. When data becomes information it is because it has been transformed and
possibly combined with other data.").

[73] *Albers*, S. 90.

[74] *Albers*, in: Grundlagen des Verwaltungsrechts II, S. 116 Rn. 12; *Pombriant*, CRi 2013, 97
(98); *Spiecker gen. Döhmann*, RW 2010, 247 (255).

[75] *Specht*, S. 24 Rn. 68, definiert Informationen als „die im Rahmen eines Verständnisvorgangs von dem Datum abgeleitete Bedeutung". Siehe auch *dies.*, CR 2016, 288 (290); *Spiecker
gen. Döhmann*, RW 2010, 247 (255); *Jendrian/Weinmann*, DuD 2010, 108.

[76] *Specht*, S. 25 Rn. 69.

Wissen, als höchste Ebene in der Hierarchie, ist schließlich das Ergebnis eines Lernprozesses auf Grundlage von Informationen.[77] Wissen wird als „Summe der bisherigen begründbaren, individuellen oder kollektiven Erfahrungen, Erkenntnisse, Einsichten"[78] oder als „organisierte, auch späterem Zugriff erschlossene Information"[79] beschrieben. Es ist damit ein subjektiver Vorgang und kein objektiv messbarer Wert.

III. Digitale Inhalte in der hierarchischen Ordnung

Der herausgearbeitete Datenbegriff lässt sich für die Einordnung digitaler Inhalte fruchtbar machen. Denn durch den Vorgang der Digitalisierung wird eine Zeichenfolge geschaffen. Da die hier untersuchten digitalen Inhalte stets unter Verwendung technischer Hilfsmittel genutzt werden, kann insofern ein enger Datenbegriff, der auf maschinenlesbar codierte Information begrenzt ist, zugrunde gelegt werden. Die Abgrenzung von Daten gegenüber ihrer konkreten Verkörperung ist für digitale Inhalte ebenfalls relevant. Denn die digitalen Inhalte müssen sich beim Erwerb nicht unbedingt auf einem Trägermedium befinden. Gleichwohl sind sie immer an irgendeinem Ort gespeichert.

Die beiden höheren Ebenen der Hierarchie, Information und Wissen, sind für die Einordnung digitaler Inhalte weniger relevant. Der geistige Inhalt digitaler Güter ist nicht mit der (mittleren) Ebene der Information gleichzusetzen. Zwar müssen digitale Daten verarbeitet werden. Wird beispielsweise ein digital gespeichertes Musikstück abgespielt, führt diese Datenverarbeitung (im Erfolgsfall) zu der akustischen Wiedergabe des Musikstücks. Ob und wie diese Wiedergabe menschlich-intellektuell als Information wahrgenommen wird, ist dann von den individuellen Verhältnissen des Nutzers abhängig und nicht mehr unmittelbare Eigenschaft der digitalen Inhalte. Der geistige Inhalt digitaler Güter ermöglicht die Rezeption durch den Nutzer, setzt diese aber nicht voraus. Erst recht müssen digitale Inhalte unabhängig von einem etwaigen Wissenszuwachs beurteilt werden. Ob ein Lernerfolg auf Seiten des Nutzers eintritt, ist objektiv nicht nachvollziehbar und jedenfalls nicht Inhalt des Vertrags über den Erwerb digitaler Inhalte.

---

[77] Vgl. *Pombriant*, CRi 2013, 97 (98): „Knowledge is subjective. It is derived from information to produce new learning."

[78] *Kuhlen*, S. 38.

[79] *Spiecker gen. Döhmann*, RW 2010, 247 (253).

D. Funktionale Betrachtung nach Ebenen

Die vorgestellten Systeme taugen für die Strukturierung digitaler Inhalte nur in begrenztem Maß. Sie passen nie ganz, weil sie für den Fall der digitalen Inhalte einerseits zu eng und andererseits zu weit sind. Zu eng ist ihr Anwendungsbereich, weil bei Verträgen über digitale Inhalte nicht ausschließlich unkörperliche Elemente eine Rolle spielen. Werden die digitalen Inhalte auf einem Datenträger bereitgestellt, wie einer CD oder DVD, gilt es auch diese Komponente in ein System einzufügen. Zu weit sind die Kategorien, weil sie jede Art von Daten bzw. Information umfassen müssen. Bei den hier interessierenden Konstellationen geht es stets um ein Werk (geschützt oder ungeschützt), welches in den digitalen Inhalten enthalten ist, und dessen Rezeption mithilfe der digitalen Inhalte erfolgen soll. Das gesuchte System kann sich also auf diese Qualität von Inhalten beschränken. Ein Strukturierungsansatz kann sich diese Gleichartigkeit der Fälle zunutze machen, indem digitale Inhalte funktional betrachtet werden. Ausgangspunkt ist der Zweck, dem digitale Inhalte dienen, nämlich der Werkgenuss. Entscheidendes Abgrenzungskriterium ist folglich, auf welche Weise digitale Inhalte den Werkgenuss ermöglichen. Hieraus ergibt sich eine Gliederung nach drei Ebenen:[80] der körperlichen, der digitalen und der geistigen Ebene.

I. Körperliche Ebene

Die körperliche Ebene betrifft das physische Objekt, auf dem die digitalen Inhalte gespeichert sind. Digitale Inhalte benötigen um zu existieren ein Trägermedium. Es kann sich dabei z. B. um eine DVD, eine Festplatte oder einen USB-Stick handeln. Das Trägermedium ist der aktuelle Speicherort digitaler Inhalte.

Das Trägermedium ist nur dann Teil des Erwerbs, wenn der Nutzer das digitale Werkexemplar beispielsweise auf einer CD, DVD oder einem sonstigen speicherfähigen Gegenstand erhält. Die sachenrechtliche Einordnung dieses Trägermediums ist unproblematisch.[81] Es handelt sich um eine im Raum abgrenzbare Einheit, die angefasst, sinnlich wahrgenommen und beherrscht werden kann. Es ist ein körperlicher Gegenstand, also eine bewegliche Sache i. S. v. § 90 BGB.[82] Der Diensteanbieter überträgt das Eigentum an dieser Sache durch Übergabe und

---

[80] Für eine Drei-Gliederung sprechen sich auch aus: *Berberich/Golla*, PinG 2016, 165 (173); *Beurskens*, in: Einheit des Privatrechts, S. 443 (454); *Hoeren/Völkel*, in: Big Data und Recht, S. 11 (12).

[81] Vgl. auch *Druey*, S. 95, „Ein Buch, eine Diskette, eine Fotografie: das alles bedarf nicht einmal der Konstruktion einer Analogie zur körperlichen Sache, sondern es *sind* Sachen, auch wenn sie zugleich Träger von Information sind."

[82] Vgl. *Beurskens*, in: Einheit des Privatrechts, S. 443 (449); *Bydlinski*, AcP 198 (1998), 287

Übereignung nach §§ 929 ff. BGB.[83] Werden die digitalen Inhalte dem Nutzer hingegen elektronisch, also ohne Trägermedium, zur Verfügung gestellt, entfällt ein sachenrechtlicher Vorgang auf dieser Ebene.

II. Daten-Ebene

Die Daten-Ebene steht gewissermaßen zwischen den anderen beiden Ebenen. Sie bezeichnet die digitale Struktur des körperlichen Trägers, welche den Werkgenuss, die geistige Ebene vermittelt. Die Daten-Ebene weist Überschneidungen sowohl mit der von *Zech* geprägten strukturellen als auch der syntaktischen Informationsdimension auf.[84] Literatur wird durch als Text strukturierte Zeichen vermittelt. Musik kann in Form von Noten, die sich als Struktur auf einem Blatt Papier finden, transportiert werden oder durch die magnetische Strukturierung von Magnettonbändern.[85] Bei den hier interessierenden digitalen Inhalten ist der binäre Code auf einem Datenträger die Struktur, welche den geistigen Gehalt in sich trägt.[86] Bei analogen Medien ist die Trennung zwischen Verkörperung und Struktur praktisch nicht möglich.[87] Bei digitalen Daten hingegen schon. Die Struktur ist mithin nicht an einen bestimmten Gegenstand gebunden bzw. mit ihm untrennbar verknüpft. Insofern unterscheidet sich die Daten-Ebene von der strukturellen Informationsdimension.

Ebenso wichtig ist die Abgrenzung der Daten-Ebene von der geistigen Ebene. So fordern auch *Berberich/Golla* eine „genauere Differenzierung, dass Daten nur die *technische* Abbildung von Informationen sind, also eine an einen Gegenstand

---

(296); *Peukert*, in: FS Schricker, S. 147 (155); *Redeker*, NJW 1992, 1739 (1740); MüKo/*Stresemann*, BGB, § 90 Rn. 25.

[83] Vgl. *Beurskens*, in: Einheit des Privatrechts, S. 443 (449); *Ganzhorn*, S. 66; *Zech*, ZUM 2014, 3 (5).

[84] Dazu siehe oben § 8 B.I. und § 8 B.II.

[85] *Hoeren/Völkel*, in: Big Data und Recht, S. 11 (17): Daten können elektrisch gespeichert sein oder „in magnetischer oder optischer Form oder als Oberflächenstruktur (z.B. bei einer CD)" vorliegen. Die Differenzierung zwischen körperlicher und struktureller Ebene betont auch *A. Wagner*, S. 86 f.

[86] Vgl. zum Vorgang der Digitalisierung *A. Wagner*, S. 71: „Binäre Information entsteht durch Digitalisierung sowie durch Verarbeitung vorhandener binärer Information." Digitalisierung ist „die Formatkonvertierung eines (abgetasteten) analogen Informationsobjekts in ein binäres."

[87] Vgl. *A. Wagner*, S. 87, der von einer Trennung im virtuellen, nicht materiellen Sinne spricht. Vgl. auch *Kloos/Wagner*, CR 2002, 865 (866): „Gerade diese Eigenschaft der Trägerfungibilität ist neben der verlustfreien Kopiermöglichkeit das herausragende Novum gegenüber analogen Informationsobjekten wie Büchern oder Schallplatten, bei denen die Information nicht vom Träger separiert, sondern nur verlustbehaftet ‚von diesem wegkopiert' werden kann."

geknüpfte Form ihrer Niederlegung bzw. Repräsentation".[88] *Heymann* bestätigt
für den Fall des Cloud-Computing, dass Gegenstand der Speicherung „nicht die
Information ‚an sich', sondern deren Repräsentation in Form von Daten" ist.[89]

Die Daten-Ebene entspricht damit im digitalen Bereich dem Datenbegriff im
oben beschriebenen engeren Sinn.[90] Sie ist von der Verkörperung ebenso wie
vom geistigen Inhalt abzugrenzen. Die weiteren von *Zech* beschriebenen „Wesensmerkmale"[91] von Daten treffen auf die Daten-Ebene digitaler Werkexemplare nur teilweise zu. So unterliegt die digitale Struktur zwar keiner Abnutzung.
Von fehlender Exklusivität lässt sich aber allenfalls dann sprechen, wenn das
digitale Werkexemplar ohne Kopierschutz öffentlich zugänglich gemacht wird.
Nur insofern ergibt sich auch eine nicht-rivale Nutzbarkeit. Dabei ist allerdings
zu beachten, dass in dieser Situation in der Regel neue Kopien der digitalen Daten angefertigt werden. Wer ein öffentlich zugänglich gemachtes digitales Werkexemplar herunterlädt, nutzt also nicht mehr den ursprünglichen Datensatz,
sondern einen neuen. Die beiden Kopien sind zwar inhaltlich identisch, aber dennoch in ihrer Existenz jeweils ein eigenständiger Datensatz. Für die Konkretisierung des Gegenstands digitaler Werkexemplare kommt es auf diesen konkret
existierenden Datensatz an.

III. Geistige Ebene

Mit der geistigen Ebene soll hier der geistige Inhalt der digitalen Daten bezeichnet werden. Es geht also um den unkörperlichen Inhalt, der Gegenstand des
Werkgenusses ist. Diese geistige Ebene weist in vielen Punkten Gemeinsamkeiten mit dem Begriff der „semantischen Information" auf. Allerdings wird diese
auf (wahre oder unwahre) Tatsachen, die einem Zustand entnommen werden
können, begrenzt.[92] Die geistige Ebene digitaler Inhalte hingegen ist nicht auf die
in ihr enthaltenen (verifizierbaren) Informationen begrenzt, sondern geht darüber
hinaus.

In Teil 1 wurde festgestellt, dass die gewöhnlichen Handlungen, die mit dem
Erwerb und der privaten Nutzung digitaler Werkexemplare verbunden sind, urheberrechtliche Relevanz haben. Sie sind vor allem vom urheberrechtlichen Vervielfältigungsrecht erfasst. Die gesetzlichen Schranken decken diese Handlungen nicht ohne Weiteres ab und gewähren dem Erwerber zudem kein subjektives

---

[88] *Berberich/Golla*, PinG 2016, 165 (167).
[89] *Heymann*, CR 2015, 807 (808). Er führt hierzu ferner aus: „Diese sind so verteilt, dass
aus ihnen die ‚Information' jeweils wieder hergestellt werden muss."
[90] § 8.C.I.
[91] Hierzu siehe oben § 8 C.I.
[92] Siehe oben § 8 B.III.

Recht. Dementsprechend muss der Erwerber im Zuge des Kaufvertrags auch auf geistiger Ebene eine Rechtsposition erwerben, die ihm – vor allem auch gegenüber dem Rechteinhaber – erlaubt, das Werk zum privaten Werkgenuss zu nutzen.

Werkgenuss ist allerdings nicht auf den Genuss urheberrechtlich geschützter Schöpfungen begrenzt. Auch Werke, die nicht die erforderliche Schöpfungshöhe aufweisen oder durch Zeitablauf gemeinfrei geworden sind, können Werkgenuss vermitteln. In diesem Fall hat die Nutzung des digitalen Werkexemplars im Hinblick auf die geistige Ebene keine rechtliche Relevanz. Der Erwerb umfasst die geistige Ebene also nur dann, wenn das in dem digitalen Werkexemplar verkörperte Werk (noch) urheberrechtlich geschützt ist.

E. Zwischenergebnis

Die Untersuchung hat ergeben, dass für die Strukturierung digitaler Werkexemplare als Erwerbsgegenstand eine funktionale Abgrenzung vorzunehmen ist. Eine Unterscheidung nach Erstellungsphasen führt hingegen nicht zu sinnvollen Ergebnissen. Die Differenzierung zwischen unterschiedlichen Informationsdimensionen ist für digitale Werkexemplare vor allem im Hinblick auf die syntaktische Informationsdimension nützlich. Auch die Definition von „Daten" im Sinne einer hierarchischen Ordnung von Daten, Information und Wissen enthält Abgrenzungskriterien, die für die Strukturierung digitaler Werkexemplare aufgegriffen werden.

Die hier vorgeschlagene Abgrenzung weist also Schnittmengen mit den zuvor vorgestellten Systemen auf. Sie greift einzelne Elemente auf, geht aber in einigen Punkten über die bisherigen Lösungen hinaus und bleibt in anderen Bereichen dahinter zurück. Der Grund hierfür liegt darin, dass nur eine ganz bestimmte Art von Daten, nämlich digitale Werkexemplare, Gegenstand des Erwerbs sind.

Die Differenzierung zwischen körperlicher Ebene, digitaler Daten-Ebene und geistiger Ebene ermöglicht eine präzise rechtliche Einordnung des Gegenstands eines Erwerbs digitaler Werkexemplare. Die körperliche Ebene, also das Trägermedium, kann dabei problemlos als Erwerb von Sacheigentum charakterisiert werden. Für Daten-Ebene und geistige Ebene ist hingegen eine tiefergehende rechtliche Analyse notwendig. Diese schließt sich in § 9 und § 10 an.

§ 9 Rechtsposition des Erwerbers im Hinblick auf die digitalen Daten

Die Daten-Ebene bezeichnet den digitalen Datensatz, in dem das Werkexemplar verkörpert ist. Während der Erwerber eines digitalen Werkexemplars zweifellos Eigentum an einem etwaigen Datenträger erhält, besteht hinsichtlich der Einordnung der rechtlichen Position des Erwerbers in Bezug auf die Daten als solche Unsicherheit.

Ein Recht an digitalen Daten aus den einschlägigen Straftatbeständen des StGB abzuleiten, überzeugt dabei nicht.[1] Denn die Straftatbestände setzen zivilrechtlich anerkannte Rechtspositionen, deren Verletzung mit strafrechtlichen Sanktionen belegt wird, voraus. Zudem dient das Strafrecht anderen Zwecken als die Zivilrechtsordnung und kann dementsprechend auch nicht die Konturen zivilrechtlicher Güter festlegen.[2] Insbesondere stehen beim strafrechtlichen Schutz die Integrität von Daten und der Zugang zu ihnen im Mittelpunkt.[3] Ein dogmatisch konsistentes Vorbild für Rechte an digitalen Daten ist den Vorschriften des StGB mithin nicht zu entnehmen.[4]

Stattdessen ist der Eigentumsbegriff des BGB auf digitale Daten auszudehnen. Eine solche Ausdehnung des gewöhnlichen Verständnisses von Eigentum auf digitale Kopien klingt auch in der *UsedSoft*-Entscheidung des EuGH an.[5] So stellt

---

[1] OLG Naumburg CR 2016, 83; *Hoeren*, MMR 2013, 486. Wie hier auch *Assion*, CR 2016, 83 (85); *Berberich/Golla*, PinG 2016, 165 (171); *Heun/Assion*, CR 2015, 812 (814); *Heymann*, CR 2015, 807 (809); *Wiebe*, GRUR Int. 2016, 877 (881).

[2] Vgl. *Assion*, CR 2016, 83 (85); *Heun/Assion*, CR 2015, 812 (814) („Das Strafrecht hat nicht die Aufgabe, Eigentumspositionen zu begründen, es soll vielmehr (akzessorisch und ausgewählt) einzelne privatrechtliche Rechtspositionen zusätzlich mit strafrechtlichem Schutz ausstatten."); *Heymann*, CR 2015, 807 (809) (Analogie zu den strafrechtlichen Normen ist ein „Zirkelschluss", denn das Strafrecht setzt seinerseits voraus, dass es sich um eigentumsähnlich geschützte Daten handelt, ohne selbst Kriterien (beispielsweise in Bezug auf die Inhaberschaft) aufzustellen.).

[3] Vgl. *Wiebe*, GRUR Int. 2016, 877 (881).

[4] So auch *Berberich/Golla*, PinG 2016, 165 (171).

[5] Diesen Schluss ziehen auch *Hoeren/Völkel*, in: Big Data und Recht, 2014, S. 11 (15): Der *UsedSoft*-Entscheidung „lässt sich entnehmen, dass der EuGH den Daten, die ein Computerprogramm beinhaltet, neben dem Speichermedium anders als der BGH eine selbstständige, rechtlich relevante Eigenschaft zugesteht." Vgl. auch *Ohly*, JZ 2013, 42 (43).

das Gericht fest, der Nutzer erwerbe das „Eigentum an der Programmkopie", wenn er die Befugnis erhalte, es vom Server des Anbieters herunterzuladen.[6]

Die bisherigen Ansätze zur rechtlichen Erfassung digitaler Daten beziehen sich nicht immer auf den gleichen Gegenstand. Teilweise geht es um die digitalen Daten als solche, teiweise um die in ihnen enthaltenen Informationen. Die Arbeit setzt sich mit den vorgebrachten Argumenten auseinander und bezieht sie dabei stets auf die digitale Daten-Ebene von Werkexemplaren. Obwohl Daten im hier verstandenen Sinne ohnehin nur digitale Zeichen umfassen, wird im Folgenden auch teilweise von „digitalen Daten" gesprochen, um eine klare Abgrenzung zu anderen Datenbegriffen, insbesondere zum Begriff der personenbezogenen Daten, zu ermöglichen.

Zunächst werden die herkömmlichen Ansichten zu Rechten an digitalen Daten auf ihre Tauglichkeit geprüft, den Gegenstand des Erwerbs digitaler Werkexemplare zu erfassen (A.). Daran anschließend wird analysiert, inwieweit ein Recht an Daten über die in ihnen enthaltenen Informationen möglich und sinnvoll ist (B.). Die Arbeit widmet sich sodann den Voraussetzungen einer analogen Anwendung von § 903 BGB auf Daten (C.). Auf dieser Grundlage werden die über das Dateneigentum vermittelten ausschließlichen Rechte (D.), die Rechtsinhaberschaft (E.) sowie die Übertragbarkeit von Daten (F.) in den Blick genommen.

A. Herkömmliche Ansichten zu Rechten an digitalen Daten

I. „Sonstiger Gegenstand" i. S. v. § 453 BGB

Im Rahmen der Schuldrechtsmodernisierung von 2002 wurde § 453 BGB neu gefasst. Er bestimmt nun, dass die Vorschriften des Sachkaufs auch auf den Kauf von Rechten und sonstigen Gegenständen entsprechend anzuwenden sind. Es wird daher vorgebracht, der Streit um die Sachqualität von Computerprogrammen habe an Relevanz[7] oder sogar seine Grundlage verloren.[8] Dies wirft die Frage auf, ob § 453 Abs. 1, 2. Alt. BGB auch den Rückschluss zulässt, der Nutzer erwerbe in Bezug auf die digitale Ebene kein dingliches Recht.

Der elektronische Erwerb digitaler Inhalte, der ohne die Übergabe eines körperlichen Datenträgers auskommt, wird als Kauf eines „sonstigen Gegenstands" nach § 453 Abs. 1, 2. Alt. BGB eingeordnet.[9] Dieser Vertrag soll allein durch

---

[6] EuGH Urt. v. 3.7.2012, C-128/11 – *UsedSoft*, Rn. 42.

[7] So *Striezel*, S. 85.

[8] So *Stichtenoth*, K&R 2003, 105 (110).

[9] Vgl. *Druschel*, S. 117 f. (daher auch keine Eigentumsverschaffungspflicht); *Peukert*, S. 218 (damit sei nicht mehr notwendig, „diese Güter auch nur *im Sinne des Kaufrechts* als

Realakt erfüllt werden.[10] Der Diensteanbieter würde seiner Pflicht aus dem Kaufvertrag nachkommen, indem er die digitalen Inhalte auf ein Speichermedium des Nutzers überträgt und ihm so faktisch die Nutzung ermöglicht.[11] In diesem Fall würde der Nutzer kein subjektives Recht erhalten. Ihm würde also durch die Transaktion mit dem Diensteanbieter keine zusätzliche Befugnis gewährt, deren Inhalt sich unmittelbar aus der Rechtsordnung bestimmt.[12]

Aus der kaufrechtlichen Vorschrift des § 453 BGB Rückschlüsse für die sachenrechtliche Einordnung zu ziehen, begegnet jedoch Bedenken. Die systematische Stellung der Vorschrift im Besonderen Schuldrecht zeigt, dass der Gesetzgeber keine Entscheidung über die sachenrechtliche Qualität der Gegenstände treffen wollte.[13] Vielmehr sollte mit § 453 Abs. 1, 2. Alt. BGB klargestellt werden, dass sämtliche handelbaren Wirtschaftsgüter Gegenstand eines Kaufvertrages sein können.[14] Die nach der Gesetzesbegründung erfassten Fälle[15] sind aus sachenrechtlicher Perspektive ganz unterschiedlich zu beurteilen. Die Übertragung eines Unternehmens erfordert zweifellos mehr als nur einen Realakt. Und selbst die Geschäfte über immaterielle Gegenstände unterscheiden sich signifikant. Dem Erwerber technischen Know-hows oder von Werbeideen genügt die tatsächliche Kenntnisverschaffung.[16] Bei Software und anderen urheberrechtlich geschützten Werken benötigt der Erwerber hingegen mehr: ihm muss auch die

---

Sachen anzusehen"); *Stichtenoth*, K&R 2003, 105 (106 ff.) (der auch bei auf Datenträgern gespeicherten Programmen vom Kauf eines sonstigen Gegenstands ausgeht).

[10] *Haedicke*, S. 97; *Hoeren*, MMR 2013, 486 (489); *Kötz*, Vertragsrecht, Rn. 574.

[11] *Stieper*, AfP 2010, 217 (220); *ders.*, in: FS Köhler, S. 729 (737).

[12] Vgl. zum Begriff des Rechts i.S.v. § 453 BGB Palandt/*Weidenkaff*, BGB, § 453 Rn. 3.

[13] So auch *Lorenz*, S. 74 f.; *Marly*, Praxishandbuch Softwarerecht, Rn. 728 („Unstreitig wäre das Kaufvertragsrecht der falsche Ort gewesen, hätte der Gesetzgeber ausdrücklich zur Sachqualität von Software Stellung nehmen wollen."); *Struwe*, S. 108 f. Auch *Striezel*, S. 86, gibt zu Bedenken, dass das Kaufrecht „[f]ür eine ausdrückliche Stellungnahme zur Sachqualität von Computerprogrammen [...] nicht der korrekte Ort" sei. A.A. *Stichtenoth*, K&R 2003, 105 (107).

[14] *Marly*, Praxishandbuch Softwarerecht, Rn. 729, „sonstige Gegenstände" seien also nur eine „Auffanggruppe" gegenüber „Sachen" und „Rechten".

[15] So werden aufgezählt „die entgeltliche Übertragung von Unternehmen oder Unternehmensteilen, von freiberuflichen Praxen, von Elektrizität und Fernwärme, von (nicht geschützten) Erfindungen, technischem Know-how, Software, Werbeideen usw.", Begründung zum Entwurf eines Gesetzes zur Modernisierung des Schuldrechts, BT-Drucks. 14/6040, S. 242.

[16] Vgl. *Hoeren*, MMR 2013, 486 (489), in Abgrenzung zum Erwerb von „Daten": „Anders als bei Ideen, Informationen oder Know-how sind Daten abgrenzbar und es ist möglich, zwischen Besitzer und ‚Eigentümer' zu unterscheiden. Während der Verkäufer mit der ‚Übergabe' anderer ‚Gegenstände' i.S.d. § 453 Abs. 1 BGB sämtliche Positionen bereits verliert, verschafft der alleinige Besitz von Daten noch nicht das Vollrecht. Das zeigt sich gerade darin, dass Dateninhaberschaft und Eigentum an dem Datenträger auseinanderfallen können."

rechtliche Nutzungsbefugnis gewährt werden.[17] Die Qualifizierung des Erwerbsgegenstands bei digitalen Werkexemplaren kann sich also nicht mit einer Einordnung als „sonstiger Gegenstand" begnügen.

II. Daten als Sache

Die Rechtsposition des Nutzers im Hinblick auf die digitale Ebene wird teilweise
als Sacheigentum eingeordnet, indem Daten unmittelbar als Sachen betrachtet
werden. So wird etwa für Computerprogramme vorgebracht, sie könnten nicht
ohne Verkörperung existieren und seien daher selbst Sachen.[18] Zudem spreche
das „praktische Verständnis von Programmen als einer Sache" für eine entsprechende Einordnung.[19]

Der Eigentumsbegriff nach § 903 BGB meint das „Vollrecht" an einer Sache.[20]
Das BGB knüpft damit den Eigentumsbegriff an den Sachbegriff nach § 90
BGB.[21] Dieser definiert: „Sachen im Sinne des Gesetzes sind nur körperliche
Gegenstände." Dem Sachbegriff unterfallen also nur Gegenstände, die körperlich im Raum abgrenzbar sind.[22] Diese Abgrenzbarkeit kann bereits durch die
Eigenschaft des Gegenstands erfüllt sein oder erst durch Hilfsmittel wie Gefäße
o. ä. hergestellt werden.[23] Sie ermöglicht es, den Gegenstand anzufassen, sinnlich
wahrzunehmen und zu beherrschen.[24] Er wird so zu einer eigenständigen Materie
des Verkehrslebens (und des Sachenrechts), weil er offenkundig einer Person
zugeordnet werden kann.[25]

---

[17] Vgl. *Sickinger*, S. 74, der in der Nutzungsberechtigung allerdings nur eine „ergänzende
Nebenleistung" sieht.

[18] *Bösert*, S. 149; *König*, NJW 1993, 3121 (3124) („Computerprogramme sind körperlich
und damit Sachen i. S. des § 90 BGB."); *Weitz*, S. 110, 188.

[19] OLG Stuttgart NJW 1989, 2635 (2636). Ähnlich auch *Bösert*, S. 149.

[20] Vgl. Staudinger/*Althammer*, BGB, Einl zu §§ 903 ff Rn. 2.

[21] Staudinger/*Althammer*, BGB, Einl zu §§ 903 ff Rn. 3 („Anknüpfungspunkt ist ein enger
Sachbegriff."); MüKo/*Brückner*, BGB, § 903 Rn. 3; *Klinck*, in: Staudinger, Eckpfeiler des Zivilrechts, Abschnitt T. Rn. 113; Palandt/*Herrler*, BGB, § 903 Rn. 2.

[22] Vgl. *Bydlinski*, AcP 198 (1998), 287 (303); Staudinger/*Stieper*, BGB, § 90 Rn. 1.

[23] Vgl. Palandt/*Ellenberger*, BGB, § 90 Rn. 1.

[24] Vgl. *Baur/Stürner*, Sachenrecht, § 3 Rn. 2, S. 11; *Bydlinski*, AcP 198 (1998), 287 (304)
(„Abgrenzbarkeit geht grundsätzlich Hand in Hand mit *Beherrschbarkeit*"); Staudinger/
Stieper, BGB, § 90 Rn. 2; *Redeker*, NJW 1992, 1739 („Anfaßbarkeit ist das eigentlich zentrale
Kriterium des Sachbegriffs des BGB."); MüKo/*Stresemann*, BGB, § 90 Rn. 1 („Körperlich"
sind Gegenstände, „die man entweder anfassen oder aber jedenfalls sinnlich wahrnehmen und
technisch beherrschen kann").

[25] Vgl. *Bydlinski*, AcP 198 (1998), 287 (303); Staudinger/*Stieper*, BGB, § 90 Rn. 1.

Digitalen Daten fehlt das entscheidende Merkmal der Körperlichkeit.[26] Sie sind als solche nicht sinnlich wahrnehmbar.[27] Sie sind nicht im Raum abgrenzbar und beherrschbar.[28] Es handelt sich um eine binäre Codierung, die nicht Materie ist.[29] Natürlich ist der Datenträger, auf dem die digitalen Daten gespeichert sind, körperlich. Aber nicht die Daten selbst.[30] Auch wenn Daten einer Speicherung bedürfen und ggf. auf einem Trägermedium übergeben werden, sind sie selbst nicht als Sachen i. S. v. § 90 BGB zu qualifizieren.[31]

III. Sacheigenschaft vermittelt durch das Speichermedium

Die rechtliche Qualität der digitalen Ebene wird teilweise an das Sacheigentum am körperlichen Speichermedium geknüpft. Damit wird der digitalen Ebene Sachqualität zugesprochen, weil (und soweit) sie auf einem Datenträger gespeichert ist. Wie bereits festgestellt, sind Datenträger zweifellos körperliche Gegenstände. Ob digitale Inhalte, die sich durch Speicherung auf einem Datenträger manifestieren, an dieser rechtlichen Qualität teilhaben und von ihr abhängen, ist jedoch zweifelhaft.

1. Daten als „Veränderungen des Trägermaterials"

Für Computersoftware, die auf einem Speichermedium geliefert wird, wurde vertreten, sie sei Eigenschaft des Trägermaterials.[32] Computerdaten und Computerprogramme seien zwar an sich keine Sachen, „wohl aber ihre Verkörperung in

---

[26] Vgl. LG Konstanz NJW 1996, 2662; *Ehlen/Brandt*, CR 2016, 570 (571) („Eigentumsfähigkeit von Daten [ist] mangels Körperlichkeit abzulehnen."); *Lober/Weber*, MMR 2005, 653 (655); *Peschel/Rockstroh*, MMR 2014, 571 (572) („Der Sachbegriff des BGB stellt aber ausdrücklich auf die Körperlichkeit von Gegenständen ab. Diese ist bei Daten nicht gegeben."); *Peukert*, S. 214; *Preuß*, S. 54 f.; MüKo/*Stresemann*, BGB, § 90 Rn. 25.

[27] Vgl. *Striezel*, S. 73.

[28] Vgl. *Peukert*, S. 214 f.; *Stieper*, AfP 2010, 217 (220).

[29] Vgl. *A. Wagner*, S. 85. Ähnlich *Redeker*, CR 2011, 634 (638) (es fehlt an „einer physikalischen Einmaligkeit").

[30] So auch LG Konstanz NJW 1996, 2662; *Lober/Weber*, MMR 2005, 653 (655); *Schwartmann/Hentsch*, PinG 2016, 117 (120); *Stieper*, in: FS Köhler, S. 729 (736).

[31] So auch LG Konstanz NJW 1996, 2662; *Bartsch*, CR 2010, 553 (555); *Lehmann*, in: FS J. Schneider, S. 133 (134 Rn. 3); *Müller-Hengstenberg*, NJW 1994, 3128 (3131); Staudinger/*Stieper*, BGB, § 90 Rn. 4, 12, 17; *ders.*, in: FS Köhler, S. 729 (736); *Redeker*, NJW 1992, 1739 (1740); *Striezel*, S. 74 (für virtuelle Gegenstände).

[32] So BGHZ 102, 135 (144) = NJW 1988, 406 (408); BGHZ 109, 97 (99 f.) = NJW 1990, 320 (321); BGHZ 143, 307 (309) = NJW 2000, 1415; BGH NJW 2007, 2394 Rn. 15 – *ASP-Vertrag*; BGH NJW 1993, 2436 (2438); *Baur/Stürner*, Sachenrecht, § 3 Rn. 2; *Bydlinski*, AcP 198 (1998), 287 (295 ff.).

einem Datenträger".[33] Die Verarbeitung von Daten erfolgt, indem „die molekulare Oberflächenstruktur [des Speichermediums] im Wege der Magnetisierung nachhaltig verändert" wird.[34] Daten seien daher „elektromagnetische (oder optoelektronische) Veränderungen des Trägermaterials".[35] Dieses (veränderte) Trägermedium sei unzweifelhaft eine körperliche Sache.[36] Durch die Speicherung auf dem Datenträger habe daher auch das – an sich unkörperliche – Computerprogramm „faßbare Gestalt"[37] gewonnen und sei somit ebenfalls ein körperlicher Gegenstand.[38] Trägermedium und „aufmagnetisiertes" Computerprogramm bildeten zusammen die Kaufsache.[39] Zur Begründung dieser Sichtweise wird teilweise auf analoge Sachverhalte verwiesen: auch ein Buch stelle zusammen mit seinem Inhalt einen einheitlichen körperlichen Gegenstand dar.[40]

2. Daten als wesentlicher Bestandteil der Hauptsache

Zum Teil werden Daten als wesentlicher Bestandteil des Speichermediums gem. § 93 BGB diskutiert.[41] Daten wären dann nicht sonderrechtsfähig, sondern teilten das Schicksal des Trägermediums.[42] Als wesentliche Bestandteile qualifiziert das BGB „Bestandteile einer Sache, die voneinander nicht getrennt werden können, ohne dass der eine oder der andere zerstört oder in seinem Wesen verändert wird" (§ 93). Die Verbindung ist also so stark, dass die einzelnen Teile eine „körperliche Einheit" darstellen.[43] Ihre Trennung würde die Bestandteile zerstören, be-

---

[33] Palandt/*Ellenberger*, BGB, § 90 Rn. 2.

[34] Vgl. *Faustmann*, VuR 2006, 260: „beim Datenverarbeitungsprozess [wird] die molekulare Oberflächenstruktur der Festplatte im Wege der Magnetisierung nachhaltig verändert."

[35] *Bydlinski*, AcP 198 (1998), 287 (306). Ähnlich *Spickhoff*, in: Unkörperliche Güter im Zivilrecht, S. 233 (236).

[36] *Bydlinski*, AcP 198 (1998), 287 (296); *Spickhoff*, in: Unkörperliche Güter im Zivilrecht, S. 233 (236).

[37] *Baur/Stürner*, Sachenrecht, § 3 Rn. 2.

[38] *Baur/Stürner*, Sachenrecht, § 3 Rn. 2; *Bydlinski*, AcP 198 (1998), 287 (296); *Koch*, Computer-Vertragsrecht, S. 405; *Marly*, Praxishandbuch Softwarerecht, Rn. 718 f.

[39] *Koch*, Computer-Vertragsrecht, S. 401.

[40] *Marly*, Praxishandbuch Softwarerecht, Rn. 718: „Zweck eines Bucherwerbs ist nach herrschender Meinung neben der reinen Informationserlangung eine jederzeitige Rückgriffsmöglichkeit auf den Inhalt, die jedoch nur dann möglich ist, wenn der Inhalt verkörpert ist, so dass das Buch mitsamt seinem Inhalt einen körperlichen Gegenstand im Sinne des § 90 BGB darstellt."

[41] *Bydlinski*, AcP 198 (1998), 287 (315); *Haberstumpf*, CR 2012, 561 (565); *Preuß*, S. 56 f.

[42] Vgl. *Baur/Stürner*, Sachenrecht, § 3 Rn. 3; *Haberstumpf*, CR 2012, 561 (565); Staudinger/*Stieper*, BGB, § 90 Rn. 18.

[43] *Baur/Stürner*, Sachenrecht, § 3 Rn. 7: „Hier ist die Verbindung zwischen einzelnen Sachen so eng, daß eine neue körperliche Einheit entsteht."

schädigen oder unbrauchbar machen.[44] Ob die Gesamtsache durch die Trennung Schaden nimmt, ist hingegen irrelevant.[45]

Gemessen hieran können digitale Inhalte nicht als wesentlicher Bestandteil eines Datenträgers qualifiziert werden.[46] Weder die Funktion des Datenträgers, noch der digitalen Inhalte wird durch ihre Trennung aufgehoben.[47] Denn die Bestimmung eines Datenträgers liegt darin, digitale Inhalte zu speichern und abrufbar zu machen. Werden digitale Inhalte vom Datenträger gelöscht, kann dieser danach (prinzipiell)[48] neue digitale Inhalte aufnehmen. Die digitalen Inhalte wiederum können auch auf einem anderen Speichermedium ihren Zweck erfüllen. Es ist schließlich unerheblich, auf welchem Trägermedium sich die Daten befinden. Es handelt sich eben nicht um eine starre Verbindung, sondern um einen dynamischen Zustand.[49] Besonders deutlich wird dies, wenn die digitalen Inhalte elektronisch erworben und auf der Festplatte des Nutzers gespeichert werden.[50] Spätestens dann kann nicht mehr davon ausgegangen werden, dass eine Löschung der digitalen Inhalte den Datenträger – die Festplatte des Nutzers – wesentlich verändert.[51]

---

[44] *Baur/Stürner*, Sachenrecht, § 3 Rn. 8.

[45] *Baur/Stürner*, Sachenrecht, § 3 Rn. 8, nennen als Beispiel den Ausbau eines Kraftfahrzeugmotors aus einem Pkw: Der Pkw fährt zwar nicht mehr. „Aber weder der Austauschmotor noch die übrigen Teile des Pkw werden durch den Ausbau zerstört oder in ihrer funktionsgemäßen Bestimmung unbrauchbar."

[46] So auch *Arkenau/Wübbelmann*, in: Internet der Dinge, S. 95 (98); *Hantschel*, S. 62 ff.

[47] Vgl. *Hantschel*, S. 62.

[48] Natürlich sind Fälle denkbar, in denen Datenträger so konzipiert sind, dass sie nach dem ersten Bespielen keine weiteren Inhalte mehr speichern können. Aber dies ist keinesfalls der Regelfall und kann dementsprechend auch nicht zu einer generellen Qualifizierung von Daten als wesentliche Bestandteile des Trägermediums herangezogen werden.

[49] So auch *A. Wagner*, S. 85: „Die Verbindung zwischen energetischem Träger und Informationsobjekt ist flüchtig, weil der Energiefluß jederzeit umstrukturiert werden kann." Siehe dort auch für eine detaillierte technische Beschreibung von Speicher- und Übertragungsvorgängen. Ähnlich *Moritz/Tybusseck*, Computersoftware, Rn. 751 (Software ist „vom Datenträger lösbar, kann ohne ihn übertragen werden und wird beim Laden in den Computer nicht übergeben bzw. übertragen, sondern entsteht als Vervielfältigung des ursprünglichen Programmes neu."); Staudinger/*Stieper*, BGB, § 90 Rn. 12 (der Datenträger ist lediglich „Mittel zum Transport").

[50] Hierzu sogleich unter § 9.A.III.3.

[51] So auch *Bydlinski*, AcP 198 (1998), 287 (315): „Dieser Träger enthält regelmäßig eine Menge anderer Programme und Daten; vor allem aber ist die Festplatte nach Löschung eines Programmes (ebenso wie nach Speicherung neuer Daten) nach der Verkehrsanschauung das Gleiche wie vorher." *Bydlinski* geht in diesem Fall nur von einem untergeordneten Bestandteil aus (ebd.).

3. Anwendung auf Fälle des Online-Erwerbs und der dezentralen Speicherung

Die Konstruktion eines Sacheigentums an Daten – vermittelt durch das Speichermedium – wird auch auf Fälle des elektronischen Erwerbs ausgedehnt. Hier habe letztlich nichts anderes zu gelten, weil die elektronische Übertragung funktional an die Stelle des Erwerbs eines Datenträgers trete.[52] Die Festplatte des Nutzers sei ebenso ein körperlicher Gegenstand wie jeder andere Datenträger.[53] In dem Augenblick, in dem eine Datei erfolgreich heruntergeladen werde, verändere sich dauerhaft der Speicher des Geräts, der Nutzer habe also auch dann Sacheigentum an den digitalen Daten.[54]

Diese Ansicht kann allerdings aus verschiedenen Gründen nicht überzeugen. Zunächst würde der Nutzer im Falle des Downloads das Sacheigentum an einem Gegenstand erwerben, der ihm bereits gehört.[55] Sein Endgerät steht ohnehin in seinem Eigentum.[56] Die Argumentation stößt zudem spätestens dann an Grenzen, wenn die digitalen Inhalte gar nicht auf einem (eigenen) Endgerät des Nutzers gespeichert werden. Dies kann der Fall sein, wenn der Nutzer das Gerät eines Dritten nutzt oder seine Daten dezentral (in der Cloud) speichert.[57] Die Datei „materialisiert" sich hier jedenfalls nicht mehr auf einem Datenträger, der im Eigentum und in der Sachherrschaft des Nutzers steht.[58] Inhaber der digitalen

---

[52] OLG Stuttgart NJW 1989, 2635 (2636); *Marly*, Praxishandbuch Softwarerecht, Rn. 721 („Online-Übertragung entspricht funktionell der Aushändigung eines materiellen Datenträgers.").

[53] *Koch*, Computer-Vertragsrecht, S. 405: „Jeder Datenträger ist also für eine nach § 90 BGB erforderliche Materialisierung tauglich, also Disketten, Bänder, DVDs oder ‚Blu-Ray'-Medien, EPROMs etc. Für die Sacheigenschaft ausreichend, ist auch bereits die Abspeicherung auf dem Arbeitsspeicher (das [sic] die Programmkopie dauerhaft nutzbar und vervielfältigbar ist, insbesondere, wenn der Rechner rund um die Uhr läuft)." Vgl. auch *Peukert*, in: FS Schricker, S. 147 (155); *Redeker*, NJW 1992, 1739 (1740); MüKo/*Stresemann*, BGB, § 90 Rn. 25. Vgl. auch BGHZ 109, 97 (101) = NJW 1990, 320 (321).

[54] *Bydlinski*, AcP 198 (1998), 287 (320): „[A]uch aus der Möglichkeit einer online-Übertragung [können] keine Argumente gegen die prinzipielle Einordnung von Software unter den Sachbegriff des § 90 BGB gewonnen werden: Es existiert jeweils eine Verkörperung mit sachenrechtlichem Zuweisungsgehalt; zuerst nur beim Entwickler, dann auch beim Erwerber (auf dessen Datenträger)." Im Ergebnis offen gelassen von BGHZ 109, 97 (101) = NJW 1990, 320 (321).

[55] Vgl. *Diedrich*, CR 2002, 473 (475): „Diese Argumentation führt zu schwer hinnehmbaren Eigentümlichkeiten: Der Käufer von Standardsoftware würde häufig – insbesondere im Falle der Datenfernübertragung – einen Gegenstand kaufen, der ihm schon gehört, nämlich sein eigenes Speichermedium." Vgl. auch *Striezel*, S. 84.

[56] Dies gibt auch *Bydlinski*, AcP 198 (1998), 287 (314), zu bedenken.

[57] Vgl. *Berberich*, in: Nutzergenerierte Inhalte als Gegenstand des Privatrechts, S. 165 (185 f.); *Bräutigam/Rücker*, CR 2006, 361 (365); *Hilty*, MMR 2003, 3 (6). Ähnlich *Berberich/Golla*, PinG 2016, 165 (170 f.).

[58] Vgl. *Druschel*, S. 116: „Besonders deutlich wird dies auch bei virtuellen Gütern, die ir-

Inhalte und Inhaber des Speichermediums sind dann nicht identisch.[59] Gerade die Qualifizierung der Daten als wesentliche Eigenschaft des Speichermediums führt hier zu Problemen, weil sie keine Personenverschiedenheit zwischen Eigentümer der digitalen Daten und Eigentümer des Speichermediums zulässt.[60] Zwischen Nutzer und Cloud-Anbieter besteht im Übrigen auch kein Verwahrverhältnis in Bezug auf das betroffene Speichermedium. Zum einen fehlt es an einem Herausgabeanspruch des Nutzers (in Bezug auf den Datenträger). Zum anderen ist dem sachenrechtlichen Bestimmtheitsgrundsatz nicht genügt, weil die digitalen Inhalte unter Umständen kaum lokalisierbar sind.[61] An welchem Ort genau diese gespeichert sind, ist möglicherweise selbst für den Anbieter nicht erkennbar.[62] Mitunter gibt es gar nicht *den einen* Speicherort. Aus Effizienzgründen können die digitalen Inhalte auf verschiedene Speicherorte aufgeteilt und erst bei Abruf wieder zusammengesetzt werden.[63] Dass die Verbindung zwischen körperlichem Träger und digitaler Ebene fragil ist, wird somit bei dezentraler Speicherung besonders deutlich.[64]

4. Träger(un)abhängigkeit

Für eine Abhängigkeit der digitalen Daten von dem körperlichen Speichermedium wird stets vorgebracht, dass digitale Daten (und Computerprogramme) ohne eine Verkörperung gar nicht existieren könnten.[65] Um ihren Zweck zu erfüllen, müssten sie sich zwingend in einem Datenträger manifestieren.[66] Dieser sei da-

---

gendwo auf Servern liegen, an denen der ‚Eigentümer' dieser Produkte schon gar keine Sachherrschaft zu begründen vermag, sondern allenfalls der Provider, beispielsweise bei einem Online-Spiel." Vgl. auch Staudinger/*Stieper*, BGB, § 90 Rn. 19, zu den deliktsrechtlichen Folgen.

[59] Vgl. *Bartsch*, in: FS J. Schneider, S. 297 (297 Rn. 2); *Beurskens*, in: Einheit des Privatrechts, S. 443 (451); *Hilty*, CR 2012, 625 (629); *Hoeren*, in: FS J. Schneider, S. 303 (306 Rn. 7); *Redeker*, CR 2011, 634. *Berberich*, S. 157, spricht (bei virtuellen Gegenständen) von fehlender „personeller Konvergenz"; *Berberich/Golla*, PinG 2016, 165 (170).

[60] So auch *Hoeren/Völkel*, in: Big Data und Recht, S. 11 (18). Ähnlich im Zusammenhang mit virtuellen Gegenständen *Preuß*, S. 57.

[61] So auch *Beurskens*, in: Einheit des Privatrechts, S. 443 (452). Vgl. auch *Berberich*, in: Nutzergenerierte Inhalte als Gegenstand des Privatrechts, S. 165 (188), der ein Besitzmittlungsverhältnis zwischen Serveranbieter und dem „virtuellen Eigentümer" u. a. deshalb ablehnt, weil es an einem Herausgabeanspruch gegen den Serveranbieter fehle.

[62] Vgl. *Hoppen*, CR 2015, 802 (804); *Zech*, CR 2015, 137 (138).

[63] Vgl. *Heymann*, CR 2015, 807 (808); *Zech*, CR 2015, 137 (138).

[64] Ähnlich *Heymann*, CR 2015, 807 (808): „Beim Cloud Computing wird der physische Nexus zwischen der Information (als Inhalt) und den diese repräsentierenden Daten bzw. physisch Bits vollständig aufgelöst."

[65] *Bydlinski*, AcP 198 (1998), 287 (306); *Marly*, Praxishandbuch Softwarerecht, Rn. 717.

[66] BGH NJW 2007, 2394 (2394 f. Rn. 16) – *ASP-Vertrag*: „Denn die der Steuerung des

her nicht „bloßes Transportmittel".[67] Dem lässt sich allerdings entgegnen, dass Computerprogramme (und digitale Inhalte generell) gerade nicht durch eine dauerhafte Bindung an *einen* körperlichen Gegenstand geprägt sind.[68] Sie können durch Kopie und Löschung von ihrem Trägermedium getrennt werden, können sich durch Vervielfältigungen an verschiedenen Orten gleichzeitig befinden und innerhalb von Sekundenbruchteilen den Ort (und ihr Speichermedium) wechseln.[69] Selbst eine aktuelle Ortung des Speicherortes der digitalen Inhalte kann, etwa beim Cloud-Computing,[70] unmöglich sein. Dass die digitalen Daten irgendwo eine Manifestation finden müssen, ist zwar richtig. Auch darf ihr geistiger Gehalt nicht mit ihrer Verkörperung verwechselt werden.[71] Die Zuordnung zu einem bestimmten körperlichen Gegenstand kann aber enorm schwierig oder sogar unmöglich sein. Die Anknüpfung würde jedenfalls „ein Einfallstor für nicht mehr handhabbare technisch bedingte Zufälligkeiten öffnen."[72]

Im Übrigen ist selbst dann, wenn digitale Inhalte (technisch unspektakulär) auf einem körperlichen Datenträger erworben werden, eine sachenrechtliche Fokussierung auf dieses Trägermedium bedenklich, weil der Erwerb dieses körperlichen Mediums für die Parteien selten im Vordergrund steht.[73] Stattdessen geht es um den Zugang zu den darauf gespeicherten digitalen Inhalten und deren Funktionen.[74] Wie dieser Vorgang erfolgt, ist häufig nur zweitrangig. Der wirt-

---

Computers dienenden Programme müssen, um ihre Funktion erfüllen zu können, das heißt um überhaupt nutzbar zu sein, in verkörperter Form vorhanden sein, sei es auf einem Wechselspeichermedium (z.B. auf Diskette, CD, USB-Stick), oder auf einer Festplatte oder auch nur auf einem flüchtigen (stromabhängigen) Speichermedium." Vgl. auch *Marly*, Praxishandbuch Softwarerecht, Rn. 717.

[67] *Marly*, Praxishandbuch Softwarerecht, Rn. 717.

[68] So auch *Bornhauser*, S. 13; *Redeker*, NJW 1992, 1739 (1740), der hierin die „eigentliche Besonderheit" von Computerprogrammen sieht. Vgl. auch *ders.*CR 2011, 634.

[69] Vgl. *Bornhauser*, S. 13; *Kloos/Wagner*, CR 2002, 865 (866); *Müller-Hengstenberg*, NJW 1994, 3128 (3130) („Entscheidend ist […], daß das Programm keiner physischen Basis fest zugeordnet ist und jederzeit über andere nicht physische Datenträger transferiert werden kann, und zwar auch an verschiedene Nutzer an unterschiedlichen Orten."); *Redeker*, NJW 1992, 1739 (1740) (Computerprogramme sind „unabhängig von ihrer Verkörperung" und können „auf wechselnden Medien verkörpert werden"); *Striezel*, S. 83 f.

[70] Siehe oben § 2 A.IV. Vgl. auch schon *Müller-Hengstenberg*, NJW 1994, 3128 (3130).

[71] BGH NJW 2007, 2394 (2395 Rn. 16 f.) – *ASP-Vertrag*.

[72] *Berberich/Golla*, PinG 2016, 165 (171).

[73] So auch *Diedrich*, CR 2002, 473 (475) („Den Parteien ist es regelmäßig gleichgültig, wie die Daten übertragen werden. Dem Softwarenutzer geht es um die zuverlässige Realisierung der vereinbarten Funktionen."); *Müller-Hengstenberg*, NJW 1994, 3128 (3131). Selbst der BGH (BGHZ 109, 97 (100) = NJW 1990, 320 (321)), erkennt an, dass das Eigentum an dem Datenträger zu erlangen nicht „Endzweck des Rechtsgeschäfts" ist. Ähnlich BGH NJW 2007, 2394 (2395 Rn. 16) – *ASP-Vertrag*.

[74] Vgl. BGHZ 109, 97 (100) = NJW 1990, 320 (321).

schaftliche Wert des Vertragsgegenstands schöpft sich nicht aus dem körperlichen Datenträger.[75] Gegen diese Überlegungen zur Wertrelation zwischen körperlichem Datenträger und darauf gespeicherten Daten wird angeführt, dass für eine Sachqualifikation allein die „von der übrigen Welt abgetrennte physische Existenz, nicht der Wert der Materie" relevant sei.[76] Auch wenn die digitalen Daten selbst wirtschaftlichen Wert besäßen, ändere dies nichts an ihrer Sachgebundenheit.[77] Dagegen lässt sich allerdings wiederum einwenden, dass die Sacheigenschaft des Datenträgers, der zweifelslos „von der übrigen Welt abgetrennte physische Existenz" besitzt, unstreitig ist. Allein dass die Existenz digitaler Daten sich hierin erschöpft, ist zu bestreiten.[78] Im Übrigen sind die digitalen Daten grundsätzlich vom Datenträger lösbar und dieser mithin völlig austauschbar.

5. Zwischenergebnis

Die dingliche Qualität digitaler Inhalte auf das Trägermedium zu reduzieren, ist nicht sachgerecht.[79] Insbesondere gilt es, eine sachenrechtliche Einordnung zu finden, die unabhängig von der Art der Bereitstellung der digitalen Inhalte ist.[80]

---

[75] Vgl. *Beurskens*, in: Einheit des Privatrechts, S. 443 (463); *Bräutigam/Rücker*, CR 2006, 361 (365); *Müller-Hengstenberg*, NJW 1994, 3128 (3132). Ähnlich *Moritz/Tybusseck*, Computersoftware, Rn. 751, die allerdings auf die Wertrelation zwischen geistigem Inhalt und Verkörperung abstellen (das Immaterialgut stellt „im Verhältnis zum Datenträger den überragenden wirtschaftlichen Wert [dar]").

[76] *Bydlinski*, AcP 198 (1998), 287 (307): „Die Wertrelation zwischen den gespeicherten Informationen und dem bloßen Datenträger spielt für die Sachqualifikation ebenfalls keine Rolle. Man denke wiederum nur an Bücher oder Tonträger; aber auch an aus geringwertigen Materialien hergestellte Kunstwerke. Für die Einordnung entscheidend ist eben allein die von der übrigen Welt abgetrennte physische Existenz, nicht der Wert der Materie."

[77] *Marly*, Praxishandbuch Softwarerecht, Rn. 718. Ähnlich auch BGH NJW 2007, 2394 (2395 Rn. 16) – *ASP-Vertrag*.

[78] So auch *Diedrich*, CR 2002, 473 (475); *Müller-Hengstenberg*, NJW 1994, 3128 (3132).

[79] Eine Anknüpfung der digitalen Ebene an das Sacheigentum am Datenträger wird von *Berberich/Golla*, PinG 2016, 165 (166), zu Recht als Anachronismus bezeichnet. Vgl. auch *Berberich*, S. 131 (für virtuelle Gegenstände: „Als bloße Hilfskonstruktion verfehlt sie die Konvergenz zwischen dogmatischer Anknüpfung und eigentlichem Herrschaftsgegenstand."); *Wiebe*, GRUR Int. 2016, 877 (880) („With information increasingly being detached from a carrier (e.g., cloud computing) this [indirect protection] no longer works and is not an option for the future.").

[80] So auch *Druschel*, S. 31.

B. Recht an digitalen Daten vermittelt über die in ihnen enthaltenen Informationen

Wurde soeben für die rechtliche Unabhängigkeit zwischen digitalen Inhalten und ihrem physischen Trägermaterial plädiert, stellt sich nun eine ähnliche Frage im Hinblick auf die geistige Ebene. Die konkrete Untersuchungsfrage lautet, ob eine rechtliche Einordnung digitaler Inhalte untrennbar mit den in ihnen enthaltenen Informationen bzw. Werken verknüpft sein muss.

So wird vorgebracht, ein Ausschließlichkeitsrecht an digitalen Daten sei nicht Selbstzweck, sondern diene letztlich dem Schutz der Informationen, die in den Daten enthalten sei.[81] Die Rechtsposition im Hinblick auf die Daten-Ebene könnte sich demnach etwa über den Schutz von Know-how und vertraulicher Geschäftsinformation nach der Geschäftsgeheimnisse-Richtlinie[82] ergeben (I.). Auch die Vorschriften des Datenschutzrechts könnten ein absolutes Recht an personenbezogenen Informationen und den sie enthaltenen digitalen Daten gewähren (II.). Zudem ist generell der Frage nachzugehen, ob digitale Daten als Immaterialgüterrecht *sui generis* geschützt sind (III.).

I. Rechte an digitalen Daten aufgrund eines Schutzes von Geschäftsgeheimnissen

Die Geschäftsgeheimnisse-RL soll den Schutz für Know-how bzw. vertrauliche Geschäftsinformationen im Binnenmarkt angleichen und verstärken.[83] Die Richtlinie knüpft im Rahmen des rechtswidrigen Erwerbs nach Art. 4 Abs. 2 u. a. an die Aneignung oder Kopie elektronischer Dateien an.[84] Hieraus könnte folgen, dass über den Geschäftsgeheimnisse-Schutz bereits ein absolutes Recht an digi-

---

[81] *Härting*, Acht Thesen zum „Dateneigentum", 17.2.2016, abrufbar unter: http://www.cr-online.de/blog/2016/02/17/acht-thesen-zum-dateneigentum/, zuletzt abgerufen am 1.1.2019; *Heymann*, CR 2015, 807 (810).

[82] Richtlinie (EU) 2016/943 des Europäischen Parlaments und des Rates vom 8. Juni 2016 über den Schutz vertraulichen Know-hows und vertraulicher Geschäftsinformationen (Geschäftsgeheimnisse) vor rechtswidrigem Erwerb sowie rechtswidriger Nutzung und Offenlegung (im Folgenden: Geschäftsgeheimnisse-RL).

[83] Vgl. ErwG 10 Geschäftsgeheimnisse-RL.

[84] Art. 4 Abs. 2 lit. a) Geschäftsgeheimnisse-RL lautet: „[Der Erwerb eines Geschäftsgeheimnisses ohne Zustimmung des Inhabers des Geschäftsgeheimnisses gilt als rechtswidrig, wenn er erfolgt durch] unbefugten Zugang zu, unbefugte Aneignung oder unbefugtes Kopieren von Dokumenten, Gegenständen, Materialien, Stoffen oder *elektronischen Dateien*, die der rechtmäßigen Kontrolle durch den Inhaber des Geschäftsgeheimnisses unterliegen und die das Geschäftsgeheimnis enthalten oder aus denen sich das Geschäftsgeheimnis ableiten lässt [...]" (Hervorhebung durch Verf.).

talen Daten besteht.[85] Allerdings wird zu Recht darauf hingewiesen, dass die Richtlinie vor allem dem faktischen Inhaber eines Geschäftsgeheimnisses in Bezug auf die das Geheimnis verkörpernden elektronischen Dateien Abwehrrechte gewährt.[86] Eine rechtliche Zuweisung eines etwaigen Rechts an den Daten erfolgt hingegen nicht.[87] Im Übrigen unterfallen die für die vorliegende Arbeit interessierenden digitalen Inhalte in der Regel nicht dem Geheimnisschutz. „Geschäftsgeheimnisse" sind nach der Richtlinie nur solche Informationen, die

„in dem Sinne geheim [sind], dass sie weder in ihrer Gesamtheit noch in der genauen Anordnung und Zusammensetzung ihrer Bestandteile den Personen in den Kreisen, die üblicherweise mit dieser Art von Informationen umgehen, allgemein bekannt oder ohne weiteres zugänglich sind".[88]

Werden digitale Inhalte also, wie beim Vertrieb digitaler Werkexemplare, angeboten und vertrieben, können sie keine Geschäftsgeheimnisse mehr beinhalten, denn sie werden bewusst nicht geheim gehalten, sondern der Öffentlichkeit angeboten. Aus dem Schutz von Know-how und Geschäftsgeheimnissen kann sich mithin keine Rechtsinhaberschaft des Erwerbers eines digitalen Werkexemplars an den digitalen Daten ergeben.

II. Rechte an digitalen Daten aufgrund Datenschutzrechts

Bereits im Rahmen der Strukturierung des Erwerbsgegenstands wurde deutlich, dass der Begriff der Daten mehrfach belegt ist.[89] Er wird insbesondere auch für die in digitalen Daten enthaltenen personenbezogenen Informationen verwendet. Wer sich mit dem absoluten Schutz digitaler Daten beschäftigt, stößt deshalb zwangsläufig auf die Frage, ob sich ein solcher aus den Regelungen zum Datenschutzrecht bzw. aus dem allgemeinen Persönlichkeitsrecht ergibt. So gibt es Vorschläge, Persönlichkeitsrechte als „quasi-eigentumsrechtlich"[90] zu schützen,

---

[85] So sprechen *Berberich/Golla*, PinG 2016, 165 (166), von einer durch den Geschäftsgeheimnisse-Schutz vermittelten „Datenherrschaft". Vgl. auch *Redeker/Pres/Gittinger*, WRP 2015, 681 (688), stellen (noch zum Richtlinienentwurf) fest, Geschäftsgeheimnisse würden als Immaterialgüter anerkannt. Für einen Schutz von Know-how als Immaterialgut auch *Niebel*, in: FS Fezer, S. 799. Eher zurückhaltend *Wiebe*, GRUR Int. 2016, 877 (880): „This protection may also be used for data although it is quite obvious that the drafters did not have big data in mind."

[86] *Zech*, GRUR 2015, 1151 (1156).

[87] *Zech*, GRUR 2015, 1151 (1156).

[88] Art. 2 Nr. 1 a) Geschäftsgeheimnisse-RL. Vgl. zum Begriff des Geschäftsgeheimnisses *Kalbfus*, GRUR 2016, 1009 (1010); *Redeker/Pres/Gittinger*, WRP 2015, 681 (682 ff.).

[89] Siehe oben § 8 C.I.

[90] *Ladeur*, NJW 2000, 1977 (1980) (zum Schutz des Images einer Person).

den Datenschutz als „neuartiges Eigentumsrecht"[91] anzuerkennen oder ein „Datenverwertungsrecht" nach Vorbild des Urheberrechts zu schaffen.[92]

Der Datenschutz bezweckt den Schutz personenbezogener Information und dient damit dem vom Bundesverfassungsgericht aus Art. 2 Abs. 1 i. V. m. Art. 1 Abs. 1 GG abgeleiteten Grundrecht auf informationelle Selbstbestimmung.[93] Im Zusammenhang mit digitalen Daten stehen deren Inhalte und die Informationen über eine Person, die sich hieraus ergeben, im Vordergrund.[94] Das Datenschutzrecht gewährt der betroffenen Person Schutz vor Erhebung und spezifischer Nutzung dieser Daten.[95] Ein „Recht im Sinne einer absoluten, uneingeschränkten Herrschaft über ‚seine' Daten" lehnt das Bundesverfassungsgericht hingegen ab.[96] Ein Ausschließlichkeitsrecht des Betroffenen an digitalen Daten ergibt sich aus dem Recht auf informationelle Selbstbestimmung also nicht.[97] Insbesondere gewährt das Datenschutzrecht kein Eigentum an einem bestimmten digitalen Datensatz.[98] Es ordnet auch nicht die Verfügungsbefugnis über einen digitalen Datensatz zu.[99] Stattdessen sind die Rechte, die der Betroffene in Bezug auf die ihn betreffenden Daten hat, eine Einschränkung der Befugnisse desjenigen, der die Daten „besitzt".[100] Das Datenschutzrecht ist daher weniger ein eigentumsähnli-

---

[91] *Weichert*, NJW 2001, 1463 (1468) (die Anerkennung von Eigentumsrechten an personenbezogenen Daten kann eine „ökonomische Selbstverteidigung des informationellen Selbstbestimmungsrechts" ermöglichen). Vgl. hierzu auch *Roßnagel*, ZRP 1997, 26, der den Gesetzgeber in der Pflicht sieht, „Selbstschutz durch Systemschutz" zu ermöglichen (S. 29).

[92] *Schwartmann/Hentsch*, PinG 2016, 117 (126).

[93] BVerfGE 65, 1 (43) – *Volkszählung.*

[94] Vgl. *Hoeren*, in: FS J. Schneider, S. 303, 304, Rn. 5: Beim Datenschutzrecht „geht es um den dargestellten Inhalt, sprich die Information, welche sich mit einer Person in Beziehung bringen lässt."

[95] BVerfGE 65, 1 (43) – *Volkszählung.* Vgl. auch *Lehmann*, in: FS J. Schneider, S. 133 (141 Rn. 21) („Genauer geht es aus der Sicht der persönlich Betroffenen dabei [beim Datenschutz] um einen (direkten) Schutz vor der unbefugten Erhebung, Verarbeitung und Nutzung von Daten.").

[96] BVerfGE 65, 1 (43 f.) – *Volkszählung.*

[97] So auch *Berberich/Golla*, PinG 2016, 165 (166); *Denga*, NJW 2018, 1371 (1372); *Härting*, Acht Thesen zum „Dateneigentum", 17.2.2016; *Hoeren*, in: FS J. Schneider, S. 303 (305 Rn. 5); *Hoeren/Völkel*, in: Big Data und Recht, S. 11 (20); *Schwartmann/Hentsch*, PinG 2016, 117 (119) (kein Verwertungsrecht oder spezifischer Verwertungsschutz); *Specht*, CR 2016, 288 (291).

[98] So auch *Hoeren*, in: FS J. Schneider, S. 303 (305 Rn. 5); *Hoeren/Völkel*, in: Big Data und Recht, S. 11 (20); *Schwartmann/Hentsch*, PinG 2016, 117 (119); *Zech*, GRUR 2015, 1151 (1154 f.); *Wiebe*, GRUR Int. 2016, 877 (880).

[99] Ähnlich *Härting*, Acht Thesen zum „Dateneigentum", 17.2.2016. Vgl. auch *Specht*, CR 2016, 288 (291).

[100] *Specht*, CR 2016, 288 (291).

ches Recht als vielmehr eine Eigentumsschranke i. S. v. § 903 S. 1 BGB (insbesondere eines etwaigen Dateneigentums).[101]

Im Übrigen hätte das Modell eines Eigentums an den eigenen personenbezogenen Daten für die vorliegende Fragestellung nur bedingt Wert, weil die digitalen Inhalte, um die es hier geht, in der Regel keine personenbezogenen Daten betreffen, sondern musikalische, literarische oder filmische Werke oder Computerprogramme.

III. Immaterialgüterrecht sui generis für digitale Daten

Ausschließlichkeitsrechte werden klassischerweise in Sacheigentum und Immaterialgüterrechte unterteilt.[102] Auch digitale Inhalte werden dieser Dichotomie entsprechend klassifiziert. Weil digitale Daten nicht körperlich, also keine Sachen, seien, käme ein immaterialgüterrechtlicher Schutz in Betracht.[103] Diese Feststellung scheint häufig der Distanzierung von einer Einordnung digitaler Daten als Sachen oder als rechtliches *nullum* zu dienen.[104] Dennoch fordert sie zu der Frage heraus, ob digitale Daten ein neues Immaterialgüterrecht sind.

Eine Frage, die sich zunächst mit der Überlegung konfrontiert sieht, ob die Zahl der derzeit anerkannten Immaterialgüterrechte nicht eine geschlossene ist, ob es also einen Numerus clausus der Immaterialgüterrechte gibt.[105] Entscheidend ist dabei nicht, ob die Zahl der abgeleiteten Rechte, also der möglichen Belastungen von Immaterialgüterrechten, begrenzt ist.[106] Stattdessen geht es darum, ob die Anzahl „originärer Immaterialgüterrechte" einer Erweiterung zugänglich ist.[107] Dies wird teilweise verneint und damit erklärt, dass nur der Gesetzgeber absolute Herrschaftsrechte begründen könne.[108] Es herrsche grundsätzlich Nachahmungs- und Informationsfreiheit und Ausnahmen seien nur in explizit festgelegten Fällen zulässig.[109] So formuliert *Druey*:

---

[101] So auch *Berberich/Golla*, PinG 2016, 165 (166 f.); *Härting*, Acht Thesen zum „Dateneigentum", 17.2.2016.

[102] Siehe nur *Peukert*, S. 6 f.; *ders.*, in: Geistiges Eigentum, 2008, S. 47 (53). Ferner zu dem Verhältnis Sacheigentum – Geistiges Eigentum *Jänich*, Geistiges Eigentum, 2002.

[103] *Boehm*, ZEuP 2016, 358 (386); *Dorner*, CR 2014, 617 (621); *Druschel*, S. 114; *Lober/Weber*, MMR 2005, 653 (655); *Wiebe*, GRUR Int. 2016, 877 (878). In diesem Sinne wohl auch *Zech*, CR 2015, 137 (138).

[104] *Dorner*, CR 2014, 617 (621); *Druschel*, S. 31.

[105] Siehe hierzu eingehend *M. Schroeder*, Numerus clausus der Immaterialgüterrechte, 2017.

[106] Diese Unterscheidung nehmen auch *Jänich*, S. 237 ff. und *Ohly*, in: FS Schricker, S. 105 (107) vor.

[107] Zu dieser Frage siehe nur *Ohly*, in: FS Schricker, S. 105 (107).

[108] *Jänich*, S. 238; *Kleespies*, GRUR 2002, 764 (766); *Troller*, in: FG Gutzwiller, S. 769 (770 f.).

[109] *Jänich*, S. 237; *Troller*, in: FG Gutzwiller, 1959, S. 769 (770).

„Die Freiheit der Information kommt wohl in der geltenden Rechtsordnung nirgends so deutlich zum Ausdruck wie in dem weltweit massgebenden Grundsatz, dass nur einzelne spezielle Typen von Immaterialgütern Rechtsschutz geniessen. Das grenzt nicht nur die Exklusivitätsgewähr für Geheimnisse ein, sondern heisst vor allem auch, dass Information grundsätzlich ‚frei wehen‘, rechtlich nicht gesteuert werden soll."[110]

Dagegen wird argumentiert, dass in der praktischen Rechtsanwendung zunehmend, insbesondere im Persönlichkeits-, Wettbewerbs- und Kennzeichenrecht, faktisch Immaterialgüterrechte anerkannt würden.[111] Um in dieser Situation Praxis und Dogmatik wieder zusammenzuführen, sei die Geltung des Numerus clausus-Prinzips im Immaterialgüterrecht abzulehnen.[112]

Dieser Argumentation ist insofern zuzustimmen, als einem Prinzip, welches eine Rechtsfortbildung im Immaterialgüterrecht grundsätzlich ausschließt, zu widersprechen ist. Offensichtlich existieren Ausschließlichkeitsrechte an immateriellen Gütern auch über die bestehenden Gesetze hinaus. Allerdings darf die Anerkennung weiterer Immaterialgüterrechte nicht zu einer unzumutbaren Einschränkung der allgemeinen Handlungsfreiheit und – vor allem – der Kommunikationsfreiheiten führen. Denn das Immaterialgüterrecht ist ein „Recht der Informationsrestriktion"[113], das nicht einfach auf „Informationen per se"[114] ausgedehnt werden darf. Wesentlich schlagkräftiger ist mithin das Argument, ein immaterialgüterrechtlicher Schutz für Daten könne einen intensiven Eingriff in die Kommunikationsfreiheiten darstellen.[115] Im Folgenden ist daher zu untersuchen, ob ein dingliches Recht an Daten tatsächlich dem Schutz eines Immaterialgüterrechts entsprechen würde. Hierfür wird zunächst kurz der Schutzgegenstand von Immaterialgüterrechten beschrieben (1.). Danach wird verglichen, ob die festgestellten Charakteristika auch auf digitale Daten zutreffen (2.).

1. Schutzgegenstand und Schutzumfang von Immaterialgüterrechten

Immaterialgüterrechte sind Herrschaftsrechte, die sich nicht auf körperliche, sondern auf unkörperliche Gegenstände beziehen.[116] Solche unkörperlichen Güter können Erfindungen, geistige Schöpfungen oder das Ergebnis besonderer wirtschaftlicher Investitionen sein. Unterschieden wird zwischen gewerblichem

---

[110] *Druey*, S. 100 f.

[111] *Ohly*, in: FS Schricker, S. 105 (108 ff.).

[112] *Ohly*, in: FS Schricker, S. 105 (121).

[113] *Kloepfer*, Informationsrecht, § 6 Rn. 52.

[114] *Lehmann*, in: FS J. Schneider, S. 133 (140 Rn. 20).

[115] Vgl. *Heun/Assion*, CR 2015, 812 (814); *Heymann*, CR 2015, 807 (810); *Wiebe*, GRUR Int. 2016, 877 (882); *Zech*, GRUR 2015, 1151 (1154).

[116] *Peukert*, in: FS Schricker, S. 147 (151); *Troller*, in: FG Gutzwiller, S. 769 (770); *Wolf/Neuner*, BGB AT, § 20 Rn. 20.

Rechtsschutz (Patentrechte, Markenrechte etc.) und Urheberrecht.[117] Erst die Anerkennung durch die Rechtsordnung verleiht Immaterialgütern rechtliche Existenz.[118]

Das geistige Werk kann in einer Sache verkörpert sein. Es bleibt aber unabhängig von diesem sachlichen Substrat.[119] Die Herrschaft über die körperliche Sache ist nicht mit der Herrschaft über das darin verkörperte Werk gleichzusetzen.[120]

Während die ausschließliche Zuordnung körperlicher Gegenstände in ihrer rivalisierenden Nutzung sowie der damit verbundenen Gefahr der Übernutzung und Frage der gerechten Verteilung begründet ist, werden geistige Güter trotz ihrer nicht-rivalisierenden Nutzungsmöglichkeit geschützt.[121] Erst die Anerkennung von Immaterialgüterrechten „kreiert Knappheit", um dem Schöpfer die Früchte seiner Leistung zu sichern.[122] Dritte, die keine Anstrengung oder Kreativität investiert haben, sollen nicht in gleichem Maße von der Leistung des Schutzrechtsinhabers profitieren können, obwohl es ihnen faktisch möglich wäre.[123] Hierdurch werden Anreize gewahrt, kreativ oder erfinderisch tätig zu werden.[124]

Das Immaterialgüterrecht gewährt dem Schöpfer daher für einen begrenzten Zeitraum das ausschließliche Recht zur Nutzung und Verwertung des immateri-

---

[117] Vgl. *Ohly*, JZ 2003, 545 (546); *Schack*, Urheber- und Urhebervertragsrecht, Rn. 68 ff.

[118] Vgl. *Ohly*, JZ 2003, 545 (546); *Peukert*, S. 225 (es fehlt ein „schon für sich abgegrenztes Gut"); *Schack*, Urheber- und Urhebervertragsrecht, Rn. 21 (das Immaterialgut wird zu einem Immaterialgüterrecht).

[119] Vgl. BGHZ 62, 331 (333) = GRUR 1974, 675 (676) – *Schulerweiterung*; BGHZ 129, 66 (70) = GRUR 1995, 673 (675) – *Mauer-Bilder*; *Ohly*, JZ 2003, 545 (547); *Schack*, Urheber- und Urhebervertragsrecht, Rn. 35 („Urheberrecht und Sacheigentum liegen also auf zwei ganz verschiedenen Ebenen."); Staudinger/*Stieper*, BGB, § 90 Rn. 13; *Wolf/Neuner*, BGB AT, § 26 Rn. 2 („Das geistige Werk ist zwar in dem sachlichen Substrat verkörpert, bildet aber ein davon unabhängiges Rechtsobjekt, das selbständig neben dem sachlichen Substrat geschützt wird.").

[120] So auch *A. Wagner*, S. 56 f.: „Denn die Herrschaft über das Werk ist von der Herrschaft über das Werkstück verschieden; das Werk selbst als Bezugspunkt geistigen Eigentums hat kein reales Äquivalent, es kann nicht dinglich, sondern nur in einem Ding immanent verkörpert sein."

[121] Vgl. *Jacob*, S. 3 f.; *Peukert*, S. 109 f.; *Stieper*, S. 75 ff.

[122] Vgl. *Kinsella*, 15 Journal of Libertarian Stud. 1, 22 (2001) („[B]y recognizing a right in an ideal object, one *creates* scarcity where none existed before."). Ähnlich *Ganea*, in: FS Dietz, S. 43 (46); *Schack*, Urheber- und Urhebervertragsrecht, Rn. 21; *Wielsch*, S. 15; *C. Wolf*, S. 34 f.

[123] Vgl. *Dowell*, 86 California L. Rev. 843, 853 f. (1998); *Ganea*, in: FS Dietz, S. 43 (46) (ohne Schutz wären geistige Schöpfungen wirtschaftlich betrachtet „wie externe Nutzen, da sie für jedermann kostenlos und unbegrenzt verfügbar wären."); *Stieper*, S. 78.

[124] *Dowell*, 86 California L. Rev. 843, 853 f. (1998); *Ganea*, in: FS Dietz, S. 43 (46) (anderenfalls würde „sich niemand mehr bereit finden […], geistige Schöpfungen zu verfassen."). Kritisch *Stieper*, S. 79. Zur Anreiztheorie sowie zu anderen, rechtsphilosophischen Begründungsansätzen vgl. auch *Jacob*, S. 8 ff.

ellen Gutes.[125] Dritten kann der Rechtsinhaber die Nutzung des Immaterialgutes untersagen.[126] Da das Immaterialgut nicht körperlich ist, ist dessen Zerstörung oder Abnutzung nicht denkbar.[127] Ein Integritätsschutz ist folglich nicht notwendig.[128] Er ist allenfalls im Hinblick auf einen Schutz vor Entstellung (§ 14 UrhG) gegeben, wenn ein Original bzw. die einzige Werkverkörperung vorsätzlich zerstört wird.[129]

2. (Potentieller) Schutzgegenstand und Schutzumfang von digitalen Daten

Digitale Daten sind ebenso wie immaterielle Gegenstände nicht körperlich greifbar. Allerdings ist ihre Existenz nicht von rechtlicher Anerkennung abhängig.[130] Digitale Daten existieren tatsächlich.[131] Sie sind – anders als Immaterialgüter – nicht „losgelöst von Zeit und Ort".[132] Gleichzeitig ist ihre Integrität durchaus verletzlich – sie können durch Löschung vernichtet oder durch Veränderungen beschädigt werden. Durch technische oder tatsächliche Hindernisse können sie dem Zugriff durch den Berechtigten entzogen werden. Die Schutzbedürftigkeit digitaler Inhalte resultiert aus dieser Vulnerabilität. Für den Inhaber digitaler Inhalte ist dementsprechend ein Erhalt der Inhalte sowie des Zugangs zu ihnen wichtig. Diese Schutzrichtung steht jener von materiellen Gegenständen wesentlich näher. Auch körperliche Gegenstände werden im Hinblick auf ihre Integrität und ihre Nutzbarkeit geschützt.[133] Ob auch Dritte die Inhalte nutzen, ist im Hin-

---

[125] Vgl. *Becker*, in: FS Fezer, 2016, S. 815 (822 f.); *Jacob*, S. 2 f.; *Wolf/Neuner*, BGB AT, § 20 Rn. 20.

[126] Vgl. *Becker*, in: FS Fezer, 2016, S. 815 (822 f.); *Jacob*, S. 2.

[127] Hierzu ausführlich *Jänecke*, Das urheberrechtliche Zerstörungsverbot gegenüber dem Sacheigentümer, 2003. Wie hier auch *Berberich*, in: Nutzergenerierte Inhalte als Gegenstand des Privatrechts, S. 165 (180); *Berberich/Golla*, PinG 2016, 165 (168 f.); *Redeker*, CR 2011, 634 (636) (Urheberrechtliche Ausschließlichkeitsrechte „schützen aber nur gegen unerlaubte Vervielfältigungen oder andere unerlaubte Nutzungen, nicht gegen Zerstörungen oder Beschädigungen der geschützten Gegenstände.").

[128] Vgl. *Becker*, in: FS Fezer, S. 815 (822).

[129] Vgl. *Jänecke*, S. 85; *Schack*, Urheber- und Urhebervertragsrecht, Rn. 397; *ders.* GRUR 1983, 56 (57). *Berberich*, in: Nutzergenerierte Inhalte als Gegenstand des Privatrechts, S. 165 (180 Fn. 70), meint allerdings, die Zerstörung des Werks sei u. U. denkbar, wenn nur ein einziges Werkoriginal existiert, dessen Vernichtung faktisch zum Verlust des Werks selbst führt.

[130] Vgl. *Berberich/Golla*, PinG 2016, 165 (169): „Daten werden als Transaktionsgegenstand nicht erst durch die Rechtsordnung erzeugt und stehen insofern körperlichen Sachen durchaus näher als Immaterialgütern." Ähnlich für virtuelle Gegenstände *Preuß*, S. 47.

[131] Vgl. *Berberich*, in: Nutzergenerierte Inhalte als Gegenstand des Privatrechts, S. 165 (170), in Bezug auf virtuelle Gegenstände.

[132] So *Troller*, in: FG Gutzwiller, S. 769 (770), über die „unkörperlichen (geistigen) Sachen".

[133] Vgl. *Berberich/Golla*, PinG 2016, 165 (168).

blick auf ein Recht an den digitalen Daten hingegen weniger relevant. Der Erwerber digitaler Daten hat zunächst weder ein materielles noch ein immaterielles Interesse an der Ausschließung anderer.[134] Dieses Interesse kann erst im Hinblick auf den geistigen Inhalt der Daten bestehen, beispielsweise wenn die in den Daten transportierte Information nur dem Erwerber zukommen soll. Dies ist in den hier interessierenden Fällen allerdings nicht vorstellbar: Es wurden digitale Inhalte als Konsumgut erworben, ein Interesse an Exklusivität scheidet daher aus.

Digitale Inhalte sind daher weder körperliche Gegenstände noch Immaterialgüter, weil sie entscheidende Unterschiede zu beiden aufweisen. Wichtig ist dabei wiederum, sauber zu trennen zwischen der Manifestation der Daten und ihrem informationellen Inhalt. Der Inhalt kann als urheberrechtliches Werk, als persönliches Datum, als Know-how oder Geheimnis, geschützt sein. Davon zu unterscheiden sind die digitalen Dateien, die diese Informationen beinhalten.[135] Ausschließlichkeitsrechte an den in Daten enthaltenen Informationen, außerhalb der bestehenden Immaterialgüterrechte, könnten einen erheblichen Eingriff in die Kommunikationsfreiheiten des Grundgesetzes bedeuten. Den Daten als „Substrat" dieser Informationen Schutz zu gewähren, schränkt die Kommunikationsfreiheit hingegen nicht ein, weil die Information als solche frei bleibt.[136]

C. Dateneigentum in Analogie zu § 903 BGB

Ein „Dateneigentum" an digitalen Daten kann in Analogie zu § 903 BGB konstruiert werden. Eine solche Analogie wird im Schrifttum bereits diskutiert.[137] Dagegen wird insbesondere vorgebracht, bei Daten handele es sich lediglich um ein

---

[134] So für virtuelle Gegenstände auch *Berberich*, in: Nutzergenerierte Inhalte als Gegenstand des Privatrechts, S. 165 (181).

[135] So auch *Redeker*, CR 2011, 634 (634 f.). Vgl. auch *Berberich/Golla*, PinG 2016, 165 (167): die Unterscheidung zwischen Daten und den in ihnen enthaltenen Informationen ist bei der Diskussion um ein Dateneigentum „zentral".

[136] So auch *Berberich/Golla*, PinG 2016, 165 (167). Vgl. auch *A. Wagner*, S. 56: „Jede Auffassung, die die Propriatisierung von Information selbst im Sinne der dritten Ebene der Informationspartizipation ablehnt, müßte konsequent den Eigentumsinhalt an analogen Informationsobjekten (Büchern, bespielte Videokassetten etc.) insoweit reduzieren, als sich das Eigentum am Träger (Papier, Aufzeichnungsband) auch auf die Möglichkeit bezieht, die Information darauf (Text, Film) anderen vorenthalten zu dürfen. Dies wäre aber nicht Sinn der Sache auf dritter Ebene der Informationspartizipation und schließt im übrigen jegliche Form von Informationsmarkt schlechthin aus."

[137] Vgl. *Hilgendorf*, JuS 1996, 890; *Hoeren*, MMR 2013, 486 (491); *Hoeren/Völkel*, in: Big Data und Recht, S. 11 (23 ff.). Ähnlich *Bydlinski*, AcP 198 (1998), 287 (328) („Rechtsgegenstandsanalogie" für „binäre Informationsobjekte"); *Grübler*, S. 104 („Eigentumsrecht an den herunter geladenen Daten", Inhalt und Grenzen sollen dabei durch das Urheberrecht und ver-

„tatsächliches Phänomen".[138] Daten zeichneten sich im Gegensatz zu Sachen nicht durch Exklusivität und Rivalität der Nutzung aus, weshalb es an einer „Vergleichbarkeit der Lebenssachverhalte" fehle.[139] Aufgrund ihrer Abhängigkeit von einer digitalen Umgebung und einem Speichermedium könnten sie „nicht aus sich heraus existieren".[140] Die Festlegung des Schutzgegenstands und Schutzumfangs eines Dateneigentums werfe „praktische Probleme" auf.[141] Dass Eigentum an Daten erforderlich sei, um diesen als Vermögensgut Verkehrsfähigkeit zu verleihen, wird bezweifelt.[142]

Entscheidend für eine Ausdehnung des Eigentumsbegriffs des BGB auf digitale Daten ist, dass die Voraussetzungen für eine Analogie vorliegen. Dafür muss sich eine planwidrige Regelungslücke feststellen lassen (I.). An dieser Stelle setzt sich die Arbeit insbesondere damit auseinander, ob es einen Bedarf für die Anerkennung eines Dateneigentums gibt oder ob die bestehenden Schutzmechanismen ausreichen. Dass digitale Daten von einigen als absolutes Recht gem. § 823 Abs. 1 BGB anerkannt werden, soll hier noch nicht thematisiert werden. Denn die in diesem Zusammenhang angeführten Argumente sind vor allem für den anschließenden Abschnitt relevant, nämlich bei der Frage, ob eine vergleichbare Interessenlage (II.) gegeben ist. Dabei steht weniger die Vergleichbarkeit zwischen Daten und Sachen im Vordergrund. Diese Problematik wurde im vorangegangenen Abschnitt (§ 9 A.II.) bereits ausgiebig erörtert. Stattdessen werden die Merkmale des Sacheigentums als Ausschließlichkeitsrecht herausgearbeitet und analysiert, ob insofern eine Vergleichbarkeit mit digitalen Daten gegeben ist.

---

tragliche Abreden modifiziert werden); *A. Wagner*, S. 174. Der von *A. Wagner* vorgeschlagene § 90b BGB lautet: „§ 90b (1) Auf binäre Informationsobjekte sind die für bewegliche Sachen geltenden Vorschriften entsprechend anzuwenden. (2) Binäre Informationsobjekte sind aus der Sichtweise einer beliebigen virtuellen Umgebung heraus formal zusammengehörige, im binären Informationsraum praktisch abgrenzbare Datenblöcke jedweden Inhalts und Formats, unabhängig von ihrer hardware- oder strukturabhängigen internen Beschaffenheit und Darstellung, die nach der Verkehrsanschauung als solchermaßen zusammengehörende Einheiten erkannt werden können. (3) Der binäre Informationsraum ist die Gesamtheit aller binäre Daten speichernden, verarbeitenden und transportierenden Hardware."

[138] *Faust*, Gutachten zum 71. DJT, S. A 10.
[139] *Zech*, GRUR 2015, 1151 (1159). Siehe auch *Zech*, S. 327 ff.
[140] *Faust*, Gutachten zum 71. DJT, S. A 10.
[141] *Drexl et al.*, GRUR Int. 2016, 914 (915).
[142] *Drexl et al.*, GRUR Int. 2016, 914 (915); *Heun/Assion*, CR 2015, 812 (813).

I. Planwidrige Regelungslücke

Erste Voraussetzung einer Analogie ist das Vorliegen einer planwidrigen Regelungslücke.[143] Bei der Schaffung des BGB (Ende des 19. Jahrhunderts) war die elektronische Datenverarbeitung noch nicht bekannt. Der Gesetzgeber hat Regelungen zum Dateneigentum also nicht bewusst unterlassen.[144] Später erlassene Gesetze betreffen zwar dem Wortlaut nach „Daten",[145] allerdings sind dies entweder strafrechtliche Vorschriften oder Regelungen zum Datenschutz, die also den Umgang mit personenbezogenen Daten und nicht die Daten als solche regeln.[146]

Mit diesem Befund ist eine planwidrige Regelungslücke allerdings noch nicht bewiesen. Denn zum einen stellt sich die Frage, ob die Anerkennung eines zusätzlichen Ausschließlichkeitsrechts – wie es das Dateneigentum wäre – durch Analogieschluss überhaupt von der Rechtsordnung zugelassen wird oder ob das Numerus clausus-Prinzip entgegensteht (1.). Zum anderen ist zu untersuchen, ob digitale Daten derzeit nicht auch ohne die Anerkennung als Eigentum ausreichenden rechtlichen Schutz genießen. Klärungsbedürftig ist mithin, ob eine *Lücke* existiert (2.).

1. Numerus clausus-Prinzip

Eine planwidrige Regelungslücke kommt überhaupt nur dann in Betracht, wenn eine Analogie zum Sacheigentum nicht gegen den Numerus clausus des Sachenrechts verstößt. Denn wenn dieses Prinzip bedeutete, dass weitere subjektive Sachenrechte nicht anerkannt werden dürfen, wäre die Lücke nicht planwidrig, sondern explizit in Kauf genommen.

In den Motiven zum BGB heißt es: „Der Grundsatz der Vertragsfreiheit, welcher das Obligationenrecht beherrscht, hat für das Sachenrecht keine Geltung. Hier gilt der umgekehrte Grundsatz: Die Beteiligten können nur solche Rechte

---

[143] Vgl. BGHZ 110, 183 (192) = NJW 1990, 2546 (2548); BGHZ 149, 165 (174) = GRUR 2002, 238 (241) – *Nachbau-Auskunftspflicht.*

[144] Vgl. *Ganzhorn,* S. 67; *Hoeren,* MMR 2013, 486 (488); *Hoeren/Völkel,* in: Big Data und Recht, S. 11 (30); *Maume,* MMR 2007, 620 (623) (im Zusammenhang mit einem „virtuellen Hausrecht"); *Meier/Wehlau,* NJW 1998, 1585 (1588). Missverständlich ist die Aussage von *Arkenau/Wübbelmann,* in: Internet der Dinge, S. 95 (97), die meinen, eine planwidrige Regelungslücke könne nicht vorliegen, weil der Gesetzgeber Daten „nicht planwidrig nicht eingeplant" habe.

[145] Daher meinen *Peschel/Rockstroh,* MMR 2014, 571 (572): „Angesichts der Fülle an Regelungen zum Umgang mit Daten ist das Vorliegen einer planwidrigen, ergänzungsbedürftigen Regelungslücke zumindest fraglich." Ähnlich *Sahl,* RDV 2015, 236 (241).

[146] Zum Unterschied zwischen dem Schutz digitaler Daten und dem Schutz der in ihnen enthaltenen Informationen siehe oben § 9 B.II. Vgl. auch *Zech,* ZGE 9 (2017), 317, 322.

begründen, deren Begründung das Gesetz zulässt. Die Zahl der dinglichen Rechte ist daher notwendig eine geschlossene."[147] Absolute Rechte ordnen ein Gut einem Berechtigten zu und können gegenüber jedermann durchgesetzt werden.[148] Dementsprechend muss klar erkennbar sein, was Gegenstand absoluter Rechte sein kann, so dass nicht beliebig neue und fragmentierte Herrschaftspositionen geschaffen werden dürfen.[149] Der Numerus clausus wirkt dabei in zwei Richtungen:[150] Einerseits begrenzt er die originären Ausschließlichkeitsrechte, andererseits die derivativen absoluten Rechte.[151] Letztere Ausprägung verhindert die „Aushöhlung und Entwertung des Sacheigentums durch mehrere, sich gegenseitig blockierende Berechtigungen."[152] Sie dient damit dem Verkehrsschutz und der Rechtssicherheit.[153] Der Gesichtspunkt der leichten Erkennbarkeit ist auch für die Anerkennung weiterer originärer Ausschließlichkeitsrechte relevant.[154] Rechtssicherheit und Rechtsklarheit dienen hier nicht dem Rechtsverkehr, sondern der Handlungsfreiheit Dritter, „die wissen sollen, wie weit der Schutzbereich eines Ausschließlichkeitsrechts reicht".[155] Es geht folglich um Rechtssicherheit und allgemeine Handlungsfreiheit.[156]

Die Anerkennung eines Dateneigentums würde die erste Ausprägung des Prinzips betreffen, weil ein neues originäres Ausschließlichkeitsrecht geschaffen würde. Dass der Numerus clausus einer solchen Anerkennung generell entgegensteht, vertritt *Peukert:* „[D]ie deutsche Rechtsordnung [stellt] keine Grundlage für die richterliche Anerkennung ungeschriebener, übertragbarer subjektiver Rechte mit Wirkung gegen jedermann [bereit]. Vielmehr besteht ein numerus clausus dieser Ausschließlichkeitsrechte, der nur vom Gesetzgeber erweitert werden kann."[157]

---

[147] Mot. III, 3 (= *Mugdan*, S. 2). Zu den historischen Wurzeln des Numerus clausus-Prinzips siehe *M. Schroeder*, S. 131 ff. Vgl. auch *Wieling*, Sachenrecht, § 1 II 3 e, der davon ausgeht, der Gesetzgeber habe sich durch die Schaffung des § 1007 BGB gegen die Geltung des Numerus clausus-Prinzips entschieden.

[148] Vgl. *Baur/Stürner*, Sachenrecht, § 2 Rn. 2; *Wolf/Neuner*, BGB AT, § 20 Rn. 52.

[149] *Baur/Stürner*, Sachenrecht, § 1 Rn. 10; *Brehm/Berger*, Sachenrecht, § 1 Rn. 38; *Wilhelm*, Sachenrecht, Rn. 13.

[150] Hierzu siehe bereits im Rahmen der Ausführungen zum Immaterialgüterrecht *sui generis* für digitale Daten, § 9.B.III.

[151] Nach *Peukert*, S. 21 handelt es sich hierbei um „strukturell und teleologisch vollkommen unterschiedliche Rechtsfragen".

[152] *Peukert*, S. 22.

[153] *Baur/Stürner*, Sachenrecht, § 1 Rn. 9; *Brehm/Berger*, Sachenrecht, § 1 Rn. 38; *Wilhelm*, Sachenrecht, Rn. 13.

[154] *Peukert*, S. 22.

[155] *Peukert*, S. 22.

[156] *Ohly*, in: FS Schricker, 2005, S. 105 (116).

[157] *Peukert*, S. 793. Vgl. auch *ders.*, in: Geistiges Eigentum, S. 47 (79).

Dagegen lässt sich allerdings anführen, dass es nicht um die endgültige Festlegung der Anzahl originärer Ausschließlichkeitsrechte geht, sondern darum, dass keine beliebige Ausdehnung und Neuschöpfung stattfindet.[158] Das Prinzip des Numerus clausus begrenzt zwar die Herausbildung von Typen neuer absoluter Rechte, steht einer Rechtsfortbildung aber nicht generell entgegen.[159] Entscheidend ist, dass die Schutzzwecke, die hinter dem Prinzip stehen (Rechtssicherheit und Handlungsfreiheit), bei der Anerkennung eines absoluten Rechts beherzigt werden. Für die vorliegende Untersuchung bedeutet dies, dass eine vergleichbare Interessenlage zwischen digitalen Daten und Eigentum nach § 903 BGB nur dann besteht, wenn auch Rechtssicherheit und Handlungsfreiheit in einem vergleichbaren Maß gewährleistet sind.[160]

2. Ausreichender Schutz digitaler Daten ohne Anerkennung als Eigentum

Digitale Daten sind auch ohne ihre Anerkennung als Eigentum nicht völlig schutzlos. So ergibt sich ein reflexartiger Schutz aus den Vorschriften des Urheberrechtsgesetzes.[161] Handelt es sich bei digitalen Inhalten um urheberrechtlich geschützte Werke, sind auch die Daten, die das Werk verkörpern, gegen unberechtigte Vervielfältigung und öffentliche Zugänglichmachung geschützt. Gleiches gilt, soweit an den Daten absolute Rechte von Tonträger-, Film- oder Datenbankherstellern bestehen.[162] Allerdings handelt es sich in all diesen Fällen um Rechte, die nicht dem Erwerber eines digitalen Werkexemplars zum privaten Gebrauch zustehen oder an ihn übertragen werden. Zudem geht es um den immateriellen Schutz vor Ausnutzung der Leistung, insbesondere durch Vervielfältigung. Ein Integritätsschutz wird hingegen nicht gewährleistet.[163]

Diesen Integritätsschutz können digitale Daten stattdessen durch die körperliche Ebene erhalten. Auch hierbei handelt es sich nur um einen reflexartigen Schutz. Werden Daten gelöscht oder verändert, stellt dies zugleich eine Veränderung der Sache dar, nämlich der auf einem Speichermedium oder einer Festplatte

---

[158] Vgl. *Canaris*, in: FS Flume I, S. 371 (376 f.). Wie hier auch *Berberich*, in: Nutzergenerierte Inhalte als Gegenstand des Privatrechts, S. 165 (201); *Berberich/Golla*, PinG 2016, 165 (173).

[159] Vgl. *v. Caemmerer*, in: FS Deutscher Juristentag II, S. 49 (83); *Canaris*, in: FS Flume I, S. 371 (376 f.); *Herbst*, S. 144 f.; *Ohly*, in: FS Schricker, S. 105 (106); *Preuß*, S. 105; *Wilhelm*, Sachenrecht, Rn. 39.

[160] Siehe dazu unten § 9 C.II.2.

[161] Eine Reglungslücke daher ablehnend *Ganzhorn*, S. 67.

[162] Vgl. hierzu *Peukert*, S. 153 f.: „Diese zwischenzeitlich im Urheberrechtsgesetz geregelten ‚verwandten Schutzrechte' reagierten mit gewissem Verzug auf die Entwicklung von Reproduktionstechniken und damit auf die Entstehung von faktisch nicht exklusiven Immaterialgütern."

[163] Siehe oben § 9 B.III.1.

bestehenden Ordnung.[164] Diese Einwirkung hindere den Eigentümer daran, mit der Sache nach seinem Belieben zu verfahren, und stelle mithin eine Eigentumsverletzung gem. § 823 Abs. 1 BGB dar.[165] Dementsprechend wird vorgebracht, ausreichender deliktischer Schutz für Daten resultiere aus dem Sacheigentum am Datenträger bzw. an der Festplatte.[166]

Dieser Ansatz berücksichtigt die eigenständige Bedeutung digitaler Daten allerdings nur unzureichend. Durch die Löschung oder Veränderung von Daten können Verluste eintreten, die weit über den Wert des Speichermediums hinausgehen. Werden beispielsweise Texte oder Datenbanken auf einem USB-Stick gespeichert, lässt die Zerstörung der Daten den Wert des USB-Sticks als solchen unberührt. Er kann weiterhin gebraucht werden, um Daten abzuspeichern, ebenso wie zum Zeitpunkt seines Erwerbs. Die Beeinträchtigung durch den Verlust der Daten hat eine völlig andere Qualität als die Beeinträchtigung der Sachsubstanz. Zudem ist eine Anknüpfung an das Sacheigentum wenig zukunftsorientiert und technologieoffen. Bereits jetzt greift das Argument nur, soweit sich die digitalen Inhalte auf einem Eigentumsgegenstand des Nutzers befinden. Sind sie hingegen nicht lokal gespeichert, geht eine Löschung der Inhalte nicht mit einem Eigentumseingriff einher.[167] Mangels eigener Beeinträchtigung des Eigentümers des Speichermediums, wäre unsicher, ob dieser im Interesse des Nutzers gegen einen Verletzer vorgehen würde.[168]

Stattdessen könnte man in diesen Fällen an die Verletzung eines Besitzrechts (§ 823 Abs. 1 i. V. m. § 535 S. 1 BGB) denken, weil der Nutzer einen Speicher-

---

[164] OLG Karlsruhe NJW 1996, 200 (201); *Spickhoff*, in: Unkörperliche Güter im Zivilrecht, S. 233 (236); *Spindler*, in: Unkörperliche Güter im Zivilrecht, S. 261 (277); *Zech*, S. 269 f.

[165] OLG Karlsruhe NJW 1996, 200 (201): „Eine Eigentumsverletzung i. S. des § 823 I BGB ist jedoch nicht nur bei Zerstörung und Beschädigung der Sachsubstanz gegeben, sondern bei jeder Einwirkung auf die Sache, die den Eigentümer daran hindert, mit ihr seinem Wunsch entsprechend (§ 903 BGB) zu verfahren. Ähnlich *Zech*, S. 269.

[166] OLG Karlsruhe NJW 1996, 200 (201); OLG Oldenburg CR 2012, 77. Einschränkend *Meier/Wehlau*, NJW 1998, 1585 (1588): „Auch wenn sich gespeicherte Daten letztlich in einer wissenschaftlich-technologischen Sichtweise auf Verkörperungen in Datenträgern zurückführen lassen, erscheint ein solcher Ansatz doch als Hilfskonstruktion, mit der Verknüpfung von zivilrechtlicher Haftung und Eigentumsverletzung Rechnung getragen wird."

[167] Vgl. *Bartsch*, CR 2010, 553 (555); ders., in: FS J. Schneider, S. 297 (298 Rn. 7 ff.); *Faustmann*, VuR 2006, 260 (262); *Hantschel*, S. 69 f.; *Hoeren*, in: FS J. Schneider, S. 303 (305 f. Rn. 6 f.); *Schefzig*, K&R Beihefter 3/2015, 3 (6.)

[168] Vgl. *Faustmann*, VuR 2006, 260 (262). Für virtuelle Gegenstände spricht *Berberich*, S. 157, von dem Problem fehlender „sachlicher Konvergenz". Vgl. auch ders., in: Nutzergenerierte Inhalte als Gegenstand des Privatrechts, S. 165 (185). *Redeker*, CR 2007, 264 (266 f.), schlägt für Internetforenbetreiber vor, dass diese (vertraglich) ermächtigt werden sollten, entsprechende sachenrechtliche Ansprüche des Serverbetreibers geltend zu machen.

platz auf den Servern des Cloud-Anbieters anmietet.[169] Allerdings ist schon fraglich, ob der Nutzer tatsächlich Besitzer ist: Er hat letztlich kaum Kontrolle über den ihm zugewiesenen Speicherplatz.[170] Die Herrschaft übt vor allem der Besitzer der Serveranalage aus. Mittelbarer Besitz (§ 868 BGB) scheidet ebenfalls aus, denn der Besitzer der Serveranalage wird im Hinblick auf den Speicherplatz des Nutzers keinen Willen zum Fremdbesitz haben.[171] Im Übrigen wird im Falle des Cloud-Computing kein festes Speichermedium zugewiesen. Vielmehr werden die Daten des Nutzers unter Umständen häufig von einem Speicherort zum anderen verschoben, je nachdem, wo gerade Kapazitäten bestehen.[172] Darüber hinaus wäre eine Löschung der Daten auch keine Besitzstörung an dem Speicherplatz, denn dieser steht dem Nutzer weiterhin zur Verfügung und bleibt benutzbar.[173]

Letztlich leidet dieser Ansatz unter dem gleichen Defizit, wie die Anknüpfung an das Sacheigentum am Datenträger. In beiden Fällen wird versucht, digitale Inhalte an einen körperlichen Gegenstand zu binden und so rechtlich greifbar zu machen.[174] Die Besonderheit digitaler Inhalte, von ihren Trägern lösbar und von ihrem Speicherort leicht verschiebbar zu sein, wird dabei vernachlässigt.

Daneben ist der deliktische Schutz zu nennen, der sich aus den strafrechtlichen Vorschriften zum Schutz der formellen Verfügungsbefugnis an Daten speist (insbesondere §§ 202a, 303a und 303b StGB).[175] Das StGB beschränkt den Schutzgegenstand auf solche „Daten […], die elektronisch, magnetisch oder sonst nicht unmittelbar wahrnehmbar gespeichert sind oder übermittelt werden." (§ 202a Abs. 2). § 202a Abs. 1 stellt den unberechtigten Zugang, § 202b StGB das unbe-

---

[169] Vgl. *Spindler*, in: Unkörperliche Güter im Zivilrecht, S. 261 (279). Für den Besitz eines Forenbetreibers an dem Host-Server LG München I CR 2007, 264; *Maume*, MMR 2007, 620 (622 f.). Kritisch *Bartsch*, in: FS J. Schneider, S. 297 (298 Rn. 7 ff.); *Berberich*, S. 158 ff.; *Redeker*, CR 2007, 264 (266).

[170] So auch *Berberich*, S. 164 f.; *Faustmann*, VuR 2006, 260 (261). Im Ergebnis auch BGH, NJW 2007, 2394 (2395 Rn. 18 f.) – *ASP-Vertrag*. A.A. *Spindler*, in: Unkörperliche Güter im Zivilrecht, S. 261 (279): es genügt, dass der „Besitzer über die Sache eine gewisse Herrschaft ausüben kann".

[171] Vgl. *Berberich*, S. 166.

[172] So auch *Redeker*, CR 2007, 264 (266).

[173] So auch *Bartsch*, in: FS J. Schneider, S. 297 (298 Rn. 9).

[174] Vgl. *Bartsch*, in: FS J. Schneider, S. 297 (299 Rn. 17), der verschiedene Beispielsfälle prüft und feststellt: „Der Gedanke, Daten nur als Anhängsel von Materie zu schützen, erscheint […] nicht als eine Lösung, sondern eher als ein Trick."). Ähnlich *Berberich*, in: Nutzergenerierte Inhalte als Gegenstand des Privatrechts, S. 165 (189), in Bezug auf den Sachbesitz an einem Server, auf dem virtuelle Gegenstände gespeichert sind. Siehe hierzu auch *Berberich*, S. 171.

[175] Vgl. *Bartsch*, CR 2010, 553 (555); *Faustmann*, VuR 2006, 260 (261); *Schefzig*, K&R Beihefter 3/2015, 3 (5).

fugte „Abfangen" von Daten unter Strafe. Nach § 303a Abs. 1 StGB macht sich strafbar, wer Daten „löscht, unterdrückt, unbrauchbar macht oder verändert". Bei diesen Straftatbeständen handelt es sich um Schutzgesetze i. S. v. § 823 Abs. 2 BGB.[176] Dementsprechend ergibt sich für den Verletzten ein zivilrechtlicher Anspruch auf Schadensersatz aus § 823 Abs. 2 BGB. Voraussetzung ist dabei allerdings, dass der Täter vorsätzlich handelt.[177]

Es verbleiben also Schutzlücken für digitale Daten.[178] Die Frage, ob Daten auch als „sonstiges Recht" i. S. v. § 823 Abs. 1 BGB geschützt sind,[179] wird an dieser Stelle nicht untersucht. Denn § 823 Abs. 1 BGB schützt nur absolute Rechte und verweist damit auf ein Ausschließlichkeitsrecht, dessen Verletzung sanktioniert wird.[180] Die Vorschrift kann daher nicht genutzt werden, um ein (neues) Ausschließlichkeitsrecht zu begründen.[181] Stattdessen ist zunächst festzustellen, ob ein Ausschließlichkeitsrecht an digitalen Daten existiert.[182] In diesem Rahmen können einige Argumente, die für eine Anerkennung von Daten als „sonstiges Recht" vorgebracht werden, fruchtbar gemacht werden. Wenn auf dieser Grundlage festgestellt wird, dass ein Ausschließlichkeitsrecht in Form eines Dateneigentums analog § 903 BGB existiert, bedeutet dies zwangsläufig auch, dass dieses Eigentum nach § 823 Abs. 1 BGB geschützt ist.

---

[176] OLG Naumburg CR 2016, 83 Rn. 24 (für §§ 202a, 202c StGB); *Faust*, NJW-Beil 2016, 29 (32) (für § 303a StGB); *Faustmann*, VuR 2006, 260 (261); *Spickhoff*, in: Unkörperliche Güter im Zivilrecht, S. 233 (238) (für §§ 202a 202c StGB); *Zech*, GRUR 2015, 1151 (1159).

[177] Vgl. § 15 StGB.

[178] So auch *Faust*, NJW-Beil 2016, 29 (32); *Faustmann*, VuR 2006, 260 (263); *Specht*, CR 2016, 288 (289); Staudinger/*Stieper*, BGB, § 90 Rn. 19. A.A. *Spickhoff*, in: Unkörperliche Güter im Zivilrecht, S. 233 (244 f.).

[179] Dieser Frage gehen beispielsweise nach *Bartsch*, CR 2010, 553 (555) (für Software); *Berberich/Golla*, PinG 2016, 165 (172); *Beurskens*, in: Einheit des Privatrechts, S. 443 (454); *Faustmann*, VuR 2006, 260 (262 f.); *Hantschel*, S. 71 ff. (für Software); *Meier/Wehlau*, NJW 1998, 1585 (1588 f.); *Schefzig*, K&R Beihefter 3/2015, 3 (4); *Spickhoff*, in: Unkörperliche Güter im Zivilrecht, S. 233 (244 f.).

[180] Vgl. *Deutsch*, JZ 1963, 385 (388) („Verweisungsnorm"); *Fabricius*, AcP 160 (1961), 273 (290 ff.); *Hager*, in: Staudinger, Eckpfeiler des Zivilrechts, Abschnitt S. Rn. 238; *Hoeren*, in: FS J. Schneider, S. 303 (306 Rn. 7); *Peifer*, Gesetzliche Schuldverhältnisse, § 3 Rn. 34; *Peukert*, S. 251 („Die Vorschrift fungiert lediglich als Sanktionsnorm für anderweitig abzuleitende, primäre subjektive Rechte mit Wirkungen wie das Sacheigentum.").

[181] Vgl. *Peukert*, S. 274.

[182] *Deutsch*, JZ 1963, 385 (388) (der Tatbestand nimmt „auf abgegrenzte, absolute Herrschaftsrechte Bezug"); *Reichold*, AcP 193 (1993), 204, 217 (die Deliktshaftung wird „*heteronom*, d. h. nicht spezifisch deliktsrechtlich, sondern durch Rückgriff auf die Wertungen der übrigen Rechtsordnung begründet."). Vgl. auch *Preuß*, S. 77, der (zumindest zunächst) feststellt: „So muss also der positive Kern eines etwaigen Rechtsguts immer der Zuweisungsgehalt sein, der dem Inhaber der betroffenen Position Haben und Nutzen ausschließlich mittelt."

3. Zwischenergebnis

Der Gesetzgeber hat eine Regelung zum Dateneigentum nicht bewusst unterlassen und das Numerus clausus-Prinzip steht der Anerkennung eines Eigentumsrechts an Daten nicht generell entgegen. Digitale Daten sind in gewissen Konstellationen bereits (mittelbar) deliktsrechtlich geschützt. Lückenlos ist dieser Schutz allerdings nicht. Vor allem ersetzen deliktische Schadensersatzansprüche nicht die Anerkennung als Eigentumsrecht, denn sie weisen kein ausschließliches Recht und keine übertragbare Rechtsposition an einen Berechtigten zu.[183] Ausschließlichkeitsrechte zeichnen sich dadurch aus, dass sie „unabhängig von einem konkreten Verstoß gedacht" werden.[184] Auch die rechtliche Anerkennung von Eigentum dient nicht nur der Abwehr gegenüber Dritten sondern ebenso der Handelbarkeit von Gütern.[185] Ausschließlichkeitsrechten sind bestimmte „Elemente der Verkehrsfähigkeit"[186] inne, die die „ideelle Existenz eines primären Rechts [signalisieren], auch wenn kein akuter Verstoß gegen bestimmte gesetzliche Vorschriften gegeben ist."[187] Wird einem Gut die Qualität eines absoluten Rechts zugewiesen, ermöglicht dies Transaktionen und schafft damit (geordnete) Märkte für das Gut.[188]

Digitale Inhalte werden bereits als eigenständige Wirtschaftsgüter gehandelt.[189] Sie lediglich mit negativem Schutz zu umreißen, wird den tatsächlichen Gegebenheiten nicht gerecht.[190] Die Frage, was der Nutzer auf digitaler Ebene erwirbt, wäre weiterhin offen. Eine planwidrige Regelungslücke liegt also vor.

---

[183] Vgl. *Specht*, CR 2016, 288 (289); *Zech*, GRUR 2015, 1151 (1158).

[184] *Peukert*, S. 534.

[185] Vgl. *Ladeur*, DuD 2000, 12 (18): „Auch das Eigentumsrecht im herkömmlichen Recht ist ja primär nur deshalb Ausschlussrecht, damit vertragliche Kooperationen unter Individuen ermöglicht werden können, und nicht etwa, damit grundsätzlich alle von der Einwirkung abgehalten werden können."

[186] Wie: Übertragbarkeit, Belastbarkeit, Zugriff in der Zwangsvollstreckung, Vererbbarkeit, vgl. *Peukert*, S. 534.

[187] *Peukert*, S. 534 f.

[188] Vgl. *Wiebe*, GRUR Int. 2016, 877 (881); *Zech*, S. 322; *ders.*, GRUR 2015, 1151 (1160); *ders.*, CR 2015, 137 (139 f.). Ähnlich *Ladeur*, DuD 2000, 12 (18), der für ein Eigentum an personenbezogenen Daten vorbringt: „Durch die Zuordnung als Eigentum, die durch staatliches Recht vorzusehen ist, wird erst die Abstimmung von Kooperationsformen ermöglicht […]." Generell zu der Bedeutung des Privateigentums für Wettbewerbsmärkte siehe nur *Eucken*, S. 270 ff. („Privateigentum gehört zu den Voraussetzungen der Wettbewerbsordnung.").

[189] Vgl. *Redeker*, CR 2011, 634 (638); *Wiebe*, GRUR Int. 2016, 877 (für Industriedaten).

[190] A.A. *Heun/Assion*, CR 2015, 812 (813), die die Notwendigkeit, Daten als Vermögensgut verkehrsfähig zu machen für „fragwürdig" halten. Siehe auch *Heymann*, CR 2015, 807 (810), der kritisch hinterfragt, welche weitergehenden Erkenntnisse, beispielsweise in Bezug auf die Person des Berechtigten, aus der Anerkennung eines Dateneigentums folgen würden.

II. Vergleichbare Interessenlage

Zweite Voraussetzung einer Analogie ist, dass der betreffenden gesetzlichen Regelung eine Interessenlage zugrunde liegt, die mit dem zu beurteilenden Fall vergleichbar ist.[191]

1. Keine strikte Begrenzung auf körperliche Gegenstände

Digitale Daten sind nicht körperlich. Das wurde bereits an verschiedenen Stellen festgestellt.[192] Wäre das Merkmal der Körperlichkeit das entscheidende Vergleichskriterium, so wäre die Prüfung der vergleichbaren Interessenlage bei Sacheigentum und digitalen Daten schnell am Ende. Zu diesem Ergebnis kommt beispielsweise *Peukert*, der § 903 BGB als „vertikal" auf körperliche Gegenstände begrenzt ansieht.[193] Es fehle bei unkörperlichen Gegenständen folglich an der rechtlichen Vergleichbarkeit.[194] § 903 BGB als „allgemeine Grundlage für die Anerkennung von Ausschließlichkeitsrechten an sonstigen Gütern" anzusehen, lehnt er strikt ab.[195]

Ob die Begrenzung von § 903 BGB auf Sachen tatsächlich auch bedeutet, dass jede analoge Anwendung auf unkörperliche Güter ausscheidet, muss jedoch bezweifelt werden. Noch im römischen Recht herrschte ein weiter Sach- und Eigentumsbegriff.[196] Das Verständnis von Eigentum als absolutem Herrschaftsrecht *über eine Sache* bildete sich erst im 19. Jahrhundert durch die Pandektistik heraus.[197] Getragen war diese Sichtweise von dem Gedanken der Herrschaft des Menschen über die Natur.[198] Beherrschbare Gegenstände der Natur waren dabei

---

[191] Vgl. BGHZ 105, 140 (143) = NJW 1988, 2734; BGHZ 110, 183 (192) = NJW 1990, 2546 (2548); BGHZ 120, 239 (251) = NJW 1993, 925 (928).

[192] Siehe § 9 A.II. und III.

[193] *Peukert*, S. 213 ff. Ähnlich *Striezel*, S. 86.

[194] *Peukert*, S. 233 f.: „Die bereits an dieser Stelle zu resümierende Ursache für das Fehlen eines solchen Analogieschlusses von normierten Ausschließlichkeitsrechten auf Güter außerhalb ihres Schutzbereichs ist, dass es jedenfalls an der *rechtlichen Vergleichbarkeit* der Sachverhalte fehlt, so dass es auf die Frage nach der Regelungslücke gar nicht mehr ankommt."). Ebenso *Arkenau/Wübbelmann*, in: Internet der Dinge, S. 95 (97); *Zech*, GRUR 2015, 1151 (1159).

[195] *Peukert*, S. 225.

[196] Vgl. *Dulckeit*, S. 35.

[197] Siehe hierzu *M. Schroeder*, S. 143 f. Vgl. auch *Hecker*, S. 201 ff.

[198] Vgl. *Savigny*, System des heutigen römischen Rechts I, S. 338: „Die unfreye Natur kann von uns beherrscht werden nicht als Ganzes, sondern nur in bestimmter räumlicher Begrenzung; ein so begrenztes Stück derselben nennen wir Sache, und auf diese bezieht sich daher die erste Art möglicher Rechte: das Recht an einer Sache, welches in seiner reinsten und vollständigsten Gestalt Eigenthum heißt." Vgl. ferner *Hecker*, S. 220 ff.

notwendigerweise körperlicher Art.[199] Das ist heute anders. Wenn Eigentumsrechte also vor allem von der Beherrschbarkeit eines Gegenstands und weniger
von dessen Körperlichkeit abhängen, dann kann gegebenenfalls auch an unkörperlichen Gegenständen Eigentum bestehen.[200]

Diese Fortentwicklung entspricht auch der von *Fezer* gezeichneten Linie eines
„Strukturwandels" für das Eigentum.[201] Der Rechtsbegriff des Eigentums habe
sich von einem „statischen Substanzbegriff zu einem dynamischen Funktionsbegriff" entwickelt.[202] Für *Fezer* ist das Eigentum ein „Funktionsbegriff" – sowohl
in Bezug auf materielle als auch immaterielle Güter – und sein Inhalt dementsprechend durch die „Funktionalität der privilegierten Handlungsalternativen
bestimmt."[203]

Überhaupt ist die Dominanz des Sachbegriffs im Sachenrecht nicht über jeden
Zweifel erhaben.[204] So stellt *Bydlinski* fest, zur systematischen Abgrenzung des
Sachenrechts tauge der Begriff der Sache nicht, weil sich ebenso schuldrechtli-
che Forderungen auf Sachen beziehen können.[205] Stattdessen zeichneten sich die
Normen des Sachenrechts durch eine spezifische rechtliche Eigenschaft aus,
nämlich dadurch,

„daß [sie] eine Person-Sache-Beziehung umfaß[en], die durch den Inhalt bestimmter, tatbestandlich jedenfalls passender Normen als Zuordnungsverhältnis mit den angegebenen Merkmalen der unmittelbaren Sachherrschaft und des absoluten Klageschutzes ausgestattet ist."[206]

---

[199] So führt *Exner*, S. 17 f. aus: „Indem wir unseren Machtkreis kraft der uns innewohnen-
den Triebe in der Welt ausbreiten, stossen wir auf Sachen und auf Menschen; sie allein begegnen dem um sich greifenden Willen des Individuums, als Schranke zugleich und als Mittel.
Diese durch Macht (rechtliche oder blos faktische) zu überwinden und für das Weiterschreiten
als Werkzeuge zu beherrschen ist das Ziel alles ökonomischen Strebens."

[200] Vgl. *A. Wagner*, S. 59 ff. Vgl. auch *Kube*, JZ 2001, 944 (946) („In dem Takt, in dem sich
die empirische Gegenstandssicht entwickelt und abstraktere Materien und Zusammenhänge
anzunehmen vermag, öffnet sich somit auch das Recht einer abstrakteren Gegenständlichkeit
der Außenwelt."); *M. Schroeder*, S. 54.

[201] *Fezer*, GRUR 2010, 953 (955); *ders.*, GRUR 2013, 209 (211); *ders.*, GRUR 2016, 30
(33).

[202] *Fezer*, GRUR 2010, 953 (955); *ders.*, GRUR 2013, 209 (211); *ders.*, GRUR 2016, 30
(33).

[203] *Fezer*, GRUR 2010, 953 (955); *ders.*, GRUR 2013, 209 (211); *ders.*, GRUR 2016, 30
(33).

[204] Vgl. auch *Dulckeit*, S. 63, der den engen Sach- und Eigentumsbegriff des BGB als „ver-
fehlte Grundthese" bezeichnet.

[205] *Bydlinski*, S. 317.

[206] *Bydlinski*, S. 317.

Die „zuordnungsrechtlichen" Funktionen und Wirkungen des Eigentumsbegriffs können unter Umständen auch für unkörperliche Gegenstände Geltung beanspruchen.[207]

Diese funktionale Betrachtung des Sachenrechts – und mithin auch des Eigentumsbegriffs – wird durch die Erkenntnis, dass Rechtsnormen in erster Linie die Beziehung zwischen Menschen und deren Rechte gegeneinander regeln,[208] bestätigt. Das Eigentumsrecht soll zwar die Zuweisung einer Sache und deren Nutzung bestimmen. Dies geschieht aber nicht durch die Festlegung des „Verhaltendürfen[s] gegenüber der Sache" oder von „rechtliche[r] Herrschaft über eine Sache".[209] Im Ergebnis wird Eigentum dennoch auf körperliche Gegenstände beschränkt.[210] Dies dient aber vor allem der Abgrenzung von dinglichen gegenüber (anderen) absoluten Rechten und bedeutet nicht, dass gerade die Eigenschaft der *Körperlichkeit* unerlässlich ist. So stellt auch *Hecker* – in seiner Untersuchung des „Eigentum[s] als Sachherrschaft" – die These auf:

„Das Eigentumsrecht ist nicht mehr und auch nicht weniger als die rechtliche Abgrenzung von Sphären und Zuständigkeiten des einzelnen gegenüber anderen in Bezug auf eine ‚Sache', mit anderen Worten ein ‚relationales' oder ‚Zuordnungsrecht'."[211]

Diese Sicht ist im Zusammenhang mit rechtsökonomischen Eigentumstheorien bekannt, die sich vornehmlich im anglo-amerikanischen Rechtskreis entwickelten.[212] Auch hiernach ist „das Eigentum an einer Sache letztlich nicht die juristische Festlegung eines Verhältnisses zwischen Mensch und Sache, sondern zwi-

---

[207] *Bydlinski*, S. 336.

[208] Vgl. *Lenel*, S. 11 („In Wirklichkeit ist eine solche Unmittelbarkeit der Beziehung zwischen Recht und Sache ganz unmöglich; denn der Staat kann nur wirken durch die ihm zu Gebote stehenden Mittel: Gebot an und Zwang gegen Personen."); *Oertmann*, Jh.Jb. 31, 415 (430 ff.); *Rittstieg*, JZ 1983, 161 (162).

[209] *Aicher*, S. 67. Ähnlich *Oertmann*, Jh.Jb. 31, 415 (419): „Wird eine Obligation nicht befriedigt, so reagiert der Gläubiger darauf gegen den Verpflichteten; dieser ist hier selbst der Verletzer. Anders bei den Sachenrechten! Entspricht bei ihnen der faktische Zustand dem Rechte nicht, so geht der Berechtigte nicht der Sache selbst gegenüber vor, sondern richtet seinen Anspruch auf Wiederaufhebung der Verletzung stets und nothwendig gegen eine Person, die durch Einwirkung auf die Sache jene Verletzung verursacht hat. Ein realer Rechtsanspruch ist somit nur gegen eine Person denkbar […]."

[210] *Aicher*, S. 72 („Das dingliche Recht zeichnet sich aber nicht nur durch die Unmittelbarkeit der Objektbeziehung aus, die es durchaus mit den obligatorischen Rechten gemeinhaben kann, sondern vielmehr wird als Objekt eine (körperliche) Sache unmittelbar erfaßt."); *Oertmann*, Jh.Jb. 31, 415, 463 („irgend ein körperliches Gut").

[211] *Hecker*, S. 260.

[212] Vgl. zur Property Rights-Theorie nur *Heuchert*, in: Das Eigentum, S. 125. *Heuchert* erkennt zwischen zivilrechtlichem Eigentumsbegriff und Property Rights zumindest eine „Teilmenge" (S. 128) und *Fezer*, GRUR 2010, 953 (955), spricht von einer Annäherung der Rechtskreise im Hinblick auf das Rechtsinstitut Eigentum.

schen Menschen".[213] Eigentum wird als „Bündel von Rechten und Pflichten"[214] gedacht und legt fest, „welche Handlungen jemand vornehmen darf und andere dementsprechend zu dulden haben."[215] Demnach zeichnet sich Privateigentum durch das Recht zum Gebrauch, zur Einwirkung und Veränderung sowie zur teilweisen oder vollständigen Übertragung dieser Rechte aus.[216] Diese Berechtigungen können in Bezug auf materielle ebenso wie auf immaterielle Güter existieren.[217]

Eigentum ist mithin nicht derart stark auf die Sache als Gegenstand des Rechts fokussiert, dass eine analoge Anwendung des § 903 BGB auf Daten prinzipiell ausscheidet.[218] Ob eine vergleichbare Interessenlage vorliegt, die diese Analogie rechtfertigt, muss jedoch noch festgestellt werden. Hierfür wird im Folgenden untersucht, was die entscheidenden Charakteristika von Eigentum sind (2.). Es gilt, den entscheidenden Zweck und Inhalt des Eigentums als Ausschließlichkeitsrecht herauszuarbeiten und dabei von dem Bezugspunkt eines körperlichen Gegenstands, einer Sache, zu abstrahieren. Nicht das *Was*, sondern das *Wie* von Eigentum ist entscheidend.

2. Inhalt und Zweck von Eigentum

§ 903 S. 1 BGB lautet: „Der Eigentümer einer Sache kann, soweit nicht das Gesetz oder Rechte Dritter entgegenstehen, mit der Sache nach Belieben verfahren und andere von jeder Einwirkung ausschließen." Die Motive erklären zu der Vorschrift: „Der Entwurf will weniger eine Definition geben, als den wesentlichen Inhalt der dem Eigentümer zustehenden Rechte feststellen."[219] Das BGB stellt sich damit in die Tradition des römischen Rechts, wonach der Eigentümer sämt-

---

[213] *Gotthold*, ZHR 144 (1980), 545 (546).

[214] Vgl. hierzu *Rittstieg*, JZ 1983, 161 (164): „Diese Vorstellung entspricht der positiv-rechtlichen Lage des gegenwärtigen Grundeigentums besser als die im 19. Jahrhundert entwickelte Auffassung von der unbeschränkten Sachherrschaft."

[215] *Gotthold*, ZHR 144 (1980), 545 (546 f.): „Eigentum ist danach nicht mehr ein Recht an einer Sache, sondern durch das Eigentumsrecht wird definiert, welche Handlungen jemand vornehmen darf und andere dementsprechend zu dulden haben." Vgl. auch *Fezer*, GRUR 2016, 30 (33).

[216] *Richter/Furubotn*, Neue Institutionenökonomik, S. 90.

[217] *Gotthold*, ZHR 144 (1980), 545 (547).

[218] Ähnlich A. *Wagner*, S. 60: „[D]ie Prägung des Sachenrechts durch die Ontologie der Sache als Materieobjekt [ist] nicht dermaßen groß, daß es unmöglich wäre, es auf binäre Informationsobjekte anwendbar zu machen, wenn man die ontologische Diskrepanz in Form fehlender Körperlichkeit durch eine definitorische Anpassung kompensiert und das Vorverständnis über den sachspezifischen Gehalt und Inhalt des Sachenrechts modifiziert."

[219] Mot. III, 262 (= *Mugdan*, S. 145).

liche Befugnisse an einer Sache in sich vereinigt.[220] Eine abschließende Konkretisierung des Eigentumsbegriffs ergibt sich aus dem Gesetz daher nicht, wohl aber seine Merkmale.[221]

Die Dogmatik nähert sich dem Eigentumsbegriff mithilfe von Kategorisierungen, die sich ergänzen und teilweise auch überschneiden. Eigentum wird als „subjektives Recht", als „absolutes Recht", als „dingliches Recht", als „Ausschließlichkeitsrecht" sowie als „Herrschaftsrecht" eingeordnet. Als subjektives Recht zeichnet sich das Eigentum dadurch aus, dass es ein Rechtsgut einer bestimmten Person oder Personengruppe zuweist.[222] Für absolute Rechte wiederum ist charakteristisch, dass sie gegenüber jedermann gelten, ein Gut also im Hinblick auf seine Nutzungs- und Ausschlussbefugnis zuweisen.[223] „Dingliche Rechte" sind durch ihre Absolutheit und unmittelbare (also nicht nur vermittelte) Berechtigung an einer Sache gekennzeichnet.[224] Eigentum ist zudem „Ausschließlichkeitsrecht", weil es ein Gut einer Person unter Ausschließung aller anderen Personen zuordnet.[225] Eigentum wird als „Prototyp der Herrschaftsrech-

---

[220] Vgl. Staudinger/*Althammer*, BGB, Einl zu §§ 903 ff Rn. 2. In den Motiven zum BGB wird das Eigentum als das „vollkommenste und wichtigste" dingliche Recht bezeichnet, Mot. III, 22 (= *Mugdan*, S. 13).

[221] Vgl. *Baur/Stürner*, Sachenrecht, § 24 Rn. 3 ff.; *Heuchert*, in: Das Eigentum, S. 125 (126). Vgl. auch *Sontis*, in: FS Larenz, 1973, S. 981 (995): „Die Vorschrift des § 903 gibt zwar nicht einen konkret-materiellen Gehalt des Eigentums an, sie erfüllt aber nichtsdestoweniger alle Erfordernisse einer Definition, da sie ohne Zweifel die *Wesens*bestimmung des Eigentumsbegriffs in einwandfreier Weise enthält und damit ein festes Fundament für die Konstruktion dieses Begriffs bietet, [...]. Logische Voraussetzung [...] dieser Vorschrift ist das Postulat, die Bestimmung der Funktion der Sache und entsprechende Einwirkungen auf diese oder Handlungen in bezug auf sie grundsätzlich der Privatautonomie zu überlassen."

[222] *Wolf/Neuner*, BGB AT, § 20 Rn. 12; *Wolff/Raiser*, Sachenrecht, S. 174 f.

[223] *Brehm/Berger*, Sachenrecht, § 1 Rn. 13; *Prütting*, Sachenrecht, Rn. 307 f.; MüKo/*Wagner*, BGB, § 823 Rn. 162; *Wilhelm*, Sachenrecht, Rn. 740; *Wolf/Neuner*, BGB AT, § 20 Rn. 52. Dagegen lehnt *Peukert*, S. 54, den Begriff des „absoluten Rechts" als „verwässerten Terminus" ab.

[224] *Brehm/Berger*, Sachenrecht, § 1 Rn. 9; *Bydlinski*, S. 317; *Schreiber*, Sachenrecht, Rn. 26; *Wilhelm*, Sachenrecht, Rn. 3. *Aicher*, S. 71 ff., sieht den Unterschied zwischen „dinglichen" und „absoluten" Rechten darin, dass es sich um unterschiedliche Kategorien handelt, nämlich teleologische und normative. Aus teleologischer Sicht zielten dingliche Rechte auf den „Schutz eines sachlich-*gegenständlichen* Bereiches" (76). Den Eigentumsbegriff umschreibt sie folglich zum einen normativ: „Das Eigentumsrecht ist dasjenige subjektive, absolute Recht, das einen umfassenden Klageschutz gegenüber jedermann statuiert, weil der Rechtsträger berechtigt ist, jede Einflußnahme auf die Sache zu untersagen." Zum anderen fasst sie den Begriff teleologisch: „Aus teleologischer Sicht ist das Eigentumsrecht dasjenige subjektive Recht, das insofern eine umfassende, unmittelbare Sachherrschaft gewährt, als der Rechtsträger mit einer Sache nach Belieben verfahren darf, soweit das objektive Recht eine unmittelbare Sachbeherrschung hinsichtlich der betreffenden Sache zuläßt." (S. 77 f.).

[225] *Peukert*, S. 56. Unter einem „Gut" versteht *Peukert* „alle wahrnehmbaren körperlichen

te" bezeichnet.[226] Herrschaftsrechte wiederum sind eine bestimmte Art subjektiver Rechte, deren Struktur ein „dem Berechtigten allein vorbehaltenes Dürfen [auszeichnet], dem ein Nichtdürfen aller anderen korrespondiert".[227] Sie gehören ferner zu den absoluten Rechten[228] und weisen ihrem Inhaber ein Objekt „zum Haben und Nutzen" zu.[229] Dabei muss es sich um Rechtsstellungen handeln,

„die eine gewisse *Stabilität* aufweisen und dem Inhaber eine *selbständige Verfügungsmacht* gewähren, und bei denen andererseits die *Monopolisierung* des Gutes für einen einzelnen Rechtsgenossen innerhalb unserer Gesellschafts- und Wirtschaftsordnung erträglich erscheint."[230]

Die Abwehrbefugnis, die Zuweisung von Nutzungsrechten und die Verfügungsbefugnis gelten als die wichtigsten Merkmale von Eigentum.[231] Demnach kann der Eigentümer Störungen untersagen und das Gut herausverlangen, wenn es ihm entzogen wurde.[232] Die Nutzungsbefugnis erlaubt dem Eigentümer – unter

---

oder immateriellen Erscheinungen der empirisch fassbaren Welt [...], deren Genuss angestrebt wird und geeignet ist, menschlichen Interessen zu dienen und Nutzen zu stiften." (S. 38). Vgl. auch *Aicher*, S. 77; *Wilhelm*, Sachenrecht, Rn. 740; *Wellenhofer*, Sachenrecht, § 2 Rn. 4; *Zech*, S. 80.

[226] *Wolf/Neuner*, BGB AT, § 20 Rn. 17. Vgl. auch *Larenz*, in: FG Sontis, S. 129 (139); *Schreiber*, Sachenrecht, Rn. 122; *Wolff/Raiser*, Sachenrecht, S. 173; *Zech*, S. 326.

[227] *Larenz*, in: FG Sontis, S. 129 (139). Insofern wird auch von der „negativen" Seite des Eigentumsrechts gesprochen. Vgl. *Hecker*, S. 247; *Wolf/Neuner*, BGB AT, § 20 Rn. 17 („Es ist das Recht auf eine dauernde und exklusive Sachherrschaft, durch das alle anderen von der Einwirkung auf diesen körperlichen Gegenstand (vgl. § 90) ausgeschlossen werden. Die Zuweisung einer Sache an eine Person zu Eigentum bedeutet, dass ihr Wille hinsichtlich dieser Sache grundsätzlich als maßgeblich anerkannt wird.").

[228] *Wolf/Neuner*, BGB AT, § 20 Rn. 52.

[229] Vgl. *Raiser*, JZ 1961, 465 (467): „Herrschaftsrechte" zeichnen sich dadurch aus, „daß sie eine *herrschaftliche Beziehung* einer *Person* zu einem außerhalb ihrer gegebenen, werthaften *Objekt*, einem *sogenannten Rechtsgut*, zum Ausdruck bringen, das dieser Person von der Rechtsordnung zugewiesen und in einem, vieler rechtlichen Abstufungen fähigen Sinne zum *Haben* und *Nutzen* in ihre Verfügungsgewalt gegeben ist."; *Wolff/Raiser*, Sachenrecht, S. 170 f. Dies entspricht der positiven Seite des Eigentumsrechts, vgl. *Baur/Stürner*, Sachenrecht, § 3 Rn. 23; *Hecker*, S. 247.

[230] *Raiser*, JZ 1961, 465 (467).

[231] Staudinger/*Althammer*, BGB, § 903 Rn. 9 ff.; *Darmstaedter*, AcP 151 (1950/1951), 311 (313); *Fezer*, GRUR 2010, 953 (955) („Ein Eigentumsrecht normiert eine Summe von Handlungsalternativen: Verwertungsrechte und Abwehrrechte."); Palandt/*Herrler*, BGB, § 903 Rn. 4 ff.; *Olzen*, in: Das Eigentum, S. 103 (112) (Verfügungsmacht und Nutzungsrecht); *Peukert*, Geistiges Eigentum, S. 47 (55); *Raiser*, JZ 1961, 465 (467); *Wolff/Raiser*, Sachenrecht, S. 175 f. Dies entspricht auch dem verfassungsrechtlichen Eigentumsbegriff, vgl. BVerfGE 24, 367 (389 f.).; BVerfGE 26, 215 (222); BVerfGE 31, 229 (240) = GRUR 1972, 481 (483) – *Kirchen und Schulgebrauch*; BVerfGE 37, 132 (140); BVerfGE 50, 290 (339); BVerfGE 52, 1 (30).

[232] *Aicher*, S. 77; *Bydlinski*, S. 315; *Peukert*, S. 58 (negativer Ausschluss aller anderen); *Wilhelm*, Sachenrecht, Rn. 740; *Zech*, S. 74.

anderem[233] – die Sache zu benutzen, Früchte zu ziehen oder sie unbenutzt zu lassen, zu verbrauchen oder zu zerstören.[234] Eingriffe in den Zuweisungsgehalt des Eigentums können Ersatzansprüche zur Folge haben.[235] Verfügungsbefugnis bedeutet, über das Eigentumsrecht wirksam verfügen zu können.[236]

Voraussetzung dieser Befugnisse ist, dass der Gegenstand, auf den sich das Eigentumsrecht bezieht, klar abgrenzbar (a.) und beherrschbar (b) ist. Zudem muss der jeweilige Inhaber des Eigentumsrechts auch tatsächlich die Möglichkeit haben, sein Ausschließlichkeitsrecht auszuüben (c.). Die Besonderheiten des Cloud Computing werfen hier weitere Fragen auf (d.).

a. Abgrenzbarkeit

Abgrenzbarkeit ist erforderlich, damit die Handlungsfreiheit Dritter durch die Anerkennung des Ausschließlichkeitsrechts nicht unzumutbar eingeschränkt wird.[237] Bei einem bereits haptisch existierenden (vorrechtlichen) Gegenstand fällt dies wesentlich leichter als bei einem künstlich (rechtlich) geschaffenen.[238] Sachen sind durch ihre körperliche Existenz für Außenstehende sichtbar und fühlbar. Diese können ihr Verhalten entsprechend anpassen und die Integrität der Sache sowie die Nutzungsrechte des Eigentümers berücksichtigen. Daten fehlt dieses Merkmal der Körperlichkeit. Aus diesem Umstand ergibt sich die Frage, wie Daten als Gegenstand des Eigentums abgegrenzt werden können.[239] Daten

---

[233] Die Nutzungsbefugnisse des Eigentümers sind nicht enumerativ. Vgl. nur *Wellenhofer*, Sachenrecht, § 2 Rn. 3.

[234] *Prütting*, Sachenrecht, Rn. 307.

[235] *Peukert*, S. 58 (positive Zuweisung von rechtlichen und tatsächlichen Befugnissen); *Zech*, S. 74.

[236] *Baur/Stürner*, Sachenrecht, § 3 Rn. 23 (Befugnis, die Sache „durch Veräußerung zu verwerten"); *Brehm/Berger*, Sachenrecht, § 1 Rn. 36; *Wilhelm*, Sachenrecht, Rn. 105; *Zech*, S. 85, bestätigt zwar, dass das Sacheigentum ein übertragbares Ausschließlichkeitsrecht ist, meint aber, dass das Kriterium der Übertragbarkeit für Ausschließlichkeitsrechte nicht zwingend erforderlich sei. Entscheidend sei vielmehr die „Verwertbarkeit durch rechtliche Verfügungen" (S. 83 f.). So auch *ders.*, GRUR 2015, 1151 (1154). *Peukert*, S. 59, untergliedert dieses Merkmal weiter in (prinzipielle) volle Übertragbarkeit, Verpfändbarkeit und beschränkte Übertragbarkeit sowie Verwertbarkeit in Zwangsvollstreckung und Insolvenz.

[237] Vgl. *Spickhoff*, in: Unkörperliche Güter im Zivilrecht, S. 233 (244), der vor einer „freiheitsbedrohenden Gefahr der großzügigen Anerkennung eines deliktsrechtlichen Schutzes von Daten" warnt. Vgl. auch *Zech*, S. 80: „Echte Ausschließlichkeitsrechte benötigen daher einen einigermaßen klar abgrenzbaren Schutzgegenstand. Noch besser ist – nach dem Vorbild des Sachenrechts – ein bereits vorrechtlich abgegrenztes und anerkanntes Rechtsobjekt."

[238] Vgl. *Zech*, S. 80.

[239] Vgl. *Hoeren/Völkel*, in: Big Data und Recht, S. 11 (16 f.); *Zech*, GRUR 2015, 1151 (1153).

als „eine Menge von ‚Nullen und Einsen'"[240] zu beschreiben, reicht für ihre Abgrenzung als Eigentumsgegenstand tatsächlich nicht aus. Denn ohne weitere Informationen ist nicht festzustellen, welchen Umfang und welche Grenzen die Daten haben. Mit anderen Worten: klärungsbedürftig ist, „wo eine binäre Information anfängt und wo sie aufhört."[241]

Die geschilderten Schwierigkeiten existieren nicht nur bei Eigentum an digitalen Daten. Auch im Zusammenhang mit virtuellen Gegenständen[242] oder virtuellen Räumen[243] stellt die Abgrenzbarkeit des Rechtsgegenstands eine Herausforderung dar. Aus den zum „virtuellen Eigentum" oder „virtuellen Hausrecht" vorgebrachten Argumenten lassen sich auch Gedanken für das Dateneigentum gewinnen.

aa. Abgrenzbarkeit bei virtuellen Gegenständen und Räumen

Virtuelle Gegenstände sind nach *Büchner*

„von einem Computerprogramm erzeugte und durch ein Ausgabegerät wahrnehmbar gemachte individualisierbare Teile einer virtuellen Realität, die regelmäßig den Eindruck der Dreidimensionalität vermitteln sollen, von einem Menschen mittels Eingabegerät im Rahmen der vorgegebenen Programmierung interaktiv beeinflusst werden können und eine realen Gütern vergleichbare Funktion insbesondere im Hinblick auf ihren Tauschwert erfüllen."[244]

Die Gegenstände sind also nicht real, sondern virtuell.[245] Sie existieren nur innerhalb der sie generierenden virtuellen Welt.[246] Dort stellen sie sich etwa als Spielfiguren (Avatare) oder als Sachen, beispielsweise Werkzeuge oder Ausrüstung dar.[247] Sie sind nicht körperlich, weil sie sich in der tatsächlichen Welt nicht „materialisieren".[248] Innerhalb der virtuellen Welt sind sie jedoch durchaus als abgrenzbare und beherrschbare Gegenstände menschlich wahrnehmbar.[249] Sie

---

[240] *Zech*, GRUR 2015, 1151 (1153).

[241] *A. Wagner*, S. 87.

[242] Z. B. Spielfiguren oder Werkzeuge in Online-Spielen.

[243] Z. B. Internetforen.

[244] *Büchner*, S. 28.

[245] Vgl. auch *Peukert*, S. 206; *Redeker*, CR 2011, 634 (638); *M. Schroeder*, S. 46.

[246] Vgl. *Berberich*, in: Nutzergenerierte Inhalte als Gegenstand des Privatrechts, S. 165 (170); *Lober/Weber*, MMR 2005, 653 (655); *Peukert*, S. 206; *Preuß*, S. 37; *Spindler*, in: Unkörperliche Güter im Zivilrecht, S. 261 (271).

[247] Vgl. *Diegmann/Kuntz*, NJW 2010, 561; *Spindler*, in: Unkörperliche Güter im Zivilrecht, S. 261 (262 ff.). Zu den verschiedenen Arten virtueller Gegenstände sehr anschaulich *Struwe*, 9 ff.; *Trump/Wedemeyer*, K&R 2006, 397.

[248] *Diegmann/Kuntz*, NJW 2010, 561. Ähnlich *Preuß*, S. 55; *Striezel*, S. 73 f.

[249] *Berberich*, in: Nutzergenerierte Inhalte als Gegenstand des Privatrechts, S. 165 (199 f.); *Diegmann/Kuntz*, NJW 2010, 561; *Lober/Weber*, MMR 2005, 653 (655); *Preuß*, S. 55 (es handelt sich insofern um eine „Simulation, die bloße Vortäuschung der Sacheigenschaften").

werden faktisch wie übertragbare Güter (gegen Geld) gehandelt, indem sie virtuell zur Verfügung gestellt bzw. übergeben werden.[250] Auch kann der Inhaber virtueller Gegenstände andere Personen von der Nutzung ausschließen.[251] Und
ebenso wie bei körperlichen Sachen besteht auch bei virtuellen Gegenständen
die Gefahr ihrer Zerstörung oder ihrer Entwendung.[252] Deshalb wird von *Berbe-*
rich die Möglichkeit einer Anerkennung virtuellen Eigentums untersucht.[253] Dieses würde als eigenständiger, übertragbarer Vermögensgegenstand durch die jeweiligen Nutzungsverträge geformt und dem Inhaber ein Ausschlussrecht gegenüber Dritten gewähren.[254]

Eine Analogie zu § 903 BGB wird zudem im Zusammenhang mit dem sog.
virtuellen Hausrecht diskutiert. Dabei geht es um die Frage, ob ein Webseitenbe-
treiber die rechtliche Möglichkeit hat, Internetnutzer von der Nutzung der Webseite auszuschließen. Insbesondere Forenbetreiber sehen sich mit der Aufgabe
konfrontiert, Gäste, die sich nicht an die gewünschten Umgangsformen halten,
sperren und ihre Beiträge löschen zu müssen. Auf vertragliche Ansprüche kann
dabei häufig nicht zurückgegriffen werden, weil nicht bei jedem Internetdienst
ein Vertrag geschlossen wird. Das Eigentum am Speichermedium wiederum ist
meist nicht betroffen, weil die Anbieter nur selten einen eigenen Server unterhal-
ten. Deshalb hatten Gerichte über die Existenz eines „virtuellen Hausrechts" zu
entscheiden. Das LG Bonn bejahte dies in einer Entscheidung aus dem Jahr 2000
und wendete die Regelungen über das Eigentumsrecht „entsprechend" auf den
Fall an, dass ein „virtuelles Hausrecht" geltend gemacht wird.[255] Das LG zog
dabei sowohl § 1004 als auch § 903 BGB heran.[256] In der Literatur wurde daraus
geschlossen, das LG Bonn habe „letztlich das Recht zur Nutzung dieser Software
als ‚virtuelles Eigentum' geschützt"[257] und das Konzept von Eigentum im Internet weiterentwickelt.[258]

---

[250] Vgl. *Diegmann/Kuntz*, NJW 2010, 561 (561 f.); *Ernst*, NJW 2009, 1320; *Spindler*, in:
Unkörperliche Güter im Zivilrecht, S. 261; *Striezel*, S. 99; *Trump/Wedemeyer*, K&R 2006, 397.

[251] *Striezel*, S. 98 f.

[252] Vgl. *Ernst*, NJW 2009, 1320; *Spindler*, in: Unkörperliche Güter im Zivilrecht, S. 261.

[253] *Berberich*, S. 212 ff.

[254] *Berberich*, S. 463 ff.; *ders.*, in: Nutzergenerierte Inhalte als Gegenstand des Privatrechts,
S. 165 (198). A.A. *Peukert*, S. 854 f.; *Striezel*, S. 89 (keine Anerkennung von virtuellem Eigentum ohne Gesetzesänderung).

[255] LG Bonn NJW 2000, 961 (962). Bestätigt von OLG Köln MMR 2001, 52.

[256] LG Bonn NJW 2000, 961 (962). Bestätigt von OLG Köln MMR 2001, 52.

[257] *Ladeur*, in: Innovation und rechtliche Regulierung, S. 339 (345).

[258] *Ladeur*, in: Innovation und rechtliche Regulierung, S. 339 (347): „Die Entscheidung des
LG Bonn erscheint als ein durchaus gelungenes Beispiel dafür, da [sic] ‚Eigentum' auch im
Internet strukturbildend wirken kann […]."

Auch das LG München I geht von dem Bestehen eines virtuellen Hausrechts aus.[259] Die Regelungen über den Eigentumsschutz könnten allerdings nur dann herangezogen werden, wenn der Forenbetreiber zugleich auch Eigentümer der Server sei.[260] Anderenfalls ergebe sich das Hausrecht aus dem berechtigten Besitz an dem (fremden, gemieteten) Speicherplatz.[261] Ein Hausrecht müsse dabei insbesondere deshalb bestehen, weil der Forenbetreiber für die Äußerungen auf seiner Plattform hafte.[262] Gegen diese Begründung wendet *Redeker* zu Recht ein, dass diese kein *virtuelles* Hausrecht stütze, sondern von einem gewöhnlichen sachenrechtlichen Anspruch ausgeht.[263] Dementsprechend stoße die Argumentation dann an Grenzen, wenn es um Fälle virtueller Speicher (Cloud) ginge.[264] Für diese Fälle wird in der Literatur aber an einem virtuellen Hausrecht in Analogie zu §§ 903, 1004 BGB festgehalten und dies auch umfangreich begründet.[265] So stellt *Maume* fest, dass die Voraussetzungen einer Analogie vorlägen, weil Webseiten abgrenzbar, sinnlich wahrnehmbar und beherrschbar seien. Abgrenzbarkeit ergebe sich aus der der Domain zugewiesenen URL: „Diese URL bzw. die zu Grunde liegende Domain sind gegenüber anderen Adressen abgegrenzt. Wie beim Sacheigentum ist also auch bei einem Webauftritt klar bestimmbar, was von der Einheit ‚Homepage' umfasst ist."[266] Auch seien Webseiten sinnlich wahrnehmbar, denn (unter Verwendung eines Computers) könnten sie deutlich dargestellt und genutzt werden.[267] Beherrschbar seien Webseiten schließlich, weil der Betreiber die tatsächliche Möglichkeit habe, sie zu erschaffen, zu verändern oder zu löschen sowie Nutzer auszuschließen.[268]

bb. Abgrenzbarkeit bei digitalen Werkexemplaren

Die für virtuelle Gegenstände festgestellte Abgrenzbarkeit trifft ebenso auf digitale Werkexemplare zu. Letztere stellen eine Sache zwar – anders als virtuelle Werkzeuge o. ä. – nicht als virtuellen Gegenstand dar. Sie verkörpern aber stets ein Werkexemplar und können somit über ihren Inhalt abgegrenzt werden. Das Dateneigentum bezieht sich somit auf den Datensatz, der das Werkexemplar ent-

---

[259] LG München I CR 2007, 264: „[D]er Betreiber kann grundsätzlich jeden Dritten von seinem Forum auf Grund seines virtuellen Hausrechts ausschließen".

[260] LG München I CR 2007, 264. Vgl. hierzu auch *Maume*, MMR 2007, 620 (624).

[261] LG München I CR 2007, 264.

[262] LG München I CR 2007, 264.

[263] *Redeker*, CR 2007, 264 (266).

[264] *Redeker*, CR 2007, 264 (266).

[265] *Conraths/Krüger*, MMR 2016, 310; *Maume*, MMR 2007, 620 (624).

[266] *Maume*, MMR 2007, 620 (624).

[267] *Maume*, MMR 2007, 620 (624).

[268] *Maume*, MMR 2007, 620 (624).

hält. Damit findet eine Abgrenzung auf der geistigen Ebene statt.[269] Daten sind zwar von den in ihnen enthaltenen Informationen zu unterscheiden. Dennoch können anhand dieser Ebene die Grenzen der Daten-Ebene bestimmt werden. Eine Abgrenzung ist mithin – ebenso wie bei virtuellen Gegenständen – möglich.

b. Beherrschbarkeit

Gegen ein Dateneigentum wird vorgebracht, Daten seien aufgrund ihrer Unkörperlichkeit nicht beherrschbar und daher nicht mit Sachen vergleichbar.[270] Mangels körperlicher Erscheinung der Daten schränke ein absoluter Schutz für diese die Handlungsfreiheit Dritter unzumutbar ein.[271] Ihre leichte Kopierbarkeit führe außerdem dazu, dass sie „keine eigenständige Existenz wie dies bei einzelnen Sachen der Fall ist" hätten.[272] Diese Schlussfolgerungen erscheinen indes nicht zwingend. Nur weil Daten unkörperlich sind, bedeutet dies nicht, dass sie nicht beherrschbar oder für Außenstehende nicht erkennbar sind.[273] Daten sind nicht ubiquitär, sondern manifestieren sich an Speicherorten. Ihre Existenz kann objektiv festgestellt werden und ist grundsätzlich nachprüfbar. Digitale Werkexemplare sind – ebenso wie virtuelle Gegenstände oder Webseiten – mithilfe technischer Wiedergabegeräte wahrnehmbar. Sie sind somit auch für Dritte erkennbar. Die Beherrschbarkeit von Daten äußert sich allerdings anders als bei körperlichen Gegenständen. Denn nicht der (körperliche) Besitz vermittelt die Herrschaft über Daten, sondern die Möglichkeit des Zugriffs und des Ausschlusses Dritter mithilfe technischer Einrichtungen. Gleichsam sind Angriffe auf die Daten nicht „körperlicher Natur", sondern vollziehen sich ebenfalls auf technischer Ebene. Dass Daten als abgrenzbarer Gegenstand angesehen werden, zeigt sich zudem daran, dass sie gehandelt werden.[274] Auch dass digitale Daten gegebenenfalls leicht kopiert werden können, spricht nicht gegen ihre Abgrenzbarkeit oder Beherrschbarkeit. Werden Daten kopiert, entstehen weitere Daten. Nicht die Daten sind also schwer zu beherrschen, sondern ihr (geistiger) Inhalt.

---

[269] Vgl. *Wiebe*, GRUR Int. 2016, 877 (883). Auch von *Zech*, GRUR 2015, 1151 (1153), wird im Falle personenbezogener Informationen oder Know-how eine Abgrenzung auf der Bedeutungsebene vorgeschlagen.

[270] *Peukert*, S. 214 f.; *Zech*, S. 98 f.; *ders.*, GRUR 2015, 1151 (1159).

[271] *Spickhoff*, in: Unkörperliche Güter im Zivilrecht, S. 233 (244).

[272] *Redeker*, CR 2011, 634 (638).

[273] So auch *Berberich/Golla*, PinG 2016, 165 (172 f.).

[274] Vgl. *Berberich/Golla*, PinG 2016, 165 (172) („Diese [sozialtypische Offenkundigkeit] zumindest kann für Daten als bereits jetzt in der Rechtspraxis gängigem Transaktionsgegenstand nicht mehr ernsthaft in Frage gestellt werden."); *Beurskens*, in: Einheit des Privatrechts, S. 443 (454 f.).

c. Ausschließlichkeitsrechte an Daten

Konnte die Frage der Abgrenzbarkeit und Beherrschbarkeit digitaler Werkexemplare positiv beantwortet werden, ist in einem weiteren Schritt zu prüfen, ob an ihnen auch ausschließliche Rechte bestehen können. Gegen einen absoluten Schutz virtueller Gegenstände wird ihre Abhängigkeit von einer virtuellen Welt geltend gemacht. Herrschaftsrechte seien durch eine „monistische Struktur" gekennzeichnet, weil der Berechtigte seine Rechte prinzipiell ausüben könne, ohne auf Dritte angewiesen zu sein.[275] Bei virtuellen Gegenständen hingegen bestehe eine ebensolche Abhängigkeit – sie seien „dualistisch" geprägt.[276] Würde Eigentum an virtuellen Gegenständen anerkannt werden, würde man dem Betreiber letztlich auferlegen, die Existenz dieser Gegenstände zu wahren.[277] Das würde beispielsweise bedeuten, dem Eigentümer des virtuellen Gegenstands einen Schutz gegen Löschung oder Sperrung seitens des Betreibers zu gewähren.[278] Diese Folge wird als abwegig angesehen, weil der Betreiber der virtuellen Welt die Spielregeln festlege.[279] Virtuelle Gegenstände unterscheiden sich insofern aber signifikant von den hier untersuchten digitalen Daten, weil virtuelle Gegenstände stets von ihrer Umgebung abhängig sind. Ohne die sie umfassende virtuelle Welt verlieren sie Wert und Existenz. Für die Nutzung digitaler Werkexemplare kann zwar unter Umständen eine bestimmte Software erforderlich sein, die Abhängigkeit ist im Vergleich zu virtuellen Gegenständen jedoch wesentlich schwächer.[280] Denn digitale Werkexemplare existieren außerhalb einer bestimmten virtuellen Welt; der Genuss der in ihnen gespeicherten (Musik-, Literatur- oder Film-)Werke ist nicht an eine solche Welt geknüpft. Der Erwerber kann das digitale Werkexemplar folglich nutzen und genießen, ohne dass damit zwingend der Zugang zu einer virtuellen Umgebung verbunden ist. Dass manche Diensteanbieter die Nutzung digitaler Werkexemplare an eine bestimmte Softwareumgebung oder an ein Benutzerkonto binden, beruht auf einer spezifischen technischen Konfiguration. Hierdurch wird eine künstliche Abhängigkeit erzeugt; in der Natur digitaler Werkexemplare ist diese Abhängigkeit grundsätzlich nicht angelegt. Dementsprechend sind grundsätzlich Ausschließlichkeitsrechte

---

[275] *Preuß*, S. 106.

[276] *Preuß*, S. 106.

[277] *Preuß*, S. 106 f.

[278] *Spindler*, in: Unkörperliche Güter im Zivilrecht, S. 261 (281).

[279] *Spindler*, in: Unkörperliche Güter im Zivilrecht, S. 261 (281).

[280] So auch *Preuß*, S. 38. A.A. *Spindler*, in: Unkörperliche Güter im Zivilrecht, S. 261 (271): in ihrer Abhängigkeit von anderer Software teilen virtuelle Gegenstände „das Schicksal aller zwischen Körperlichkeit und Immaterialgut pendelnden ‚Gegenstände', ob es Software ist, ob es Datensätze mit Informationen sind, ob digitale Musik oder Videos oder andere virtuelle/digitalisierte Gegenstände".

an dem Datensatz, der das digitale Werkexemplar enthält, gegeben. Der Eigentümer eines digitalen Werkexemplars könnte daher auch gegen den Diensteanbieter vorgehen, wenn dieser auf den Datensatz Einfluss nimmt.

d. Cloud Computing

Auch die Besonderheiten des Cloud Computing stellen für ein Eigentum an Daten kein unüberwindliches Hindernis dar.[281] So werden spezifische Speichertechniken genutzt, wie die Aufteilung in einzelne Datenpakete oder die sog. Datendeduplikation, bei der Datensätze, von denen bereits eine identische Kopie auf dem Server existiert, nicht noch einmal abgespeichert werden.[282] Beide Situationen sind mit der Figur des Dateneigentums vereinbar. Wird ein Datensatz unmittelbar bei der Abspeicherung durch den Nutzer aufgeteilt und an unterschiedlichen Speicherorten abgelegt, entsteht Dateneigentum, das in Teile zerlegt ist. Zwar sind die einzelnen Teile nicht jeweils für sich nutzbar. Dies ist bei der Zerlegung von Sacheigentum in Einzelteile jedoch nicht anders. Situationen, in denen der Cloud-Anbieter später Einfluss auf die Daten nimmt, indem er sie aufteilt und an neuen Speicherorten ablegt oder gar löscht, weil an anderer Stelle bereits eine identische Datenkopie gespeichert wurde, finden eine Parallele in den Fällen der unregelmäßigen Verwahrung i.S.v. § 700 BGB. Denn auch der Eigentümer einer vertretbaren Sache kann sich darauf einlassen, dass er nicht *seine* Sache aus der Verwahrung zurück erhält, sondern eine identische andere Sache. Der Eigentümer verliert in diesem Fall sein Eigentum, der Verwahrer hat aber „Sachen von gleicher Art, Güte und Menge zurückzugewähren" (§ 700 Abs. 1 Satz 1 BGB).

III. Zwischenergebnis

Die Untersuchung hat gezeigt, dass im Hinblick auf digitale Daten eine planwidrige Regelungslücke gegeben ist. Nach den derzeit bestehenden Vorschriften sind Daten unzureichend geschützt. Ihrer tatsächlichen Behandlung als Gegenstände des Rechtsverkehrs wird nicht genügend Rechnung getragen. Der Numerus clausus steht einer Analogie zum Sacheigentum nicht entgegen, solange Bezugsgegenstand, Inhalt und Grenzen hinreichend klar sind.

Dass dies der Fall ist, hat sich innerhalb der Analyse einer „vergleichbaren Interessenlage" gezeigt. Eigentumsrechte sind nicht so stark auf einen körperlichen Gegenstand bezogen, dass eine Ausweitung auf digitale Daten unmöglich wäre. Entscheidend ist, dass digitale Daten abgrenzbar sind und der Rechtsinha-

---

[281] So aber *Boehm*, ZEuP 2016, 358 (385).
[282] Vgl. *Boehm*, ZEuP 2016, 358 (385).

ber Dritte auch tatsächlich von der Nutzung ausschließen kann. Dies ist bei Daten, die ein digitales Werkexemplar enthalten, der Fall. Über den Inhalt (das Werkexemplar) lassen sich die digitalen Daten hinreichend klar abgrenzen. Der Erwerber des digitalen Werkexemplars ist auch nicht dauerhaft auf Vermittler angewiesen, um auf die Daten zugreifen zu können und kann Dritte von der Nutzung der Daten ausschließen. Es existiert mithin ein Dateneigentum analog § 903 BGB.

D. Ausschließliche Rechte

Daten eine Ausschließungsfunktion zuzusprechen, ist – wie oben festgestellt – möglich. Zu den ausschließlichen Rechten des Dateneigentümers zählen sowohl die Abwehrbefugnis (I.) als auch ein Herausgabeanspruch (II.). Nicht-rivale Nutzungen können hingegen in der Regel nicht abgewehrt werden (III.).

I. Abwehrbefugnis

Dem Inhaber der digitalen Daten eine Abwehrbefugnis gegenüber Dritten zu gewähren, ist nicht nur möglich, sondern auch geboten. Denn Daten sind ähnlichen Angriffen ausgesetzt wie körperliche Gegenstände.[283] So können Daten verändert oder gelöscht werden. Dies betrifft sie in ihrer Integrität und entspricht der Beschädigung oder Zerstörung von Sacheigentum.[284]

Deswegen sprechen sich Teile der Literatur mittlerweile für die Anerkennung von Daten als „sonstiges Recht" i. S. v. § 823 Abs. 1 BGB aus.[285] Der an den Daten Berechtigte habe einen Anspruch auf Schadensersatz, wenn die Daten rechtswidrig verändert oder gelöscht werden.[286] Und auch die Rechtsprechung erkennt an, dass der Verlust von Datenbeständen Schadensersatzansprüche auslösen

---

[283] So auch für Software *Bartsch*, CR 2010, 553: „Angriffe gegen die Rechtsgüter ‚Sache' und ‚Software' haben also starke Parallelen."

[284] Vgl. *Bartsch*, CR 2010, 553; *ders.*, in: FS J. Schneider, S. 297 (301 f. Rn. 28); *Zech*, S. 310. *Bartsch* will den Schutz allerdings durch eine „Erheblichkeitsschwelle" begrenzen: nur wenn ein gewisser Investitionsaufwand zur Wiederherstellung der Daten (in Anlehnung an § 87a UrhG) notwendig ist, liegt eine Verletzung vor.

[285] So etwa *Bartsch*, CR 2010, 553 (559); *ders.*, in: FS J. Schneider, S. 297 (300); *Faustmann*, VuR 2006, 260 (263) („Recht am verkörperten Datenbestand" als sonstiges Recht gem. § 823 Abs. 1 BGB); *Hoeren*, MMR 2013, 486 (491) und *Hoeren/Völkel*, in: Big Data und Recht, S. 11 (36 f.).

[286] *Beurskens*, in: Einheit des Privatrechts, S. 443 (471); *Hoeren*, MMR 2013, 486 (491) und *Hoeren/Völkel*, in: Big Data und Recht, S. 11 (36 f.)

kann.[287] Im Übrigen können Daten einen ebenso großen Wert wie körperliche Gegenstände haben. Daher ist auch gesellschaftlich akzeptiert, dass nicht nur fremde Sachen, sondern auch fremde Daten nicht zerstört werden dürfen.[288] Die fehlende Körperlichkeit von Daten und ihre leichte Kopierbarkeit können im Rahmen eines Mitverschuldens des Dateninhabers berücksichtigt werden. Diesem obliegt es, seine Daten in zumutbarem Umfang zu sichern und insbesondere einer fahrlässigen Verletzung durch Dritte vorzubeugen.[289]

Anstatt dieses ausschließliche Recht an Daten auf die Zwecke des Deliktsrechts zu beschränken, ist in der Abwehrbefugnis des Inhabers digitaler Daten ein weiteres Indiz für die Eigentumsqualität von Daten analog § 903 BGB zu sehen.[290]

II. Herausgabeanspruch

Daneben sind Fälle denkbar, in denen Daten ihrem Inhaber entzogen werden. Dies kann zum einen durch die Wegnahme eines Datenträgers geschehen, zum anderen durch technische Blockaden. Der Inhaber benötigt in diesen Fällen einen Anspruch auf Herausgabe der Daten.[291] Mangels Körperlichkeit können die Daten nicht in gleicher Weise „herausgegeben" werden, wie eine Sache. In Frage steht allerdings eine analoge Anwendung des § 903 BGB und daher kann auch § 985 BGB nur analog auf digitale Daten angewendet werden. § 985 BGB setzt die Situation voraus, dass ein Dritter, der nicht Eigentümer ist, die Sache in Besitz hat, ohne ein entsprechendes Recht innezuhaben. An digitalen Daten kann Besitz, im Sinne einer tatsächlichen Sachherrschaft, nur bei gleichzeitigem Besitz des körperlichen Speichermediums existieren. Dennoch sind Situationen

---

[287] Vgl. BGHZ 133, 155 (161) = NJW 1996, 2924 (2926) – *Optikprogramm*: „[Die Klägerin] will Schadensersatz wegen des Verlustes des Datenbestandes selbst, der als solcher ein selbständiges vermögenswertes Gut darstellt, wie daran deutlich wird, daß er für sich von der Kl. gegen Entgelt veräußert werden könnte." Siehe hierzu *Schefzig*, K&R Beihefter 3/2015, 3 (4), der einschränkt: „Zwar hat der BGH schon 1996 einen Datenbestand als ‚ein selbständiges vermögenswertes Gut' bezeichnet, das Gericht leitet daraus aber nur ab, dass der Verlust des Datenbestandes für die Bestimmung der Höhe des Schadens von Bedeutung ist. Ein sonstiges Recht an Daten ergibt sich aus dieser Rechtsprechung nicht." Vgl. ferner OLG Oldenburg CR 2012, 77, das den Anspruch allerdings mit einer Verletzung des Eigentums am Datenträger begründet.

[288] Vgl. *Beurskens*, in: Einheit des Privatrechts, S. 443 (454 f.).

[289] Ähnlich *Bartsch*, in: FS J. Schneider, S. 297 (302 Rn. 29).

[290] A.A. *Berberich*, S. 178: „Rechtliche Anerkennung fließt dabei nicht aus der absoluten Zuweisung eines Herrschaftsgegenstandes. Vielmehr *erwächst* der Herrschaftsgegenstand selbst, für den de lege lata keines der Zuweisungsregime des BGB passt, aus dem ihm gewährten Schutz heraus."

[291] *Bartsch*, CR 2010, 553.

denkbar, in denen ein unberechtigter Dritter dem Dateneigentümer sein Recht, insbesondere die Möglichkeit, die Daten zu nutzen, vorenthält. Im digitalen Bereich tritt dabei an die Stelle der Sachherrschaft die tatsächliche Zugriffs- und Nutzungsmöglichkeit.[292] Indem beispielsweise technische Blockaden errichtet werden, die den Zugang zu einem dezentralen Speicher verwehren, oder der Speicherort einer Datei verschleiert wird, können Dritte dem Eigentümer die Möglichkeit nehmen, auf die Daten zuzugreifen und sie zu nutzen (ohne dass die Daten dabei gelöscht werden). In diesen Fällen zielt der Herausgabeanspruch auf den Abbau der technischen Blockade bzw. Preisgabe der notwendigen Informationen zum Auffinden der Daten.[293] Vergleichbar sind diese Fälle mit Situationen im analogen Bereich, in denen der unrechtmäßige Besitzer ein von ihm angebrachtes Schloss entfernen muss oder einen Schlüssel herauszugeben hat.[294]

Gegen eine Anwendung des § 985 BGB auf Daten wird teilweise vorgebracht, dass dieser die Übergabe einer Sache betreffe.[295] Jedenfalls wenn der Unberechtigte die Daten kopiert habe, sei der Berechtigte lediglich an der Löschung der Daten interessiert und nicht an deren Herausgabe.[296] Diese Argumentation verschleiert allerdings, dass in den angeführten Fällen nicht die Zielrichtung des § 985 BGB nicht passt, sondern bereits dessen Voraussetzungen nicht vorliegen. Denn Daten sind jedenfalls nur dann „herauszugeben", wenn der Besitzende durch seine Handlung nicht selbst Eigentümer des Datensatzes geworden ist. Anhand welcher Kriterien die Eigentumsstellung zu bestimmen ist, wird im Abschnitt zur Rechtsinhaberschaft untersucht.[297] Ob daneben ein Anspruch auf Löschung einer (nicht im Eigentum des Dateninhabers stehenden) Kopie besteht, richtet sich danach, ob der Dateneigentümer auch nicht-rivalisierende Nutzungen abwehren kann.

III. Abwehr nicht-rivalisierender Nutzungen

Die einfache und verlustfreie Kopierbarkeit, also Vervielfältigung, von digitalen Daten wirft zwangsläufig die Frage auf, ob Dateneigentum gegen Kopie schützt. Wäre dies der Fall, würde dem Inhaber mithin die Befugnis zustehen,

---

[292] Ähnlich *Berberich/Golla*, PinG 2016, 165 (169).

[293] Vgl. *Hoeren*, MMR 2013, 486 (490). Ebenso *Hoeren/Völkel*, in: Big Data und Recht, S. 11 (35 f.) (Entfernung von Zugangshindernissen, wie Verschlüsselungen, Passwörter oder Sperren).

[294] Vgl. für die Pflichten eines Mitbesitzers im Rahmen von § 985 BGB: MüKo/*Baldus*, BGB, § 985 Rn. 37; Staudinger/*Gursky*, BGB, § 985 Rn. 66.

[295] *Peukert*, S. 216.

[296] MüKo/*Baldus*, BGB, § 985 Rn. 32 und 39.

[297] § 9.E.

auch nicht-rivalisierende Nutzungen durch Dritte abzuwehren. Im Folgenden soll kurz erläutert werden, welche Gedanken hinter einer generellen Begrenzung der Eigentümerbefugnisse auf rivalisierende Nutzungen stehen und inwieweit diese Gedanken auch bei digitalen Gütern tragen (1.). Sodann wird untersucht, ob und in welchen Fällen es – sowohl bei Sacheigentum als auch bei Dateneigentum – gerechtfertigt ist, auch nicht-rivalisierende Nutzungen dem Herrschaftsrecht des Eigentümers zu unterstellen (2.).

1. Hintergrund der Begrenzung auf rivalisierende Nutzungen

Die bereits angesprochene rechtsökonomische Eigentumstheorie[298] erklärt wohl am deutlichsten, warum sich die Rechte des Eigentümers grundsätzlich auf rivalisierende Nutzungen beschränken. Zweck der Zuweisung von Privateigentum ist hiernach, eine effizientere Nutzung von Ressourcen bei gleichzeitiger Verhinderung von Übernutzung.[299] Die Gefahr der Übernutzung eines Guts ist allerdings nur dann denkbar, wenn dessen Nutzung rivalisierend ist. Kann jedermann beliebig und gleichzeitig ein Gut nutzen, ist eine exklusive Zuteilung weder notwendig noch effizient. Dementsprechend ist in der Ökonomie

„in der Tendenz doch erkennbar, dass *property rules* umso eher gefordert werden, je rivalisierender die Nutzung und exklusiver das Gut ist, während derartige Rechte umso umstrittener sind, je weniger diese Charakteristika gegeben sind."[300]

Beispiele für knappe Güter sind insbesondere Naturgüter. Das Phänomen der „Tragik der Allmende" ereignet sich dann, wenn ein knappes Gut nicht exklusiv zugewiesen und daher von der Gesellschaft übermäßig genutzt wird.[301]

Digitale Daten sind in diesem Sinne zwar kein „knappes Gut", weil sie mit verschwindend geringem Kostenaufwand reproduziert werden können. Das bedeutet indes aber nicht, dass sie keinen Eigentumsschutz beanspruchen können.[302] Zum einen ist die leichte Kopierbarkeit digitaler Daten in vielen Bereichen durch technische Maßnahmen erheblich eingeschränkt. Damit werden die Daten faktisch verknappt, auch wenn dies nicht bereits durch die Gesetze der Natur vorgegeben ist.[303] Dass Märkte für digitale Inhalte existieren, auf denen

---

[298] Siehe oben § 9 C.II.1.

[299] Vgl. *Demsetz*, 57 The American Economic Review, 347, 355 f. (1967); *Tietzel*, ZfW 30 (1981), 207 (217 f.); *Zech*, S. 278.

[300] *Peukert*, S. 105.

[301] Vgl. nur *Ostrom*, S. 2 f.

[302] So auch *A. Wagner*, S. 61: Knappheit ist „kein Wesensmerkmal des Sachenrechts, sondern seiner (herkömmlichen) Regelungsmaterie in der Realität."

[303] Vgl. *Lessig*, 113 Harvard Law Review, 501, 523 f. (1999); *Peukert*, in: Interessenausgleich im Urheberrecht, S. 11 (14) (für urheberrechtlich geschützte Werke); *A. Wagner*, S. 60. Vgl. auch *Preuß*, S. 44: „Erst das digitale Zeitalter scheint die Tendenz immaterieller Güter, zur

Personen bereit sind, für Daten zu zahlen, bestätigt dies. Zum anderen kann fehlende oder geringe Knappheit kein Ausschlusskriterium für die Anerkennung von Eigentum an Daten sein, weil dieser Aspekt Sachen ebenfalls nicht als potentiellen Eigentumsgegenstand disqualifiziert. So können auch körperliche Gegenstände durchaus mit nahezu inexistenten Kosten produziert werden und somit kein „knappes Gut" sein. Eine 1000-Stück Packung Büroklammern kostet zum Beispiel etwa 1,50 Euro, die einzelne Klammer also 0,0015 Euro. Der Herstellungspreis wird sogar noch deutlich darunter liegen. Das Integritätsinteresse des Eigentümers einer Büroklammer wird natürlich vernachlässigbar sein. An der Eigentumsfähigkeit des Gegenstands bestehen aber dennoch keine Zweifel.

2. Partielle Erweiterung auf nicht-rivalisierende Nutzungen

Das Sachenrecht beschränkt sich grundsätzlich auf die Zuweisung rivaler Befugnisse.[304] § 903 BGB bezieht sich auf Handlungen, die „die Sache selbst" betreffen.[305] Eine rivalisierende Nutzung liegt nach *Peukert* vor, „wenn die Nutzung durch Person A den Nutzwert des Gutes für Person B reduziert bzw. beeinträchtigt, weil B das Gut nicht mehr wie zuvor einzusetzen vermag."[306] Vervielfältigungen der Sache kann der Eigentümer daher nicht verhindern.[307] Deshalb sollen Bildaufnahmen von Eigentumsgegenständen nicht unter die Befugnisse des Sacheigentümers fallen.[308] Eine Ausnahme existiert jedoch für Bildaufnahmen von Gegenständen, die erst nach dem Betreten eines privaten Grundstücks möglich sind. So entschied der BGH, dass das Eigentum an einem Grundstück auch durch die Verwertung von Aufnahmen von den auf ihm errichteten Bauwerken sowie den angelegten Gärten und Parks beeinträchtigt werden kann.[309] Der Eigentumsschutz berechtigt demnach nicht nur zur Abwehr von physischen Eingriffen. Allein darin, dass die Sache in „einer dem Willen des Eigentümers wi-

---

Ubiquität zu neigen, durchbrechen zu können." Ferner (Fn. 4): „Um das Kriterium der Handelbarkeit im Internet realisieren zu können, bieten sich den Rechteinhabern neben der rechtlichen Handhabe zwar auch technische Maßnahmen, den Daten bereits auf vorrechtlicher Ebene, auf der Ebene der Codierung, eine gewisse Ausschließlichkeit zu verleihen. Kopierschutzmechanismen, insbesondere das *Digital Rights Management* [...], sollen helfen, dem freien Zugriff auf die Inhalte vorzubeugen."

[304] *Zech*, S. 276.

[305] *Peukert*, S. 220 („die Sache selbst betreffendes Verhalten"); *Zech*, S. 276.

[306] *Peukert*, S. 220.

[307] Vgl. *Zech*, S. 278 f.: „Mangels Rivalität handelt es sich bei der Möglichkeit zur Vervielfältigung um eine unbegrenzt zur Verfügung stehende Ressource. Durch das Vervielfältigen kommt es auch nicht zu einer Beeinträchtigung der Sache, so dass keine Übernutzung droht."

[308] *Peukert*, S. 220 ff.

[309] BGH GRUR 2011, 323 (325 Rn. 17) – *Preußische Gärten und Parkanlagen*; BGH GRUR 2013, 623 (624 Rn. 12) – *Preußische Gärten und Parkanlagen II*.

dersprechenden Weise genutzt wird", kann eine Beeinträchtigung liegen.[310] Voraussetzung ist jedoch, dass das Grundstück zu diesem Zweck betreten werden muss, die Bilder also nicht von einem öffentlich zugänglichen Standort aus hätten aufgenommen werden können.[311]

Digitale Daten können sowohl rivalisierend als auch nicht-rivalisierend genutzt werden. Eine rivalisierende Nutzung kann in ihrer Zerstörung liegen oder in ihrem Gebrauch, wenn die Daten technisch so beschaffen sind, dass mehrere Personen nicht gleichzeitig auf sie zugreifen können. Sofern Daten nicht technisch dagegen gesichert sind, kann von ihnen somit eine identische Kopie angefertigt werden. Die Möglichkeit der nicht-rivalisierenden Nutzung ist in gewissem Maß auch bei körperlichen Gegenständen gegeben, wie soeben festgestellt. Werden Sachen beispielsweise fotografiert, nutzt man sie, ohne dass sich ihr „Nutzwert" mindert. Die Möglichkeit der nicht-rivalisierenden Nutzung steht einem Eigentum an Daten also nicht entgegen. Entscheidend ist vielmehr, ob der Inhaber entsprechende nicht-rivalisierende Nutzung untersagen kann.

Bei dieser Entscheidung können die Wertungen für das Sacheigentum im Wesentlichen übernommen werden. Im Grundsatz beschränken sich also auch die Ausschließlichkeitsrechte beim Dateneigentum auf rivalisierende Nutzungen. Für körperliche Gegenstände wird, wie eben angesprochen, eine Ausnahme für den Fall von Vervielfältigungen gemacht, die ohne Einverständnis des Eigentümers erfolgen und nur unter Betreten von dessen Grundstück möglich sind. Diese Regel muss bei der Übertragung auf Dateneigentum nur minimal modifiziert werden. Denn Vervielfältigungen von digitalen Daten werden in vielen Fällen automatisch angefertigt. Werden digitale Daten einer Person zum Abruf bereitgestellt, ist dies zwangsläufig mit einer Kopie verbunden. Will der Eigentümer einer digitalen Datei verhindern, dass andere Kopien hiervon anfertigen, darf er sie nicht frei (z.B. im Internet) zur Verfügung stellen. Er muss seinen entgegenstehenden Willen vielmehr „technisch" formulieren, indem er die Daten entsprechend sichert bzw. in einem geschützten Bereich aufbewahrt.[312] Letzteres ist beispielsweise der Fall, wenn der Inhaber digitale Inhalte in einem Cloud-Locker gespeichert hat. Verschafft sich ein Dritter unbefugt Zugang zu diesem geschützten Bereich oder überwindet die Sicherung der Daten, so greift die Kopie, die er

---

[310] BGH GRUR 2011, 323 (325 Rn. 17) – *Preußische Gärten und Parkanlagen.*

[311] BGH GRUR 2011, 323 (325 Rn. 18) – *Preußische Gärten und Parkanlagen*; BGH GRUR 2013, 623 (624 Rn. 14) – *Preußische Gärten und Parkanlagen II.*

[312] Die hier diskutierten Rechte an digitalen Daten sind nicht mit den ggf. an den Inhalten bestehenden Rechten zu verwechseln. Selbstverständlich kann die Anfertigung einer digitalen Kopie (auch ohne Sicherung des Datensatzes) in etwaige Immaterialgüterrechte eingreifen. Diese entgegenstehenden Rechte liegen aber auf einer anderen Ebene, nämlich auf der „geistigen Ebene". Hierzu unten § 10.

von den Daten anfertigt, in das Recht des Eigentümers ein. Ebenso verhält es sich, wenn sich Dritte in den Rechner einer anderen Person „hacken" und die dort vorhandenen Daten kopieren. Auch diese Handlung greift in das Ausschließlichkeitsrecht des Eigentümers ein. Diese Abgrenzung zwischen erlaubter und unerlaubter nicht-rivalisierender Nutzung findet ein Vorbild in den Vorschriften des Datenstrafrechts. Nach § 202a Abs. 1 StGB macht sich strafbar,

> „[w]er unbefugt sich oder einem anderen Zugang zu Daten, die nicht für ihn bestimmt und die gegen unberechtigten Zugang besonders gesichert sind, unter Überwindung der Zugangssicherung verschafft [...]".

Daten „auszuspähen" ist folglich nicht immer verboten, sondern nur dann, wenn der rechtmäßige Nutzer das Interesse an ihrer Geheimhaltung dadurch kenntlich gemacht hat, dass er die Daten mit Sicherungsmaßnahmen versehen hat.[313]

Das Ausschließlichkeitsrecht des Dateneigentümers umfasst mithin – ebenso wie das des Sacheigentümers – grundsätzlich nur rivalisierende Nutzungen. Allein dann, wenn der Eigentümer seine Daten gesichert hat oder geschützt aufbewahrt, greifen unerlaubte Kopien der Daten ausnahmsweise in sein Ausschließlichkeitsrecht ein.

E. Rechtsinhaberschaft

Die Frage nach der Rechtsinhaberschaft an Daten stellt sich zunächst im Hinblick auf den originären Eigentümer (I.). Ergänzend ist zu untersuchen, in welchem Verhältnis das Eigentum an den Daten zum Sacheigentum am Speichermedium steht, wenn die Rechtsinhaber nicht identisch sind (II.). Für diese Fragen lässt sich die Diskussion um die Zuweisung von (Personen- oder Maschinen-) Daten, die im Rahmen von „Big Data"-Verfahren generiert werden, fruchtbar machen.[314]

I. Originäre Rechtsinhaberschaft

Für die originäre Inhaberschaft an digitalen Daten kommen verschiedene Personen bzw. Beteiligte in Betracht.

---

[313] Vgl. *Hilgendorf*, JuS 1996, 509 (511).

[314] Siehe hierzu *Becker*, in: FS Fezer, S. 815; *Berberich/Golla*, PinG 2016, 165; *Heun/Assion*, CR 2015, 812; *Hoeren*, in: FS J. Schneider, S. 303; *Zech*, CR 2015, 137. Siehe auch *Heymann*, CR 2015, 807 (810); *Wiebe*, GRUR Int. 2016, 877 (883), die insbesondere wegen der Schwierigkeit der Bestimmung des Berechtigten kritisch zu der Anerkennung eines Dateneigentums stehen.

1. Eigentümer des Trägermediums

Die Inhaberschaft an den Daten in Gleichlauf mit der Inhaberschaft am Trägermedium zu bringen, ist nicht überzeugend. Hierdurch wäre wenig gewonnen; denn wie in den vorangegangenen Ausführungen verdeutlicht, ist eine Gleichsetzung von digitalen Daten mit dem Speichermedium, auf dem sie sich befinden, unflexibel und führt nicht zu sinnvollen Ergebnissen. Insbesondere muss die Rechtsinhaberschaft an den Daten und am Speichermedium auseinanderfallen können, weil gerade bei der Nutzung dezentraler Speichereinrichtungen oder Großcomputern der Eigentümer dieser Anlagen meist keine Verbindung zu bzw. Interesse an den Daten hat.[315] Das Sacheigentum am Trägermedium ist daher kein geeigneter Anknüpfungspunkt.[316]

2. „Geistiger Urheber"

Als Anknüpfungspunkt für die Rechtsinhaberschaft kommt auch die „geistige Urheberschaft" in Betracht. Demnach würde die Person, die den geistigen Inhalt der Daten geschaffen hat, automatisch Inhaberin des Datensatzes, in dem dieser geistige Inhalt niedergelegt ist. Dieser Weg ist allerdings unpraktikabel.[317] Nicht jeder digitale Datensatz hat einen geistigen Urheber. Möglich ist auch, dass ein Datensatz durch Aufzeichnung generiert wird. Zudem würde keine angemessene Publizität ermöglicht. Denn „[j]ede Kopie des Inhalts von Daten oder auch nur die Eingabe eines zuvor analog verkörperten Gedankeninhalts in digitale Daten würde [...] dem ursprünglichen Urheber des Inhalts zufallen."[318] Dies würde zu einer enorm unübersichtlichen und schwer nachzuvollziehenden Eigentumslage führen, weil der Urheber des geistigen Inhalts nicht unbedingt aus dem Datensatz hervorgeht.

Wenn *Preuß* gegen die Anerkennung von Eigentum an Daten argumentiert, dass ein solches Recht „nicht allein das konkrete Datum des Betroffenen umfassen, sondern [...] sich konsequenterweise auf alle identischen Codierungen be-

---

[315] Vgl. *Hilgendorf*, JuS 1996, 890 (892 f.); *Hoeren/Völkel*, in: Big Data und Recht, S. 11 (24).

[316] So auch *Arkenau/Wübbelmann*, in: Internet der Dinge, S. 95 (102); *Heun/Assion*, CR 2015, 812 (814) („Einfache Lösungsansätze in der Weise, dass beispielsweise ein Recht am Datum immer das Recht am Gegenstand nach sich ziehe, oder umgekehrt, sind zurückzuweisen."); *Hoeren*, MMR 2013, 486 (487); *ders.*, in: FS J. Schneider, S. 303 (309 Rn. 17); *Specht*, CR 2016, 288 (292) („Das Sacheigentum enthält keine Regelungen dazu, wie mit Inhalten des Trägermediums zu verfahren ist, ob und wie diese genutzt werden dürfen.").

[317] *Hoeren*, in: FS J. Schneider, S. 303 (308 Rn. 15). Ebenso *Hoeren/Völkel*, in: Big Data und Recht, 2014, S. 11 (25).

[318] *Hoeren*, in: FS J. Schneider, S. 303 (308 Rn. 15). Ebenso *Hoeren/Völkel*, in: Big Data und Recht, S. 11 (25).

ziehen [müsste]; dies dann übergreifend auf andere Speichermedien"[319], spiegelt sich hierin genau dieser falsche Ansatz wider. Gegenstand des Eigentums ist eben kein „ubiquitäres Immaterialgut", welches mit anderen Datensätzen „jeweils exakt übereinstimmen" würde.[320] Deshalb bezieht es sich auch nicht auf alle Daten, die inhaltlich identisch sind, sondern nur auf einen konkreten Datenbestand.[321]

Ebenso wie die Beurteilung anhand des Eigentums am Speichermedium, leidet auch die Anknüpfung an die geistige Urheberschaft an einer Vermengung der verschiedenen Ebenen. Die Eigenständigkeit der digitalen Daten-Ebene muss sich auch gegenüber den in ihr enthaltenen (geistigen) Informationen behaupten. Es gilt daher, die Inhaberschaft an den digitalen Inhalten weder von einem Speichermedium, noch von ihrem informationellen Inhalt abhängig zu machen.[322]

3. „Skribent"

Das Augenmerk ist stattdessen auf die Entstehung der Daten zu legen. Der Datensatz entsteht durch die Einspeicherung. Im Rahmen der Straftatbestände der §§ 202a-c und 303a StGB wird die Person des Berechtigten an den Daten anhand dieses Vorgangs bestimmt. Nach *Welp* ist derjenige Berechtigter, der die Daten technisch erstellt und somit den „Skripturakt" vornimmt.[323] Auch für die zivil-

---

[319] *Preuß*, S. 77 f.

[320] So aber *Preuß*, S. 77 f.

[321] Auch *Preuß*, S. 78, kommt daher zu dem Ergebnis, dass lediglich auf einen konkreten Datenbestand abgestellt werden könne, hiergegen spreche aber, dass „[d]ieser ‚Bestand' allerdings ebenso wenig einer absoluten Zuordnung fähig [wäre], da er in seiner Zusammensetzung ständigen Veränderungen unterliegen kann." Diese Schlussfolgerung leuchtet nicht ein. Auch körperliche Sachen können – etwa durch Alterungsprozesse oder Abnutzungserscheinungen – gewissen physischen Veränderungen unterliegen.

[322] Dies wird etwa bei *Wiebe*, GRUR Int. 2016, 877 (882), deutlich, wenn er ausführt: „With respect to novelty, however, the analysis could draw on the question whether this data has been created or stored before. However, it appears to be difficult to identify, if a line of 1's and 0's has been stored or produced before. In this respect it is relevant that data is an abstract concept that has to be separated from its physical embodiment. At least, a thorough analysis from information science would be needed to establish concepts that could enable us to meaningfully identify 'new' data. The only qualifying criterion which would be easier to verify is the investment also implemented in the database *sui generis* protection." Wie hier auch *Hoeren*, in: FS J. Schneider, S. 303 (308 Rn. 15). Ebenso *Hoeren/Völkel*, in: Big Data und Recht, S. 11 (25). Gleiches gilt für die Anknüpfung an die Person des Betroffenen, wenn der Datensatz personenbezogene Informationen beinhaltet, vgl. hierzu *Specht*, CR 2016, 288 (292): in Anlehnung an § 3 BDSG könnte das Eigentum an Daten der Person zustehen, die von ihnen betroffen ist, zu der also ein inhaltlicher Bezug besteht.

[323] *Welp*, IuR 1988, 443 (448): Der „Skripturakt" besteht „in der *Eingabe* der zu speichernden oder zu übermittelnden Daten in eine Datenverarbeitungsanlage". Zustimmend *Hilgendorf*, JuS 1996, 890 (893).

rechtliche Bestimmung des Rechtsinhabers ist dieses Kriterium tauglich.[324] Insbesondere *Hoeren* spricht sich beim Dateneigentum für eine entsprechende Zuweisung aus, weil so die Natur und der technische Entstehungsprozess der digitalen Daten berücksichtigt würden.[325] Dieser Sicht schloss sich auch das OLG Naumburg an und stellte fest:

> „Dateninhaber ist [...] derjenige, der die Daten erzeugt, also ihre Speicherung selbst unmittelbar bewirkt hat, sei es durch Eingabe der Daten, sei es durch den Start eines selbsttätig speichernden Programms oder durch Bewirkung der Einspeisung externer Daten. Das gilt auch für profan-physische Akte, wie dem Betreiben einer Mikrowelle mit Datenspeicher oder dem Auslösen einer Digitalkamera."[326]

Dagegen sieht *Beurskens* im Vorgang der Einspeicherung lediglich ein „primäres Indiz".[327] Die „Berechtigung an den Inhalten" könne aber zu einer Korrektur zwingen und den „dahinterstehenden Dritten" zum Inhaber machen.[328] Dieser Einschränkung ist nicht zuzustimmen. Die Anerkennung eines Eigentums an digitalen Daten beruht auf der strengen Trennung zwischen geistigem Inhalt, körperlichem Speichermedium und digitalem Datensatz. Zwar können die Ebenen Einfluss aufeinander nehmen und sich gegenseitig einschränken. Sie können einander aber nicht in Bezug auf die originäre Berechtigung überlagern. Das Eigentum am Speichermedium kann, ebenso wie urheberrechtliche Berechtigungen, den Inhaber der digitalen Daten in seiner Nutzungsfreiheit einschränken und dazu führen, dass die Löschung der Daten gerechtfertigt ist. Sie führen aber nicht zu einer Rechtsinhaberstellung.

Welche Person „Skribent" ist, kann zweifelhaft sein, wenn der Datensatz im Rahmen eines automatisierten Vorgangs erzeugt wurde. Dies ist bei Daten, die durch Maschinen oder persönliche Geräte gesammelt werden, der Fall. Beispielsweise kann der Bordcomputer eines Fahrzeugs Daten über seine Umgebung, zurückgelegte Fahrstrecken oder die Fahrweise seines Nutzers sammeln und speichern. Fitnessarmbänder können Informationen über sportliche Aktivitäten und die physische Verfassung ihres Trägers aufzeichnen. Hier kommt der Hersteller der Software, welche die Datenerhebung auslöst und speichert, ebenso

---

[324] So auch OLG Naumburg CR 2016, 83 Rn. 25; *Arkenau/Wübbelmann*, in: Internet der Dinge, S. 95 (103); *Hoeren*, MMR 2013, 486 (487). Ebenso *ders.*, in: FS J. Schneider, S. 303 (308 Rn. 16); *Hoeren/Völkel*, in: Big Data und Recht, S. 11 (26).

[325] *Hoeren*, MMR 2013, 486 (487): „Dieses Kriterium ist insofern dogmatisch und praktisch brauchbar, weil es gerade an die spezifische Dateneigenschaft anknüpft. Der ‚Skribent' ist der technische ‚Ersteller' der Daten, zunächst unabhängig davon, auf wessen Medium die Speicherung geschieht und wer geistig den Inhalt geprägt hat." Ebenso *ders.*, in: FS J. Schneider, S. 303 (308 Rn. 16); *Hoeren/Völkel*, in: Big Data und Recht, S. 11 (26).

[326] OLG Naumburg CR 2016, 83 Rn. 25.

[327] *Beurskens*, in: Einheit des Privatrechts, S. 443 (459).

[328] *Beurskens*, in: Einheit des Privatrechts, S. 443 (460).

in Betracht wie der Hersteller der Maschine (das Fahrzeug oder das Armband), die das Programm ausführt oder die Person, die die Maschine bedient (der Fahrer) oder das persönliche Gerät trägt. Die hierzu vertretenen Meinungen decken ein breites Spektrum ab. Einen stark persönlichkeitsorientierten Ansatz vertritt *Fezer*, der stets die Person, durch deren Verhalten die Daten generiert wurden („Datenproduzent"), als Dateninhaber ansieht.[329] Auch die Europäische Kommission regt an, dem „Erzeuger der Daten" das Recht zur Nutzung der von ihm generierten Daten zuzuweisen.[330]

Ein differenzierender Vorschlag stammt von *Becker*. Hiernach soll zwar generell auf die Person des Maschinenbetreibers abzustellen sein, weil diese ein großes Interesse an der Geheimhaltung der generierten Daten habe und zudem auf diese Weise sämtliche Daten, die in einem Betrieb erzeugt würden, in eine Hand zusammenfielen.[331] Bei Privathaushalten sei es jedoch sinnvoller, den Hersteller des Geräts als Rechtsinhaber anzuerkennen, weil die nutzende Privatperson keine wesentliche Leistung erbringe und die Daten ohnehin nicht selber nutzen könne.[332] Zu ähnlichen Ergebnissen kommt *Zech*, der, de lege ferenda, den wirtschaftlich zu bestimmenden Datenerzeuger, den „Codierenden", als Rechtsinhaber vorschlägt.[333] Eher sach-orientiert bestimmen *Heun/Assion* den Dateninhaber: Daten seien Nutzungen einer Sache i. S. v. § 100 BGB.[334] Dementsprechend sei der Eigentümer der Sache im Zweifel auch Dateninhaber.[335] Abweichende vertragliche Vereinbarungen sollen allerdings zulässig sein.[336]

Für die hier untersuchten Daten stellen diese Schwierigkeiten kaum ein Problem dar. Digitale Inhalte wie E-Books, Musik-, Filmdateien und Software werden nicht automatisch generiert, sondern bewusst und gewollt hergestellt. Denkbar und realistisch ist zwar, dass digitale Inhalte in Arbeits- oder Angestelltenverhältnissen produziert werden. In diesem Fall existiert aber eine (zumindest konkludente) vertragliche Regelung zwischen den Parteien, die dem Arbeit- bzw. Auftraggeber das Eigentum an den Daten sichert. Die Inhaberschaft an den Da-

---

[329] *Fezer*, MMR 2017, 3 f.

[330] Mitteilung der Kommission an das Europäische Parlament, den Rat, den Europäischen Wirtschafts- und Sozialausschuss und den Ausschuss der Regionen. „Aufbau einer Europäischen Datenwirtschaft", COM(2017) 9 final, S. 14, abrufbar unter: http://eur-lex.europa.eu/legal-content/DE/ALL/?uri=COM%3A2017%3A9%3AFIN, zuletzt abgerufen am 1.1.2019.

[331] *Becker*, in: FS Fezer, S. 815 (825).

[332] *Becker*, in: FS Fezer, S. 815 (825 f.). Den Verbrauchern könnte dann aber in Bezug auf die Datenerhebung immerhin ein Vetorecht zustehen (S. 826).

[333] *Zech*, S. 422 ff. Ebenso *ders.*, ZGE 9 (2017), 317, 325.

[334] *Heun/Assion*, CR 2015, 812 (818); *Assion*, CR 2016, 83 (85).

[335] *Heun/Assion*, CR 2015, 812 (818); *Assion*, CR 2016, 83 (84).

[336] *Heun/Assion*, CR 2015, 812 (818); *Assion*, CR 2016, 83 (85).

ten ist insofern schuldrechtlichen Vereinbarungen zugänglich.[337] Entsprechende Vereinbarungen sind – anders als bei Maschinen- oder Personendaten – weder überraschend, noch stehen sie in Konflikt mit Geheimhaltungsinteressen oder der Privatsphäre der agierenden Person.

Folglich ist der Hersteller der digitalen Inhalte auch der originäre Rechtsinhaber des Datensatzes.

II. Verhältnis zum Sacheigentum

Ein eigenständiges Eigentum an digitalen Daten in Händen des Skribenten anzunehmen, wirft die Frage auf, in welchem Verhältnis dieses Recht zum Sacheigentum an dem jeweiligen Speichermedium steht.

1. Rechtsverlust des Sacheigentümers durch Verarbeitung

Die Speicherung von Daten könnte als Vorgang der Verarbeitung i. S. v. § 950 BGB angesehen werden. § 950 BGB regelt die Eigentumsrechte an einer Sache im Falle ihrer Verarbeitung. Absatz 1 lautet:

„Wer durch Verarbeitung oder Umbildung eines oder mehrerer Stoffe eine neue bewegliche Sache herstellt, erwirbt das Eigentum an der neuen Sache, sofern nicht der Wert der Verarbeitung oder der Umbildung erheblich geringer ist als der Wert des Stoffes. Als Verarbeitung gilt auch das Schreiben, Zeichnen, Malen, Drucken, Gravieren oder eine ähnliche Bearbeitung der Oberfläche."

Ob durch die Verarbeitung eine neue bewegliche Sache hergestellt wird, ist anhand der Verkehrsauffassung zu bestimmen.[338] Entscheidend ist, dass sich die Sache, bei wirtschaftlicher Betrachtung, wesentlich verändert und eine neue Funktion erhalten hat.[339] Zwischen der Sache im ursprünglichen Zustand und der verarbeiteten Sache darf also „keine Identität" bestehen.[340]

---

[337] Vgl. *Beurskens*, in: Einheit des Privatrechts, S. 443 (461); *Hilgendorf*, JuS 1996, 890 (893) (entscheidend ist, ob eine Weisungsabhängigkeit besteht); *Hoeren*, MMR 2013, 486 (490) (entsprechende Anwendung von § 950 BGB).

[338] Vgl. BGHZ 206, 211 (216 f. Rn. 17) = GRUR 2016, 109 (110) – *Kanzler Kohls Tonbänder*; BGH NJW 1978, 697; OLG Köln NJW 1991, 2570; OLG Köln NJW 1997, 2187; OLG Stuttgart NJW 2001, 2889 (2890); Erman/*Ebbing*, BGB, § 950 Rn. 4; MüKo/*Füller*, BGB, § 950 Rn. 8; Palandt/*Herrler*, BGB, § 950 Rn. 3; Staudinger/*Wiegand*, BGB, § 950 Rn. 9.

[339] Vgl. BGHZ 206, 211 (216 f. Rn. 17) = GRUR 2016, 109 (110) – *Kanzler Kohls Tonbänder*; BGH NJW 1995, 2633; Erman/*Ebbing*, BGB, § 950 Rn. 4; MüKo/*Füller*, BGB, § 950 Rn. 8 (neuer Verwendungszweck ist entscheidend).

[340] BGHZ 206, 211 (216 f. Rn. 17) = GRUR 2016, 109 (110) – *Kanzler Kohls Tonbänder*. Vgl. auch Staudinger/*Wiegand*, BGB, § 950 Rn. 9.

Umstritten ist, ob das Aufspielen von Daten (insbesondere Computerprogrammen) auf ein Speichermedium eine Verarbeitung darstellt. In einigen Urteilen wurde § 950 BGB auf die Speicherung von Computerprogrammen angewendet.[341] Dies würde bedeuten, dass der Skribent Eigentümer der Daten und des Speichermediums wird. Dagegen wird in der Literatur vorgebracht, eine Verarbeitung sei nicht gegeben, wenn die Aufnahme ohne weiteres gelöscht oder übertragen werden kann, wie dies jedenfalls bei digitalen Daten der Fall ist.[342] Zudem ändere sich nicht der Verwendungszweck des Speichermediums, wenn beispielsweise ein Computerprogramm auf eine Festplatte gespielt wird.[343] Nach einer differenzierenden Auffassung liegt allerdings immer dann eine Verarbeitung vor, wenn der Datenträger durch den Speichervorgang „nicht nur eine neue Funktion und Bezeichnung, sondern auch seine eigentliche wirtschaftliche Bedeutung" erlangt.[344] Dies soll beispielsweise bei Datenträgern, die mit Musik, Filmen oder Software bespielt und für den Verkauf bestimmt sind, der Fall sein.[345]

Dieser differenzierenden Auffassung schloß sich auch der BGH in dem Urteil *Kanzler Kohls Tonbänder* an. Der BGH entschied hier, dass die Aufnahme von Gesprächen mit einem Tonbandgerät nicht dazu führt, dass der Sprechende nach § 950 BGB Eigentümer der Tonbänder wird.[346] Denn die Aufnahme von Tondokumenten sei „Voraussetzung und Kernstück [der] bestimmungsgemäßen Benutzung" von Tonbändern.[347] Daher veränderten die Tonbänder nicht ihre Funktion, wenn sie bespielt würden.[348] Anders wäre dies bei Aufnahmemedien, die (in bespieltem Zustand) zum Verkauf bestimmt sind.[349]

---

[341] OLG Karlsruhe CR 1987, 19 (20); LAG Chemnitz CR 2008, 553. In den konkreten Fällen war der jeweilige Kläger allerdings nicht „Hersteller", weil er nur im Auftrag bzw. als Arbeitnehmer handelte. Für eine Anwendung von § 950 BGB auf die Speicherung von Daten spricht sich auch *Zech*, S. 270 f., aus.

[342] MüKo/*Füller*, BGB, § 950 Rn. 10; Staudinger/*Wiegand*, BGB, § 950 Rn. 9.

[343] MüKo/*Füller*, BGB, § 950 Rn. 10; *Hoeren*, MMR 2013, 486 (490); *Redeker*, CR 2008, 554 f.

[344] jurisPK/*Vieweg/Lorz*, BGB, § 950 Rn. 15. Ähnlich Palandt/*Herrler*, BGB § 950 Rn. 3; Staudinger/*Stieper*, BGB, § 90 Rn. 13.

[345] jurisPK/*Vieweg/Lorz*, BGB, § 950 Rn. 15.

[346] BGHZ 206, 211 (215 Rn. 11 ff.) = GRUR 2016, 109 ff. – *Kanzler Kohls Tonbänder*. Anders noch die Vorinstanz, OLG Köln MMR 2014, 684 (685 f.).

[347] BGHZ 206, 211 (217 f. Rn. 19) = GRUR 2016, 109 (110) – *Kanzler Kohls Tonbänder*.

[348] BGHZ 206, 211 (217 f. Rn. 19) = GRUR 2016, 109 (110) – *Kanzler Kohls Tonbänder*.

[349] BGHZ 206, 211 (217 f. Rn. 19) = GRUR 2016, 109 (110) – *Kanzler Kohls Tonbänder*: „Das wäre etwa dann der Fall, wenn eine unbespielte Musikkassette in einem Musikverlag mit Musiktiteln oder einem Hörbuch bespielt wird, die in dieser Form vertrieben werden sollen". *Götting*, NJW 2016, 317 (321), kritisiert dies: „Diese Begründung überzeugt nicht, sie ist formalistisch und entspricht nicht dem Zweck der Regelung des § 950 BGB, eine (sach-)gerechte

Dass hiernach der Eigentümer der Tonbänder sein Recht nicht durch Verarbeitung verliert, bedeutet allerdings nicht, dass er auch die Rechte an dem Inhalt erwerben würde: „Die Berechtigung an den Inhalten folgt anderen Regeln als das Eigentum an den Speichermedien."[350] Der BGH verweist dabei insbesondere auf Fälle digitaler, dezentraler Speicherung. Wenn Tonaufnahmen digital in der Cloud gespeichert würden, ändere sich an der Rechtsposition des an den Inhalten Berechtigten nichts.[351] Weder verliere er seine Rechte an den Inhalten an den Eigentümer des Servers, noch erwerbe er Eigentum an der von ihm genutzten Speichereinheit.[352]

Die Entscheidung des BGH ist im Ergebnis überzeugend. Die Berechtigung an den Inhalten sollte nicht zu einer Berechtigung am körperlichen Speichermedium führen. Was der BGH dabei jedoch unbeantwortet lässt, ist die relevante Frage, welche rechtliche Qualität die Aufnahmen („Inhalte") als solche haben. Die richtige Schlussfolgerung wäre, eine dingliche Berechtigung an den Aufnahmen als solche anzuerkennen, was dem hier vorgeschlagenen Modell entspricht. Die Eigentumsposition ist dabei unabhängig vom Eigentum am körperlichen Träger. Weder verdrängt das Dateneigentum das Sacheigentum, noch umgekehrt. Der BGH kommt im Fall der Kohl-Tonbänder zwar trotzdem zu einem Herausgabeanspruch, allerdings aus einem Auftragsverhältnis (§ 677 BGB). *Heun/Assion* meinen deshalb, der BGH gewähre ein „‚starkes' Recht an den gespeicherten Daten", welches die „sachenrechtliche Eigentumsstellung einschränken oder sogar aufheben" könne.[353] Der Herausgabeanspruch in Bezug auf das Trägermedium erscheint inkonsequent. Nach seiner eigenen Argumentation hätte der BGH zu dem Ergebnis kommen müssen, dass sowohl die Herausgabe der Daten (möglicherweise durch Kopie der Daten) als auch die (anschließende) Löschung der Daten erforderlich ist, da der Besitzer der Bänder insofern kein Recht zum Besitz der Inhalte (mehr) hat. Die Herausgabe der Bänder (also des Speichermediums) kann hingegen konsequenterweise nicht geschuldet sein, denn ansonsten müsste ein entsprechender Anspruch auch gegenüber einem Cloud-Anbieter bestehen, auf dessen Servern die Aufnahmen gespeichert sind.

Eigentumszuordnung auf Grund einer Bewertung der Interessenlage vorzunehmen. Das Kriterium der ‚typischen Funktion' hält einer genaueren Überprüfung nicht stand."

[350] BGHZ 206, 211 (218 f. Rn. 20) = GRUR 2016, 109 (110 f.) – *Kanzler Kohls Tonbänder*.

[351] BGHZ 206, 211 (218 f. Rn. 20) = GRUR 2016, 109 (110 f.) – *Kanzler Kohls Tonbänder*.

[352] BGHZ 206, 211 (218 f. Rn. 20) = GRUR 2016, 109 (110 f.) – *Kanzler Kohls Tonbänder*. So auch *Reed*, Information „Ownership" in the Cloud, Queen Mary University of London, School of Law, Legal Studies Research Paper No. 45/2010, S. 9, abrufbar unter: https://papers.ssrn.com/sol3/papers.cfm?abstract_id=1562461, zuletzt abgerufen am 1.1.2019.

[353] *Heun/Assion*, CR 2015, 812 (814).

Festzuhalten bleibt damit, dass die Speicherung von Daten nicht zu einem Rechtsverlust seitens des (personenverschiedenen) Sacheigentümers führt.[354]

2. Konkurrenz zwischen Sacheigentum und Dateneigentum

Das Sacheigentum an dem Speichermedium und das Eigentum an den darauf gespeicherten Daten können auseinanderfallen. Damit stellt sich die Frage, welche Rechte Sacheigentümer und Dateneigentümer gegeneinander haben, bzw. welche Rechtsstellung sich im Falle eines Konflikts durchsetzt. Die Antwort auf diese Frage lässt sich aus bereits bestehenden Regelungswerken und deren Wertungen entwickeln.

Die Eigentumspositionen können in zwei Konstellationen auseinanderfallen: Entweder der Skribent nutzt ein Speichermedium (lokal oder dezentral) mit Einverständnis des Sacheigentümers oder der Skribent speichert die Daten ohne bzw. gegen dessen Willen. Ersterer Fall ist beispielsweise gegeben, wenn der Nutzer einen Cloud-Server für externe Speicherungen nutzt. Ein entsprechender Vertrag würde in den Anwendungsbereich des Vorschlags einer Richtlinie über bestimmte vertragsrechtliche Aspekte der Bereitstellung digitaler Inhalte fallen.[355] Dort ist festgelegt, dass dem Nutzer nach Beendigung des Vertragsverhältnisses ermöglicht werden muss, seine Daten „wiederzuerlangen".[356] Erweitert man diese Wertung über den konkreten Fall hinaus, gelangt man zu dem Ergebnis, dass der Inhaber des Speichermediums, der dem Skribenten erlaubt hat Daten abzuspeichern, diese nicht eigenmächtig löschen darf, und dem Dateninhaber ermöglichen muss, die Daten zu kopieren, bevor sie gelöscht werden.[357] Das gleiche ist anzunehmen, wenn jemand erlaubterweise an einem fremden Computer arbeitet und dort Daten abspeichert.[358] Das Recht des Dateneigentümers setzt sich insofern gegen die Befugnisse des Sacheigentümers durch.

Etwas anderes muss hingegen gelten, wenn die Speicherung ohne Erlaubnis des Sacheigentümers erfolgte. In diesem Fall darf er die Daten löschen.[359] Dies wäre beispielsweise bei Trojanern oder Computerviren der Fall. Als Vorbild für diese Lösung können die Wertungen des Urheberrechts dienen. So gilt bei aufge-

---

[354] So auch *Heun/Assion*, CR 2015, 812 (814); *Hoeren*, MMR 2013, 486 (490); *Hoeren/Völkel*, in: Big Data und Recht, S. 11 (35).

[355] Art. 2 Abs. 1 lit. b) i. V. m. Art. 3 Abs. 1 KOM(2015) 634 endg.

[356] Art. 13 Abs. 2 lit. c) KOM(2015) 634 endg.

[357] In der Praxis der Cloud-Anbieter wird dies allerdings häufig nicht ausreichend berücksichtigt. Vgl. hierzu *Bradshaw/Millard/Walden*, 19 Int. J. Law Inf. Technol. 187, 202 ff. (2011).

[358] Vgl. *Hilgendorf*, JuS 1996, 890 (893), der allerdings nicht voraussetzt, dass der fremde Rechner mit Erlaubnis des Eigentümers genutzt wurde.

[359] So auch *Arkenau/Wübbelmann*, in: Internet der Dinge, S. 95 (104); *Beurskens*, in: Einheit des Privatrechts, S. 443 (461); *Hoeren*, in: FS J. Schneider, S. 303 (309 Rn. 18).

drängten Werken, beispielsweise unaufgeforderter Malerei an einem Gebäude, dass das Eigentum an der (veränderten) Sache dem Urheberrecht vorgeht, der Eigentümer das Werk also beseitigen darf.[360] Ob er zuvor den Künstler informieren und ihm die Möglichkeit geben muss, das Werk abzufotografieren und innerhalb angemessener Frist selbst zu beseitigen, hängt von den Umständen des Einzelfalls ab.[361] Insbesondere bei anonym geschaffenen Werken ist dem Eigentümer nicht zumutbar, Nachforschungen anzustellen.[362] Übertragen auf digitale Inhalte bedeutet dies, dass Viren und Trojaner selbstverständlich ohne weiteres gelöscht werden dürfen. Der Inhaber des Dateneigentums verfolgt hier eine Schädigungsabsicht und wird höchstwahrscheinlich auch anonym agieren. Das Recht des Sacheigentümers überwiegt die Befugnisse des Dateneigentümers. Erfolgt die unberechtigte Speicherung hingegen versehentlich, kann etwas anderes gelten. Vertauschen zwei Personen beispielsweise ihre Laptops und speichern eine Datei auf dem fremden Rechner ab, sollten sie einander die Möglichkeit gewähren, den Datensatz zu kopieren, bevor er gelöscht wird. In jedem Fall gilt: Ebenso wie der Sacheigentümer im Falle eines aufgedrängten Werks nicht Inhaber des Urheberrechts ist, wird auch der Sacheigentümer des Speichermediums nicht Dateneigentümer.[363]

F. Übertragbarkeit

Digitale Inhalte werden, etwa in Form von E-Books oder Musikdateien, online ge- und verkauft. Sie sind in weiten Teilen an die Stelle von Schallplatten und Büchern getreten.[364] Daten sind fester Bestandteil des Wirtschaftsverkehrs. Sie werden faktisch als übertragbare Güter behandelt.[365] Damit verbleibt an dieser

---

[360] Vgl. BGHZ 129, 66 (71) = GRUR 1995, 673 (675) – *Mauer-Bilder*; *Schack*, Urheber- und Urhebervertragsrecht, Rn. 399; *ders.*GRUR 1983, 56 (60); *Schmieder*, NJW 1982, 628 (630).

[361] Vgl. *Schack*, Urheber- und Urhebervertragsrecht, Rn. 399; *ders.*GRUR 1983, 56 (60). Offen gelassen von BGHZ 129, 66 (71) = GRUR 1995, 673 (675) – *Mauer-Bilder*.

[362] Ähnlich BGH GRUR 2007, 691 (693 Rn. 35) – *Staatsgeschenk* (kein Anspruch auf Namensnennung, wenn sich der Künstler nicht zu seinem Werk bekannt hat, beispielsweise durch Signieren).

[363] A.A. *Hoeren*, MMR 2013, 486 (488); *ders.*, FS J. Schneider, S. 303 (310 Rn. 19): „In Ausnahmefällen muss die Verfügungsbefugnis an Daten […] originär beim Eigentümer des Mediums entstehen."

[364] Vgl. *Bartsch*, in: FS J. Schneider, S. 297 (300 Rn. 23); *Kuß*, K&R 2012, 76.

[365] Vgl. *Berberich/Golla*, PinG 2016, 165 (172 f.); *Lehmann*, in: FS J. Schneider, S. 133 (137 f. Rn. 12 f.); *A. Wagner*, S. 44.

Stelle nur noch die Frage, wie die Übertragung von Dateneigentum rechtlich abgebildet werden kann.

Die Übertragung von Eigentum erfolgt im Wege der dinglichen Verfügung. Nach § 929 BGB erfordert die Übereignung einer Sache deren Übergabe und die Einigung über den Eigentumsübergang zwischen den Beteiligten. Die Einigung als dinglicher Vertrag zwischen Eigentümer und Erwerber ist bei digitalen Daten ebenso möglich wie bei Sachen. Allein der Bezugsgegenstand ist ein anderer. Nicht ein körperlicher Gegenstand, sondern ein Datensatz stellt den zu übertragenden Eigentumsgegenstand dar. Eine Herausforderung ergibt sich dabei durch die Voraussetzung der Übergabe, weil diese einen körperlichen Gegenstand voraussetzt. § 929 BGB ist folglich nicht unmittelbar auf Daten übertragbar.[366] Ebenso wie § 903 BGB kann also auch § 929 BGB nur analog, unter Berücksichtigung der Besonderheiten digitaler Daten, angewendet werden.[367]

Im Sachenrecht gilt der Grundsatz der Publizität, dem durch Übergang des Besitzes oder Eintragung in das Grundbuch Rechnung getragen wird.[368] Die Voraussetzung der Übergabe bei der Übereignung beweglicher Sachen trägt dem Publizitätsgedanken Rechnung. Der ursprüngliche Eigentümer überlässt die Sachherrschaft an dem Gegenstand dem neuen Eigentümer. Bei digitalen Daten lässt sich dieser nach außen sichtbare Vorgang nicht in gleichem Maß verwirklichen, weil an den digitalen Daten keine „Sachherrschaft" bestehen kann.[369] Zudem tritt bei einer (trägerlosen) Übertragung von Daten nicht ohne weiteres ein korrespondierender Datenverlust auf der Seite des Veräußerers ein.[370] Entscheidend muss daher sein, dass der ursprüngliche Eigentümer diejenige faktische Position aufgibt, die er zuvor innehatte. Wie bereits an anderer Stelle[371] ausgeführt, tritt bei digitalen Daten an die Stelle des Besitzes die tatsächliche Zugriffsmöglichkeit. Sollen digitale Daten übereignet werden, muss der ursprüngliche Eigentümer seine Zugriffsmöglichkeit aufgeben und dem Erwerber diese einräumen.

Werden Daten auf einem Trägermedium veräußert, ist dies problemlos möglich. Der Datensatz steht ursprünglich im Eigentum des Herstellers als Skriben-

---

[366] Vgl. *Druschel*, S. 117; Staudinger/*Stieper*, BGB, § 90 Rn. 17 (für virtuelle Gegenstände).

[367] So auch *Hoeren*, MMR 2013, 486 (489); *Hoeren/Völkel*, in: Big Data und Recht, S. 11 (33). A.A. Staudinger/*Stieper*, BGB, § 90 Rn. 17.

[368] Vgl. *Baur/Stürner*, Sachenrecht, § 4 Rn. 9.

[369] So auch *Druschel*, S. 116 (keine Sachherrschaft, deswegen trägt auch der Publizitätsgedanke bei der Übertragung digitaler Güter nicht).

[370] *Faust*, Gutachten zum 71. DJT, S. A 10.

[371] Siehe oben § 9 D.II. Vgl. auch *Faust*, Gutachten zum 71. DJT, S. A 10: „Sie [die Daten] können durch rein tatsächliches Handeln weitergegeben werden, wenn die betreffende Person Zugriff auf sie hat."

ten. Durch die Übergabe des Speichermediums an den Erwerber erhält dieser nicht nur den Besitz an dem körperlichen Träger, sondern auch die Zugriffsmöglichkeit auf die digitalen Inhalte. Der Hersteller hingegen verliert seine Möglichkeit, auf *diesen konkreten Datensatz* zuzugreifen. Dass dem Hersteller seine Vorlage, also eine andere Datenkopie, verbleibt, ist dabei irrelevant, weil nur die auf dem Datenträger gespeicherten Daten Gegenstand der Eigentumsübertragung sind. Die Übereignung der Daten erfolgt also in einem Akt mit der Übereignung des Speichermediums.[372]

Ferner können die digitalen Inhalte vom Veräußerer an den Empfänger versendet werden.[373] Der Veräußerer ist nach den oben entwickelten Kriterien Hersteller des Datensatzes und wird somit originär dessen Eigentümer.[374] Durch die Versendung eröffnet er dem Empfänger die Möglichkeit, den Datensatz zu nutzen; er ermöglicht ihm den Zugriff und gibt seinen eigenen Zugriff unmittelbar auf. Gleichzeitig liegt in dieser Handlung das Angebot zur dinglichen Einigung, welches der Empfänger konkludent annimmt.[375]

Schließlich kann die Veräußerung digitaler Inhalte in der Weise erfolgen, dass der Nutzer die Daten – mit Erlaubnis des Herstellers – herunterlädt.[376] Der Nutzer selbst wird dann originär Eigentümer, denn er ist derjenige, der durch den Download den digitalen Datensatz anfertigt.[377] Allein in dieser Konstellation kommt die Eigenschaft von digitalen Daten, sich zu vermehren, anstatt zu verschieben, zum Tragen. Die Daten werden hier dem Erwerber verschafft, ohne dass der ursprüngliche Eigentümer seine Daten verliert.[378] Ob der Eigentümer seine eigenen Daten löschen muss, hängt dann von dem Vertrag zwischen den Parteien ab. Ist eine entsprechende Pflicht nicht vereinbart, erfüllt der Verkäufer den Kaufvertrag im Hinblick auf die Daten-Ebene nicht durch Übertragung des Eigentums an den Daten, sondern durch Ermöglichung von Zugriff und Erstellung einer Datenkopie durch den Erwerber.

---

[372] So auch *Beurskens*, in: Einheit des Privatrechts, S. 443 (463).

[373] Zu dieser „Punkt-zu-Punkt-Übertragung auf Initiative des Absenders" eingehend *Poeppel*, S. 69 ff.

[374] So auch *Hoeren*, MMR 2013, 486 (488); *ders.*, in: FS J. Schneider, S. 303 (311 Rn. 22); *Hoeren/Völkel*, in: Big Data und Recht, S. 11 (29).

[375] Ähnlich *Beurskens*, in: Einheit des Privatrechts, S. 443 (469).

[376] Siehe hierzu wiederum *Poeppel*, S. 73 ff. („Punkt-zu-Punkt-Übertragung auf Initiative des Empfängers").

[377] So auch *Hoeren*, MMR 2013, 486 (488); *ders.*, in: FS J. Schneider, S. 303 (310 Rn. 20); *Welp*, IuR 1988, 443 (448) („Dateninhaber" ist, wer „die Daten erzeugt, also ihre Speicherung oder Übermittlung *selbst unmittelbar bewirkt* hat, sei es durch Eingabe der Daten, sei es durch den Start eines selbsttätig speichernden Programms oder durch Bewirkung der Einspeicherung externer Daten.").

[378] Vgl. *Stieper*, in: FS Köhler, S. 729 (736); *Stöhr*, ZIP 2016, 1468 (1469).

G. Zwischenergebnis

Die Untersuchung hat gezeigt, dass weder eine Anknüpfung der digitalen Daten an das rechtliche Schicksal des Datenträgers noch eine rechtliche Zuordnung anhand ihres immateriellen Inhalts bei digitalen Werkexemplaren zielführend ist. Die Daten-Ebene ist vielmehr eigenständig zu beurteilen und kann in Analogie zu § 903 BGB Gegenstand von Eigentumsrechten sein. Digitale Daten, die ein Werkexemplar enthalten, können anhand dieses geistigen Inhalts abgegrenzt werden, und sind mithilfe technischer Einrichtungen beherrschbar. Das Dateneigentum gewährt Integritätsschutz und berechtigt den jeweiligen Inhaber, die Daten von unberechtigten Besitzern analog § 985 BGB herauszuverlangen. Dateneigentümer ist der Skribent. Die Übertragung erfolgt analog § 929 BGB durch Ermöglichung des Zugriffs und anschließender Aufgabe der Zugriffsmöglichkeit des Veräußerers. Wird die Datenkopie durch eine Handlung des Erwerbers, beispielsweise durch Download, erstellt, erwirbt dieser (als Skribent) originär Eigentum an dieser Kopie. Die Frage, ob der Dateneigentümer sein Eigentum an den Daten übertragen bzw. neues Eigentum einräumen *darf*, ist nicht auf Daten-Ebene, sondern auf der geistigen Ebene zu klären, weil hierfür etwaige Rechte am geistigen Inhalt entscheidend sind.

Gegenstand des Erwerbs digitaler Werkexemplare auf Daten-Ebene ist also das Eigentum an den das Werkexemplar enthaltenen Daten. Der Diensteanbieter kommt seiner Verpflichtung aus dem Kaufvertrag in der Regel dadurch nach, dass er dem Erwerber die Daten auf einem Trägermedium übergibt oder ihm die Erstellung eines eigenen Datensatzes per Download ermöglicht.

§ 10 Rechtsposition des Erwerbers im Hinblick auf den geistigen Inhalt des Werkexemplars: Genussrecht

Die Digitalisierung ermöglicht einen dauerhaften Zugang zu urheberrechtlich geschützten Werken auch ohne einen entsprechenden körperlichen Träger. Die Notwendigkeit, einen Sachgegenstand zu erwerben, auf dem das immaterielle Gut gespeichert ist, ist mithin entfallen.[1] Dadurch wurde auch die zuvor zwingende Verknüpfung des Werkgenusses mit einem (körperlichen) Vervielfältigungsstück aufgehoben. Diese Ablösung zwingt zu der Auseinandersetzung mit dem rechtlichen Verhältnis zwischen Urheber und Inhaber eines Werkexemplars.

Die Erkenntnis, dass es bei dem Erwerb eines Werkexemplars nicht nur um die Übergabe des Trägers, etwa das Papier eines Buches, geht, findet sich bereits bei *Johann Gottlieb Fichte*:

„Wir können an einem Buche zweierlei unterscheiden: das *körperliche* desselben, das bedruckte Papier; und sein *geistiges*. [...] Da man jedoch ein Buch selten auch darum, am seltensten bloß darum kauft, um mit seinem Papier und Drucke Staat zu machen, und damit die Wände zu tapezieren; so muß man durch den Ankauf doch auch ein Recht auf sein Geistiges zu überkommen meinen."[2]

In jedem Kauf eines Vervielfältigungsstücks steckt also vor allem der Erwerb der Zugangs- und Auseinandersetzungsmöglichkeit mit dem Werk. Das Vervielfältigungsstück ist nur das Mittel, mithilfe dessen die geistige-schöpferische Leis-

---

[1] Vgl. *Zahn*, ZEuP 2014, 77 (82).

[2] *Fichte*, Berlinische Monatsschrift 21 (1793), 443 (447). Ein ganz ähnlicher Gedanke findet sich beim BGH, der zum Erwerb von Computerprogrammen feststellt: „Gegenstand des ASP-Vertrags ist somit stets die verkörperte geistige Leistung. Dabei ist es ohne Bedeutung, auf welchem Informationsträger das Computerprogramm verkörpert ist. Entscheidend ist nur, dass es verkörpert und damit nutzbar ist. Vergleichbar mit dem elektronischen Datenträger ist das Buch. Auch das Buch, dessen Sachqualität nicht angezweifelt wird, ist Ergebnis einer schöpferischen Geistestätigkeit und wird ausschließlich wegen seines geistigen Inhalts und nicht wegen seines Informationsträgers, des Papiers, erworben.", BGH NJW 2007, 2394 (2395) – *ASP-Vertrag*. Ähnlich auch schon OLG Stuttgart NJW 1989, 2635 (2636) („Der Kauf von Software auf Disketten ist aber mit einer Kundenkartei nicht zu vergleichen. Der Fall gleicht vielmehr dem Kauf eines Buches oder einer Schallplatte. Dem Käufer geht es auch hier nicht um den Informationsträger (Papier oder Scheibe), sondern um die Information.").

tung anderen zugänglich gemacht wird.[3] Mit den Worten *Fichtes*: „wir erkauften uns nehmlich dadurch [durch den Erwerb des Buchs] die Möglichkeit, uns die Gedanken des Verfassers zu eigen zu machen.“[4] Erworben werde immer zweierlei, „das Eigenthum des materiellen Körperlichen, nebst der Möglichkeit das Werk zu dem verlangten Zwecke zu gebrauchen“.[5]

Auch wer ein digitales Werkexemplar erwirbt, möchte dauerhaft Zugang zu ihm erlangen und es zum Werkgenuss nutzen können. Der Erwerber eines E-Books möchte dieses lesen, der Käufer einer Audio-Datei möchte diese anhören dürfen. Die Motivation zum Erwerb ist die Möglichkeit des Werkgenusses. Den tatsächlichen Zugang erhält der Erwerber – wie im vorangegangenen § 9 gesehen – durch die Einräumung von Dateneigentum an dem digitalen Datensatz, der das Werkexemplar enthält. Die rechtliche Befugnis, das Werkexemplar zu nutzen, erwächst aus einem subjektiven Recht, das dem Erwerber in Erfüllung des Kaufvertrags eingeräumt wird. Es gewährt dem Erwerber gegenüber jedermann, insbesondere auch dem Rechteinhaber, das Recht, das Werkexemplar zum Werkgenuss zu verwenden. Die mit dem Werkgenuss einhergehenden urheberrechtlich relevanten Nutzungshandlungen sind dem Erwerber folglich aufgrund dieser Rechtsposition erlaubt.

Damit ist der Nutzer weder auf eine (zusätzliche) schuldrechtliche Erlaubnis zur Nutzung angewiesen noch auf das Eingreifen von Schrankenbestimmungen. Soweit Schrankentatbestände ihrerseits auf eine Berechtigung zur Nutzung verweisen, ist diese auch beim Inhaber des subjektiven Rechts vorhanden. Er ist mithin „Berechtigter“ i. S. d. § 69d Abs. 1 UrhG und nimmt, wenn er das digitale Werkexemplar abspielt, eine „rechtmäßige Nutzung“ i. S. d. § 44a Nr. 2 UrhG vor. Soweit diese Schranken den Erwerber eines digitalen Werkexemplars privilegieren, zeichnen sie dessen Rechtsposition aber nur nach.

Das subjektive Recht des Erwerbers eines digitalen Werkexemplars wird in dieser Arbeit als „Genussrecht“ bezeichnet. Den Begriff eines (beschränkten) Genussrechts verwendete bereits *Kohler*, der damit allerdings – anders als hier – eine sehr weitgehende Berechtigung bezeichnete.[6] Für die Berechtigung des

---

[3] *de Boor*, Urheberrecht und Verlagsrecht, 1917, S. 131: „[I]m Urheberrecht findet […] die Sache, das Druckexemplar ihren Zweck im Dienste der geistigen Tatsache, des Geisteswerks.“

[4] *Fichte*, Berlinische Monatsschrift 21 (1793), 443 (448). Vgl. hierzu *Jacob*, S. 37: „Methodisch fragt Fichte also danach, was der Verfasser durch die Veröffentlichung als seinen Willen kommuniziert. An diesen Willen muss sich der Verfasser dann festhalten lassen. *Volenti non fit iniuria*. Das Urheberrecht ist demnach als subjektives Recht ausgestaltet, das durch die Veröffentlichung des Werks Einschränkungen erleidet, die auf den Willen des Urhebers rückführbar sind.“

[5] *Fichte*, Berlinische Monatsschrift 21 (1793), 443 (465).

[6] *Kohler*, S. 507 f. („der Erwerber bekommt hier nicht nur ein Benutzungsrecht, sondern er bekommt ein ganzes [sic] Bereich der Benutzung ausschliesslich als sein Recht eingeräumt“).

Erwerbers digitaler Werkexemplare eignet sich der Begriff des Genussrechts, weil die Ermöglichung des Werkgenusses im Mittelpunkt steht und für den Umfang der Berechtigung die für den Genuss des Werks erforderlichen Nutzungshandlungen ausschlaggebend sind. Das Recht des Erwerbers könnte daher auch als „Werkgenussrecht" bezeichnet werden. Allerdings würde dieser Begriff das Recht zu stark auf Werke im Sinne von urheberrechtlichen Schöpfungen verengen. Digitale Werkexemplare müssen auf geistiger Ebene aber nicht zwingend ein (urheberrechtlich geschütztes) Werk enthalten, sondern können auch nur leistungsschutzrechtlich geschützt sein. Es wird daher der weiterreichende Begriff des Genussrechts gewählt. Zwar existiert dieser bereits im Aktienrecht. Dort betrifft er aber eine völlig andere Konstellation, nämlich die schuldrechtlichen Ansprüche eines Anlegers auf aktionärstypische Vermögensrechte.[7] Eine Verwechslung zwischen dem hier vorgeschlagenen Genussrecht an digitalen Werkexemplaren und dem gesellschaftsrechtlichen Genussrecht ist daher nicht zu erwarten.

A. Abgrenzung zu anderen Berechtigungen

Der Rechteinhaber kann die Nutzung seines Werks durch Dritte in unterschiedlicher Intensität erlauben. Diese „Stufenleiter"[8] verschiedener Gestattungsmöglichkeiten umfasst nach § 29 Abs. 2 UrhG insbesondere die schuldrechtliche Einwilligung und die Einräumung von Nutzungsrechten nach § 31 UrhG. In der Literatur wird zudem zwischen widerruflichen Einwilligungen und schuldrechtlichen Gestattungen differenziert.[9] Der Vorschlag eines dinglichen Genussrechts sieht sich zwangsläufig mit der Frage konfrontiert, inwiefern sich das Genussrecht von diesen anderen urheberrechtlichen Gestattungen oder Nutzungsrechten unterscheidet. Im folgenden Abschnitt wird dies beantwortet, indem Inhalt und Bedeutung der verschiedenen urheberrechtlichen Berechtigungen erläutert und vom dinglichen Genussrecht abgegrenzt werden.

---

[7] Vgl. Kölner Kom/*Florstedt*, AktG, Band 4, § 221 Rn. 74; MüKo/*Habersack*, BGB, § 793 Rn. 24; MüKo/*Habersack*, AktG, § 221 Rn. 64; K. Schmidt/Lutter/*Merkt*, AktG, II. Band, §§ 150–410, SpruchG, § 221 Rn. 43.

[8] Vgl. *Ohly*, S. 141 ff.; Schricker/Loewenheim/*Ohly*, UrhG, § 29 Rn. 23.

[9] Vgl. *Ohly*, S. 144; *ders.*, GRUR 2012, 983 (986 f.); *Rehbinder/Peukert*, Urheberrecht, Rn. 777 und 801; *Zurth*, S. 13 ff. Vgl. auch Fromm/Nordemann/*J. B. Nordemann*, § 29 Rn. 24 f. (der allerdings das „einseitige Einverständnis" von einer „bloß rechtfertigenden Einwilligung" unterscheiden will). Auch der BGH hat die Möglichkeit einer „schlichten Einwilligung" anerkannt, BGHZ 185, 291 (304 Rn. 33) = GRUR 2010, 628 – *Vorschaubilder I*; BGH GRUR 2012, 602 – *Vorschaubilder II*. Siehe dazu eingehend *Tinnefeld*, Die Einwilligung in urheberrechtliche Nutzungen im Internet, 2012.

I. Einwilligung

Die Einwilligung schließt lediglich die Rechtswidrigkeit einer ansonsten tatbestandsmäßigen Eingriffshandlung durch einen anderen aus.[10] Sie gewährt dem Einwilligungsempfänger weder ein dingliches Recht noch einen schuldrechtlichen Anspruch und kann grundsätzlich jederzeit widerrufen werden.[11] Aus einer Einwilligung ergibt sich für den Nutzer somit „keine verfestigte Rechtsposition".[12] Von (nur) einer Einwilligung ist meist dann auszugehen, wenn der Rechtsinhaber vom Nutzenden keine Gegenleistung erhält und dementsprechend selbst auch keine Verpflichtung übernimmt.[13]

Im Fall des Erwerbs digitaler Werkexemplare zahlt der Erwerber hingegen einen Kaufpreis für die Möglichkeit der Nutzung. Die Leistung des Rechtsinhabers kann sich daher nicht in einer frei widerruflichen Einwilligung erschöpfen, sondern muss zu einer irgendwie verfestigten Rechtsposition des Nutzers führen.

II. Schuldrechtliche Gestattung

Bei der schuldrechtlichen Gestattung verpflichtet sich der Rechtsinhaber, die betreffende Handlung zu dulden, sein Verbotsrecht also nicht auszuüben.[14] Er kann diese Verpflichtung nicht einseitig widerrufen.[15] Allerdings beschränkt sich die Rechtsposition des Berechtigten in einem schuldrechtlichen Anspruch; ein dingliches Recht mit Wirkung gegenüber Dritten wird durch die Gestattung nicht eingeräumt.[16]

Für den Fall des Erwerbs digitaler Werkexemplare wurde bereits festgestellt, dass der schuldrechtliche Vertrag zwischen Nutzer und Diensteanbieter einen Kaufvertrag darstellt. Einige der gegen einen Lizenzvertrag angeführten Argumente[17] sprechen auch gegen die Konstruktion einer schuldrechtlichen Gestat-

---

[10] Vgl. Berger/Wündisch/*Berger*, Urhebervertragsrecht, § 1 Rn. 53; *Rehbinder/Peukert*, Urheberrecht, Rn. 801; *v. Ungern-Sternberg*, GRUR 2009, 369 (371). Eingehend zur Rechtsnatur der Einwilligung siehe *Ohly*, S. 178 ff.

[11] Vgl. Berger/Wündisch/*Berger*, Urhebervertragsrecht, § 1 Rn. 53; Schricker/Loewenheim/*Ohly*, UrhG, § 29 Rn. 29; *Rehbinder/Peukert*, Urheberrecht, Rn. 801; *Tinnefeld*, S. 152 ff.; *v. Ungern-Sternberg*, GRUR 2009, 369 (371).

[12] Schricker/Loewenheim/*Ohly*, UrhG, § 29 Rn. 23.

[13] Vgl. Fromm/Nordemann/*J.B. Nordemann*, § 29 Rn. 25; Schricker/Loewenheim/*Ohly*, UrhG, § 29 Rn. 29.

[14] Vgl. Berger/Wündisch/*Berger*, Urhebervertragsrecht, § 1 Rn. 52.

[15] Vgl. *Rehbinder/Peukert*, Urheberrecht, Rn. 805.

[16] Vgl. Berger/Wündisch/*Berger*, Urhebervertragsrecht, § 1 Rn. 52; Fromm/Nordemann/*J.B. Nordemann*, § 29 Rn. 25; Schricker/Loewenheim/*Ohly*, UrhG, § 29 Rn. 23; *Rehbinder/Peukert*, Urheberrecht, Rn. 806.

[17] Siehe oben § 7 A.

tung. Zum einen würde diese ein Dauerschuldverhältnis begründen. Denn nur für den Zeitraum, in dem die schuldrechtliche Gestattung aufrechterhalten wird, hätte der Nutzer einen Anspruch auf die Erlaubnis der Nutzung. Inhalt des Vertrags beim Erwerb digitaler Werkexemplare ist aber eine dauerhafte Rechtsverschaffung.[18]

Weiterer Nachteil der schuldrechtlichen Gestattung ist, dass diese für jeden Einzelfall inhaltlich bestimmt werden kann und muss. Denn im Unterschied zu dinglichen Rechten stehen hier keine Verkehrsschutzerwägungen entgegen, die eine unbegrenzte „Aufspaltbarkeit" verhindern würden.[19]

Obwohl der Erwerb digitaler Werkexemplare tagtäglich und in unzähligen Fällen mit exakt dem gleichen Ziel und der gleichen Vorstellung vom Vertragsgegenstand erfolgt, wäre theoretisch jede Transaktion inhaltlich individuell bestimmbar. Dies führt zu hohen Informationskosten, denn jeder Käufer müsste sich zunächst anhand der vertraglichen Bestimmungen im Einzelfall versichern, dass er den erworbenen Gegenstand (urheberrechtlich) nutzen darf. Dies setzt zudem voraus, dass dem Nutzer überhaupt bewusst ist, dass die gewöhnliche private Nutzung eines digitalen Werkexemplars urheberrechtlich relevant ist.[20] Der Erwerber eines E-Books etwa müsste in den Vertragsbedingungen nachschauen, ob die Speicherung der Datei überhaupt zulässig ist. Aus diesen Gründen kann sich die Rechtsposition des Erwerbers eines digitalen Werkexemplars auf geistiger Ebene auch nicht in einer schuldrechtlichen Gestattung erschöpfen.

III. Einfaches Nutzungsrecht

Die Einräumung von Nutzungsrechten richtet sich nach §§ 31 ff. UrhG. Das Gesetz definiert ein Nutzungsrecht als „das Recht […], das Werk auf einzelne oder alle Nutzungsarten" zu verwenden. Unterschieden wird dabei zwischen einfachen und ausschließlichen Nutzungsrechten.[21] Während das einfache Nutzungsrecht lediglich zur Werknutzung berechtigt (§ 31 Abs. 2 UrhG), gewährt das ausschließliche Nutzungsrecht seinem Inhaber das Recht, Dritte von der Nutzung auszuschließen und selbst weitere Nutzungsrechte einzuräumen (§ 31 Abs. 3 S. 1 UrhG).

---

[18] Vgl. für Software, Bisges/*Imhof*, Handbuch Urheberrecht, Kapitel 5 Rn. 303: „eine auf dauerhafte Rechtsverschaffung gerichtete Verfügung".

[19] Vgl. Fromm/Nordemann/*J. B. Nordemann*, § 29 Rn. 24; Schricker/Loewenheim/*Ohly*, UrhG, § 29 Rn. 24.

[20] Zu dieser mit der zunehmenden Digitalisierung einhergehenden Problematik vgl. Bisges/ *Imhof*, Handbuch Urheberrecht, Kapitel 4 Rn. 128.

[21] Vgl. § 31 Abs. 2 und Abs. 3 UrhG.

Der Erwerber eines digitalen Werkexemplars will dieses zum privaten Werkgenuss nutzen. Den Gebrauch durch Dritte soll er hingegen nicht untersagen können, denn schließlich erfolgt der Vertrieb digitaler Werkexemplare nicht exklusiv an einen einzigen Nutzer, sondern typischerweise an eine Vielzahl von Erwerbern. Ein ausschließliches Nutzungsrecht kann mithin nicht Inhalt des Erwerbs eines digitalen Werkexemplars sein.

Wesentlich naheliegender ist, dass der Erwerber ein einfaches Nutzungsrecht erhält. Dies wird von vielen zunächst für den Erwerb von Standardsoftware angenommen: Der Verkäufer sei hier „zur Einräumung der für die vertragsgemäße Benutzung erforderlichen einfachen Nutzungsrechte (§ 31 III UrhG) verpflichtet."[22] Selbst wenn die Software im Wege eines Kaufvertrags erworben werde, handele es sich aus urheberrechtlicher Perspektive dennoch um ein Nutzungsrecht.[23] Teilweise wird diese Sichtweise auf digitale Werkexemplare generell ausgedehnt.[24] Auch die unterinstanzliche Rechtsprechung hat den Online-Vertrieb etwa von Musikdateien, Hörbüchern und E-Books als Einräumung einfacher Nutzungsrechte eingeordnet.[25]

Dies überzeugt nicht. Das einfache Nutzungsrecht ist, ebenso wie das ausschließliche Nutzungsrecht, darauf ausgelegt, die wirtschaftliche Verwertung des Urheberrechts durch Dritte zu ermöglichen.[26] Für den Erwerb[27] von digitalen Werkexemplaren durch Endnutzer halten die Regelungen des einfachen Nutzungsrechts hingegen keine sachgerechten Lösungen bereit. Das einfache Nutzungsrecht ist aus verschiedenen Gründen nicht geeignet, die Rechtsposition des Erwerbers eines digitalen Werkexemplars abzubilden.

1. Zweck

Der Begriff des Nutzungsrechts baut auf jenem der „Nutzungsart" auf. Durch die Einräumung des Nutzungsrechts erlaubt der Urheber die Nutzung seines Werks

---

[22] *Schack*, Urheber- und Urhebervertragsrecht, Rn. 1278. Ebenso *Ganzhorn*, S. 74; *Haberstumpf*, CR 2009, 345 (351); *Hauck*, ZGE 9 (2017), 47 (56); *Hilty*, CR 2012, 625 (629); *Moritz*, MMR 2001, 94 (95); *Sickinger*, S. 44; *Zech*, ZGE 5 (2013), 368 (370); *Zimmeck*, ZGE 1 (2009), 324 (326).

[23] *Dieselhorst*, CR 2010, 69 (74); *Hoenike/Hülsdunk*, MMR 2004, 59 (65); *Metzger*, NJW 2003, 1994 (1995) (zumindest typengemischter Vertrag mit lizenzvertraglichen Elementen).

[24] *Apel*, ZUM 2015, 640 (645); *Hauck*, ZGE 9 (2017), 47 (60); *Hoenike/Hülsdunk*, MMR 2004, 59 (65); *Konieczek*, S. 83; *Orgelmann*, S. 150; *Zech*, ZGE 5 (2013), 368 (370).

[25] LG Berlin GRUR-RR 2009, 329 (330) (nicht rechtskräftig); OLG Hamm GRUR 2014, 853 (862); LG Hamburg Urt. v. 20.9.2011 – 312 O 414/10, BeckRS 2013, 19556 (bestätigt durch OLG Hamburg ZUM 2015, 503).

[26] So auch *Cichon*, S. 260 Rn. 970.

[27] Auch *Stöckel/Brandi-Dohrn*, CR 2011, 553 (554), differenzieren zu Recht zwischen „Erwerbsverträgen" und „Lizenzverträgen".

auf einzelne oder mehrere Nutzungsarten. Die Nutzungsart bestimmt mithin den Umfang des Nutzungsrechts.[28] Der BGH nähert sich der Nutzungsart folgendermaßen:

> „Die Nutzungsart erweist sich als ein Begriff zur Kennzeichnung der konkreten wirtschaftlich und technischen Verwendungsform, die dem Verwertungsrecht unterliegen soll. Seine inhaltliche Bestimmung richtet sich […] im Wesentlichen danach, ob es sich um eine nach der Verkehrsauffassung als solche hinreichend klar abgrenzbare, wirtschaftlich – technisch als einheitlich und selbständig erscheinende Nutzungsart handelt.“[29]

Ein Blick darauf, was typischerweise als eigenständige Nutzungsart angesehen wird und wie Nutzungsarten voneinander abgegrenzt werden, offenbart, dass es stets um wirtschaftliche Verwertungen des Werks geht. So finden sich in einigen Vorschriften des 5. Abschnitts des UrhG Regelungen, die Rückschlüsse auf die Abgrenzung von Nutzungsarten zulassen.[30] § 37 Abs. 1 UrhG etwa bestimmt, dass dem Urheber nach Einräumung eines Nutzungsrechts im Zweifel das Recht verbleibt, in die Veröffentlichung und Verwertung einer Bearbeitung des Werks einzuwilligen. Nach § 37 Abs. 2 soll der Urheber, wenn er ein Nutzungsrecht zur Vervielfältigung des Werks eingeräumt hat, im Zweifel das Recht behalten, das Werk auf Bild- oder Tonträger zu übertragen. Nach der Rechtsprechung sind etwa das Recht, einen Film in Filmtheatern vorzuführen, und das Recht, den Film per Funk zu senden, zwei Nutzungsarten.[31] Ebenso stellen der Vertrieb von Taschenbuch- und Hardcover-Ausgaben unterschiedliche Nutzungsarten dar.[32] Eigenständige Nutzungsarten ergeben sich also insbesondere aus der Art und Weise des Vertriebs, der Form, in der das Werk erscheint sowie dem Weg, über den es gesendet oder öffentlich zugänglich gemacht wird.[33] Bezugspunkt der Nutzungsarten ist also immer die wirtschaftliche Verwertung des Werks. Um die individuelle Nutzung durch Einzelpersonen geht es hingegen nie.[34]

---

[28] Vgl. *Schack*, Urheber- und Urhebervertragsrecht, Rn. 599: „[D]ie erlaubten Nutzungsarten [beschreiben] nur den inhaltlichen Umfang des eingeräumten Nutzungsrechts innerhalb eines Verwertungsrechts.“

[29] BGH GRUR 1992, 310 (311) – *Taschenbuchlizenz*. Vgl. auch BGHZ 95, 274 (283) = GRUR 1986, 62 (65) – *GEMA-Vermutung I*; BGHZ 145, 7 (11) = GRUR 2001, 153 (154) – *OEM-Version*; BGHZ 163, 109 (115) = GRUR 2005, 937 (939) – *Der Zauberberg*; BGH GRUR 2010, 62 (63 Rn. 18) – *Nutzung von Musik für Werbezwecke*.

[30] Vgl. *Stromholm*, GRUR Int. 1973, 350 (351).

[31] BGH GRUR 1969, 364 (366) – *Fernsehauswertung*.

[32] BGH GRUR 1992, 310 (312) – *Taschenbuchlizenz*.

[33] Vgl. *Ullrich*, ZUM 2010, 311 (315).

[34] Vgl. *Hilty*, S. 246 ff., der verschiedene Unterkategorien von Nutzungsrechten beschreibt und dabei zwar u. a. die „Gebrauchslizenz“ nennt, unter „Gebrauch“ allerdings lediglich „eine gewerbsmässige Verwendung des Immaterialgutes“ versteht (S. 258). Dass dies beim (privaten) Gebrauch von Computerprogrammen zu Friktionen führt, erkennt auch er (S. 260 ff.).

Ebenso sind typische Beispiele für Unterlizenzen stets Rechte zur wirtschaftlichen Fremdverwertung des Rechts. Im Bereich der Unterhaltungsindustrie, wo Unterlizenzen besonders relevant sind, werden etwa Nutzungsrechte für Taschenbuchausgaben, fremdsprachige Ausgaben oder Pay-TV-Verwertungen genannt.[35]

2. Trennung von Sacheigentum und Nutzungsrecht

Dass die urheberrechtlichen Nutzungsrechte sich nicht auf die erlaubten Handlungen eines Endnutzers beziehen können, zeigt auch eine weitere Vorschrift des Urhebervertragsrechts. § 44 Abs. 1 UrhG statuiert die Auslegungsregel: „Veräußert der Urheber das Original des Werkes, so räumt er damit im Zweifel dem Erwerber ein Nutzungsrecht nicht ein." Die Vermutung in § 44 UrhG wird als Ausdruck der prinzipiellen Trennung von Sacheigentum und Urheberrecht angesehen.[36] Nach überwiegender Ansicht beschränkt sich die Vorschrift entgegen des Wortlauts nicht auf Originale, sondern erstreckt sich (sinngemäß) auch auf Vervielfältigungsstücke.[37] „Wer das Werkexemplar (die Sache) kauft, hat damit noch lange kein Recht an dem Immaterialgut erworben."[38] Der Erwerber eines Werkexemplars soll zwar die Befugnis zum Werkgenuss haben, jedoch benötige er hierfür kein Nutzungsrecht.[39] Lediglich die wirtschaftliche Verwertung des Werks soll nicht allein aufgrund des Erwerbs des Werkexemplars erlaubt sein, sondern bedarf der Einräumung von Nutzungsrechten.[40]

Aus dieser Argumentation ergibt sich, dass die Befugnis des Erwerbers eines Werkexemplars zum privaten Werkgenuss nicht die Einräumung von Nutzungsrechten voraussetzen kann. Zwar ließe sich argumentieren, dass § 44 Abs. 1 UrhG eine Ausprägung der Zweckübertragungslehre ist[41] (und somit doch Nutzungsrechte stillschweigend eingeräumt werden), wenn „der Vertragszweck die

---

[35] Vgl. *Dieselhorst*, CR 2010, 69. Auch die einschlägigen Entscheidungen des BGH zum Bestand von Unterlizenzen betrafen stets Konstellationen der wirtschaftlichen Verwertung und nicht der privaten Nutzung, siehe hierzu unten § 10 B.I.2.c.

[36] Vgl. Fromm/Nordemann/*J. B. Nordemann*, Nach § 44 Rn. 1; *Schack*, Urheber- und Urhebervertragsrecht, Rn. 35; Dreier/Schulze/*Schulze*, UrhG, § 44 Rn. 1; Schricker/Loewenheim/ *Vogel*, UrhG, § 44 Rn. 1; Wandtke/Bullinger/*Wandtke*, UrhG, § 44 Rn. 1.

[37] So etwa Fromm/Nordemann/*J. B. Nordemann*, § 44 Rn. 6; Dreier/Schulze/*Schulze*, UrhG, § 44 Rn. 5; Schricker/Loewenheim/*Vogel*, UrhG, § 44 Rn. 8; Wandtke/Bullinger/*Wandtke*, UrhG, § 44 Rn. 11.

[38] Dreier/Schulze/*Schulze*, UrhG, § 44 Rn. 1. Vgl. auch Wandtke/Bullinger/*Wandtke*, UrhG, § 44 Rn. 2.

[39] Vgl. *Rehbinder/Peukert*, Urheberrecht, Rn. 810; Dreier/Schulze/*Schulze*, UrhG, § 44 Rn. 1 und § 31 Rn. 104.

[40] Vgl. Dreier/Schulze/*Schulze*, UrhG, § 44 Rn. 1.

[41] Vgl. *Schack*, Urheber- und Urhebervertragsrecht, Rn. 1105.

Einräumung von Nutzungsrechten ‚unbedingt' erfordert".[42] Dementsprechend würden bei digitalen Werkexemplaren stets (zumindest stillschweigend) die erforderlichen Nutzungsrechte mit eingeräumt. Dagegen lässt sich allerdings einwenden, dass dann die Anwendung der Regel des § 44 Abs. 1 UrhG auf den Erwerb von digitalen Werkexemplaren durch Endnutzer generell in Frage gestellt ist. Denn in diesen Fällen ginge mit der Veräußerung des Werkexemplars *immer* auch eine Nutzungsrechtseinräumung einher. Überzeugender ist stattdessen, den Aussagegehalt von § 44 Abs. 1 UrhG auf „Nutzungsrechte", also auf die wirtschaftliche Werkverwertung,[43] zu beschränken und die Berechtigung des Endnutzers zum Werkgenuss hiervon zu trennen.

Soweit sich die Literatur mit der Diskrepanz zwischen der Annahme, der Erwerb digitaler Werkexemplare gehe mit der Einräumung eines Nutzungsrechts einher, und der Vorschrift des § 44 Abs. 1 UrhG auseinandersetzt, bleiben die Aussagen vage. Meist geht es dabei um den Erwerb von Standardsoftware. So wird festgestellt, bei der Veräußerung von Software dürfe „von einem urheberrechtlichen Nutzungsvertrag sui generis auszugehen sein, der gerade die Einräumung von Nutzungsrechten zum Inhalt hat."[44] Andere argumentieren, dass „meist der Umfang der zulässigen Nutzung in zusätzlichen standardisierten Vereinbarungen geregelt" wird und anderenfalls „nach der Lebenserfahrung die gewöhnlichen Nutzungen wie die Vervielfältigung im Arbeitsspeicher für zulässig" erachtet werden könnten.[45] Etwas überzeugender erscheint dagegen der Verweis auf die Schranke des § 69d Abs. 1 UrhG: der Erwerber benötige kein Nutzungsrecht, weil „die Vorschriften zum Schutz von Computerprogrammen und von Datenbanken bestimmte Befugnisse vor[sehen], die der rechtmäßige Erwerber dieser Werke oder Leistungen unabdingbar erhält, um sie auf übliche Weise nutzen zu können".[46] Dies provoziert allerdings die Frage, ob der Nutzer aus einer Schrankenbestimmung tatsächlich „Befugnisse erhalten" kann. Nach ganz überwiegender Ansicht ergeben sich aus Schranken nämlich keine subjektiven Rechte für den Nutzer.[47] Festzuhalten bleibt daher: Der Erwerber eines digitalen

---

[42] Fromm/Nordemann/*J. B. Nordemann*, § 44 Rn. 8.

[43] Vgl. Fromm/Nordemann/*J. B. Nordemann*, Nach § 44 Rn. 2, der richtigerweise konstatiert: „Das Sacheigentum umfasst [...] nicht die wirtschaftliche Verwertung des Werkes, weil diese grundsätzlich urheberrechtlich geregelt ist."

[44] Wandtke/Bullinger/*Wandtke*, UrhG, § 44 Rn. 14. Ähnlich *Schack*, Urheber- und Urhebervertragsrecht, Rn. 1276.

[45] Schricker/Loewenheim/*Vogel*, UrhG, § 44 Rn. 14.

[46] Dreier/Schulze/*Schulze*, UrhG, § 44 Rn. 2.

[47] So *Arlt*, S. 203 („dogmatisch lediglich Rechtfertigungscharakter [...keinen] Anspruchscharakter"); *v. Diemar*, S. 65 und 77; *dies.*, GRUR 2002, 587; *Hohagen*, in: FS Schricker, S. 353 (354 ff.); *Stickelbrock*, GRUR 2004, 736 (740); *Obergfell*, in: Zugang und Ausschluss als Gegenstand des Privatrechts, S. 101 (110); *Ullrich*, ZUM 2010, 311 (312). Vgl. hierzu auch

Werkexemplars benötigt eigene Befugnisse zum Werkgenuss; es handelt sich dabei aber nicht um Nutzungsrechte.

3. Beteiligte

Bei der Betrachtung der §§ 31 ff. UrhG fällt auf, dass keine der Regelungen auf das Verhältnis zwischen Rechteinhaber bzw. Verwerter und Endnutzer zugeschnitten ist. Sie betreffen stets das Verhältnis von Urheber und Verwerter oder das von Verwertern untereinander. Das ist darauf zurückzuführen, dass im UrhG von 1967 urheberrechtliche Verträge mit Endnutzern noch keine Rolle spielten. Der private, rezeptive Werkgenuss war bei analogen Werkexemplaren nicht mit einer urheberrechtlich relevanten Handlung verbunden. Der Endnutzer nimmt in den Vorschriften des Urhebervertragsrechts deswegen keine eigene Position ein. Für digitale Sachverhalte besteht ein entsprechendes Defizit. So stellt auch *Berger* fest: „Infolge der zunehmenden Werknutzung im digitalen Umfeld wird sich eine dritte Ebene des Urhebervertragsrechts herausbilden".[48] Er bezeichnet diese Ebene als „tertiäres Urhebervertragsrecht".[49] Dem ist insofern zuzustimmen, als es sich bei dem Verhältnis zum Endnutzer tatsächlich um eine Konstellation handelt, die das derzeitige Urhebervertragsrecht nicht abdeckt. Eine „tertiäre" Ebene wird sich allerdings nicht in vertraglichen Vorschriften erschöpfen können. Entscheidend ist vor allem festzustellen, was Inhalt eines Vertrags mit Endnutzern auf dinglicher Ebene ist. Hier gilt es, einen Erwerbsgegenstand herauszuarbeiten, der generell geeignet ist, den Inhalt von Kaufverträgen über digitale Werkexemplare abzubilden. Auf dieser Grundlage wiederum können schuldrechtliche Vereinbarungen auf ihre Zulässigkeit bzw. Billigkeit untersucht werden. Das Verbraucherschutzrecht allein kann den Mangel an entsprechenden urheberrechtlichen Vorschriften nicht ausgleichen.[50] Eine Inhaltskontrolle von AGB etwa setzt voraus, dass die „wesentliche[n] Rechte oder Pflichten, die sich aus der Natur des Vertrags ergeben" (§ 307 Abs. 2 Nr. 2 BGB) bereits vorher feststehen.

Lauber-Rönsberg, S. 206 ff. A.A. *Hoeren/Köcher*, Urheberrecht und Verbraucherschutz, S. 16 ff.

[48] Berger/Wündisch/*Berger*, Urhebervertragsrecht, § 1 Rn. 4.

[49] Berger/Wündisch/*Berger*, Urhebervertragsrecht, § 1 Rn. 4. Als „primäres Urhebervertragsrecht" bezeichnet *Berger* das Verhältnis zwischen Urheber und Verwerter, als „sekundäres" das zwischen Verwertern.

[50] Vgl. hierzu *Ohly*, in: FS 50 Jahre UrhG, S. 379 (389 ff.).

B. Merkmale

Auf der oben dargestellten Stufenleiter der Berechtigungen ist das Genussrecht oberhalb der schuldrechtlichen Gestattung und unterhalb des einfachen Nutzungsrechts einzuordnen. Auch wenn, wie eben gezeigt, das Modell des einfachen Nutzungsrechts aus verschiedenen Gründen nicht auf die Rechtsposition des Erwerbers digitaler Werkexemplare passt, weist es dennoch Parallelen zum Genussrecht auf. Insbesondere bei der dinglichen Wirkung des Genussrechts (I.) lassen sich aus der parallelen Diskussion um die Dinglichkeit urheberrechtlicher Nutzungsrechte Schlussfolgerungen ableiten. Auch bei dem Verhältnis des Genussrechts zum Urheberrecht (II.) ergeben sich Ähnlichkeiten.

I. Dingliche Wirkung

Um darlegen zu können, warum das Genussrecht des Nutzers als dingliches Recht einzuordnen ist, wird im Folgenden der Frage nachgegangen, wann genau von einem dinglichen Recht bzw. von dinglicher Wirkung gesprochen werden kann (1.). Im Urheberrecht (und generell im Immaterialgüterrecht) wird die Diskussion um die Rechtsnatur von Nutzungsrechten, insbesondere um ihren dinglichen Charakter, seit langem geführt (2.). Die Erkenntnisse aus dieser Diskussion können für die Einordnung des Genussrechts fruchtbar gemacht werden (3.).

1. Merkmale der dinglichen Wirkung

Der Begriff der Dinglichkeit bzw. des dinglichen Rechts wird vom Gesetz zwar verwendet,[51] jedoch nicht definiert. Manche halten ihn auch für undefinierbar.[52] Die Motive zum BGB nähern sich dem Begriff durch eine Abgrenzung zur rein schuldrechtlichen Wirkung: während ein persönliches, obligatorisches Recht lediglich relativ, also zwischen Gläubiger und Schuldner wirke, kennzeichne ein dingliches Recht eine unmittelbare Rechtsbeziehung „zur Sache selbst".[53] Das dingliche Recht wird zumeist als absolutes Herrschaftsrecht an Sachen oder

---

[51] Z.B. §§ 197 Abs. 1 Nr. 2; 438 Abs. 1 Nr. 1 lit. a); 481 Abs. 2 S. 1; 889 BGB.

[52] *Füller*, S. 37: „eine Wesensdefinition des dinglichen Rechts [ist] nicht konstruierbar". Ähnlich *Hirte/Knof*, JZ 2011, 889; Staudinger/*Seiler*, BGB, Einl zum SachenR Rn. 17.

[53] Mot. III, 2 (= *Mugdan* III, S. 1): „Das dingliche Recht ergreift die Sache selbst, und zwar entweder als Eigenthum oder als begrenztes Recht, je nachdem der Wille des Berechtigten für die Sache in allen oder nur in gewissen Beziehungen derselben maßgebend ist; der Anspruch, welchen es erzeugt, beschränkt sich nicht auf die Richtung gegen eine bestimmte Person." Vgl. hierzu *Füller*, S. 35 ff.

Rechten bezeichnet.[54] Die dinglichen Rechte ordneten einen Gegenstand unmittelbar und ausschließlich einer bestimmten Person zu.[55] Damit gewährten sie eine unmittelbare, also nicht durch eine andere Person vermittelte, Berechtigung.[56] Das dingliche Recht sei absolut, weil es Wirkung gegenüber jedermann beanspruche.[57]

Diese absolute Berechtigung äußere sich in drei Wirkungen: einem umfassenden Klageschutz, Sukzessionsschutz und Insolvenz- bzw. Zwangsvollstreckungsfestigkeit.[58]

Dass dingliche Rechte Klageschutz, also Abwehrrechte umfassen, sei Kennzeichen ihrer Absolutheit.[59] Das dingliche Recht gewähre daher insbesondere einen Herausgabeanspruch sowie Beseitigungs- und Unterlassungsansprüche gegen jedermann.[60] Ebenfalls aus der absoluten Wirkung gegenüber jedermann folge, dass auch der frühere Berechtigte oder der Inhaber des mit dem dinglichen Recht belasteten Rechts nicht zulasten des Rechtsinhabers verfügen kann.[61] Beschränkt dingliche Rechte etwa blieben daher bestehen, auch wenn das belastete

---

[54] So vor allem *Canaris*, in: FS Flume I, S. 371 (375). Vgl. auch *Baur/Stürner*, Sachenrecht, § 2 Rn. 2; *Dulckeit*, S. 48; *Grimm*, S. 165 f.; Soergel/*Stadler*, BGB, Einl Sachenrecht Rn. 24.

[55] *Baur/Stürner*, Sachenrecht, § 2 Rn. 2; *Canaris*, in: FS Flume I, S. 371 (373); *Grimm*, S. 166; *Wieling*, Sachenrecht, § 1 II 1 a.

[56] *Brehm/Berger*, Sachenrecht, § 1 Rn. 9; *Dulckeit*, S. 48; *Kraßer*, GRUR Int. 1973, 230; *McGuire*, S. 159; *Zurth*, S. 30. A.A. Staudinger/*Seiler*, BGB, Einl zum SachenR Rn. 20, der lediglich eine „mittelbare, potentielle" Rechtsmacht erkennen will, weil auch dingliche Rechte nur im Wege subjektiver Ansprüche gegen Personen durchgesetzt werden können. Ähnlich *Füller*, S. 41.

[57] *Baur/Stürner*, Sachenrecht, § 2 Rn. 2; Staudinger/*Seiler*, BGB, Einl zum SachenR Rn. 37; Soergel/*Stadler*, BGB, Einl Sachenrecht Rn. 24; *Wieling*, Sachenrecht, § 1 II 3 b.

[58] So schon *Heck*, Schuldrecht, S. 3. Vgl. auch *Auer*, S. 95; *Berger*, GRUR 2013, 321 (326); *Canaris*, in: FS Flume I, S. 371 (373 f.); *Hauck*, AcP 211 (2011), 626 (630); *Hirte/Knof*, JZ 2011, 889 f.; *McGuire*, S. 324 ff. Kritisch *Füller*, S. 50 ff. Vgl. auch *Sosnitza*, in: FS Schricker, S. 183 (184) (der für Immaterialgüterrechte auch noch die Befugnis zur Erteilung von Unterlizenzen sowie den Bestand gegenüber später erteilten, inhaltsgleichen Lizenzen zu den dinglichen Wirkungen zählt).

[59] *Baur/Stürner*, Sachenrecht, § 4 Rn. 3; *McGuire*, S. 324 f.; Staudinger/*Seiler*, BGB, Einl zum SachenR Rn. 37. A.A. *Dulckeit*, S. 48: „Es geht offenbar nicht an, in der *Allwirksamkeit* noch wie bisher ein feststehendes und konstitutives Merkmal des absoluten Rechts zu erblicken. Das wesentliche Kennzeichen des absoluten Rechts liegt vielmehr allein in seiner *Absolutheit*, d. h. in seiner Loslösung von jeder persönlichen Relation oder, positiv ausgedrückt, im realen Haben und wirklichen *Besitz* einer Rechtsposition. Das *dingliche* Recht ist demgemäß ein unmittelbares Herrschaftsrecht über jeden beliebigen Vermögensgegenstand oder, was dasselbe heißt, über *Sachen.*"

[60] Vgl. *Baur/Stürner*, Sachenrecht, § 4 Rn. 4; *Brehm/Berger*, Sachenrecht, § 1 Rn. 13; *Canaris*, in: FS Flume I, S. 371 (373); *Wilhelm*, Sachenrecht, Rn. 109.

[61] *Canaris*, in: FS Flume I, S. 371 (373 f.); *Füller*, S. 54.

Recht veräußert wird.[62] Das dingliche Recht genieße somit Schutz im Falle der Sukzession.[63] Anders als obligatorische Rechte, die in Insolvenz und Zwangs-vollstreckung kündbar sind, setzten sich dingliche Rechte und die daraus folgen-de absolute Zuordnung eines Vermögensgegenstands auch in diesen Situationen durch.[64] Dem Inhaber werden Aus- oder Absonderungsrechte (§§ 47 ff. InsO) bzw. das Recht zur Drittwiderspruchsklage (§ 771 Abs. 1 ZPO) oder auf vorzugs-weise Befriedigung (§ 805 ZPO) gewährt.[65]

Umstritten ist jedoch, welche Rolle diesen Merkmalen dinglicher Rechte zu-kommt. Denn sie könnten entweder die Wirkungen eines – aufgrund anderer Charakteristika festgestellten – dinglichen Rechts sein oder aber erst die Voraus-setzungen für die Qualifizierung als dingliches Recht darstellen.

Hauck etwa ist der Ansicht, „dinglich" sei ein „Rechtsfolgenbegriff".[66] Weise ein Recht die entsprechenden Wirkungen auf, könne es als dingliches Recht be-zeichnet werden und nicht andersherum.[67] Weise eine Rechtsposition nur *eine* der dinglichen Wirkungen auf, könne zwar von „Verdinglichung" gesprochen werden, dieser Rechtsposition komme deshalb aber nicht automatisch auch eine andere dingliche Wirkung zu.[68]

In ähnlicher Weise argumentiert *Dieselhorst* im Zusammenhang mit der Rechtsnatur der Lizenz:

> „Es ist irreführend zu sagen: *Weil* eine Lizenz dinglich ist, ergeben sich hieraus bestimmte rechtliche Folgerungen. Die Umkehrung ist richtig: Weil eine Lizenz nach ihrer individuellen vertraglichen und gesetzlichen Ausgestaltung bestimmte rechtliche Eigenschaften aufweisen kann, die dinglichen Rechten ähneln, kann man diese Ausgestaltungen als einem dinglichen Recht ähnlich oder ‚quasi-dinglich' kennzeichnen. Dies heißt aber nicht, dass deswegen die gesamte Lizenz – oder gar jede Lizenz unabhängig von ihrer individuellen Ausgestaltung – wie ein dingliches Recht des Sachenrechts behandelt werden darf oder gar muss."[69]

Dagegen ist *Hilty* der Ansicht, Ursache und Wirkung würden „verwischt", wenn der absolute Charakter einer Lizenz „nicht als rechtliche Folge, sondern vielmehr als Vorgabe der vorausgesetzten Rechte des Lizenznehmers betrachtet wird."[70]

---

[62] *Brehm/Berger*, Sachenrecht, § 1 Rn. 12; *Füller*, S. 54.

[63] Vgl. zum Begriff der Sukzession Nörr/Scheyhing/Pöggeler/*Nörr*, Sukzessionen, S. 1: „Unter Sukzession oder Nachfolge versteht man die Auswechslung des Rechtssubjekts unter Wahrung der Identität und Kontinuität des oder der Rechtsverhältnisse."

[64] *Brehm/Berger*, Sachenrecht, § 1 Rn. 11; *Canaris*, in: FS Flume I, S. 371 (374); *Hirte/Knof*, JZ 2011, 889 (890).

[65] Vgl. *Brehm/Berger*, Sachenrecht, § 1 Rn. 11; *Canaris*, in: FS Flume I, S. 371 (374).

[66] *Hauck*, AcP 211 (2011), 626 (627).

[67] *Hauck*, AcP 211 (2011), 626 (627).

[68] *Hauck*, AcP 211 (2011), 626 (630 f.).

[69] *Dieselhorst*, CR 2010, 69 (73).

[70] *Hilty*, S. 114: „Nicht selten verwischt sich die Darstellung von Ursache und Wirkung,

Grimm bemerkt zudem, es stelle einen „methodischen Zirkelschluss" dar, wenn die Einordnung eines Rechts als dinglich ausschließlich aus gesetzlichen Anordnungen gefolgert werden würde.[71] Stattdessen ergebe sich Dinglichkeit „ausschließlich aus dem Prinzip der Zuordnung und der damit verbundenen Herrschaftsmacht"; Klageschutz, Sukzessionsschutz und Insolvenzfestigkeit seien insofern lediglich „typologische Merkmale".[72]

Eine differenzierende Ansicht vertritt *Zurth*.[73] Voraussetzungen der Dinglichkeit seien die Absolutheit eines Rechts, die Ableitung der Befugnis vom Vermögensobjekt und die Erzeugung des Rechts im Wege der Verfügung.[74] Die Wirkungen dinglicher Rechte seien von den Voraussetzungen zu trennen und beschränkten sich daher auf Sukzessionsschutz und Insolvenzfestigkeit bzw. Zwangsvollstreckungsfestigkeit.[75]

Schröder nimmt ebenfalls eine Differenzierung vor und unterscheidet zwischen den Ebenen Funktion, Inhalt und Wirkung.[76] Die Funktion dinglicher Rechte sei die ausschließliche Zuweisung der Sache zum Berechtigten bzw. eines Objekts zu einem Subjekt.[77] Inhalt eines dinglichen Rechts seien die Befugnisse, die das Gesetz dem Berechtigten zuweise.[78] Klageschutz, Sukzessionsschutz und Insolvenzfestigkeit seien wiederum die Wirkungen dinglicher Rechte, die (grundsätzlich) gegenüber jedermann bestünden.[79]

2. Dingliche Wirkung im Urheberrecht

a. Begriffsklärung

Teilweise wird vertreten, der Begriff der „Dinglichkeit" beziehe sich nur auf körperliche Gegenstände, also Sachen.[80] Im Zusammenhang mit immaterialgüterrechtlichen Nutzungsrechten sei er irreführend, weil es an einem körperlichen

---

indem der absolute Charakter nicht als rechtliche Folge, sondern vielmehr als Vorgabe der vorausgesetzten Rechte des Lizenznehmers betrachtet wird."

[71] *Grimm*, S. 173: „Zu warnen ist daher vor einem methodischen Zirkelschluss bei der Beurteilung der Dinglichkeit, der sich aus einer schlichten Auslegung der Gesetzeslage ergeben würde." Ähnlich *Hirte/Knof*, JZ 2011, 889.

[72] *Grimm*, S. 173.

[73] *Zurth*, S. 29 ff.

[74] *Zurth*, S. 29 ff.

[75] *Zurth*, S. 33 ff.

[76] *Schröder*, S. 68.

[77] *Schröder*, S. 68.

[78] *Schröder*, S. 68 f.

[79] *Schröder*, S. 69.

[80] *Pahlow*, S. 278; *ders.*, ZUM 2005, 865 (868); *Sosnitza*, in: FS Schricker, S. 183 (184). Vgl. auch *Hauck*, AcP 211 (2011), 626 (627).

Bezugsgegenstand fehle.[81] Vorzugswürdig sei von „absoluter Wirkung" bzw. „absoluten Rechten" zu sprechen, um sie von obligatorischen, nur relativ wirkenden Rechten zu unterscheiden.[82]

Der Begriff des „absoluten Rechts" vermag jenen des dinglichen Rechts jedoch nicht zufriedenstellend zu ersetzen.[83] Ein absolutes Recht zeichnet sich dadurch aus, dass es gegenüber jedermann wirkt. Das Recht auf körperliche Unversehrtheit und das allgemeine Persönlichkeitsrecht etwa sind absolute Rechte.[84] Ein dingliches Recht wirkt ebenfalls gegenüber jedermann, zeichnet sich aber zudem durch sein Bezugsobjekt aus. Ein dingliches Recht kann nur an einem Gegenstand bestehen, der außerhalb der Person des Rechtsinhabers existiert.[85]

Absolute Rechte sind richtigerweise als eine „übergeordnete Begriffskategorie"[86] zu begreifen; dingliche Rechte gehören zu den absoluten Rechten.[87] Absolutheit, also deliktischer Drittschutz, ist ein Kennzeichen des dinglichen Rechts.[88] Aber dinglichen Rechten kommt zudem Verkehrsschutz zu, weil sie typischerweise Gegenstand des Rechtsverkehrs sind.[89]

Bei dem Gegenstand, auf den sich das dingliche Recht bezieht, muss es sich – entgegen soeben dargestellter Meinung – nicht zwingend um einen körperlichen Gegenstand handeln. So erlaubt auch das BGB die Entstehung von dinglichen Rechten an anderen Gegenständen als Sachen, beispielsweise eines Pfandrechts oder eines Nießbrauchs an einem Recht.[90] Im Übrigen lässt sich auch die Körperlichkeit von Grundstücken – an denen ohne Zweifel dingliche

---

[81] *Adolphsen/Daneshzadeh Tabrizi*, GRUR 2011, 384 (385); *Hilty*, S. 109 f.; *Pahlow*, ZUM 2005, 865 (868) (die Unterscheidung zwischen Urheberrecht und Sacheigentum am Werk werde „verwischt").

[82] *Adolphsen/Daneshzadeh Tabrizi*, GRUR 2011, 384 (385); *Hilty*, S. 109; *Sosnitza*, in: FS Schricker, S. 183 (190). Andere sprechen im Zusammenhang mit Nutzungsrechten von „gegenständlichen Rechten" (so etwa Berger/Wündisch/*Berger*, Urhebervertragsrecht, § 1 Rn. 45; Fromm/Nordemann/*J. B. Nordemann*, § 29 Rn. 14), was dem Begriff des dinglichen Rechts näher kommt. So verwendet etwa *Kraßer*, GRUR Int. 1973, 230 (233), „gegenständlich" und „dinglich" synonym.

[83] So auch *Grimm*, S. 172.

[84] Vgl. *Hilty*, S. 109; MüKo/*Wagner*, BGB, § 823 Rn. 162; *Wieling*, Sachenrecht, § 1 II 1.

[85] Ähnlich *Aicher*, S. 76. *Dulckeit*, S. 44, spricht von einer „außersubjektiven Existenz"; Staudinger/*Seiler*, BGB, Einl zum SachenR, Rn. 20, von der Zuordnung eines „Rechtsobjekt[s]".

[86] *Grimm*, S. 172.

[87] *Aicher*, S. 77; *Auer*, S. 95; *Brehm/Berger*, Sachenrecht, § 1 Rn. 13; *Grimm*, S. 172; *Hilty*, S. 109; Staudinger/*Seiler*, BGB, Einl zum SachenR, Rn. 18; *Wieling*, Sachenrecht, § 1 II 1.

[88] Vgl. *Baur/Stürner*, Sachenrecht, § 2 Rn. 2.

[89] Vgl. *Grimm*, S. 172.

[90] So auch *Zurth*, S. 30 f. Allerdings ist der Begriff der Dinglichkeit in Zusammenhang mit dem Nießbrauch an Rechten ebenfalls umstritten, vgl. MüKo/*Pohlmann*, BGB, § 1068 Rn. 12.

Rechte bestehen können – hinterfragen. Denn Grundstücke unterscheiden sich ganz wesentlich von anderen Sachen, weil sie nicht „körperlich umfasst" werden können. So bemerkt *v. Bar* zu Recht:

„Land ist zwar ein körperliches Objekt. Solange es nicht parzelliert ist, bleibt es aber ein ungetrennter Teil der Erde; eine Sache hat man schon deshalb (noch) nicht vor sich, weil der Himmelskörper Erde im Sinne des Privatrechts nicht einmal ein Gegenstand ist. Grund und Boden sind nicht schon von Natur aus physisch kontrollierbar. Der jeweilige Teil der Erdoberfläche, den man in der deutschen Sprache Grundstück nennt, wird erst dadurch zu einer beherrschbaren ‚Sache', dass er vermittels rechtlicher Regeln von anderen Teilen der Erdoberfläche abgegrenzt wird."[91]

Was ein Grundstück ist, wo es beginnt und wo es aufhört, ergibt sich also nicht aus seinen körperlichen Merkmalen, sondern nur aus einem Zusammenspiel mit Registereintragungen und Katastersystemen. Dies klingt auch schon in den Motiven zum BGB an: Das Bedürfnis der besonderen Vorschriften über Grundstücke wird dadurch „hervorgerufen", dass „[d]as Grundstück keine gesonderte Existenz [führt], sondern […], körperlich betrachtet, Theil eines zusammenhängenden Ganzen [ist]."[92] Für *v. Bar* sind Grundstücke daher „normative Sachen mit einem physischen Substrat"[93] und Immaterialgüterrechte „normative Sachen".[94] Kritik übt *v. Bar* insofern an der Unterscheidung zwischen körperlichen und unkörperlichen Gegenständen; entscheidend sei, ob der Gegenstand auch ohne Zuordnungssubjekt existieren könne.[95]

Unter diesem Blickwinkel ist die Verwendung des Begriffs der Dinglichkeit im Immaterialgüterrecht unproblematisch, denn die entscheidende Voraussetzung, dass der Bezugsgegenstand auch ohne Zuordnungssubjekt existieren kann, ist bei Immaterialgüterrechten gegeben.[96] So meint auch *Dulckeit*, unkörperliche Sachen könnten „als reale Verhältnisse oder objektive Gegebenheiten von der Rechtsperson als solcher gelöst [sein] und daher von vornherein auch eine äußere oder *außersubjektive Existenz* haben."[97]

---

[91]   *v. Bar*, JZ 2015, 845 (849).
[92]   Mot. III, 257 (= *Mugdan*, S. 142). Vgl. auch *Darmstaedter*, AcP 151 (1950/1951), 311 (330): „Das, was bei dem Grundstück diese körperliche Trennung des Daseins repräsentiert und bis zu einem gewissen Umfang ersetzt, ist die ‚Grenze'. Hier ist es, wo die ‚Ausschließung' im Sinne des § 903 sich vollzieht oder wenigstens einzusetzen hat."
[93]   *v. Bar*, JZ 2015, 845 (849).
[94]   *v. Bar*, JZ 2015, 845 (850).
[95]   *v. Bar*, JZ 2015, 845 (852).
[96]   Vgl. *v. Bar*, JZ 2015, 845 (852) („Sie alle [urheberrechtlich geschützte Werke] haben auch ohne rechtliche Zuordnung eine gedankliche Existenz; sie müssen nicht jemandem gehören, um zu ‚sein'.").
[97]   *Dulckeit*, S. 44.

Im Folgenden soll daher – auch im Zusammenhang mit dem Genussrecht – der Begriff der Dinglichkeit verwendet werden.[98]

b. Meinungsstand zur dinglichen Rechtsnatur einfacher Nutzungsrechte

Bei Nutzungsrechtsverträgen stellt sich die Frage, ob sie lediglich obligatorisch, also schuldrechtlich wirken, oder ob sie auch eine dingliche Ebene beinhalten. Die Rechtsnatur der Lizenz ist seit Jahrzehnten Gegenstand einer intensiven Diskussion.[99] Im Rahmen der vorliegenden Arbeit kann diese Diskussion nicht in allen Facetten dargestellt werden. Ziel ist es, die wichtigsten Argumente herauszugreifen, um hieran die Rechtsnatur des Genussrechts messen zu können.

Während zunächst nur das ausschließliche Nutzungsrecht als absolutes, dingliches Recht eingeordnet wurde,[100] hat sich diese Einschätzung mittlerweile auch für das einfache Nutzungsrecht verbreitet.[101] Obwohl das einfache Nutzungsrecht nicht dazu berechtigt, Dritte von der Nutzung auszuschließen, habe es doch dinglichen Charakter.[102] Die Rechtmäßigkeit der Nutzung folge nicht aus einer schuldrechtlichen Erlaubnis, sondern „einer unmittelbaren Berechtigung am fremden Urheberrecht."[103] Dass das einfache Nutzungsrecht gegenüber später eingeräumten weiteren Nutzungsrechten sowie im Fall des Wechsels des Lizenzgebers oder dessen Verzicht auf die Lizenz wirksam bleibt (§ 33 UrhG), es also

---

[98] Den Begriff der Dinglichkeit verwenden etwa auch *Forkel*, S. 76; *ders*, NJW 1983, 1764; *Sosnitza*, in: FS Schricker, 2005, S. 183 (184). Vgl. auch *Kraßer*, GRUR Int. 1973, 230 (233): „Die Struktur der Rechte, die dabei erlangt werden, entspricht derjenigen der dinglichen Rechte an Sachen und erlaubt es, von dinglichen oder – wenn dieser Begriff dem Bereich der körperlichen Rechtsgegenstände vorbehalten bleiben soll – von gegenständlichen Rechten zu sprechen." Aus der unterschiedlichen Bezeichnung ergibt sich im übrigen kein inhaltlicher Unterschied.

[99] Siehe hierzu etwa *Hauck*, AcP 211 (2011), 626; *McGuire*, Die Lizenz, 2012; *Pahlow*, Lizenz und Lizenzvertrag im Recht des Geistigen Eigentums, 2006; *Sosnitza*, in: FS Schricker, S. 183.

[100] Vgl. *Forkel*, S. 75; *ders.*, NJW 1983, 1764 (1765); RGZ 57, 38 (40); RGZ 83, 93 (94) (jeweils für die ausschließliche Lizenz im Patentrecht); BGH GRUR 1959, 200 (202) – *Der Heiligenhof*. Kritisch *Sosnitza*, in: FS Schricker, S. 183 (190 ff.). A.A. sowohl für ausschließliches als auch einfaches Nutzungsrecht *McGuire*, S. 478, 610 („quasi-dingliches Recht" bzw. „verdinglichte Obligation").

[101] BGHZ 185, 291 (302 Rn. 29) = GRUR 2010, 628 (631) – *Vorschaubilder I*; *Ohly*, S. 277, ebenso in Schricker/Loewenheim/*Ohly*, UrhG, § 29 Rn. 23; *Stöckel/Brandi-Dohrn*, CR 2011, 553 (558); *Tinnefeld*, S. 8; *Ulmer*, Urheber- und Verlagsrecht, S. 368 f.; *Zurth*, S. 46. Vgl. auch schon *Hubmann*, Urheber- und Verlagsrecht, 2. Aufl. 1966, S. 185.

[102] *Forkel*, S. 104; *ders.*, NJW 1983, 1764 (1766).

[103] Berger/Wündisch/*Berger*, Urhebervertragsrecht, § 1 Rn. 45. Ähnlich *Tinnefeld*, S. 8 („Die Rechtmäßigkeit einer Handlung aufgrund eines eingeräumten Nutzungsrechts ergibt sich […] aus der Natürlichkeit der Ausübung eigener Rechte.").

Sukzessionsschutz genießt, wird als Ausfluss seines dinglichen Charakters gesehen.[104] Dieser Sukzessionsschutz zeige auch, dass die Leistung an den Lizenznehmer eine „einmalige Verfügung über einen Ausschnitt aus dem absoluten Schutzrecht des Lizenzgebers, also (in sachenrechtlicher Terminologie) eine Belastung des Schutzrechts durch Gewährung der Lizenz sein muss."[105] Der Lizenzgeber müsse das Recht also nicht fortwährend „vermitteln".[106]

Dagegen wird eingewandt, das einfache Nutzungsrecht gewähre seinem Inhaber keine Abwehrrechte und kein eigenständiges Klagerecht gegen Dritte.[107] Hierin liege der entscheidende Unterschied zur ausschließlichen Lizenz.[108] Die Ausschlussbefugnis gegenüber Dritten sei für urheberrechtliche Nutzungsbefugnisse unbedingt erforderlich, um von einem dinglichen Recht sprechen zu können.[109] Dass das Urheberrechtsgesetz (auch) einfachen Nutzungsrechten Sukzessionsschutz gewähre, sei kein entscheidendes Argument für eine dingliche Wirkung.[110] Im Gegenteil[111] zeige das Tätigwerden des Gesetzgebers, dass das einfache Nutzungsrecht anderenfalls keinen Sukzessionsschutz genießen würde, mithin also nicht dinglicher Natur sei.[112]

c. Die Entscheidungen des BGH zum Bestand von Unterlizenzen

Die Frage der dinglichen Rechtsnatur des einfachen Nutzungsrechts wird vor allem in zwei Konstellationen relevant: Im Fall der Insolvenz des Lizenzgebers und für das Schicksal von Unterlizenzen bei Wegfall der Hauptlizenz.[113] Letzte-

---

[104] *Forkel*, NJW 1983, 1764 (1765) („Beleg für den gegenständlichen Charakter"); *Stöckel/ Brandi-Dohrn*, CR 2011, 553 (556); *Ulmer*, Urheber- und Verlagsrecht, S. 369.

[105] *Stöckel/Brandi-Dohrn*, CR 2011, 553 (556).

[106] *Stöckel/Brandi-Dohrn*, CR 2011, 553 (556). So auch Berger/Wündisch/*Berger*, Urhebervertragsrecht, § 1 Rn. 45 („Das urheberrechtliche Nutzungsrecht gleicht insofern dem ‚dinglichen' Sachenrecht, als es eine unmittelbare, dh nicht von einer Person abgeleitete Handlungsbefugnis hinsichtlich eines Gegenstands (des Werks) begründet.").

[107] *Götting*, in: FG Schricker, S. 53 (68); *Haedicke*, S. 86; *Hauck*, AcP 211 (2011), 626 (641).

[108] Vgl. *Kraßer*, GRUR Int. 1973, 230 (233 f.); *Götting*, in: FG Schricker, S. 53 (68). Kritisch *Hilty*, S. 138.

[109] *Hauck*, AcP 211 (2011), 626 (639). Zu den entscheidenden Merkmalen der dinglichen Wirkung im Immaterialgüterrecht vgl. auch *McGuire*, S. 329.

[110] *Dieselhorst*, CR 2010, 69 (72); *Haedicke*, S. 85 f.; *Hauck*, AcP 211 (2011), 626 (635 und 639) („kein taugliches Abgrenzungskriterium"); *Zurth*, S. 49.

[111] Der Streit um die Wertung des § 33 UrhG lässt sich mit den Worten *Dulckeits* treffend zusammenfassen: „was in einem Fall als Ausnahme gilt, wird im anderen zur Regel und umgekehrt.", *Dulckeit*, S. 27.

[112] *Adolphsen/Daneshzadeh Tabrizi*, GRUR 2011, 384 (388); *Hauck*, AcP 211 (2011), 626 (635); *Pahlow*, S. 280 f.

[113] Vgl. *McGuire/Kunzmann*, GRUR 2014, 28.

res betrifft das Charakteristikum dinglicher Rechte, unmittelbar an einem Gegenstand zu bestehen, ohne von der Mittlung durch eine andere Person abhängig zu sein. Verschiedene Entscheidungen des BGH zum Bestand von Unterlizenzen in Lizenzketten[114] haben der Diskussion neue Impulse gegeben.[115]

aa. BGH Reifen Progressiv

Im Jahr 2009 hatte der BGH darüber zu entscheiden, ob eine Unterlizenz fortbesteht, wenn die Hauptlizenz aufgrund eines wirksamen Rückrufs erlischt.[116] Er entschied, dass zwar das ausschließliche Nutzungsrecht der Hauptlizenznehmerin („Tochterrecht") erloschen sei, das einfache Nutzungsrecht der Unterlizenznehmerin („Enkelrecht") hingegen bestehen bleibe.[117] Denn durch den Rückruf sei zwar der Hauptlizenzvertrag beendet worden, dies habe aber grundsätzlich keinen Einfluss auf das schuldrechtliche Verhältnis zwischen Hauptlizenznehmerin und Unterlizenznehmerin.[118] Zwar könne die Hauptlizenznehmerin nach Wirksamwerden des Rückrufs keine weiteren Nutzungsrechte einräumen, frühere „Verfügungen" blieben jedoch wirksam.[119] Das einfache Nutzungsrecht habe dinglichen Charakter.[120] Deshalb müsse die Hauptlizenznehmerin – obwohl der Lizenzvertrag Dauerleistungscharakter habe – das Nutzungsrecht nicht fortwährend vermitteln.[121] Auch der Zweck des Rückrufsrechts wegen Nichtausübung (§ 41 UrhG) spreche für diese Interpretation, weil der Urheber nur ausschließliche Nutzungsrechte beseitigen müsse, um eine anderweitige Verwertung des Werks zu ermöglichen.[122]

---

[114] BGHZ 180, 344 = MMR 2009, 838 – *Reifen Progressiv*; BGH GRUR 2012, 914 – *Take Five*; BGHZ 194, 136 = GRUR 2012, 916 – *M2Trade*.

[115] Siehe hierzu eingehend *Grimm*, Lizenzketten im Urheberrecht, 2016, und *Hoffmann*, ZGE 7 (2015), 245.

[116] BGHZ 180, 344 = MMR 2009, 838 – *Reifen Progressiv*.

[117] BGHZ 180, 344 (351 Rn. 17) = MMR 2009, 838 (839) – *Reifen Progressiv*.

[118] BGHZ 180, 344 (352 Rn. 18) = MMR 2009, 838 (839) – *Reifen Progressiv*.

[119] BGHZ 180, 344 (352 Rn. 19) = MMR 2009, 838 (839) – *Reifen Progressiv*.

[120] BGHZ 180, 344 (353 Rn. 20) = MMR 2009, 838 (839) – *Reifen Progressiv*. Bezugnehmend auf die Entscheidung Reifen Progressiv findet sich auch in der kurze Zeit später ergangenen Entscheidung *Vorschaubilder I*, BGHZ 185, 291 (302 Rn. 29) = GRUR 2010, 628 (631), die Aussage, das einfache und das ausschließliche urheberrechtliche Nutzungsrecht hätten „dinglichen Charakter".

[121] BGHZ 180, 344 (353 Rn. 20) = MMR 2009, 838 (839) – *Reifen Progressiv*.

[122] BGHZ 180, 344 (353 f. Rn. 21 ff.) = MMR 2009, 838 (839) – *Reifen Progressiv*.

bb. BGH M2Trade

In der drei Jahre später ergangenen Entscheidung *M2Trade* stand ebenfalls der Fortbestand der Unterlizenz in der Lizenzkette zur Frage.[123] Der Hauptlizenzvertrag war in diesem Fall nicht durch Rückruf, sondern durch Kündigung wegen Zahlungsverzugs beendet worden. Im Gegensatz zu der Ausgangslage in *Reifen Progressiv* hatte die Unterlizenznehmerin nicht eine einmalige Lizenzgebühr geleistet, sondern schuldete aus dem Unterlizenzvertrag regelmäßige Zahlungen. Der BGH entschied, dass auch in dieser Konstellation die Unterlizenz bestehen bleibe.[124] Dies sei „[u]nter Berücksichtigung des Grundsatzes des Sukzessionsschutzes und unter Abwägung der typischerweise betroffenen Interessen des Hauptlizenzgebers und des Unterlizenznehmers [...] in aller Regel angemessen und interessengerecht".[125] Das Interesse des Hauptlizenzgebers werde insbesondere dadurch gewahrt, dass er die weiter geschuldeten Unterlizenzgebühren vom Hauptlizenznehmer nach bereicherungsrechtlichen Grundsätzen herausverlangen könne.[126]

cc. BGH Take Five

Die am gleichen Tag ergangene Entscheidung *Take Five* betraf die Frage, ob eine ausschließliche Unterlizenz bestehen bleibt, wenn der Hauptlizenzvertrag einvernehmlich aufgelöst und vereinbart wird, dass sämtliche Unterlizenzen ebenfalls erlöschen.[127] Wiederum entschied der BGH, dass „unter Berücksichtigung des Grundsatzes des Sukzessionsschutzes und unter Abwägung der typischerweise betroffenen Interessen des Hauptlizenzgebers und des Unterlizenznehmers" der Fortbestand, auch eines ausschließlichen Nutzungsrechts, angemessen sei.[128]

d. Diskussion der Entscheidungen in der Literatur

Die Entscheidungen des BGH wurden in der Literatur sehr unterschiedlich aufgenommen bzw. interpretiert. Für das Urteil in *Reifen Progressiv* stellt etwa *Hauck* fest, der BGH nehme einen unrichtigen Rückschluss vor, wenn er von der Rechtsnatur der Lizenz auf den Bestandsschutz schließe:

---

[123] BGHZ 194, 136 = MMR 2012, 684 – *M2Trade*.
[124] BGHZ 194, 136 (144 Rn. 23) = GRUR 2012, 916 (918) – *M2Trade*.
[125] BGHZ 194, 136 (144 Rn. 23) = GRUR 2012, 916 (918) – *M2Trade*.
[126] BGHZ 194, 136 (145 f. Rn. 26 f.) = GRUR 2012, 916 (918) – *M2Trade*.
[127] BGH GRUR 2012, 914 – *Take Five*.
[128] BGH GRUR 2012, 914 (915 Rn. 15) – *Take Five*.

„Es kommt vielmehr umgekehrt darauf an, ob das Fortbestehen eines abgespaltenen Rechts angenommen werden kann; ist dies der Fall, kann die Rechtsposition – vorbehaltlich der nachfolgenden Erwägungen – als ‚dinglich' angesehen werden."[129]

Andere meinen, dieser Fehler sei vom BGH in den darauffolgenden Entscheidungen korrigiert worden und dass das Gericht an der Dinglichkeit des einfachen Nutzungsrechts nicht mehr festhalte.[130] Während der BGH in *Reifen Progressiv* noch im Rahmen eines *obiter dictum* die dingliche Wirkung des einfachen Nutzungsrechts festgestellt hatte, stützte er sich in *M2Trade* und *Take Five* nicht mehr auf diese Argumentation, sondern auf eine Interessenabwägung. Richtigerweise könne nur der Gesetzgeber die dingliche Wirkung von Nutzungsrechten anordnen, weil hierbei auch die Rechte und Freiheiten Dritter berührt seien.[131]

Die einfache Lizenz sei „Forderungs- und nicht Herrschaftsrecht."[132] Gegen einen Fortbestand der Unterlizenz spreche zudem, dass der Lizenzvertrag nach überwiegender Ansicht den Charakter eines Dauerschuldverhältnisses habe, der ein besonderes Vertrauensverhältnis zwischen den Parteien voraussetze und daher auch kündbar sein müsse.[133] Rechtsinhaber und Unterlizenznehmer verbinde jedoch kein Vertragsverhältnis, so dass im Falle des Fortbestands der Unterlizenz der Rechtsinhaber an einen Vertragspartner gebunden sei, ohne die Möglichkeit zur Kündigung zu haben.[134] Letztlich führe dies auch zu einer „künstlichen Aufspaltung zwischen einem obligatorischen Lizenzvertrag und dem ‚dinglichen' Nutzungsrecht", die für beide Parteien ungünstig sei.[135] Es sei unklar, ob und mit wem der Lizenzvertrag fortbestehe. Sowohl im Hinblick auf etwaige fortlaufende Vergütungsansprüche als auch in Bezug auf Pflichten des Lizenzgebers in Form von Pflege- und Wartungsarbeiten bestünden Unsicherheiten.[136] Statt die Unterlizenz dinglich zu konstruieren sei es daher sinnvoller, von einer Vertragsübernahme auszugehen und „das Vertragsverhältnis selbst" mit Bestandskraft auszustatten.[137] Dagegen wird angeführt, das Gesetz statuiere eben keinen Ver-

---

[129] *Hauck*, AcP 211 (2011), 626 (638).

[130] Vgl. *McGuire/Kunzmann*, GRUR 2014, 28 (29); *Meyer-van Raay*, NJW 2012, 3691 (3692).

[131] *Berger*, GRUR 2013, 321 (327): „Weil es sich bei dinglichen Wirkungen um Drittwirkungen der Rechte handelt, die nicht am rechtsbegründenden Vertrag Beteiligte hinnehmen müssen, ist zur Grundsatzentscheidung über dingliche Wirkungen wohl allein der Gesetzgeber berufen."

[132] *Hauck*, AcP 211 (2011), 626 (646).

[133] *McGuire/Kunzmann*, GRUR 2014, 28 (31).

[134] *McGuire/Kunzmann*, GRUR 2014, 28 (31).

[135] *McGuire/Kunzmann*, GRUR 2014, 28 (32).

[136] *Berger*, GRUR 2013, 321 (327); *Meyer-van Raay*, NJW 2012, 3691 (3693).

[137] *McGuire/Kunzmann*, GRUR 2014, 28 (33).

tragsübergang wie etwa bei der Miete (§ 566 BGB), sondern eine Drittwirkung, wie sie für dingliche Rechte typisch sei.[138]

Die Frage der Insolvenzfestigkeit der Lizenz wurde in den Entscheidungen des BGH nicht behandelt. Zwar lag der Entscheidung *M2Trade* ein Sachverhalt mit Insolvenzbezügen zugrunde, jedoch war es dort nicht die Hauptlizenzgeberin, sondern Hauptlizenznehmerin und Unterlizenznehmerin, die Insolvenz angemeldet hatten. Ob ein Nutzungsrecht die Insolvenz des Nutzungsrechtsgebers unbeschadet übersteht, wenn der Insolvenzverwalter die Erfüllung des Lizenzvertrags verweigert, wurde mithin nicht entschieden.[139]

In der Insolvenz des Lizenzgebers hat der Insolvenzverwalter nach § 103 InsO ein Wahlrecht in Bezug auf noch nicht (vollständig) erfüllte Verträge. Zwar ordnet § 108 InsO den Fortbestand bestimmter Schuldverhältnisse in der Insolvenz an; der Lizenzvertrag ist allerdings – trotz entsprechender Reformbestrebungen[140] – nicht genannt.[141] Für eine analoge Anwendung ist – anders als bei der Vorgängernorm, § 21 Abs. 1 KO – nach überwiegender Ansicht kein Raum, weil § 108 Abs. 1 S. 1 InsO explizit auf „unbewegliche Gegenstände und Räume" begrenzt ist.[142] Dingliche Rechte hingegen sind gegenüber dem Zugriff in Zwangsvollstreckung und Insolvenz „immun".[143]

Gegner der Dinglichkeit von Nutzungsrechten sehen sich durch die Entscheidungen des BGH auch in diesem Punkt nicht widerlegt. Es erscheine „eher ausgeschlossen, dass der BGH mit seinem Hinweis auf den ‚dinglichen Charakter' der Lizenz diese tatsächlich als ein ‚dingliches Recht' i. S. v. § 47 InsO verstanden wissen wollte".[144] Die Bezeichnung einer Lizenz als „dinglich" sei daher missverständlich.[145] Nach *M2Trade* sei lediglich gesichert, dass die Unterlizenz

---

[138] *Stöckel/Brandi-Dohrn*, CR 2011, 553 (556).

[139] Siehe hierzu eingehend *Berger*, GRUR 2013, 321, und *Hoffmann*, ZGE 7 (2015), 245, 260 ff.

[140] Vgl. Gesetzentwurf der Bundesregierung, Entwurf eines Gesetzes zur Entschuldung mittelloser Personen, zur Stärkung der Gläubigerrechte sowie zur Regelung der Insolvenzfestigkeit von Lizenzen, 5.12.2007, BT-Drucks. 16/7416. Der geplante § 108a InsO hätte in Satz 1 gelautet: „Ein vom Schuldner als Lizenzgeber abgeschlossener Lizenzvertrag über ein Recht am geistigen Eigentum besteht mit Wirkung für die Insolvenzmasse fort."

[141] Vgl. *Berger*, GRUR 2013, 321 (333), der die Ungleichbehandlung der Lizenz in der Insolvenz kritisiert und ein Tätigwerden des Gesetzgebers fordert.

[142] Vgl. *Kellenter*, in: FS Tilmann, 2003, S. 807 (808); *Plesser*, in: FS Raue, S. 611.

[143] Zur Rechtfertigung dieser Ungleichbehandlung von dinglichen Rechten und schuldrechtlichen Ansprüchen siehe *Hirte/Knof*, JZ 2011, 889 (894 ff.). Für die Insolvenzfestigkeit der Lizenz aufgrund ihres dinglichen Charakters *Bausch*, NZI 2005, 289 (293) (für die ausschließliche Lizenz im Patentrecht); *v. Frentz/Masch*, ZUM 2012, 886 (887); *Kellenter*, in: FS Tilmann, 2003, S. 807 (818 f.).

[144] *Dieselhorst*, CR 2010, 69 (75).

[145] *Dieselhorst*, CR 2010, 69 (75).

vom Wegfall der Hauptlizenz nicht betroffen sei, dennoch sei die Hauptlizenz in der Insolvenz des Hauptlizenzgebers nicht insolvenzfest.[146] Im Gegensatz zu den vom BGH entschiedenen Fällen sei von dem Fortbestand der Lizenz nicht nur der Rechtsinhaber betroffen, sondern auch die Gläubiger des Insolvenzschuldners.[147] Der Grundsatz der Gläubigergleichbehandlung[148] streite daher für eine Verwertung der Lizenz in der Insolvenz.[149] Zudem berge die Insolvenzfestigkeit der Lizenz das Risiko von Missbräuchen, wenn etwa der Fortbestand der Lizenz in der Insolvenz des Lizenzgebers durch konzerninterne Unterlizenzierung sichergestellt werden könne.[150]

Stattdessen hätten einfache Nutzungsrechte lediglich schuldrechtlichen Charakter und seien grundsätzlich nicht insolvenzfest.[151] Entscheidend sei daher, ob bzw. wann der Lizenzvertrag bzw. der Vertrag über die Einräumung von Nutzungsrechten vollständig erfüllt wurde.[152] Da Nutzungsrechtsverträge überwiegend als Dauerschuldverhältnisse eingeordnet würden, sei dies „ein Indiz dafür", dass der Vertrag während seiner gesamten Laufzeit bis zur Beendigung weder vom Lizenzgeber noch vom Lizenznehmer bereits vollständig erfüllt worden sei.[153] Dagegen wird eingewandt, dass die Hauptleistungspflicht des Lizenzgebers in der Einräumung der Lizenz bestehe und es daher „sachlich angemessen" sei diese Pflicht „mit der erstmaligen Lizenzeinräumung als vollständig erfüllt anzusehen".[154] Lediglich in Bezug auf etwaige Nebenpflichten bliebe Raum für das Wahlrecht des Insolvenzverwalters nach § 103 InsO.[155]

Befürworter der dinglichen Rechtsnatur der Lizenz sehen den Lizenzvertrag ebenfalls mit der einmaligen Einräumung der Lizenz im Wege der Verfügung als erfüllt an.[156] Der Lizenznehmer könne sein so erworbenes dingliches Nutzungsrecht in der Insolvenz gem. § 47 InsO aussondern; es falle also nicht in die Insol-

---

[146] *Berger*, GRUR 2013, 321 (330).

[147] *McGuire/Kunzmann*, GRUR 2014, 28 (34). Ähnlich Schricker/Loewenheim/*Ohly*, UrhG, § 31 Rn. 24.

[148] Der Grundsatz der Gleichbehandlung der Gläubiger ergibt sich aus § 1 S. 1 i. V. m. § 38 InsO: Nach Eröffnung des Insolvenzverfahrens sollen die Gläubiger nur noch gemeinschaftlich und gleichmäßig befriedigt werden. Vgl. hierzu MüKo/*Ehricke*, InsO, § 38 Rn. 4.

[149] *McGuire/Kunzmann*, GRUR 2014, 28 (34).

[150] *McGuire/Kunzmann*, GRUR 2014, 28 (32).

[151] *Adolphsen/Daneshzadeh Tabrizi*, GRUR 2011, 384 (390); *Hauck*, AcP 211 (2011), 626 (659).

[152] Vgl. *Hauck*, AcP 211 (2011), 626 (650).

[153] *Hauck*, AcP 211 (2011), 626 (650). Vgl. auch *Adolphsen/Daneshzadeh Tabrizi*, GRUR 2011, 384 (390).

[154] *Dieselhorst*, CR 2010, 69 (75).

[155] *Dieselhorst*, CR 2010, 69 (75).

[156] *Stöckel/Brandi-Dohrn*, CR 2011, 553 (559).

venzmasse.[157] Dieses Ergebnis sei auch wirtschaftlich sinnvoll, weil anderenfalls technologieintensive Produkte, die mitunter verschiedene Schutzrechte beinhalten, bei Insolvenz nur eines Schutzrechtsinhabers nicht mehr genutzt werden könnten.[158]

3. Dingliche Wirkung des Genussrechts

Nachdem zusammengetragen wurde, was die dingliche Wirkung von Rechten im BGB auszeichnet und welche Punkte im Zusammenhang mit der Rechtsnatur urheberrechtlicher Nutzungsrechte diskutiert werden, wird nun untersucht, ob und weshalb das Genussrecht dingliche Wirkung beansprucht.

Das Genussrecht hat keine gesetzliche Regelung erfahren. Das bedeutet jedoch nicht, dass ein dingliches Genussrecht nicht existieren kann. Zwar wird vertreten, die Entscheidung über die dingliche Wirkung eines Rechts müsse dem Gesetzgeber überlassen bleiben.[159] Doch hat der Gesetzgeber weder eine Entscheidung für noch gegen ein dingliches Genussrecht getroffen; er hat die Rechtsposition des Nutzers bislang überhaupt nicht geregelt. Gleichzeitig sind digitale Werkexemplare offensichtlich Gegenstand des Handelsverkehrs und die Rechtsposition des Nutzers definitiv regelungsbedürftig. Das Genussrecht ist daher letztlich ein Gebilde, das aus einer tatsächlichen Entwicklung – dem Verkauf digitaler Werkexemplare – in Kombination mit einer gesetzlichen Ausgangslage – der urheberrechtlichen Relevanz des digitalen Werkgenusses – resultiert. Es ist ein Rechtsinstitut, dessen Konturen im Wege der Rechtsfortbildung festzulegen sind. Es kann daher zwangsläufig nicht anhand einzelner gesetzlicher Anordnungen auf seine „Dinglichkeit" untersucht werden. Wie bei jedem neu zu schaffenden Rechtsinstitut würde ein solches methodisches Vorgehen in einem Zirkelschluss enden.[160] Stattdessen wird für die Beurteilung der dinglichen Wirkung ein anderes Kriterium herangezogen, nämlich die tatsächliche Lage, also wie ein Kaufvertrag über ein digitales Werkexemplar in der Regel (tatsächlich) erfüllt

---

[157] *Stöckel/Brandi-Dohrn*, CR 2011, 553 (559).

[158] *Stöckel/Brandi-Dohrn*, CR 2011, 553 (559).

[159] So etwa *Berger*, GRUR 2013, 321 (327). Zu dem damit zusammenhängenden Grundsatz des Numerus clausus siehe unten § 10 B.I.3.b.aa.

[160] So auch *Grimm*, S. 175: „Zu warnen ist jedoch vor einem methodischen *circulus vitiosus*, der entsteht, wenn man ausschließlich auf die Wirkungen eines Rechts rekurriert, um eine Antwort auf die Rechtsnatur dieses Rechts zu erhalten. Eine solche normgeprägte Sichtweise, die allein auf die gesetzlich angeordneten Wirkungen abstellt, ist nicht nur […] aus verfassungsrechtlicher Perspektive abzulehnen. Auch aus methodischer Sicht lässt sich ein solches Ergebnis nicht rechtfertigen, wenn ein neues Rechtsinstitut geschaffen oder dieses einem neuen Anwendungsbereich zugeführt werden soll, wenn dies im ursprünglichen Plan des Gesetzgebers nicht vorgesehen war. Eine Lösung auf zivilrechtlicher Ebene kann dann nur eine Rechtsfortbildung außerhalb der gesetzlichen Regelung bieten."

wird bzw. wie die Rechtsposition des Erwerbers in verschiedenen Situationen gehandhabt wird. Bei dieser Betrachtung gilt es einen gerechten Ausgleich der beteiligten Interessen zu erreichen (a.).[161] Sodann ist im nächsten Schritt zu prüfen, ob ein dingliches Genussrecht mit sachenrechtlichen Prinzipien in Einklang zu bringen ist (b.).

a. (Tatsächliche) Typische Interessenlage beim Genussrecht

aa. Unmittelbare, nicht lediglich vermittelte Berechtigung

Dingliche Rechte zeichnet aus, dass sie eine unmittelbare Berechtigung an einem Gegenstand gewähren.[162] Der Rechtsinhaber ist nicht auf einen schuldrechtlichen Anspruch gegen eine andere Person angewiesen, die ihm die Berechtigung vermittelt und mit der er durch ein Dauerschuldverhältnis verbunden ist. Insbesondere kann ihm diese Rechtsstellung nicht mehr einseitig durch Aufhebung dieses Dauerschuldverhältnisses entzogen werden.

Diese Charakteristika treffen auch auf die Rechtsstellung des Erwerbers digitaler Werkexemplare zu. Wie bereits im Rahmen der schuldrechtlichen Untersuchung (Teil 2) festgestellt, erschöpft sich die rechtliche Beziehung zwischen Diensteanbieter und Nutzer in einer einmaligen Transaktion. Ein Dauerschuldverhältnis mit gegenseitigen Pflichten zur Rücksichtnahme besteht hingegen nicht; der Erwerber ist nicht lediglich während der Laufzeit eines solchen Vertrages zur Nutzung berechtigt. Dass dem Nutzer, der ein Werkexemplar erworben hat, diese Rechtsstellung nicht mehr einseitig entzogen werden kann, hat auch das OLG Köln bestätigt. In seinem Urteil hatte das Gericht über die Wirksamkeit einer AGB-Klausel der Plattform *Amazon* zu entscheiden.[163] Die Unternehmensgruppe *Amazon* vertreibt u. a. E-Books und E-Book-Reader (*Kindle*) sowie Audio-Dateien (*Amazon Cloud Player*). In der betreffenden Klausel behielt sich *Amazon* für den Fall des Fehlverhaltens eines Nutzers das Recht vor, „Services auf der Webseite vorzuenthalten, Mitgliedskonten zu schließen oder Inhalte zu entfernen oder zu verändern".[164] Bei der gebotenen kundenfeindlichsten Ausle-

---

[161] Nach der „typischen Interessenlage" fragt auch *Forkel*, NJW 1983, 1764 (1767), bei der Feststellung der Rechtsnatur der einfachen Patentlizenz. Vgl. auch *Zech*, ZGE 5 (2013), 368 (369), zu den „faktische[n] und rechtliche[n] Positionen" beim Erwerb digitaler Güter.

[162] Siehe hierzu oben § 10 B.I.1.

[163] OLG Köln MMR 2016, 387.

[164] Die Klausel lautete in Teilen: „Sie dürfen einen Amazon Service nicht verwenden: (i) in einer Weise, die dazu geeignet ist, den Amazon Service oder den Zugang dazu zu unterbrechen, zu beschädigen oder in sonstiger Art zu beeinträchtigen, oder (ii) für betrügerische Zwecke oder i. V. m. einer Straftat oder rechtswidrigen Aktivität oder (iii) um Belästigung, Unannehmlichkeiten oder Angst zu verursachen. Wir behalten uns das Recht vor, Ihnen Services auf der Webseite vorzuenthalten, Mitgliedskonten zu schließen oder Inhalte zu entfernen oder zu ver-

gung dieser Klausel hätte sich *Amazon* damit auch das Recht vorbehalten, den Zugang zu bereits erworbenen digitalen Werkexemplaren des Nutzers zu sperren.[165] Das OLG Köln geht in seiner Entscheidung zwar nicht näher auf den Maßstab für die AGB-Prüfung, also Rechtsnatur und Gegenstand des Vertrages, ein. Dennoch hält das Gericht die Klausel für unwirksam und führt aus: „Die Möglichkeit, entgeltlich erworbene Nutzungsrechte jederzeit wieder entziehen zu können, stellt per se eine unangemessene Benachteiligung des Kunden dar."[166]

Das Gericht hält die Rechtsposition des Nutzers also anscheinend nicht für ein Dauerschuldverhältnis, sondern für eine unabhängige Berechtigung, die nicht von einer etwaigen Kündigung betroffen sein kann. Damit billigt es der Rechtstellung des Nutzers eine Stabilität zu, die kennzeichnend ist für dingliche Rechtspositionen,[167] wenn auch ohne dies ausdrücklich zu bestätigen.

bb. Sukzessionsschutz

Dingliche Rechte genießen Sukzessionsschutz. Spätere Verfügungen des Inhabers des belasteten Rechts – weder eine Veräußerung noch eine (weitere) Belastung – haben keine Auswirkung auf bereits bestehende dingliche Rechte.

Auch das Genussrecht des Erwerbers digitaler Werkexemplare ist gegenüber späteren Verfügungen geschützt bzw. wird von ihnen nicht tangiert. Diese Feststellung speist sich aus einer Betrachtung der tatsächlichen Lage. So können Rechteinhaber, etwa Tonträgerhersteller, ihre Leistungsschutzrechte übertragen. Diensteanbieter können ihr Repertoire veräußern oder ihren Betrieb einstellen und entsprechende urheberrechtliche Nutzungsrechte aufgeben. Dennoch ist – soweit ersichtlich – bislang kein Fall bekannt, in dem der Erwerber eines digitalen Werkexemplars dessen Nutzung aufgeben musste, weil Rechteinhaber oder Diensteanbieter über ihre Rechte verfügt haben.[168]

Im Übrigen spielt die im Zusammenhang mit Lizenzketten auftretende Problematik, wie eine angemessene Vergütung des Hauptlizenzgebers sichergestellt werden kann, wenn der Hauptlizenzvertrag wegfällt, Unterlizenzen aber bestehen bleiben,[169] beim Genussrecht keine Rolle. Denn der Nutzer hat die einmalig geschuldete Vergütung bereits vollständig entrichtet. Auch die „missliche Situa-

---

ändern, wenn Sie gegen anwendbare Gesetze, diese Nutzungsbedingungen oder andere anwendbare Vertragsbedingungen oder Richtlinien verstoßen."

[165] OLG Köln MMR 2016, 387 (390).

[166] OLG Köln MMR 2016, 387 (390).

[167] Vgl. *Raiser*, JZ 1961, 465 (467).

[168] So wurde etwa das Angebot von *txtr* 2015 von der *Media-Saturn-Holding* übernommen und 2016 in deren Plattform *Juke* integriert. Die Kunden von *txtr* konnten ihre erworbenen E-Books weiter nutzen.

[169] Vgl. hierzu *Hoffmann*, ZGE 7 (2015), 245 (285).

tion"[170], die beim urheberrechtlichen Nutzungsrecht für den Lizenzgeber befürchtet wird, wenn der Lizenznehmer in Insolvenz fällt und die Lizenzgebührzahlungen einstellt, die Lizenz aber weiterhin – aufgrund ihres abstrakt dinglichen Charakters – nutzen kann, ist beim Genussrecht also nicht zu befürchten.

Soweit neben dem Erwerb eines digitalen Werkexemplars noch weitere (Dauerschuld-)Verträge, wie etwa Wartungs- oder Softwarepflegeverträge, abgeschlossen wurden, ist deren Schicksal von jenem des Genussrechts unabhängig. Möglich ist daher, dass das Genussrecht zwar fortbesteht, jedoch ohne dass der Erwerber weiterhin Ansprüche aus den begleitenden Verträgen geltend machen kann.[171] Dieses Ergebnis liegt allerdings darin begründet, dass beim Genussrecht die Leistung einmalig vollständig erbracht wird, Wartungs- und Softwarepflegeverträge hingegen eine wiederkehrende Leistung des Vertragspartners erfordern.

cc. Insolvenzfestigkeit

Dingliche Rechte sind vor dem Zugriff durch Gläubiger Dritter bzw. vor dem Insolvenzbeschlag geschützt.[172] Auch das Genussrecht wird weder von der Insolvenz des Rechteinhabers noch des Diensteanbieters berührt. Dafür spricht zunächst ein rein tatsächlicher Befund: Trotz Insolvenzen von Anbietern digitaler Inhalte[173] ist kein Fall bekannt, in welchem dem Erwerber eines digitalen Werkexemplars die Nutzungserlaubnis wegen Insolvenzbeschlags entzogen wurde. Dass Erwerber digitaler Werkexemplare aufgefordert werden, ihre Dateien zu löschen und die Nutzung zu unterlassen, weil der Insolvenzverwalter von Rechteinhaber oder Diensteanbieter die Erfüllung verweigert, wäre auch wirtschaftlich nicht sinnvoll. Bei urheberrechtlichen Nutzungsrechten kann deren Beendigung das Vollrecht wieder komplettieren und damit zu einer Wertsteigerung der Insolvenzmasse führen. Ebenso bei der Beendigung des Nutzungsrechts eines obligatorisch Berechtigten an einem Grundstück, weil nur dann der volle Wert des Grundstücks realisiert werden kann.[174] Der Entzug des Genussrechts ist hingegen nicht mit einem solchen Massezuwachs verbunden. Allein dann, wenn der Nutzer, dem das Genussrecht entzogen wurde, danach sofort noch einmal das gleiche digitale Werkexemplar vom Insolvenzverwalter erwerben würde, wäre ein Massezuwachs denkbar. Diese Möglichkeit ist allerdings enorm unwahrscheinlich. Das Schutzrecht gewinnt also nicht dadurch an Wert, dass seine Be-

---

[170] *Hoffmann*, ZGE 7 (2015), 245 (264). Vgl. auch *McGuire*, S. 431 ff.

[171] Vgl. hierzu auch *Meyer-van Raay*, NJW 2012, 3691 (3693).

[172] Siehe oben § 10 B.I.1.

[173] Der *Weltbild Verlag* etwa meldete 2014 Insolvenz an; seine Kunden erhielten keine Aufforderung, die Nutzung bereits erworbener E-Books zukünftig zu unterlassen.

[174] *Brehm/Berger*, Sachenrecht, § 1 Rn. 11.

lastung mit dem Genussrecht des Nutzers aufgehoben wird. Auch hier zeigt sich der klare Unterschied zwischen urheberrechtlichem Nutzungsrecht und Genussrecht. Bei einem Nutzungsrecht wird der Insolvenzverwalter den Vertrag beenden, wenn durch diesen das Recht wirtschaftlich nicht optimal verwertet wird.[175] Das Genussrecht erlaubt dem Erwerber aber keine Verwertung, sondern nur den persönlichen Gebrauch. Auch unter diesem Aspekt erscheint es interessengerecht, dass das Genussrecht insolvenzfest ist.

Ein weiteres Argument, das gegen eine Insolvenzfestigkeit der Lizenz vorgebracht wird, betrifft den insolvenzrechtlichen Grundsatz der Gläubigergleichbehandlung.[176] Für das Genussrecht greift dieses Argument nicht. Denn der Inhaber des Genussrechts ist kein Gläubiger. Die Leistung, die er aus dem Kaufvertrag fordern konnte, wurde durch Einräumung der tatsächlichen Nutzbarkeit und des Genussrechts vollständig erfüllt. Weder zwischen Erwerber und Diensteanbieter noch zwischen Erwerber und Rechteinhaber entsteht, anders als bei der Lizenz,[177] aufgrund des Erwerbs ein Dauerschuldverhältnis. Erst indem ihm dieses Genussrechts im Rahmen des Insolvenzverfahrens wieder entzogen würde, wird der Nutzer zum Gläubiger. Das kann allerdings keinesfalls im Interesse der anderen Gläubiger sein, denn die Insolvenzmasse würde durch den Entzug des Genussrechts keinen finanziellen Zuwachs erlangen.

dd. Klageschutz

Dingliche Rechte wirken nicht nur relativ, sondern absolut und können daher auch gegenüber jedermann verteidigt werden.[178] Dieser Klage- oder Abwehrschutz dinglicher Rechte wird allen voran gegen die dingliche Rechtsnatur des einfachen Nutzungsrechts angeführt.[179] Weil der Inhaber eines einfachen Nutzungsrechts nicht gegen Verletzungen des Urheberrechts vorgehen kann, könne seine Rechtsposition nicht dinglich sein.[180] Auch der Inhaber eines Genussrechts

---

[175] Vgl. *Plesser*, FS Raue, 2006, S. 611.

[176] So etwa *McGuire/Kunzmann*, GRUR 2014, 28 (34).

[177] Vgl. *Berger*, GRUR 2013, 321 (327), in Bezug die Vertragsgestaltung „Rechtskauf" zur Sicherung der Lizenz in der Insolvenz: „Gleichwohl bestehen Bedenken, denn der Dauerschuldcharakter der Lizenz bleibt erhalten, repräsentiert durch das Rechtsverhältnis zwischen Rechtsträger und ‚Käufer', selbst wenn alle weiteren Pflichten des Verkäufers (beispielsweise zur Aufrechterhaltung, Schulung, Entwicklung usw.) abbedungen werden. Strategisch ist diese Lösung überdies häufig nicht passend und zudem wirtschaftlich riskant, da sie den Erwerber zur Vorleistung zwingt."

[178] Siehe oben § 10 B.I.1.

[179] Eingehend zu der Diskussion um den Klageschutz des einfachen und ausschließlichen Lizenznehmers, *McGuire*, S. 324 ff.

[180] *Hauck*, AcP 211 (2011), 626 (641). Zur Diskussion um die Rechtsnatur einfacher Lizenzen siehe oben § 10 B.I.2.b.

kann nicht gegen urheberrechtswidrige Handlungen Dritter vorgehen. Dennoch spricht dies nicht gegen die dingliche Rechtsnatur. Denn richtigerweise bezieht sich das Abwehrrecht nicht auf das Hauptrecht – in diesem Fall das Urheberrecht – sondern auf das dingliche Recht selbst.[181] Als Beispiel hierfür können die Dienstbarkeiten des BGB angeführt werden, die zweifelsfrei (beschränkt) dingliche Rechte sind. So führt etwa *Forkel* anschaulich aus:

> „Bei ihnen [den Dienstbarkeiten] handelt es sich um dingliche Ausschlußrechte, gleichviel, ob eine Dienstbarkeit zum Inhalt hat, daß der Berechtigte eine alleinige Nutzungsbefugnis bekommt, z.B. das exklusive Recht, auf dem Grundstück Sand abzugraben, oder lediglich die einfache Befugnis, solches zu tun, so daß es dem Eigentümer offensteht, weitere derartige Dienstbarkeiten für Dritte zu bestellen oder seinerseits selbst Sand zu entnehmen. Die Absolutheit der nicht ausschließlichen Dienstbarkeit erweist sich etwa darin, daß der Inhaber des abgeleiteten Rechts jeden abwehren kann, welcher ihn bei der ihm zustehenden eigenen Benutzung stört und beeinträchtigt oder ihm seine Befugnis streitig macht.“[182]

Die Abwehrbefugnis bezieht sich also nicht auf das Grundstück und gibt dem Inhaber der Dienstbarkeit insofern „kein umfassendes Verbietungsrecht“.[183] Sie bezieht sich stattdessen auf das dingliche Recht selbst und gewährt Abwehransprüche gegen Dritte, die die Ausübung des dinglichen Rechts verhindern oder erschweren.[184] So stellt auch *Kraßer* fest: „Dabei versteht sich, daß bei beschränkten dinglichen Rechten die Einwirkungs- und Abwehrbefugnisse nur so weit reichen, als es die Funktion des betreffenden Rechtstyps erfordert.“[185]

Der Inhaber des Genussrechts könnte sich also etwa analog § 1004 BGB gegen jemanden zur Wehr setzen, der ihm seine Nutzungsbefugnis streitig macht.[186] Wie bei beschränkt dinglichen Rechten des BGB wird diese Abwehrbefugnis vor allem im Verhältnis zum (jeweiligen) Rechteinhaber relevant werden.[187] Dass das Genussrecht daneben von Dritten „verletzt“ wird, ist zwar eher unwahr-

---

[181] So auch *Forkel*, S. 104 ff.; *ders.* NJW 1983, 1764 (1766 Fn. 24) („Es geht um den Drittschutz lediglich der eigenen positiven Benutzungsbefugnis, die der einfache Lizenznehmer durch die Lizenzbestellung erworben hat.“); *Stöckel/Brandi-Dohrn*, CR 2011, 553 (557).

[182] *Forkel*, NJW 1983, 1764 (1766).

[183] *Stöckel/Brandi-Dohrn*, CR 2011, 553 (557).

[184] Vgl. auch *McGuire*, S. 328 f. (Der Dienstbarkeitsberechtigte kann sich aber „dann zur Wehr setzen, wenn Dritte ihn an seiner Ausübung hindern. Dass der Abwehranspruch dem Schutzumfang entspricht, ist eine Selbstverständlichkeit. Daraus lässt sich indes lediglich ableiten, dass es systemkonform wäre, die Abwehrbefugnis des einfachen Lizenznehmers gegenüber derjenigen des ausschließlichen Lizenznehmers zu beschränken.“).

[185] *Kraßer*, GRUR Int. 1973, 230 (233).

[186] So auch für die einfache Lizenz *Stöckel/Brandi-Dohrn*, CR 2011, 553 (557) (macht ein Dritter das „Benutzungsrecht streitig, wird man dem Lizenznehmer einen Unterlassungsanspruch analog § 1004 BGB i. V. m. der jeweiligen lizenzvertraglichen Sukzessionsschutznorm zubilligen müssen“).

[187] *Wilhelm*, Sachenrecht, Rn. 114 (beschränkt dingliche Rechte richten sich „nach ihrem

scheinlich. Allerdings widerspricht auch dies nicht dem dinglichen Charakter. So ist auch bei einem Nießbrauch an einem Recht die Verletzung des Nießbrauchs durch Dritte kaum möglich, weil der Nießbraucher nicht vor Eingriffen in die Forderung oder die Forderungszuständigkeit geschützt ist, sondern nur vor Eingriffen in den Nießbrauch selbst.[188] Dennoch hat der Nießbrauch an Rechten dinglichen Charakter.

b. Vereinbarkeit mit sachenrechtlichen Grundsätzen

Im vorangegangenen Abschnitt wurde festgestellt, dass das Genussrecht die wichtigsten Merkmale dinglicher Rechte aufweist. Nun bleibt zu untersuchen, ob dieses Ergebnis auch mit den entscheidenden sachenrechtlichen Grundsätzen vereinbar ist.[189] Untersucht werden im folgenden der Grundsatz des Numerus clausus dinglicher Rechte (aa)), der Bestimmtheitsgrundsatz (bb)) und das Publizitätsprinzip (cc)). Weitere Grundsätze des Sachenrechts,[190] wie etwa das Prinzip der Absolutheit, der Übertragbarkeit oder das Abstraktionsprinzip werden hingegen in anderem Zusammenhang behandelt.[191]

aa. Grundsatz des Numerus clausus

Nach dem Grundsatz des Numerus clausus ist die Anzahl subjektiver dinglicher Rechte beschränkt.[192] Der Numerus clausus begrenzt zum einen die originären Ausschließlichkeitsrechte und zum anderen die derivativen dinglichen Rechte. In ersterer Ausprägung wurde das Numerus clausus-Prinzip in dieser Arbeit bereits an zwei Stellen thematisiert: Im Rahmen der Diskussion, ob an digitalen

---

Inhalt in erster Linie, aber nicht ausschließlich gegen den Eigentümer, und zwar, weil sie absolut sind, gegen den jeweiligen Eigentümer.").

[188] Vgl. MüKo/*Pohlmann*, BGB, § 1068 Rn. 14: Der Nießbraucher ist „über § 823 nur vor Eingriffen in seinen Nießbrauch selbst, nicht vor Eingriffen in die Forderung(-szuständigkeit) geschützt. Erstere sind allerdings praktisch kaum vorstellbar, da ein gutgläubiger lastenfreier Erwerb der Forderung durch Dritte, der zu einem Untergang des Nießbrauchs führen würde, nicht möglich ist (arg. e § 405)."

[189] Vgl. auch *Canaris*, in: FS Flume I, S. 371 (376 ff.), zu der wichtigen Rolle sachenrechtlicher Prinzipien bei der Verdinglichung obligatorischer Rechte. Eine Untersuchung der „Übereinstimmung [der dinglichen Lizenz] mit tragenden Prinzipien des Sachenrechts" nimmt etwa *McGuire*, S. 274 ff., vor.

[190] Vgl. nur *Baur/Stürner*, Sachenrecht, § 4 Rn. 2 ff.

[191] Die Absolutheit des Genussrechts wurde im Rahmen des Klageschutzes behandelt (§ 10.B.I.3.a.dd.); Übertragbarkeit und Abstraktionsprinzip sind Gegenstand der Abschnitte § 10.B.III. und § 10.C.II.

[192] Vgl. Soergel/*Stadler*, BGB, Einl Sachenrecht Rn. 41; Staudinger/*Seiler*, BGB, Einl zum SachenR Rn. 38.

Daten ein Immaterialgüterrecht bestehen kann,[193] und bei der Frage, ob der Numerus clausus einer Analogie zu § 903 BGB für das Dateneigentum entgegensteht.[194] Für das Genussrecht wird der Numerus clausus nun in seiner zweiten Ausprägung relevant. Denn das Genussrecht würde eine dingliche Belastung des an dem Werk bestehenden Urheber- bzw. Leistungsschutzrechts darstellen.

Durch die Begrenzung möglicher derivativer dinglicher Rechte verhindert der Numerus clausus die „Aushöhlung und Entwertung des Sacheigentums durch mehrere, sich gegenseitig blockierende Berechtigungen."[195] Der Grundsatz dient damit dem Verkehrsschutz und der Rechtssicherheit.[196] Der Numerus clausus wirkt dabei in zwei Richtungen: Zum einen zwingt er die Parteien, sich der gesetzlich normierten Typen dinglicher Rechte zu bedienen (Typenzwang).[197] Zum anderen setzt er voraus, dass diese dinglichen Berechtigungen „mindestens in den Umrissen zwingend durch das Gesetz festgelegt" sind (Typenfixierung).[198]

Das Genussrecht ist nicht gesetzlich fixiert. Das bedeutet allerdings nicht zwingend, dass es am Numerus clausus-Prinzip scheitern muss. Denn der Numerus clausus begrenzt zwar die Herausbildung beliebiger neuer dinglicher Rechte durch Parteiabrede,[199] er steht einer Rechtsfortbildung aber nicht generell entgegen.[200] Die Anerkennung dinglicher Rechte, die nicht bereits gesetzlich vorgesehen sind, ist also möglich, soweit die Schutzzwecke des Numerus clausus-Prinzips – insbesondere Rechtssicherheit und Verkehrsschutz – berücksichtigt werden. Entscheidend ist, dass es sich um einen „nach Voraussetzungen und Rechtsfolgen genau festzulegende[n]" Tatbestand handelt.[201]

---

[193] Siehe oben § 9 B.III.

[194] Siehe oben § 9 C.I.1.

[195] *Peukert*, S. 22. Vgl. auch *Füller*, S. 370.

[196] *Baur/Stürner*, Sachenrecht, § 1 Rn. 9, S. 4; *Brehm/Berger*, Sachenrecht, § 1 Rn. 38; *Krebs/Becker*, JZ 2009, 932 (939); *Wilhelm*, Sachenrecht, Rn. 13.

[197] *Baur/Stürner*, Sachenrecht, § 1 Rn. 7; *Füller*, S. 371; Soergel/*Stadler*, BGB, Einl Sachenrecht Rn. 41.

[198] *Baur/Stürner*, Sachenrecht, § 1 Rn. 7. Vgl. auch Soergel/*Stadler*, BGB, Einl Sachenrecht Rn. 41.

[199] A.A. noch *Kohler*, ArchBR 10 (1895), 241 (273 f.): Bei entsprechender Interessenlage der Parteien müssen auch dingliche Rechtsfolgen entstehen.

[200] Vgl. *v. Caemmerer*, in: FS Deutscher Juristentag II, S. 49 (83); *Canaris*, in: FS Flume I, S. 371 (376 f.); *Herbst*, S. 144 („der Ordnungsgrundsatz des numerus clausus [wirkt] nicht blockierend, sondern – schon nach seiner historischen Anlage – funktionell als lebendiges Ausleseprinzip"); *Ohly*, in: FS Schricker, S. 105 (106); *Preuß*, S. 105; *Wilhelm*, Sachenrecht, Rn. 39. Erweiterungen des „ursprünglichen gesetzlichen Typenkatalogs" sind etwa das Sicherungseigentum, die Sicherungsgrundschuld und das Anwartschaftsrecht, Staudinger/*Seiler*, BGB, Einl zum SachenR Rn. 42 ff.

[201] *Canaris*, in: FS Flume I, S. 371 (377 f.).

Dies gilt auch für den Bereich des Immaterialgüterrechts.[202] Die gegenständliche Aufspaltbarkeit des Urheberrechts wird durch die Verkehrsschutzinteressen der Allgemeinheit begrenzt.[203] Dementsprechend sollen dinglich wirkende urheberrechtliche Nutzungsrechte nur für solche Nutzungsarten eingeräumt werden können, die nach der Verkehrsauffassung hinreichend klar abgrenzbar und wirtschaftlich-technisch als einheitlich und selbstständig anerkannt werden.[204] In Bezug auf eine dingliche Wirkung einfacher Nutzungsrechte wird zu Bedenken gegeben, dass ihr Inhalt mitunter individuell bestimmt und abgegrenzt wird und dementsprechend nicht hinreichend typisiert sei.[205] Die Anerkennung der Dinglichkeit der Nutzungsrechte würde stattdessen voraussetzen, „dass es bestimmte vorgeformte Typen von Nutzungsbefugnissen gibt und die Parteien diese nicht durch privatautonome Vereinbarung in ihrer Grundstruktur verändern können."[206]

Das Genussrecht genügt diesen Vorgaben. Es ist nicht von individuellen Parteiabsprachen abhängig, sondern hat einen festen, vorgeformten Umfang, der bei jedem Erwerb digitaler Werkexemplare gleich ist.[207] Hier zeigt sich ein weiterer Gegensatz zum einfachen Nutzungsrecht. Da dieses die Verwertung des Urheberrechts ermöglichen soll, muss es individuell entsprechend der jeweiligen Interessen von Rechteinhaber und Verwerter ausgestaltet sein. Beim Genussrecht ist dies nicht der Fall, weil die Interessenlage beim Erwerb digitaler Werkexemplare immer gleich ist: Der Erwerber soll das digitale Werkexemplar zum privaten Gebrauch nutzen können.

Dieses Argument ziehen auch *Krebs/Becker* für die Anerkennung der Domain als dingliches Recht heran:

„Während sich die Domain als zusätzliches Recht über das Interesse der Rechtsordnung rechtfertigt, ist ihre Anerkennung als teilverdinglichtes Recht hinsichtlich der Ausgestaltungsvielfalt unproblematisch, da sie eine dem Verkehr bekannte und dank der Wahrung des Spezialitätsprinzips inhaltlich immer gleiche Rechtsposition ist."[208]

---

[202] Vgl. *Herbst*, S. 146; *Reimer*, GRUR 1962, 619 (624); *McGuire*, S. 281.

[203] Vgl. *Herbst*, S. 146 f.; Loewenheim/*Loewenheim/J. B. Nordemann*, Handbuch Urheberrecht, § 26 Rn. 5; *Nolden*, S. 87; Schricker/Loewenheim/*Ohly*, UrhG, § 31 Rn. 28; *Schack*, Urheber- und Urhebervertragsrecht, Rn. 605; *Ulmer*, Urheber- und Verlagsrecht, S. 362.

[204] St. Rspr., vgl. BGHZ 95, 274 (283) = GRUR 1986, 62 (65) – *GEMA-Vermutung I*; BGH GRUR 1992, 310 (311) – *Taschenbuchlizenz*; BGHZ 145, 7 (11) = GRUR 2001, 153 (154) – *OEM-Version*; BGHZ 163, 109 (115) = GRUR 2005, 937 (939) – *Der Zauberberg*; BGH GRUR 2010, 62 (63 Rn. 18) – *Nutzung von Musik für Werbezwecke*. Vgl. auch Schricker/Loewenheim/*Ohly*, UrhG, § 31 Rn. 28; *Nolden*, S. 87.

[205] *Dieselhorst*, CR 2010, 69 (73).

[206] *McGuire*, S. 282.

[207] Zum Umfang des Genussrechts siehe unten § 10 D.

[208] *Krebs/Becker*, JZ 2009, 932 (939).

Die typischen, immer gleichen Anforderungen an den Umfang des Genussrechts sowie die Gleichförmigkeit und Vielzahl der Transaktionen in diesem Bereich führen also zu einer Typizität des Genussrechts. Diese Typizität dient – wie stets im Sachenrecht[209] – sowohl den Interessen des Erwerbers als auch den Interessen des Rechtsverkehrs. Denn für den Erwerber ist klar, was er eigentlich erwirbt, und für den Rechtsverkehr ist erkennbar, welchen Umfang eine Berechtigung hat, ohne dass hierfür individualvertragliche Absprachen konsultiert werden müssten.

bb. Bestimmtheitsgrundsatz

Der Bestimmtheitsgrundsatz (oder Spezialitätsprinzip) ordnet an, dass nur über individuell bestimmte Gegenstände verfügt werden kann, mithin auch dingliche Rechte nur in Bezug auf konkrete Gegenstände entstehen können.[210] Dem Bestimmtheitsgrundsatz ist genügt, wenn anhand „einfacher äußerer Abgrenzungskriterien für jeden, der die Parteiabreden in dem für [die Verfügung] vereinbarten Zeitpunkt kennt, ohne weiteres ersichtlich ist, [über] welche individuell bestimmten Sachen [verfügt] worden [ist]."[211]

Bei dem Erwerb eines digitalen Werkexemplars ist zum Zeitpunkt der Verfügung, also der Einräumung des Genussrechts, klar, an welchem Schutzrecht es entstehen soll. Auch ohne dass die Parteien konkret benennen, welche Urheber- oder Leistungsschutzrechte in dem Werkexemplar verkörpert sind, ist aus den Umständen der Transaktion heraus ersichtlich, um welche konkreten Rechte es geht. Dem Bestimmtheitsgrundsatz kann bei einem Erwerb digitaler Werkexemplare und der damit verbundenen Einräumung des Genussrechts also genügt werden.

---

[209] Vgl. hierzu *Baur/Stürner*, Sachenrecht, § 1 Rn. 9: „Wer das Eigentum an einem Gegenstand erwirbt, wem eine Hypothek bestellt oder abgetreten wird, wem der Nießbrauch an einem Grundstück eingeräumt wird, muß wissen, was er ‚erwirbt'. Es würde den Rechtsverkehr, das Kreditgeschäft usw. beeinträchtigen, wenn jedesmal auf die ‚Quellen' des Rechts – also etwa auf den Grundrechtsbestellungsvertrag – zurückgegangen werden müßte, um die Befugnisse des Erwerbers, Pfandgläubigers usw. schon in ihren Umrissen zu erkennen. Auch die Leichtigkeit und Sicherheit des Rechtsverkehrs erfordern also die *Typenbeschränkung* und den *typisierten Inhalt* der Rechte an Sachgütern." Vgl. auch *Grimm*, S. 173; *McGuire*, S. 284.

[210] Vgl. *Baur/Stürner*, Sachenrecht, § 4 Rn. 17; MüKo/*Gaier*, BGB, Einl. SachenR Rn. 21; Staudinger/*Seiler*, BGB, Einl zum SachenR Rn. 54; Soergel/*Stadler*, BGB, Einl Sachenrecht Rn. 43; *Wieling*, Sachenrecht, § 1 II 3 a.

[211] BGHZ 73, 253 (254) = NJW 1979, 976.

cc. Publizität

Das Publizitätsprinzip (oder Prinzip der Offenkundigkeit) besagt, dass dingliche Rechte bzw. eine Änderung der Rechtslage an dinglichen Rechten für Dritte erkennbar sein müssen.[212] Im Sachenrecht des BGB sind etwa der Besitz sowie das Grundbuch Publizitätsmittel, die vor allem bei der Übertragung von Rechten, der Vermutung der Rechtsinhaberschaft sowie dem gutgläubigen Erwerb eine Rolle spielen.[213] Für das Genussrecht existiert kein entsprechendes Publizitätsmittel. Da es sich um ein Recht ohne körperliches Substrat handelt, scheidet der körperliche Besitz zur Herstellung von Publizität aus. Auch erfolgt beim Erwerb digitaler Werkexemplare keine Eintragung in ein öffentliches Register.

Allerdings unterliegt das Publizitätsprinzip auch im Hinblick auf dingliche Rechte im BGB „erheblichen Durchbrechungen".[214] So fehlt es etwa bei der Übertragung von Forderungen an Publizität.[215] Auch beim Erwerb beweglicher Sachen wird das Publizitätsprinzip nicht streng durchgehalten, denn die Übergabe des Besitzes kann durch Besitzkonstitut (§ 930 BGB) oder Abtretung des Herausgabeanspruchs (§ 931 BGB) ersetzt werden und im Wege des Geheißerwerbs, also durch Einschaltung einer Mittelsperson erfolgen.[216] Der Stellenwert der Publizität als Grundsatz des Sachenrechts ist daher nicht unangefochten.[217] Sie wird als das „am geringsten dogmatisch motivierte Prinzip" des Sachenrechts bezeichnet.[218]

Das Publizitätsprinzip soll im Übrigen vor allem bei körperlichen Gegenständen eine Rolle spielen, da diese lediglich rivalisierend genutzt werden können.[219] Insbesondere der Erwerber eines Vollrechts, der wissen soll, ob und wie das Recht mit anderen beschränkt dinglichen Rechten belastet ist, werde durch die

---

[212] Vgl. MüKo/*Gaier*, BGB, Einl. SachenR Rn. 22; *M. Schroeder*, S. 148; Staudinger/*Seiler*, BGB, Einl zum SachenR Rn. 56; *Wieling*, Sachenrecht, § 1 II 3 d.

[213] Vgl. *Baur/Stürner*, Sachenrecht, § 4 Rn. 9 ff.; *Brehm/Berger*, Sachenrecht, § 1 Rn. 44; Staudinger/*Seiler*, BGB, Einl zum SachenR Rn. 56 ff.; *Wieling*, Sachenrecht, § 1 II 3 d.

[214] *Canaris*, in: FS Flume I, S. 371 (378).

[215] Vgl. *Canaris*, in: FS Flume I, S. 371 (378).

[216] Vgl. *Canaris*, in: FS Flume I, S. 371 (378); *Füller*, S. 305 ff.; MüKo/*Gaier*, BGB, Einl. SachenR Rn. 22.

[217] Vgl. etwa *Brehm/Berger*, Sachenrecht, § 1 Rn. 44: „Man kann deshalb darüber streiten, ob es gerechtfertigt ist, das Publizitätsmoment zu einem Grundsatz zu erheben, zumal die Bedeutung des Traditionsprinzips verdunkelt wird, wenn man auf die Sichtbarkeit der Rechtsänderung abstellt." In Bezug auf den Besitz als Publizitätsmittel des BGB bemerkt *Dulckeit*, S. 47 f., dass dieser „überhaupt nur im Rahmen des engen Sach-, Eigentums- und Besitzbegriffs des gemeinen Rechts und des BGB Beachtung beanspruchen" könne.

[218] *M. Schroeder*, S. 148. Vgl. auch *Füller*, S. 245 („Wertentscheidung").

[219] *M. Schroeder*, S. 148: „Die Publizität abgeleiteter Rechte dient demnach der Vermeidung von Konflikten mit Blick auf die rivalisierende Nutzung von Sachen."

Publizität der Belastung geschützt.[220] Zwar ist zuzugeben, dass auch bei Immaterialgüterrechten der Erwerber (soweit ein Erwerb zulässig ist) ein Interesse daran hat, zu wissen, ob das Recht mit Nutzungsrechten belastet ist. Wiederum gilt dies aber nur für die Belastung mit Verwertungsrechten. Die Existenz eines Genussrechts steht der weiteren Nutzung des Schutzrechts durch einen etwaigen Erwerber in keiner Weise entgegen.

Zudem gibt es im (deutschen) Urheberrecht (bislang) generell kein Publizitätsmittel, weil weder körperlicher Besitz noch ein Register Auskunft über Existenz und Inhaberschaft von Rechten geben. *McGuire* weist daher im Zusammenhang mit urheberrechtlichen Nutzungsrechten darauf hin, dass sich im BGB die Begründung beschränkt dinglicher Rechte nach den Regeln, die für die Übertragung des Vollrechts gelten, richtet.[221] Dementsprechend müsste im Urheberrecht, mangels eines Registers oder Registerzwangs für das Vollrecht, auch die Lizenzerteilung ohne Publizitätsakt erfolgen können.[222] Anderenfalls könnten niemals dingliche Rechte am Urheberrecht begründet werden.[223] Ein Registerzwang im Urheberrecht ist daher (derzeit) nicht denkbar.[224] Der Anerkennung dinglicher Rechte steht dies jedoch nicht entgegen.[225]

II. Verhältnis des Genussrechts zum Urheberrecht

Das Genussrecht weist die typischen Merkmale eines dinglichen Rechts auf und ist mit den sachenrechtlichen Grundsätzen vereinbar. Auch für das Verhältnis des Genussrechts zum Urheberrecht können sachenrechtliche Figuren fruchtbar gemacht werden. Die Parallele zum Sachenrecht ist aus früheren Untersuchungen der Rechtsnatur der Lizenz bekannt. So wurde etwa der Nießbrauch zur Illustration der Wirkung von Lizenzen herangezogen.[226] Bereits bei *Fichte* findet sich der Gedanke, das Verlagsrecht sei dem Nießbrauch vergleichbar:

„Das Recht des Verfassers dies zu hindern, gründet sich zwar auf einen Kontrakt, der aber nicht über das Eigenthum, sondern den Nießbrauch geschlossen ist. Der Verleger kann höchstens Eigenthümer dieses Nießbrauchs heißen."[227]

---

[220] *M. Schroeder*, S. 148.

[221] *McGuire*, S. 289.

[222] *McGuire*, S. 289.

[223] Vgl. *McGuire*, S. 289.

[224] Vgl. auch *Berger*, GRUR 2013, 321 (333 f.), der sich deshalb gegen eine Registereintragung zur Herstellung von Insolvenzfestigkeit für Lizenzen ausspricht.

[225] Ähnlich *Canaris*, in: FS Flume I, S. 371 (379), in Bezug auf die Verdinglichung obligatorischer Rechtsstellungen, die gegebenenfalls auch „ohne besitzrechtliche Grundlage" möglich sei.

[226] So für das Verlagsrecht *Rößig*, S. 111.

[227] *Fichte*, Berlinische Monatsschrift 21 (1793), 443 (457).

Weber zieht die Parallele für das Patentrecht und meint, demjenigen, dem die Ausübung des Patents vollständig übertragen wird, würde „eine Art von Nießbrauch an dem Patent zugestanden".[228] Andere sehen im Nießbrauch zumindest „das zivilrechtliche Gegenstück der ausschließlichen Lizenz", weshalb sich die Regelung der Lizenz „zum großen Teil aus den für den Nießbrauch geltenden Vorschriften" speise.[229]

Den Nießbrauch als Vorlage für die Lizenz zu nutzen, wird heute zu Recht eher kritisch gesehen.[230] So merkt *Pahlow* an, der Nießbrauch könne stets nur am ganzen Recht eingeräumt werden, das ausschließliche Nutzungsrecht hingegen inhaltlich, örtlich und zeitlich beschränkt werden.[231] Er konstatiert, dass sich die Parallele von Nießbrauch und Lizenz richtigerweise nicht durchsetzen konnte und damit „die Herausbildung eines gegenüber der Wissenschaft des Bürgerlichen Rechts eigenständigen ‚Lizenzrechts' begünstigt" wurde.[232] Vor diesem Hintergrund sei die Lizenz nicht stärker an das Nießbrauchsrecht des BGB angelehnt.[233]

Für das Verhältnis des Genussrechts zum Urheberrecht ist stattdessen die sachenrechtliche Figur der Dienstbarkeit als Vorbild geeignet. Auch *Josef Kohler* verglich die Berechtigungen an einem Immaterialgut mit der dinglichen Belastung eines Grundstücks durch „Servituten", also Dienstbarkeiten.[234] Für das Patentrecht konstatierte er:

„Damit ist von selbst gegeben, daß der Licenzträger ein Stück Erfinderrecht und damit ein Stück absoluten Rechtes erwirbt, sofern man das Erfinderrecht als absolutes Recht bezeichnet; und die nächste Analogie ist die eines dinglichen Servitutenrechts."[235]

Besonderer Vorteil dieser Analogie sei, dass die Berechtigung an dem Immaterialgut nach den Erwartungen der Parteien ebenso lange existieren solle wie das Schutzrecht selbst. Das Recht des Erwerbers solle gerade nicht, wie dies bei Dauerschuldverhältnissen der Fall wäre, gekündigt und dessen Investitionen damit frustriert werden können.[236] Der naheliegenden Kritik, dass an Immaterialgü-

---

[228] *Weber*, Patentgesetz, § 6 Anm. I. 5.

[229] *Borstelmann*, S. 40 (allerdings weist *Borstelmann* darauf hin, dass die Lizenz eine „weit größere Beweglichkeit" aufweise, S. 41). Ähnlich auch *Fischer*, GRUR 1927, 738 (743 f.); *Kisch*, Patentrecht, S. 215; *Rasch*, S. 64.

[230] *Lisch*, S. 39 f.; *Pahlow*, S. 66 f.

[231] *Pahlow*, S. 66 f. Ähnlich *Lisch*, S. 40.

[232] *Pahlow*, S. 71.

[233] *Pahlow*, S. 83.

[234] *Kohler*, ArchBürgR 10 (1895), 241 (272 f.) Zum Begriff der Servituten siehe auch *v. Gierke*, Sachenrecht, S. 634.

[235] *Kohler*, ArchBürgR 10 (1895), 241 (273).

[236] *Kohler*, ArchBürgR 10 (1895), 241 (273).

tern beliebig viele Lizenzen erteilt werden könnten, was mit den Nutzungsgrenzen eines Grundstücks nicht kompatibel sei, entgegnete *Kohler*, dass

„die gleiche Unerschöpflichkeit auch im Servitutenrecht möglich ist. Wir sind fürwahr nicht an die paar römischen Servituten gebunden: unser Servitutenrecht ist der allermannigfaltigsten Variationen fähig, und Niemand kann mir verwehren, einem halben tausend Menschen ein Wegrecht über meinen Acker zu gewähren, der etwa zur gemeinsamen Straße führt und eine ganze Ortschaft mit der gemeinen Straße auf näherem Wege verbindet."[237]

Diese Parallele zur Dienstbarkeit für immaterialgüterrechtliche Lizenzen findet sich zu Beginn des 20. Jahrhunderts nicht nur bei *Kohler*. Auch das Reichsgericht führt zur Einschränkung eines veräußerten Patentrechts durch eine bestehende ausschließliche Lizenz aus: „diese Einschränkung ist ebenso zu beurteilen, als wenn das Eigentum an einem mit einer Grunddienstbarkeit belasteten Grundstück einem anderen übertragen wird."[238] *Isay* betont: „Das Lizenzrecht [...] steht in völliger Analogie zu den das Eigentum beschränkenden Sachnutzungsrechten, den Dienstbarkeiten".[239] Und *Wedel* konkretisiert: „Trägt aber die Lizenz den Stempel absoluter Rechte überhaupt, so kann sie nur eine auf das Gebiet des Erfinderrechts übertragene beschränkt persönliche Dienstbarkeit sein."[240]

Nach wie vor wird im Immaterialgüterrecht die Analogie zur Dienstbarkeit gezogen oder zumindest eine Anlehnung an beschränkt dingliche Rechte an Grundstücken vorgenommen.[241] Andere betonen zudem die strukturellen Gemeinsamkeiten von Immaterialgüterrechten und Sachenrechten.[242] Das Urheberpersönlichkeitsrecht steht einer solchen Annäherung jedenfalls nicht im Weg. Zwar ist das Urheberrecht aufgrund seiner engen Verflechtung mit dem Persönlichkeitsrecht des Urhebers[243] unübertragbar,[244] weshalb vertreten wird, es könne

---

[237] *Kohler*, ArchBürgR 10 (1895), 241 (272 f.). Vgl. hierzu auch *Pahlow*, S. 265 f.

[238] RGZ 76, 235 (237).

[239] *Isay*, Patentgesetz, § 6 Rn. 18.

[240] *Wedel*, S. 55. Ähnlich auch *Breuer*, S. 23, 45.

[241] *Forkel*, NJW 1983, 1764 (1766); *Haedicke*, S. 89 (Parallele zwischen Grundstücksmiete und einfacher Lizenz); *Herzog*, S. 108 ff.; *Ohly*, GRUR 2012, 983 (986) (Vergleich der dinglichen Lizenz mit dem Wegerecht in Form einer Dienstbarkeit); *Pahlow*, S. 7; Wandtke/Bullinger/*Wandtke/Grunert*, UrhG, § 31 Rn. 32. Kritisch allerdings Schricker/Loewenheim/*Ohly*, UrhG, § 31 Rn. 9 (Vergleich passt „nur entfernt").

[242] So etwa *Bydlinski*, S. 526, der von „unverkennbaren strukturellen Übereinstimmungen" zwischen Eigentums- und Immaterialgüterrechten spricht. Ähnlich *Grimm*, S. 170 („Eine gewisse Strukturähnlichkeit lässt sich jedenfalls nicht leugnen."); *Kraßer*, GRUR Int. 1973, 230 („In ihrer Struktur sind die Immaterialgüterrechte dem Eigentum nahe verwandt."); *Krebs/Becker*, JZ 2009, 932 (935) („Nicht vollkommen dem Eigentum entsprechend, wohl aber strukturell vergleichbar"); *Stöckel/Brandi-Dohrn*, CR 2011, 553 (554).

[243] Siehe zur monistischen Theorie des Urheberrechts *Eggersberger*, S. 37 ff. und S. 70 ff.

[244] § 29 Abs. 1 UrhG.

auch nicht dinglich belastet werden.[245] Allerdings ist hier zwischen den verschiedenen Arten denkbarer Belastungen zu differenzieren. Während ein Pfandrecht oder ein Nießbrauch[246] den gesamten belasteten Gegenstand betreffen,[247] bezieht sich etwa die Dienstbarkeit lediglich auf die konkrete, von den Parteien vereinbarte Nutzungsmöglichkeit.[248] Urheberrechtliche Nutzungsrechte werden daher auch als zulässige Belastung des Urheberrechts angesehen.[249]

Im Übrigen bestimmt der persönlichkeitsrechtliche Aspekt des Urheberrechts vor allem, dass der Urheber als Schöpfer des Werks anerkannt, es ihm also zugeordnet wird; eine konkrete Ausgestaltung des Urheberrechts erfordert er nicht.[250] Die Praxis hat sich ohnehin von einem streng „urheberzentrierten Denken" gelöst.[251] Die Möglichkeit einer Belastung des Urheberrechts mit einem dinglichen Genussrecht ist daher mit der Konstruktion des Urheberrechts vereinbar.

Für das Genussrecht passt das Bild einer Belastung des Urheberrechts ähnlich einer Dienstbarkeit daher ebenfalls. So sind sich der Zweck einer Dienstbarkeit und jener eines Erwerbs digitaler Werkexemplare durchaus ähnlich. In beiden Fällen soll durch die einmalige Vereinbarung und Transaktion dem Rechtsinhaber eine Vergütung gewährt und der anderen Seite die Möglichkeit verschafft werden, das Recht auf eine bestimmte Art und Weise dauerhaft zu nutzen. Für diese Nutzung oder den Genuss des Rechts soll weder die immer wieder neue Zustimmung noch irgendein anderes Zutun des Rechtsinhabers nötig sein. Das Urheberrecht ist folglich mit einer Vielzahl dinglicher Rechte belastet – jeder Erwerber eines digitalen Werkexemplars erhält ein Genussrecht. Anders als bei Grundstücken stellt dies aufgrund der nicht-rivalen Nutzung geistiger Werke aber kein Problem dar. Das Genussrecht kann daher als beschränkt dingliches Recht, welches am Urheberrecht als dem belasteten Recht besteht, gedacht werden.

---

[245] So etwa Wandtke/Bullinger/*Hoche*, UrhG, § 29 Rn. 9.

[246] Diese beiden Arten von Belastungen nennt z. B. Wandtke/Bullinger/*Hoche*, UrhG, § 29 Rn. 9.

[247] Vgl. § 1030 Abs. 1 BGB („die Nutzungen *der Sache*"); § 1204 Abs. 1 BGB („Befriedigung *aus der Sache*").

[248] Vgl. § 1018 („das Grundstück *in einzelnen Beziehungen* benutzen darf"); § 1090 Abs. 1 BGB („das Grundstück *in einzelnen Beziehungen* zu benutzen").

[249] Vgl. *Herzog*, S. 112; *Rehbinder/Peukert*, Urheberrecht, Rn. 808; *Schack*, Urheber- und Urhebervertragsrecht, Rn. 594.

[250] Vgl. *Peukert*, in: Interessenausgleich im Urheberrecht, S. 11 (21). Zum Unterschied zwischen Persönlichkeitsrechten und Urheberrechten vgl. auch *Kraßer*, GRUR Int. 1973, 230.

[251] So *Peukert*, in: Interessenausgleich im Urheberrecht, S. 11 (21).

III. Übertragbarkeit

Eine weitere wesentliche Eigenschaft ist die Übertragbarkeit bzw. Nicht-Übertragbarkeit eines Rechts. Es gilt, diese Eigenschaft für das Genussrecht zu klären. Hierfür wird zunächst untersucht, welche dinglichen Rechte des bürgerlichen Rechts übertragbar und welche unübertragbar sind und welche relevanten Eigenschaften diese jeweiligen Rechte aufweisen. Als weiterer Vergleichsmaßstab werden urheberrechtliche Nutzungsrechte betrachtet. Daran anschließend wird analysiert, ob das dingliche Genussrecht den übertragbaren oder unübertragbaren Rechten zuzuordnen ist.

1. Übertragbare und unübertragbare dingliche Rechte des BGB

Zu den dinglichen Rechten des BGB zählen vor allem das Eigentum und die beschränkt dinglichen Rechte.[252] Die beschränkt dinglichen Rechte werden in Nutzungsrechte, Sicherungs- und Verwertungsrechte sowie Erwerbsrechte unterteilt.[253] Für die vorliegende Untersuchung werden nur das Eigentum und die dinglichen Nutzungsrechte betrachtet, da diese dem Charakter des Genussrechts am nächsten sind.

Das Eigentum wird als das „vollkommene dingliche Recht" bezeichnet.[254] Die wichtigsten Rechte des Eigentümers bestehen darin, dass er die Sache nutzen und sie veräußern darf.[255] Damit verwirklicht das BGB den Begriff des Privateigentums im verfassungsrechtlichen Sinne, der durch Privatnützigkeit und die grundsätzliche Verfügungsbefugnis des Eigentümers gekennzeichnet ist.[256] Das BVerfG spricht Privateigentum die Funktion zu, einen „Freiheitsraum im vermögensrechtlichen Bereich" zu sichern.[257] Die Veräußerungsbefugnis sei „elementare[r] Bestandteil der Handlungsfreiheit im Bereich der Eigentumsordnung".[258] Die Anerkennung von frei veräußerlichem Privateigentum stellt sich historisch als Abschied vom Feudalsystem und als Anerkennung einer liberalen Wirtschaftsordnung dar.[259] Die Übertragbarkeit von Sacheigentum ist dabei zugleich

---

[252] *Wieling*, Sachenrecht, § 1 II 2 a.

[253] *Baur/Stürner*, Sachenrecht, § 3 Rn. 46; Staudinger/*Seiler*, BGB, Einl zum SachenR, Rn. 22; *Wieling*, Sachenrecht, § 1 II 2 a.

[254] *Baur/Stürner*, Sachenrecht, § 3 Rn. 23.

[255] *Baur/Stürner*, Sachenrecht, § 3 Rn. 23.

[256] St. Rspr. BVerfGE 31, 229 (240); BVerfGE 50, 290 (339); BVerfGE 52, 1 (30); BVerfGE 100, 226 (241); BVerfGE 102, 1 (15); BVerfGE 134, 242 (290 f. Rn. 167).

[257] BVerfGE 50, 290 (339); BVerfGE 102, 1 (15); BVerfGE 134, 242 (290 Rn. 167).

[258] BVerfGE 52, 1 (31).

[259] Vgl. *Berger*, ZGE 8 (2016), 170 (179); MüKo/*Brückner*, BGB, § 903 Rn. 6. Zum historischen Wandel des Eigentumsbegriffs im Hinblick auf die Verfügungsbefugnis siehe auch *Hecker*, S. 88 ff.

Grundlage des modernen Wirtschaftsverkehrs. Diese Handelbarkeit abzusichern ist daher auch eines der Ziele des § 137 BGB, der rechtsgeschäftlichen Verfügungsbeschränkungen die dingliche Wirkung versagt. Es sollen private feudalrechtliche Vereinbarungen verhindert und sichergestellt werden, dass die handelbaren Gegenstände dem Rechtsverkehr nicht entzogen und künstlich verknappt werden.[260]

Zu den dinglichen Nutzungsrechten des BGB zählt zunächst der Nießbrauch. Er berechtigt seinen Inhaber dazu, „die Nutzungen der Sache zu ziehen", § 1030 Abs. 1 BGB. Der Nießbraucher kann mithin den Eigentümer von der Nutzung ausschließen. Dem Nießbrauch wird daher ein „drückender Charakter" zugesprochen, aus dem sich seine Unübertragbarkeit sowie Unvererblichkeit ergebe.[261] Zum einen soll aufgrund des Vertrauensverhältnisses zwischen den Parteien der Eigentümer nicht mit einer anderen Person als jener, der er den Nießbrauch eingeräumt hat, konfrontiert sein.[262] Zum anderen soll ein dauerhaftes Auseinanderfallen von Eigentum und Nutzungsbefugnis, eine „Aushöhlung des Eigentums", verhindert werden.[263] Lediglich wenn der Nießbrauch einer juristischen Person zusteht, ist die Regel der Unübertragbarkeit etwas gelockert (vgl. §§ 1059a–1059d BGB). Dies beruht auf einer Änderung des Rechts der Dienstbarkeiten im Jahr 1935.[264] Hintergrund dieser Gesetzesänderung waren Schwierigkeiten, die bei einer Umwandlung von Gesellschaften sowie bei Neuabgrenzungen von Stromversorgungsbezirken entstanden.[265] Ein Bedürfnis, die Veräußerlichkeit grundsätzlich zuzulassen, wurde hingegen verneint.[266] Nur bei juristischen Personen seien weder das persönliche „Vertrauensverhältnis unter den Beteiligten" noch die begrenzte zeitliche Dauer eines Menschenlebens ein Argument für die Unübertragbarkeit.[267]

---

[260] Vgl. *Berger*, ZGE 8 (2016), 170 (186); *Liebs*, AcP 175 (1975), 1 (25 f.); *Obergfell*, ZGE 8 (2016), 304 (307).

[261] Vgl. *Baur/Stürner*, Sachenrecht, § 3 Rn. 37.

[262] *Baur/Stürner*, Sachenrecht, § 3 Rn. 37; Staudinger/*Heinze*, BGB, § 1059 Rn. 1; MüKo/*Pohlmann*, BGB, § 1059 Rn. 1. Die zweite Kommission, Prot. III, 4100 (= *Mugdan*, S. 762), sprach insofern von einem „familiären Gepräge" des Nießbrauchs und einer „persönlichen Vertrauensstellung" zwischen Eigentümer und Nießbraucher.

[263] Staudinger/*Heinze*, BGB, § 1059 Rn. 1; MüKo/*Pohlmann*, BGB, § 1059 Rn. 1; Soergel/*Stürner*, BGB, § 1059 Rn. 1. Vgl. auch *Wilhelm*, Sachenrecht, Rn. 1913.

[264] Gesetz über die Veräußerung von Nießbrauchsrechten und beschränkten persönlichen Dienstbarkeiten vom 13.12.1935, RGBl. I 1468.

[265] Amtl. Begr. DJ (Deutsche Justiz) 1936, S. 21. Siehe hierzu auch *Heß*, AcP 198 (1998), 489 (497 ff.); *Just*, in: FS Trusen, S. 493 (508 f.); *Schmolke*, AcP 208 (2008), 515 (525).

[266] Amtl. Begr. DJ (Deutsche Justiz) 1936, S. 21.

[267] Amtl. Begr. DJ (Deutsche Justiz) 1936, S. 21.

Weitere dingliche Nutzungsrechte des BGB sind Grunddienstbarkeiten (§ 1018 BGB) und beschränkte persönliche Dienstbarkeiten (§ 1090 BGB).[268] Bei Grunddienstbarkeiten ist die Berechtigung an das „herrschende Grundstück" geknüpft; der jeweilige Eigentümer dieses Grundstücks ist der Inhaber des subjektiv-dinglichen Nutzungsrechts.[269] Dementsprechend ist die Grunddienstbarkeit insofern übertragbar, als sie bei Übereignung des Grundstücks auf den Erwerber mitübergeht. Beschränkte persönliche Dienstbarkeiten belasten ein Grundstück zugunsten einer bestimmten Person.[270] Dieses Recht haftet also nicht einem Grundstück, sondern einer bestimmten Person an.[271] Es ist grundsätzlich unvererblich (§§ 1090 Abs. 2, 1061 BGB) und nicht übertragbar (§ 1092 Abs. 1 S. 1 BGB). Ebenso wie beim Nießbrauch werden sowohl der persönliche Charakter der Dienstbarkeit (die auf die Bedürfnisse einer bestimmten Person zugeschnitten ist) als auch die Vermeidung des dauerhaften Auseinanderfallens von Eigentümerstellung und Nutzungsrecht für die Unübertragbarkeit angeführt.[272] Für die beschränkte persönliche Dienstbarkeit wird, wie für den Nießbrauch, die Regel der Unübertragbarkeit eingeschränkt, wenn Inhaber der Dienstbarkeit eine juristische Person oder eine rechtsfähige Personengesellschaft ist (§ 1092 Abs. 2 BGB).

2. Übertragbarkeit urheberrechtlicher Nutzungsrechte

Die Übertragbarkeit von Nutzungsrechten ist in § 34 UrhG geregelt.[273] Nach Absatz 1 können Nutzungsrechte nur mit Zustimmung des Urhebers übertragen werden. Dieser darf seine Zustimmung jedoch nicht gegen Treu und Glauben verweigern. Im Gegensatz zum Urheberrecht als Ganzem sind also eingeräumte

---

[268] Das BGB folgt damit der Differenzierung des römischen Systems des Pandektenrechts, welches Prädialservituten, die subjektiv-dinglich wirkten und den jeweiligen Eigentümer eines Grundstücks berechtigten, und Personalservituten, die subjektiv-persönlich wirkten und einer individuellen Person zustanden, kannte. Vgl. hierzu *v. Gierke*, Sachenrecht, S. 636; *Heß*, AcP 198 (1998), 489 (494); *Just*, in: FS Trusen, S. 493.

[269] Vgl. *v. Gierke*, Sachenrecht, S. 637; MüKo/*Mohr*, BGB, Vor § 1018, Rn. 6; *Just*, in: FS Trusen, S. 493 (512 f.); Staudinger/*Weber*, BGB, Vorbem zu §§ 1018–1029 Rn. 5.

[270] Vgl. *v. Gierke*, Sachenrecht, S. 638; MüKo/*Mohr*, BGB, Vor § 1018, Rn. 8; Staudinger/*Weber*, BGB, Vorbem zu §§ 1018–1029 Rn. 6.

[271] *v. Gierke*, Sachenrecht, S. 656.

[272] *v. Bar*, JZ 2015, 845 (857); MüKo/*Mohr*, BGB, § 1092 Rn. 1; Staudinger/*Reymann*, BGB, § 1092 Rn. 2; *Wilhelm*, Sachenrecht, Rn. 1990. Vgl. auch *Schmolke*, AcP 208 (2008), 515 (541 ff.), der hinsichtlich des persönlichen Charakters der Dienstbarkeit jedoch kritisch ist (S. 526).

[273] Auf Nutzungsrechte an Computerprogrammen ist die Vorschrift gem. § 69a Abs. 4 UrhG anwendbar.

Nutzungsrechte translativ übertragbar. § 34 UrhG gilt sowohl für ausschließliche als auch für einfache Nutzungsrechte.[274]

Der Grund für dieses Zustimmungserfordernis wird in der „urheberpersönlichkeitsrechtliche[n] Bindung" des Werks gesehen.[275] Der Urheber, der eine konkrete Person ausgewählt hat, um sein Werk zu verwerten, soll nicht mit einem neuen, unbekannten Nutzer konfrontiert werden.[276] Sowohl wirtschaftliche als auch ideelle Interessen des Urhebers rechtfertigten das Zustimmungserfordernis.[277] Für Leistungsschutzrechte, die grundsätzlich keine Urheberpersönlichkeitsrechte gewähren, sei § 34 UrhG dementsprechend nur dann anzuwenden, wenn es sich um Schutzrechte mit „urheberpersönlichkeitsrechtlichen Zügen" handele.[278] Der Zustimmungsvorbehalt besteht auch nur zugunsten des Urhebers selbst und nicht zugunsten des Inhabers eines Nutzungsrechts.[279]

Ein Anspruch auf Zustimmung entsteht, wenn der Urheber seine Zustimmung entgegen Treu und Glauben verweigert (vgl. § 34 Abs. 1 S. 2 UrhG). Im Umkehrschluss wird gefolgert, dass der Urheber in der Regel seine Zustimmung verweigern kann.[280] Nur wenn dies missbräuchlich sei oder willkürlich erscheine, bestehe ein Anspruch auf Zustimmung.[281] Dies sei immer dann der Fall, wenn „keine berechtigten Belange des Urhebers" erkennbar seien und der Nutzungsrechtsinhaber berechtigte Interessen an einer Übertragung vorweisen könne.[282] Je stärker die erlaubte Nutzung urheberpersönlichkeitsrechtliche Aspekte betreffe, umso weniger sei der Urheber zur Zustimmung verpflichtet.[283] Bei massenhaft getätigten Geschäften sei das Interesse des Urhebers an einer Unübertragbarkeit entsprechend gering.[284] Ob deshalb § 34 Abs. 1 UrhG für die Überlassung von Stan-

---

[274] Schricker/Loewenheim/*Ohly*, UrhG, § 34 Rn. 9; Wandtke/Bullinger/*Wandtke/Grunert*, UrhG, § 34 Rn. 4; Dreier/Schulze/*Schulze*, UrhG, § 34 Rn. 11.

[275] *Obergfell*, ZGE 8 (2016), 304 (309).

[276] Vgl. Wandtke/Bullinger/*Wandtke/Grunert*, UrhG, § 34 Rn. 1.

[277] Vgl. *Hantschel*, S. 306; Dreier/Schulze/*Schulze*, UrhG, § 34 Rn. 1; Wandtke/Bullinger/ *Wandtke/Grunert*, UrhG, § 34 Rn. 1.

[278] Vgl. Dreier/Schulze/*Schulze*, UrhG, § 34 Rn. 13. Als Beispiele werden genannt wissenschaftliche Ausgaben (§ 70 UrhG), Lichtbilder (§ 72 UrhG), Darbietungen ausübender Künstler (§ 79 Abs. 2 UrhG) und Computerprogramme (§ 69a UrhG).

[279] Vgl. *Obergfell*, ZGE 8 (2016), 304 (309); Schricker/Loewenheim/*Ohly*, UrhG, § 34 Rn. 24; Dreier/Schulze/*Schulze*, UrhG, § 34 Rn. 6.

[280] *Ganzhorn*, S. 240; *Koch*, ITRB 2013, 38 (41); *Obergfell*, ZGE 8 (2016), 304 (316).

[281] Dreier/Schulze/*Schulze*, UrhG, § 34 Rn. 18; Wandtke/Bullinger/*Wandtke/Grunert*, UrhG, § 34 Rn. 11.

[282] Dreier/Schulze/*Schulze*, UrhG, § 34 Rn. 18.

[283] Dreier/Schulze/*Schulze*, UrhG, § 34 Rn. 18.

[284] Schricker/Loewenheim/*Ohly*, UrhG, § 34 Rn. 2; Wandtke/Bullinger/*Wandtke/Grunert*, UrhG, § 34 Rn. 13.

dardsoftware einzuschränken ist, wird unterschiedlich beurteilt.[285] Überwiegend wird auch für Softwarelizenzen und den Fall ihres Weiterverkaufs von der Anwendbarkeit des § 34 Abs. 1 UrhG ausgegangen.[286] Andere argumentieren, bei gleichartigen einfachen Nutzungsrechten, die in einer Vielzahl von Fällen (im Massenverkehr) eingeräumt werden, könnte das Zustimmungserfordernis teleologisch eingeschränkt werden.[287] Bei Software sei die persönliche Prägung des Werks, die urheberpersönlichkeitsrechtlichen Schutz erfordere, nur sehr gering.[288] Zudem wähle der Urheber den (End-)Nutzer nicht aus, weshalb auch keine persönliche Beziehung zwischen den Parteien bestehe.[289] So seien beim Weiterverkauf digitaler Inhalte letztlich auch nicht die Interessen des Urhebers, sondern der Verwerter berührt.[290] Für den Nutzungsrechtsinhaber sei der bzw. die Urheber im Übrigen schwer zu identifizieren; eine Zustimmung einzuholen erscheine kaum möglich.[291]

Andere sehen den Anwendungsbereich von § 34 Abs. 1 UrhG zwar grundsätzlich eröffnet, gehen aber davon aus, dass ein Anspruch auf Erteilung der Zustimmung bestehe, weil Standardsoftware ein „rein wirtschaftliches Massengut" sei.[292] Daneben wird vorgeschlagen, § 34 Abs. 1 UrhG *de lege ferenda* zu ergän-

---

[285] Für eine ausführliche Untersuchung des § 34 Abs. 1 UrhG im Hinblick auf seine Anwendbarkeit auf Softwarelizenzen siehe *Herzog*, S. 76 ff.

[286] OLG München ZUM 2009, 70 (71); *Ganzhorn*, S. 244; *Haberstumpf*, CR 2009, 345 (350); *Herzog*, S. 80; Dreier/Schulze/*Schulze*, UrhG, § 34 Rn. 14; Wandtke/Bullinger/*Wandtke/Grunert*, UrhG, § 34 Rn. 1 und 10. Mit der EuGH Entscheidung *UsedSoft* ist dies vereinbar, weil der Zweiterwerber hiernach nicht ein vertragliches Nutzungsrecht, sondern ein gesetzliches Recht zum bestimmungsgemäßen Gebrauch gem. § 69d Abs. 1 UrhG erhält, vgl. *Stieper*, GRUR 2014, 270 (271).

[287] *Hauck*, ZGE 9 (2017), 47 (62 f.); Schricker/Loewenheim/*Ohly*, UrhG, § 34 Rn. 2 und 10; *Ohly*, in: FS 50 Jahre UrhG, S. 379 (393); *Pres*, S. 225; *Ohly*, Gutachten zum 70. DJT, S. F 56; *Zech*, ZUM 2014, 3 (10); *Zimmeck*, ZGE 1 (2009), 324 (327). Vgl. auch OLG Frankfurt a. M. NJW-RR 1997, 494: § 34 UrhG ist für das Recht zur Benutzung von Computerprogrammen nicht einschlägig.

[288] *Grützmacher*, CR 2007, 549 (553); *Hantschel*, S. 300 und 302; *Hauck*, ZGE 9 (2017), 47 (62); Schricker/Loewenheim/*Ohly*, UrhG, § 34 Rn. 19.

[289] Schricker/Loewenheim/*Ohly*, UrhG, § 34 Rn. 10; *Ohly*, Gutachten zum 70. DJT, S. F 56. Vgl. auch *Pres*, S. 225, der darauf hinweist, dass ein etwaiges Interesse des Urhebers daran, den Nutzer zu kennen, über Informationspflichten gewahrt werden könne.

[290] Schricker/Loewenheim/*Ohly*, UrhG, § 34 Rn. 2 und 10; *Ohly*, Gutachten zum 70. DJT, S. F 56. Ähnlich *Grützmacher*, CR 2010, 141 (146). Einschränkend *Haberstumpf*, CR 2009, 345 (349), der darauf verweist, dass Software teilweise auch vom Urheber selbst vertrieben wird. Vgl. hierzu aber *Zimmeck*, ZGE 1 (2009), 324 (327 f.), der in diesem Fall dem Verwerter das Zustimmungsrecht zuspricht, weil § 34 Abs. 1 UrhG auch wirtschaftliche Interessen schütze.

[291] *Grützmacher*, CR 2007, 549 (553); *Hantschel*, S. 300.

[292] *Grützmacher*, CR 2007, 549 (554 f.); *Herzog*, ZUM 2009, 71 (72). Vgl. auch *Hauck*, ZGE 9 (2017), 47 (63).

zen und festzulegen, „dass bei kaufweise erfolgendem Online-Erwerb der Erwerber die Nutzungsrechte im gleichen Umfang und in der gleichen Weise weiter zu übertragen berechtigt und verpflichtet ist."[293]

3. Übertragbarkeit des Genussrechts

Es wurden sowohl die (relevanten) dinglichen Rechte des BGB als auch das urheberrechtliche Nutzungsrecht auf ihre Übertragbarkeit untersucht. Dabei wurde insbesondere dargelegt, welche Gründe gegen die Übertragbarkeit eines dinglichen Rechts sprechen. Im Folgenden soll überprüft werden, inwieweit diese Erwägungen auf das Genussrecht übertragbar sind.

Generell ist das dingliche Genussrecht den beschränkten dinglichen Rechten des BGB näher als dem Eigentum. Denn wie bereits oben (§ 10 B.II.) ausgeführt, wirkt das Genussrecht wie eine Belastung des Urheberrechts. Für die dinglichen Nutzungsrechte des BGB wurde festgestellt, dass sie überwiegend nicht übertragbar sind. Der Grund hierfür ist vor allem die persönliche Vertrauensbeziehung zwischen Eigentümer und Inhaber des Nutzungsrechts. Zudem sollen Eigentümerstellung und Nutzungsbefugnis nicht dauerhaft auseinanderfallen. Für das Genussrecht können beide Argumente nicht greifen. Zwischen Urheber (bzw. Rechteinhaber) und Nutzer besteht kein persönliches (Vertrauens-)Verhältnis. Überwiegend werden die Parteien voneinander kaum Kenntnis erlangen, geschweige denn eine persönliche Beziehung pflegen. Da die Nutzung durch den Erwerber die Freiheit des Rechteinhabers, das Werk selbst zu nutzen, nicht einschränkt, besteht auch kein erkennbares Interesse, den Erwerber persönlich zu kennen. Aus dem gleichen Grund sind auch die Nachteile eines dauerhaften Auseinanderfallens von Eigentümerstellung und Nutzungsbefugnis nicht gravierend. Denn der Urheber oder Rechteinhaber behält seine eigene Nutzungsbefugnis. Da das Urheberrecht als Immaterialgüterrecht nicht-rival nutzbar ist, tangiert die parallele Nutzung zum privaten Werkgenuss durch den Erwerber den Rechteinhaber nicht.

Für das urheberrechtliche Nutzungsrecht wurde festgestellt, dass eine Übertragung nur mit Zustimmung des Urhebers zulässig ist. Der Zustimmungsvorbehalt wurzelt im Urheberpersönlichkeitsrecht: das persönliche Band zwischen dem Urheber und seinem Werk erfordert, dass der Urheber die Person des Nutzungsberechtigten auswählen darf und er nicht ohne sein Einverständnis an einen anderen Verwerter gebunden ist. Dies bedeutet im Umkehrschluss allerdings auch, dass der Zustimmungsvorbehalt dort seine Berechtigung verliert, wo der Urheber keinerlei Interesse an der konkreten Person des Nutzungsberechtigten hat und diesen auch gar nicht auswählt. Ebenso wie gegen den Zustimmungsvorbe-

---

[293] *Koch*, ITRB 2013, 38 (41). Vgl. auch Schricker/Loewenheim/*Ohly*, UrhG, § 34 Rn. 2.

halt beim Weiterverkauf von Software vorgebracht,[294] lässt sich auch für digitale Werkexemplare anführen, dass diese im Massenverkehr veräußert werden. Wer die Person ist, die ein Genussrecht zum privaten Gebrauch eines digitalen Werkexemplars erwirbt, ist dem Urheber letztlich gleichgültig. Es entsteht keine persönliche Vertrauensbeziehung. Da das Genussrecht nicht zur wirtschaftlichen Verwertung des Werks berechtigt, droht auch kein Konflikt mit ideellen Interessen des Urhebers bei der Art und Weise der Verwertung.

Demnach stehen einer Übertragbarkeit des dinglichen Genussrechts weder Erwägungen aus dem Sachenrecht noch aus dem Urheberrecht entgegen. Im Übrigen wird das dingliche Genussrecht auch bislang bereits in großen Bereichen als verkehrsfähig behandelt. Schließlich erwirbt auch der Käufer eines körperlichen Datenträgers mit einem darauf gespeicherten digitalen Werkexemplar ein dingliches Genussrecht, um das Werk zum privaten Gebrauch nutzen zu dürfen. Veräußert er diesen Datenträger, überträgt er zugleich das dingliche Genussrecht, weil auch der Zweiterwerber dieses Recht zur rechtmäßigen Nutzung des Werkexemplars benötigt.

Lediglich bei einem unkörperlichen Erwerb besteht Streit um die Zulässigkeit des Weiterverkaufs.[295] Das bedeutet jedoch nicht zwingend, dass das Genussrecht unübertragbar wäre. Entscheidend ist, dass die Übertragung des Genussrechts bei Weiterverkauf des digitalen Werkexemplars translativ ist und der Ersterwerber folglich seine Erlaubnis zur Nutzung verliert. Jede Nutzungshandlung, die nach Veräußerung des digitalen Werkexemplars erfolgt, ist also nicht mehr von dem Genussrecht gedeckt. Die beim Veräußerer zunächst zurückbleibende digitale Datei muss unverzüglich gelöscht werden, um die Übertragung des Genussrechts auch nach außen offenkundig zu machen.

Dem naheliegenden Einwand, dass dies in der Praxis schwer kontrollierbar sei, ist zu entgegnen, dass ein möglicherweise rechtswidriges Verhalten einzelner Nutzer nicht den abstrakt zu bestimmenden Charakter eines dinglichen Rechts beeinflussen können darf. Zudem ist nicht zu erkennen, warum Personen, die bereit sind, Urheberrechtsverletzungen zu begehen, dies erst im Kontext der Weiterveräußerung eines digitalen Werkexemplars tun sollten.[296] Im Übrigen wird das Problem der praktischen Durchsetzbarkeit in Zukunft vermutlich zunehmend durch technische Maßnahmen gelöst werden können.[297]

---

[294] Siehe oben § 10 B.III.2.

[295] Siehe hierzu oben § 5 B.

[296] Vgl. *Grützmacher*, CR 2010, 141 (142).

[297] Vgl. auch schon EuGH Urt. v. 3.7.2012, C-128/11 – *UsedSoft*, Rn. 79, 87; *Dreyer*, in: Die Kollision von Urheberrecht und Nutzerverhalten, 131 ff.; *Ganzhorn*, S. 163; *Grübler*, S. 122; *Grützmacher*, ZGE 5 (2013), 46 (68 f.); *Leistner*, CR 2011, 209 (213); *Marly*, EuZW 2012, 654 (657); *Marly/Wirz*, EuZW 2017, 16 (19); *Ohly*, JZ 2013, 42 (44) (es könnten „Echt-

Daneben dürfen für den privaten Weiterverkauf keine zu strengen Anforderungen an den Nachweis der Löschung des digitalen Werkexemplars beim Veräußerer gestellt werden.[298] Für den (gewerblichen) Weiterverkauf von Software hat der BGH – in Umsetzung des *UsedSoft*-Urteils des EuGH – dem Verkäufer einer gebrauchten Programmkopie die Darlegungs- und Beweislast dafür auferlegt, dass der Ersterwerber seine eigene Kopie unbrauchbar gemacht hat.[299] Für den konkreten Fall stellte der BGH fest, ein Notartestat, in welchem der Ersterwerber versichere, die eigene Kopie rechtmäßig erworben, vollständig bezahlt und nach dem Weiterverkauf unbrauchbar gemacht zu haben, genüge nicht den Anforderungen der Beweislast.[300] Für Privatnutzer, die ihr digitales Werkexemplar weiterverkaufen möchten, scheinen diese Anforderungen allerdings unverhältnismäßig. Anders als für gewerbliche Händler, die eine Vielzahl entsprechender Transaktionen vornehmen, würde für Privatpersonen schon ein Notartestat einen Weiterverkauf bzw. -ankauf unrentabel machen.[301] Erst recht gilt dies für noch weitergehende Beweisanforderungen. Stattdessen muss entscheidend sein, dass der Zweiterwerber vorbringen kann, dass er aus den Umständen des Erwerbs davon ausgehen durfte, dass es sich um ein rechtmäßig erworbenes digitales Werkexemplar handelt und der Veräußerer seine Kopie löscht.

C. Einräumung

Es wurde festgestellt, dass das Genussrecht ein beschränkt dingliches, übertragbares Recht am Urheberrecht darstellt. Es ist nun zu klären, wie das Genussrecht eingeräumt wird.

---

heitszertifikate, digitale Signaturen und entsprechende Beweislastregelungen" eingesetzt werden); *Orgelmann*, S. 193; *Schneider/Spindler*, CR 2014, 213 (220); *Zech*, ZGE 5 (2013), 368 (393 f.). Denkbar wäre zudem etwa, den Erwerb digitaler Werkexemplare mittels der Blockchain-Technologie abzuwickeln. Siehe hierzu *Hohn-Hein/Barth*, GRUR 2018, 1089 (1093); *Lehner*, in: Immaterialgüter und Digitalisierung, S. 43 (52 ff.). In eine ähnliche Richtung geht der Vorschlag, *de lege ferenda* ein Register für Nutzungsberechtigungen einzuführen (so für Computerprogrammkopien *Hantschel*, S. 339).

[298] So auch *Orgelmann*, S. 193 f.

[299] BGH GRUR 2014, 264 (270 Rn. 64) – *UsedSoft II*.

[300] BGH GRUR 2014, 264 (270 Rn. 64) – *UsedSoft II*.

[301] So auch *Ganzhorn*, S. 187.

I. Verfügung

Bei der Einräumung urheberrechtlicher Nutzungsrechte wird überwiegend zwischen Verpflichtungs- und Verfügungsgeschäft unterschieden.[302] Die Erfüllung der durch den Lizenzvertrag begründeten Hauptleistungspflicht erfolgt durch die (verfügende) Einräumung der jeweiligen Nutzungsrechte.[303] Die Einräumung eines Nutzungsrechts ist dabei keine translative Verfügung, denn es wird nicht ein (so schon bestehendes) Recht des Verfügenden auf den Erwerber übertragen; stattdessen wird durch die Verfügung ein neues Recht konstitutiv geschaffen.[304] Die Unterscheidung zwischen translativen und konstitutiven Rechtsübertragungen geht auf *v. Tuhr* zurück.[305] Hiernach ist eine Rechtsnachfolge konstitutiv „wenn nicht das ganze Recht des Autors übergeht, sondern aus dessen Inhalt ein Recht geringeren Inhaltes entsteht und zugleich auf ein anderes Subjekt übergeht".[306] Die konstitutive Rechtsübertragung bringt damit „ein Tochterrecht zur Entstehung […], das in isolierter Form zuvor nicht vorhanden war."[307] *Forkel* prägte für die Lizenzerteilung den Begriff der „gebundenen konstitutiven Übertragung", um die dauerhafte Verbindung zwischen Stammrecht (Vollrecht, beispielsweise Urheberrecht oder Patentrecht) und Tochterrecht (Nutzungsrecht) zu verdeutlichen.[308] Für ausschließliche Nutzungsrechte wird zudem das Bild einer Abspaltung von Befugnissen gezeichnet: Durch die Lizenzerteilung werde ein Teil des absoluten Rechts abgespalten und auf den Lizenznehmer übertragen.[309] Für die ausschließliche Lizenz ist dieses Bild zutreffend, denn unter Umständen darf der Lizenzgeber selbst die betreffenden Befugnisse nicht mehr ausüben.[310]

---

[302] Vgl. Loewenheim/*Loewenheim/J. B. Nordemann*, Handbuch Urheberrecht, § 26 Rn. 2; *Nolden*, S. 71; Fromm/Nordemann/*J. B. Nordemann*, UrhG, § 31 Rn. 26 ff.; Schricker/Loewenheim/*Ohly*, UrhG, § 31 Rn. 13; *Rehbinder/Peukert*, Urheberrecht, Rn. 810; *Schack*, Urheber- und Urhebervertragsrecht, Rn. 1070; *Ulmer*, Urheber- und Verlagsrecht, S. 390; Wandtke/Bullinger/*Wandtke/Grunert*, UrhG, Vor §§ 31 ff. Rn. 21; *Wandtke*, Urheberrecht, S. 86, Rn. 5.

[303] Fromm/Nordemann/*J. B. Nordemann*, UrhG, § 31 Rn. 28; Schricker/Loewenheim/*Ohly*, UrhG, § 31 Rn. 10, 13; Wandtke/Bullinger/*Wandtke/Grunert*, UrhG, Vor §§ 31 ff. Rn. 21 f.; *Wandtke*, Urheberrecht, S. 86, Rn. 5; *Zurth*, S. 46. Vgl. auch BGHZ 185, 291 (302 Rn. 29) = GRUR 2010, 628 (631) – *Vorschaubilder I*.

[304] Vgl. *Kraßer*, GRUR Int. 1973, 230 (232); Loewenheim/*Loewenheim/J. B. Nordemann*, Handbuch Urheberrecht, § 26 Rn. 1; Fromm/Nordemann/*J. B. Nordemann*, § 29 Rn. 17; *Obergfell*, ZGE 3 (2011), 202 (209); Schricker/Loewenheim/*Ohly*, UrhG, § 31 Rn. 9; *Schack*, Urheber- und Urhebervertragsrecht, Rn. 594; *Ulmer*, Urheber- und Verlagsrecht, S. 359.

[305] *v. Tuhr*, BGB AT II/1, § 45.

[306] *v. Tuhr*, BGB AT II/1, § 45 (S. 62).

[307] *Ohly*, S. 148.

[308] *Forkel*, S. 44 ff. *et passim*.

[309] *Fischer*, GRUR 1927, 738 (742) („vom Vollrecht abgesprengter Teil"); *Haedicke*, S. 83; *Stöckel/Brandi-Dohrn*, CR 2011, 553 (556).

[310] So auch *Zurth*, S. 24 f.

Einfache Nutzungsrechte hingegen schmälern die Befugnisse des Rechtsinhabers nicht, sie werden – in den Worten *Haedickes* – „nicht übertragen, sondern verdoppelt".[311] *Zurth* meint deshalb zu Recht, das einfache Nutzungsrecht entstehe nicht durch Abspaltung, sondern originär.[312]

Auch das Genussrecht hindert den Rechteinhaber nicht an der Ausübung seiner Rechte. Es gewährt dem Erwerber lediglich ein eigenes Recht zum privaten Gebrauch. Es entsteht mithin konstitutiv und originär durch Verfügung. Das zugrundeliegende Schuldgeschäft ist der Kaufvertrag. Erfüllt wird dieser durch drei bzw. zwei Verfügungen: Die Übertragung des Eigentums am Datenträger (soweit es sich nicht um einen unkörperlichen Erwerb handelt), die Einräumung oder die Ermöglichung der Erlangung von Eigentum an den digitalen Daten[313] und die Einräumung des Genussrechts.

Das Genussrecht, das der Nutzer erwirbt, ist dabei nicht ein über mehrere Verwertungsstufen vermitteltes Recht, sondern eine unmittelbar vom Urheberrecht abgeleitete Berechtigung. Der Nutzer ist mithin nicht „das letzte Glied in der Rechtekette", die sich vom Urheber bzw. Rechteinhaber über einen oder mehrere Verwerter erstreckt.[314] Stattdessen räumt der Diensteanbieter, der dem Nutzer gegenübertritt, diesem das Genussrecht *unmittelbar* am Urheberrecht ein. Er tritt dabei im eigenen Namen auf, aber verfügt über das Recht eines anderen, nämlich des Rechteinhabers. Es handelt sich hierbei um die Verfügung eines Nichtberechtigten mit Ermächtigung des Berechtigten nach § 185 Abs. 1 BGB. Mit dieser Einwilligung seitens des Rechteinhabers erhält der Diensteanbieter die „materielle Legitimation, um im eigenen Namen wirksam über ein fremdes Recht zu verfügen".[315] Auch für urheberrechtliche Nutzungsrechte ist die Möglichkeit einer Verfügung nach § 185 BGB anerkannt.[316]

Dass das Genussrecht nicht ausdrücklich eingeräumt wird, ist unschädlich. Denn eine Verfügung kann auch durch konkludente Willenserklärung erfolgen.[317] Der BGH legte hierzu in seiner Entscheidung zur Zulässigkeit der Abbildung von Vorschaubildern durch Suchmaschinen fest, die Willenserklärung zur Verfügung setze voraus, dass „unter Berücksichtigung der gesamten Begleitumstände nach dem objektiven Inhalt der Erklärung unzweideutig zum Ausdruck

---

[311] *Haedicke*, S. 87.

[312] *Zurth*, S. 27 f.

[313] Siehe dazu oben § 9.

[314] So aber *Ganzhorn*, S. 85. Vgl. auch *Metzger,* ITRB 2013, 239.

[315] MüKo/*Bayreuther*, BGB, § 185 Rn. 21.

[316] Vgl. OLG Brandenburg NJW-RR 1999, 839 (840); Wandtke/Bullinger/*Wandtke/Grunert*, UrhG, Vor §§ 31 ff. Rn. 30; Schricker/Loewenheim/*Ohly*, UrhG, § 31 Rn. 10.

[317] Vgl. BGH GRUR 1971, 362 (363) – *Kandinsky II*; BGHZ 185, 291 (302 Rn. 29) = GRUR 2010, 628 (631) – *Vorschaubilder I*; Schricker/Loewenheim/*Ohly*, UrhG, § 31 Rn. 11; Wandtke/Bullinger/*Wandtke/Grunert*, UrhG, Vor §§ 31 ff. Rn. 22.

gekommen ist, der Erklärende wolle über sein Urheberrecht in der Weise verfügen, dass er einem Dritten daran ein bestimmtes Nutzungsrecht einräume.“[318] Während der BGH im betreffenden Fall befand, dass „[i]m bloßen Einstellen von Abbildungen urheberrechtlich geschützter Werke ins Internet" der Wille, ein Nutzungsrecht einzuräumen, nicht unzweideutig zum Ausdruck komme,[319] stellt sich die Situation beim Genussrecht anders dar. Der Diensteanbieter betreibt eine Plattform, die Nutzern ermöglicht, digitale Werkexemplare gegen einen Kaufpreis herunterzuladen oder auf einem Datenträger zu bestellen. Hierin kommt klar der Wille zum Ausdruck, den Erwerbern, die dieses Angebot nutzen, auch die erforderlichen Rechte zum privaten Gebrauch, mithin das Genussrecht, einzuräumen. Der Rechteinhaber wiederum, der einem Verwerter die Erlaubnis erteilt, sein Werk an Endnutzer zu verbreiten, räumt diesem das Recht ein, in seinem Namen über das Schutzrecht zu verfügen und Genussrechte einzuräumen.[320]

II. Geltung des Abstraktionsprinzips

Wie festgestellt wurde, umfasst der Erwerb digitaler Werkexemplare ein schuldrechtliches Rechtsgeschäft (den Kaufvertrag) und ein dingliches Rechtsgeschäft. Leidet der schuldrechtliche Vertrag an einem anfänglichen Mangel, der ihn anfechtbar oder unwirksam macht, oder fällt er später durch Rücktritt oder Widerruf weg, stellt sich die Frage, ob die Einräumung des Genussrechts automatisch gleichfalls unwirksam ist bzw. wird (2.). Daneben ist denkbar, dass der Vertrag zwischen Rechteinhaber und Diensteanbieter an einem Fehler leidet, der ihn mit Wirkung *ex tunc* unwirksam werden lässt.[321] Auch hier ist zu klären, inwieweit ein Mangel des schuldrechtlichen Vertrags zu einer Unwirksamkeit der Einräumung des Genussrechts führt (3.). Mit beiden Fragen ist die Geltung des Abstraktionsprinzips angesprochen.[322] Diese Frage wird für das Urheberrecht bereits seit langem diskutiert (1.).

---

[318] BGHZ 185, 291 (302 Rn. 29) = GRUR 2010, 628 (631) – *Vorschaubilder I.*

[319] BGHZ 185, 291 (303 Rn. 31) = GRUR 2010, 628 (631) – *Vorschaubilder I.*

[320] Vgl. auch *Cichon*, GRUR-Prax 2010, 381 (382), die davon ausgeht, „dass das Einverständnis des Rechteinhabers mit dem digitalen Vertrieb jedenfalls auch alle notwendigen Benutzungshandlungen durch die Erwerber abdeckt (vergleichbar mit der konkludenten Eigengebrauchslizenz an vom Berechtigten freiwillig ins Internet gestellten Inhalten)."

[321] Von später eintretenden nur *ex nunc* wirkenden Mängeln ist das Genussrecht – wie oben bereits ausgeführt (§ 10.B.I.3.a.aa.) – nicht betroffen, weil es sich nicht um ein durch den Diensteanbieter vermitteltes Recht handelt.

[322] Dass oben festgestellt wurde, dass beim Erwerb digitaler Werkexemplare Verpflichtungs- und Verfügungsgeschäft unterschieden werden können (§ 10.C.I.), bedeutet noch nicht, dass auch das Abstraktionsprinzip gilt, vgl. für die Lizenz *Hoffmann*, ZGE 7 (2015), 245 (253); *Rehbinder/Peukert*, Urheberrecht, Rn. 812.

1. Geltung des Abstraktionsprinzips im Urheberrecht

Im Zivilrecht werden Verpflichtungs- und Verfügungsgeschäft nicht nur voneinander getrennt,[323] sondern auch in ihren Wirkungen und ihrem Bestand als unabhängig betrachtet. Es gelten Trennungs- und Abstraktionsprinzip.[324] Das Abstraktionsprinzip dient vor allem Verkehrsschutzerwägungen, weil die gegenüber Dritten wirkende dingliche Rechtslage von Fehlerquellen im zweiseitigen Vertragsverhältnis abgeschirmt wird.[325] Ob das Abstraktionsprinzip auch im Urheberrecht gilt, ist hoch umstritten.[326]

Die Vorschriften des Urheberrechts liefern kein eindeutiges Ergebnis.[327] So wird zwar in einigen Vorschriften des Urheberrechtsgesetzes (§§ 40 Abs. 3, 41 Abs. 5, 42 Abs. 5) sowie in § 9 Abs. 1 des Verlagsgesetzes eine kausale Wirkung angeordnet. Zweifelhaft ist jedoch, ob daraus auf eine generelle Geltung des Kausalitätsprinzips im Urheberrecht geschlossen werden kann.[328] Die Rechtsprechung des BGH ist ebenfalls ambivalent. In seiner Entscheidung *Die Privatsekretärin* (noch zum LUG) setzt sich der BGH am intensivsten mit der Geltung des Abstraktionsprinzips auseinander.[329] Er lehnt eine prinzipielle analoge Anwendung des § 9 VerlG auf andere Verwertungsrechte als das Verlagsrecht (in diesem Fall das Verfilmungsrecht) ab und bejaht die grundsätzliche Geltung des Abstraktionsprinzips im Urheberrecht.[330] In späteren Entscheidungen stellt der BGH zwar fest, dass bei Erlöschen des Nutzungsvertrags keine Rückübertragung des Nutzungsrechts erforderlich sei, sondern dieses *ipso iure* zurückfalle.[331] Auf

---

[323] Zu der Trennung zwischen Schuldrechten und dinglichen Rechten eingehend *Dulckeit*, S. 30 ff.

[324] Vgl. Staudinger/*Beckmann*, BGB, Vorbem zu §§ 433 ff Rn. 38; *Haedicke*, S. 94 f.; *Oetker/Maultzsch*, Vertragliche Schuldverhältnisse, § 2 Rn. 18 ff.; Palandt/*Herrler*, BGB, Einl v § 854 Rn. 13.

[325] Vgl. *Hoffmann*, ZGE 7 (2015), 245 (250); *Stadler*, S. 728 ff. (neben dem Verkehrsschutz erkennt *Stadler* auch Gestaltungsfreiheit, Flexibilität und begrifflich-systematische Klarheit als Vorteile des Abstraktionsprinzips). Kritisch gegenüber der Geltung des Abstraktionsprinzips *Heck*, Das abstrakte dingliche Rechtsgeschäft, 1937.

[326] Vgl. hierzu eingehend *Lisch*, Das Abstraktionsprinzip im deutschen Urheberrecht, 2007; *McGuire*, S. 289 ff.; *Nolden*, Das Abstraktionsprinzip im urheberrechtlichen Lizenzverkehr, 2005.

[327] Vgl. hierzu *Forkel*, S. 156 f., der dies darauf zurückführt, dass das UrhG das Urhebervertragsrecht ausweislich der Begründung zum Regierungsentwurf (BT-Drucks. IV/270, S. 56) nicht mitregeln, sondern einem gesonderten Gesetz vorbehalten sollte.

[328] Vgl. *Lisch*, S. 144; *McGuire*, S. 312; *Schack*, Urheber- und Urhebervertragsrecht, Rn. 590. Dafür aber *Forkel*, S. 162; Schricker/Loewenheim/*Ohly*, UrhG, § 31 Rn. 17.

[329] BGHZ 27, 90 = GRUR 1958, 504 – *Die Privatsekretärin*.

[330] BGHZ 27, 90 (95 f.) = GRUR 1958, 504 (506) – *Die Privatsekretärin*.

[331] BGH, GRUR 1966, 567 (569) – *GELU*; BGH, GRUR 1982, 308 (309) – *Kunsthändler*; BGHZ 194, 136 (142 Rn. 19) = GRUR 2012, 916 (917) – *M2Trade*.

die Geltung des Abstraktions- oder Kausalitätsprinzip nimmt er aber nicht mehr ausdrücklich Bezug, weshalb die Aussagekraft entsprechender Entscheidungen angezweifelt wird.[332]

In der Literatur werden gegen die Geltung des Abstraktionsprinzips in erster Linie drei Argumente angeführt: die Schutzwürdigkeit des Urhebers, der Zweckübertragungsgrundsatz und die (inhaltliche) Abhängigkeit des Nutzungsrechts vom zugrundeliegenden Vertrag.

Das Kausalitätsprinzip schütze den – im Vergleich zum Verwerter wirtschaftlich schwächeren – Urheber, weil erteilte Nutzungsrechte automatisch an ihn zurückfielen, ohne dass es einer Rückübertragung bedürfe.[333] Die Schutzwürdigkeit des Urhebers wird auch als Regelungszweck des § 9 Abs. 1 VerlG erkannt.[334] Einschränkend argumentiert insofern *McGuire*: nur wenn die Unterlegenheit des Urhebers zu einer „elementaren Ungleichgewichtslage zwischen den Vertragsparteien" führe, so dass dies dem Wucher nahe käme, sei eine Durchbrechung des Abstraktionsprinzips denkbar.[335] Ob die Durchbrechung des Abstraktionsprinzips allerdings tatsächlich zu dem gewünschten verstärkten Schutz des Urhebers führt, wird mit guten Argumenten angezweifelt. So gibt etwa *Hoffmann* zu bedenken, dass die Geltung des Kausal- oder Abstraktionsprinzips *inter partes* kaum eine Rolle spiele, denn meist weigere sich der Lizenznehmer nicht, einem begründeten Rückübertragungsverlangen nachzukommen.[336] Stattdessen zweifle er bereits daran, dass der schuldrechtliche Vertrag überhaupt unwirksam sei.[337] Zudem bestünden aufgrund der „Funktionsäquivalenz von Leistungs- und Eingriffskondiktion" keine größeren Unterschiede bei der Rückabwicklung.[338] Lediglich die Haftung im Falle der Weiternutzung nach Wegfall des Vertrages sei bei Geltung des Kausalprinzips verschärft, weil dem rechtswidrig Nutzenden eine Gewinnhaftung auferlegt werde.[339] Daneben wird zu bedenken gegeben,

---

[332] So etwa *McGuire*, S. 294; *Srocke*, GRUR 2008, 867 (871). Zu der Entscheidung *M2Trade* vgl. auch *Hoffmann*, ZGE 7 (2015), 245 (268).

[333] Loewenheim/*Loewenheim/J. B. Nordemann*, Handbuch Urheberrecht, § 26 Rn. 3; *Stadler*, S. 113 f. Zum Schutz des Urhebers bzw. zur gestörten Vertragsparität als Argument für die Nicht-Geltung siehe *Lisch*, S. 19 f.

[334] *Kraßer*, GRUR Int. 1973, 230 (236). *Kraßer* will zwischen einfachen (keine Geltung) und ausschließlichen Nutzungsrechten (Geltung des Abstraktionsprinzips) differenzieren, weil er bei einfachen Nutzungsrechten nur ein schwaches Verfügungselement erkennt, ausschließliche Rechte hingegen einen „ausgeprägten Verfügungscharakter" hätten (S. 237).

[335] *McGuire*, S. 313. Zu den Durchbrechungen des Abstraktionsprinzips siehe auch *Hoffmann*, ZGE 7 (2015), 245 (262).

[336] *Hoffmann*, ZGE 7 (2015), 245 (256).

[337] *Hoffmann*, ZGE 7 (2015), 245 (256).

[338] *Hoffmann*, ZGE 7 (2015), 245 (256).

[339] *Hoffmann*, ZGE 7 (2015), 245 (259).

dass auch die Durchbrechung des Abstraktionsprinzips nicht immer zu einem vollständigen Rechterückfall führen könne, weil etwaige Unterlizenznehmer Sukzessionsschutz genössen.[340]

Ein weiteres Argument gegen die Geltung des Abstraktionsprinzips speist sich aus der urheberrechtlichen Übertragungszwecklehre.[341] Hiernach räumt der Urheber im Zweifel nicht mehr Rechte ein als zur Erreichung des Vertragszwecks erforderlich.[342] Daraus wird abgeleitet, dass der Urheber auch nur insoweit Rechte einräume als der schuldrechtliche Vertrag überhaupt bestehe.[343] Dagegen wird allerdings zu Recht angeführt, dass die Zweckübertragungslehre als Bezugspunkt nicht die schuldrechtliche Vereinbarung, sondern den (außerhalb von ihr liegenden) Zweck des Geschäfts hat, der trotz Wegfall des Vertrags durchaus fortbestehen kann.[344] Im Übrigen sei der Zweck zum Zeitpunkt der Rechtseinräumung entscheidend und sei mithin „statisch" festzulegen; spätere Veränderungen könnten also nicht auf das Rechtsgeschäft durchschlagen.[345]

Eng mit dem Übertragungszweckgrundsatz verwandt oder sogar mit diesem begründet[346] ist der Hinweis auf die enge Verbindung zwischen Verpflichtungs- und Verfügungsgeschäft. Die Rechtseinräumung erfolge gewöhnlich zusammen mit dem Abschluss des schuldrechtlichen Geschäfts.[347] Vertrag und Rechteeinräumung seien aufeinander bezogen und fest verbunden.[348] Insbesondere werde

---

[340] *Stöckel/Brandi-Dohrn*, CR 2011, 553 (558 Fn. 49).

[341] Oder: Zweckübertragungslehre. In neueren Entscheidungen des BGH wird allerdings von der Übertragungszwecklehre bzw. dem Übertragungszweckgedanken gesprochen, BGHZ 185, 291 (304 Rn. 33) = GRUR 2010, 628 (631) – *Vorschaubilder I*; BGH GRUR 2011, 714 (715) – *Der Frosch mit der Maske*; BGHZ 193, 268 (281 Rn. 15) = GRUR 2012, 1031 (1035) – *Honorarbedingungen Freie Journalisten*. Dies ist sprachlich präziser, weil es nicht um die Übertragung eines Zwecks, sondern um den Zweck der Übertragung geht. Am Inhalt der Lehre ändert sich durch die veränderte Bezeichnung nichts. Vgl. auch *Schulze*, GRUR 2012, 993. Fromm/Nordemann/*J. B. Nordemann*, UrhG, § 31 Rn. 112a, hält „Einräumungszweckgedanke" für treffender.

[342] Vgl. BGHZ 131, 8 (12) = GRUR 1996, 121 (122) – *Pauschale Rechtseinräumung*; Fromm/Nordemann/*J. B. Nordemann*, UrhG, § 31 Rn. 109; *Katzenberger*, GRUR Int. 1983, 410 (411); Dreier/Schulze/*Schulze*, UrhG, § 31 Rn. 110; Wandtke/Bullinger/*Wandtke/Grunert*, UrhG, § 31 Rn. 39. Zum Übertragungszweckgrundsatz siehe auch unten § 10 D.I.

[343] Schricker/Loewenheim/*Ohly*, UrhG, § 31 Rn. 17. Vgl. auch *Stadler*, S. 113.

[344] *Nolden*, S. 92; *Srocke*, GRUR 2008, 867 (873).

[345] *Nolden*, S. 92.

[346] LG Hamburg ZUM 1999, 858 (859 f.); OLG Hamburg GRUR 2002, 335 (336).

[347] *Dieselhorst*, CR 2010, 69 (72); *Ulmer*, Urheber- und Verlagsrecht, S. 390. Kritisch *Schack*, Urheber- und Urhebervertragsrecht, Rn. 591.

[348] Schricker/Loewenheim/*Ohly*, UrhG, § 31 Rn. 17; *Ulmer*, Urheber- und Verlagsrecht, S. 390. Vgl. auch *Scholz*, S. 22 f. Einschränkend *Srocke*, GRUR 2008, 867 (873): „Die zahlreichen unterschiedlichen Typen von urheberrechtlichen Nutzungsverträgen und die innerhalb dieser Verträge wiederum unterschiedlichen, auftauchenden Risikoverteilungen lassen einen

das Nutzungsrecht durch den Schuldvertrag „näher bestimmt und ausgeformt".[349] Der fehlende Typenzwang im Urheberrecht spreche insofern gegen die Geltung des Abstraktionsprinzips:

> „Die Vielfalt der Gestaltungsmöglichkeiten und das Fehlen vorgeformter gesetzlicher Typen bedingen, daß oft der Inhalt des Rechts, auf das sich die Verfügung bezieht, erst durch den schuldrechtlichen Vertrag seine nähere Bestimmung und *Ausformung* erfährt. Dem Kausalverhältnis wächst damit eine besondere Funktion zu, die es im bürgerlichen Recht nicht zu erfüllen braucht."[350]

Dagegen wendet *Stadler* zu Recht ein, dass auch das Sachenrecht des BGB dingliche Rechte, wie etwa die Dienstbarkeit, kenne, deren Inhalt individuell ausgestaltet werden kann, und für die dennoch das Abstraktionsprinzip gelte.[351] Der fehlende Typenzwang steht der Anwendung des Abstraktionsprinzips daher nicht entgegen.[352]

2. Fehler im Kaufvertrag

Für die Frage, ob Fehler im Kaufvertrag (insbesondere die Anfechtbarkeit oder Nichtigkeit des Vertrags) Einfluss auf die Einräumung des Genussrechts haben, können die gegen die Geltung des Abstraktionsprinzips vorgebrachten Argumente noch weniger überzeugen.

Zunächst greift das angeführte Schutzbedürfnis des Urhebers beim Genussrecht nicht. Zwischen Nutzer und Urheber existiert keine entsprechende Ungleichgewichtslage; der Nutzer ist dem Urheber nicht „typischerweise überlegen". Zudem hat der Urheber kein erkennbares Interesse daran, dass das Genussrecht kausal von der Wirksamkeit des Kaufvertrags abhängt und *ipso iure* an ihn zurückfällt, weil der Wert seines Schutzrechts hierdurch – anders als beim urheberrechtlichen Nutzungsrecht – kaum steigt. Für den Erwerber des digitalen Werkexemplars wiederum würde die Geltung des Kausalprinzips zu unbilligen Härten führen. Denn er würde sein Recht zum Gebrauch des digitalen Werkex-

---

über eine pauschale Betrachtungsweise hinausgehenden, stärker differenzierenden Lösungsansatz wünschenswert erscheinen."

[349] *Rehbinder/Peukert*, Urheberrecht, Rn. 812. Vgl. auch BGHZ 194, 136 (143 Rn. 19) = GRUR 2012, 916 (917) – *M2Trade*; *Ganzhorn*, S. 69; *Kraßer*, GRUR Int 1973, 230 (237 f.); *Pahlow*, S. 209; *Ulmer*, Urheber- und Verlagsrecht, S. 390 f. A.A. *Nolden*, 2005, S. 84: Das dingliche Nutzungsrecht wird nicht durch das Verpflichtungsgeschäft „geformt", sondern höchstens definiert.

[350] *Kraßer*, GRUR Int. 1973, 230 (237). Vgl. auch BGHZ 194, 136 (143 Rn. 19) = GRUR 2012, 916 (917) – *M2Trade*; Schricker/Loewenheim/*Ohly*, UrhG, § 31 Rn. 17.

[351] *Stadler*, S. 113. So auch *Nolden*, S. 84.

[352] Vgl. *McGuire*, S. 299 f.; *Nolden*, S. 84.

emplars verlieren, obwohl er die ihm obliegende Leistung vertragsgemäß erbracht hat.

Darüber hinaus hat der Kaufvertrag keine „Ausformungsfunktion" für das Genussrecht. Während urheberrechtliche Nutzungsrechte auf die jeweiligen Zwecke des Verwerters zugeschnitten sein müssen und dementsprechend der vertraglichen Konkretisierung bedürfen, ist das Genussrecht, das der Erwerber eines digitalen Werkexemplars erhält, stets gleichförmig. Auch wenn der Kaufvertrag unwirksam sein sollte, ist die Berechtigung des Erwerbers also klar bestimmbar.

Zudem ist die Debatte um die Geltung des Abstraktionsprinzips im Urheberrecht häufig begleitet von der Frage nach der Verkehrsfähigkeit von urheberrechtlichen Nutzungsrechten.[353] Nur soweit Nutzungsrechte verkehrsfähig seien, bestünde auch ein Bedürfnis des Rechtsverkehrs nach Abstraktheit.[354] Übertragen auf das Genussrecht spricht auch dieses Argument für seine Abstraktheit. Denn das Genussrecht ist ein übertragbares, also verkehrsfähiges Recht. Der Zweiterwerber muss davor geschützt werden, sein Recht aufgrund von Umständen einzubüßen, die sich zwischen Ersterwerber und Diensteanbieter ereignen und für ihn kaum erkennbar sind.

Folglich sind der Bestand des Genussrechts und seine Einräumung vom zugrundeliegenden Kaufvertrag abstrakt. Bei Unwirksamkeit des Kaufvertrags ist das Genussrecht also im Wege der Verfügung aufzuheben. Dieses Ergebnis hat zudem den Vorteil, dass es sich mit allgemeinen zivilrechtlichen Grundsätzen deckt. Auch für das urheberrechtliche Nutzungsrecht wird angeführt, dass der automatische Rechterückfall kaum notwendig erscheine, weil der Gesetzgeber mit den Regeln über die Herausgabe ungerechtfertigter Bereicherung (§§ 812 ff. BGB) ein ausgewogenes System zur Rückabwicklung fehlerhafter Verträge geschaffen habe.[355]

3. Fehler im Rechtsverhältnis zwischen Diensteanbieter und Rechteinhaber

Im Verhältnis zwischen Diensteanbieter und Rechteinhaber können die gegen die Geltung des Abstraktionsprinzips angeführten Argumente schon eher überzeu-

---

[353] Vgl. *McGuire*, S. 297 f.: „Hintergrund der Kontroverse [ist] nicht eigentlich die zutreffende dogmatische Erfassung der Urheberrechtslizenz, sondern der Widerstreit zwischen der Verkehrsfähigkeit einerseits und dem Schutz persönlichkeitsrechtlicher und vermögensrechtlicher Interessen des Urhebers andererseits."

[354] Vgl. auch *Forkel*, S. 162: „Der Grundsatz der Abstraktheit der Rechtseinräumung gilt dort nicht, wo typischerweise das Bedürfnis des Verkehrsschutzes unterdurchschnittlich gering einzuschätzen ist und wo außerdem rechtlich anzuerkennende Interessen des Verfügenden mit solchen des Erwerbers eng verflochten sind, derart, daß dieser die Last oder Pflicht hat, sie in erheblichem Umfang mit zu verfolgen."

[355] *Stöckel/Brandi-Dohrn*, CR 2011, 553 (558 Fn. 49).

gen. Fehler im schuldrechtlichen Nutzungsvertrag – wiederum etwa dessen Anfechtbarkeit oder Nichtigkeit – würden dann auf das Nutzungsrecht des Diensteanbieters durchschlagen. Das bedeutet allerdings nicht zwingend, dass auch
das Genussrecht von diesem Fehler betroffen wäre. Denn wie bereits ausgeführt
(§ 10 B.I.3.a.aa.), wird eine unmittelbare Berechtigung am Urheberrecht erworben; der Erwerber eines digitalen Werkexemplars ist also nicht „das Ende einer
Lizenzkette“.[356] Entscheidend ist somit, ob der Diensteanbieter zur Einräumung
des Genussrechts ermächtigt war i. S. v. § 185 BGB. Hierbei ist zwischen unterschiedlichen Mängeln, an denen das Vertragsverhältnis zwischen Diensteanbieter und Rechteinhaber leiden kann, zu differenzieren. Soweit das Vertragsverhältnis etwa aufgrund von Geschäftsunfähigkeit des Rechteinhabers unwirksam
(§ 105 Abs. 1 BGB) oder wegen arglistiger Täuschung anfechtbar (§ 123 Abs. 1
BGB) ist, erfasst die Unwirksamkeit auch die Ermächtigung. Bei anderen Mängeln kann hingegen nicht zwingend davon ausgegangen werden, dass die Ermächtigung nach § 139 BGB ebenfalls unwirksam ist. Denn mitunter entspricht
es durchaus dem Interesse der Parteien, dass der Diensteanbieter Genussrechte
auch dann wirksam einräumen kann, wenn die schuldrechtliche Grundlage hierzu fehlt. Auf diese Weise kann der Rechteinhaber vom Diensteanbieter die erziel-
ten Einnahmen als ungerechtfertigte Bereicherung (§ 812 Abs. 1 S. 1 2. Alt.
BGB) herausverlangen.[357] Wäre die Einräumung des Genussrechts hingegen unwirksam, hätten die Erwerber einen Anspruch auf Rückzahlung des Kaufpreises
gegen den Diensteanbieter; ein Anspruch des Rechteinhabers wegen ungerechtfertigter Bereicherung würde entfallen. Zudem müsste sich der Diensteanbieter
an alle Nutzer wenden, die bereits ein digitales Werkexemplar erworben haben,
um sie über die Unwirksamkeit des Erwerbs zu informieren. Dies wäre mit enor-
mem Aufwand verbunden.

Die möglichen Fälle des Durchschlagens von Fehlern im Verhältnis zwischen
Rechteinhaber und Diensteanbieter zu begrenzen, entspricht auch den Wertungen im analogen Bereich. Da bei analogen Werkexemplaren eine urheberrechtliche Berechtigung des Nutzers nicht diskutiert wird, werden auch die Auswirkungen einer Geltung bzw. Nicht-Geltung des Abstraktionsprinzips für den Erwerber
kaum behandelt. Einzig für das Verbreitungsrecht (§ 17 Abs. 1 UrhG) finden sich
Stellungnahmen.[358] Denn der Erwerber eines analogen Werkexemplarss kommt
zwar wegen des urheberrechtlichen Erschöpfungsgrundsatzes (§ 17 Abs. 2
UrhG) mit dem urheberrechtlichen Verbreitungsrecht grundsätzlich nicht in Berührung. Voraussetzung ist allerdings, dass das Vervielfältigungsstück mit Zu-

---

[356] So aber *Metzger,* ITRB 2013, 239. Vgl. auch *Ganzhorn,* S. 85; *Haberstumpf,* CR 2009,
345 (346).

[357] Vgl. Wandtke/Bullinger/*Wandtke/Grunert,* UrhG, Vor §§ 31 ff. Rn. 29.

[358] So etwa bei Schricker/Loewenheim/*Loewenheim,* UrhG, § 17 Rn. 45; *Nolden,* S. 136 ff.

stimmung des Berechtigten in den Verkehr gelangt ist. Unter Nicht-Geltung des Abstraktionsprinzips würde die Anfechtung des Nutzungsvertrags zwischen Rechteinhaber und Lizenznehmer (als Vertreibendem) dazu führen, dass auch die Zustimmung zur Verbreitung *ex tunc* entfiele und ein Erwerber, der sein Werkexemplar weitergibt, in das urheberrechtliche Verbreitungsrecht eingreift. *Nolden* führt hierzu richtig aus: „Dies bedeutet eine massive Beeinträchtigung des von § 17 II [UrhG] bezweckten Verbraucherschutzes."[359] Dementsprechend soll sich nicht jeder Mangel im Nutzungsvertrag auf die Zustimmung zum Inverkehrbringen auswirken. Lediglich bei fehlender Geschäftsfähigkeit oder Anfechtung aufgrund arglistiger Täuschung sieht *Nolden* eine Einschränkung als gerechtfertigt an.[360] Dies stehe auch im Einklang mit den Wertungen des Sachenrechts, welches ebenfalls Einschränkungen der Verkehrsfähigkeit von Sachen hinnehme, etwa wenn es sich um abhanden gekommene Sachen handele.[361]

Darüber hinaus ist ein gutgläubiger Erwerb des Genussrechts hingegen nicht möglich. Insbesondere wenn der Diensteanbieter digitale Werkexemplare rechtswidrig anbietet, weil er gar keinen Nutzungsvertrag mit dem Rechteanbieter geschlossen hat, kann der Erwerber kein Genussrecht erwerben. Es gelten die gleichen Erwägungen, die auch bei urheberrechtlichen Nutzungsrechten den gutgläubigen Erwerb ausschließen.[362] Bei Nutzungsrechten fehlt es an einem Gutglaubensträger, wie etwa einer Registereintragung.[363] Dies trifft auch auf das Genussrecht zu. Der Erwerber ist stattdessen auf Gewährleistungsrechte wegen Rechtsmangels verwiesen.[364]

---

[359] *Nolden*, S. 137.

[360] *Nolden*, S. 137 f.

[361] *Nolden*, S. 137 f.

[362] Siehe hierzu Loewenheim/*Loewenheim*/*J. B. Nordemann*, Handbuch Urheberrecht, § 26 Rn. 9; *Nolden*, S. 72; Schricker/Loewenheim/*Ohly*, UrhG, § 31 Rn. 25; *Pahlow*, S. 205; *Schack*, Urheber- und Urhebervertragsrecht, Rn. 601; *Ulmer*, Urheber- und Verlagsrecht, S. 360.

[363] Vgl. Loewenheim/*Loewenheim*/*J. B. Nordemann*, Handbuch Urheberrecht, § 26 Rn. 9; *Nolden*, S. 72; *Pahlow*, S. 205; *Schack*, Urheber- und Urhebervertragsrecht, Rn. 602; *Ulmer*, Urheber- und Verlagsrecht, S. 360. Vgl. auch *Dulckeit*, S. 49 f.

[364] So auch *Metzger*, ITRB 2013, 239 (240), für Software und die fehlende Berechtigung nach § 69d UrhG: „Fehlt es an der Befugnis des Verkäufers zur Veräußerung des Programms, so ist der Abnehmer nicht zur Programmbenutzung berechtigt. Der Fehler in der Vertragskette schlägt also durch. In diesem Fall stehen dem Erwerber Mängelgewährleistungsrechte gegen den Verkäufer gem. §§ 437, 435 BGB zu." Vgl. auch Schricker/Loewenheim/*Ohly*, UrhG, § 31 Rn. 25.

D. Umfang

Das urheberrechtliche Nutzungsrecht hat keinen festen Umfang; ein Typenzwang existiert nicht.[365] Dies resultiert auch daraus, dass Nutzungsrechte zu unterschiedlichsten Verwertungszwecken eingeräumt werden und dementsprechend ein Bedürfnis besteht, sie für jeden Einzelfall flexibel auszugestalten. Für das Genussrecht gilt dies nicht. Zum einen besteht kein ersichtliches Interesse, die Befugnisse des Endnutzers, der das Werkexemplar zum persönlichen Gebrauch erwirbt, in jedem Einzelfall (gegenständlich) unterschiedlich auszugestalten. Denn der Lebenssachverhalt ist in diesen massenhaft getätigten Geschäften letztlich identisch. Zwar meint das OLG Hamm in Bezug auf den Online-Vertrieb von Hörbüchern, es bedürfe

„[g]erade bei neueren, in der Entwicklung begriffenen und nicht besonders typisiert geregelten Vertragstypen […] zur Bestimmung von Rechten und Pflichten der Vertragsparteien und zur Leistungsbeschreibung vertraglicher Regelungen, die namentlich auch in AGB enthalten sein können."[366]

Dies kann allerdings für den Fall des Erwerbs digitaler Werkexemplare, der ganz eindeutig als Kaufvertrag einzuordnen ist, nicht überzeugen. Bei neuartigen, innovativen Modellen zur Nutzung digitaler Inhalte mag es sinnvoll sein, auf den Versuch einer vertragstypologischen Einordnung zu verzichten und Rechteinhaber oder Diensteanbieter die Möglichkeit zur individuellen Ausgestaltung der vertraglichen Leistung zu belassen. Beim endgültigen Erwerb digitaler Werkexemplare besteht die Gefahr einer innovationshemmenden Wirkung durch Festlegung eines typischen Leistungsumfangs hingegen nicht.

Ein abstrakt feststehender Umfang des Genussrechts senkt zudem Transaktionskosten.[367] Denn sowohl die Notwendigkeit, die Befugnisse des Erwerbers (individual-)vertraglich für jeden Fall festzulegen, als auch die Unsicherheit des Erwerbers über den zulässigen Nutzungsumfang im Einzelfall verursachen Kosten, die bei einem typisierten Umfang des Genussrechts entfallen.

Die Bestimmung eines gleichförmigen Umfangs des Genussrechts ist mithin sinnvoll. Um diese Bestimmung vorzunehmen, wird sich die Arbeit zunächst parallelen Konzepten widmen, die zwar nicht das Genussrecht betreffen, aber ebenfalls zur Bestimmung des Umfangs urheberrechtlicher Berechtigungen her-

---

[365] Vgl. Berger/Wündisch/*Berger*, Urhebervertragsrecht, § 1 Rn. 149; *Kraßer*, GRUR Int. 1973, 230 (231 f.); *Forkel*, NJW 1983, 1764 (1767); *Stieper*, S. 197; *Ulmer*, Urheber- und Verlagsrecht, S. 362.

[366] OLG Hamm GRUR 2014, 853 (861).

[367] Ähnlich *Perzanowski/Schultz*, 58 UCLA L. Rev. 889, 907 (2011). Vgl. auch *Grünberger*, AcP 218 (2018), 213 (277); Wandtke/Bullinger/*Grützmacher*, UrhG, § 69d Rn. 3 (für § 69d UrhG).

angezogen werden. Dies sind die Übertragungszwecklehre[368] (I.), die „bestimmungsgemäße Benutzung" nach § 69d Abs. 1 UrhG (II.) und der weitgedachte Erschöpfungsgrundsatz (III.). Es wird untersucht, inwieweit die dort gefundenen Gedanken zur Konkretisierung des Umfangs des Genussrechts herangezogen werden können (IV.).

I. Übertragungszwecklehre

Die Übertragungszwecklehre ist in § 31 Abs. 5 UrhG normiert.[369] Hiernach ist auf den der Rechtseinräumung zugrundeliegenden Vertragszweck abzustellen, soweit klare Festlegungen zur Nutzungsrechtseinräumung fehlen. Dies gilt zum einen, wenn nicht ausdrücklich bezeichnet wurde, welche Nutzungsarten von der Nutzungsrechtseinräumung erfasst sind (S.1). Zum anderen gilt es bei Zweifeln, ob überhaupt ein Nutzungsrecht eingeräumt wurde, ob es sich um ein einfaches oder ausschließliches Nutzungsrecht handelt, wie weit Nutzungsrecht und Verbotsrecht reichen und welchen Einschränkungen das Nutzungsrecht unterliegt (S.2).

Als Ziel der Übertragungszwecklehre wird in erster Linie die Verwirklichung des Beteiligungsgrundsatzes gesehen, wonach der Urheber angemessen an den Erträgen aus der Verwertung seines Werks beteiligt werden soll.[370] Dementsprechend soll der Übertragungszweckgrundsatz verhindern, dass der Umfang einer Rechtseinräumung über das nach dem Vertragszweck erforderliche Maß hinausgeht.[371]

Welchen dogmatischen Gehalt der Übertragungszweckgrundsatz genau hat, ist umstritten.[372] Unstreitig wird er als gesetzliche Auslegungsregel verstanden, nach welcher der von den Parteien zugrunde gelegte Vertragszweck für die

---

[368] Zum Begriff „Übertragungszwecklehre" siehe schon oben Fn. 341.

[369] Bereits vor seiner Kodifizierung im Urheberrechtsgesetz von 1965 und der Erweiterung des Anwendungsbereichs durch die Urhebervertragsrechtsreform von 2002 war der Übertragungszweckgrundsatz anerkannt. Vgl. RGZ 123, 312 (318 f.) – *Wilhelm Busch*; BGHZ 9, 262 (264 f.) = GRUR 1953, 299 (301) – *Lied der Wildbahn*; *Goldbaum*, Urheberrecht und Urhebervertragsrecht, S. 75 ff.

[370] *Schack*, Urheber- und Urhebervertragsrecht, Rn. 615; Dreier/Schulze/*Schulze*, UrhG, § 31 Rn. 110; Spindler/Schuster/*Wiebe*, Recht der elektronischen Medien, § 31 UrhG Rn. 13; Wandtke/Bullinger/*Wandtke/Grunert*, UrhG, § 31 Rn. 39.

[371] Vgl. BGHZ 131, 8 (12) = GRUR 1996, 121 (122) – *Pauschale Rechtseinräumung*; Fromm/Nordemann/*J. B. Nordemann*, UrhG, § 31 Rn. 109; *Katzenberger*, GRUR Int. 1983, 410 (411); Dreier/Schulze/*Schulze*, UrhG, § 31 Rn. 110; *Ulmer*, Urheber- und Verlagsrecht, S. 364; Wandtke/Bullinger/*Wandtke/Grunert*, UrhG, § 31 Rn. 39.

[372] Vgl. hierzu nur *Donle*, Die Bedeutung des § 31 Abs. 5 UrhG für das Urhebervertragsrecht, 1993.

Rechtseinräumung entscheidend sein soll.[373] Darüber hinaus wird er als ein „jeglichen vertraglichen Rechtsverkehr mit Urhebern seit jeher beherrschende[r] allgemeine[r] Rechtsgedanke[] und Rechtsgrundsatz" gesehen.[374] Manche ordnen ihn (bzw. seine gesetzliche Festlegung in § 31 Abs. 5 UrhG) zudem als Inhaltsnorm ein.[375] Denn er würde nicht die Auslegung von Willenserklärungen bewirken, sondern den Inhalt eines Vertrags bestimmen bzw. korrigieren.[376] Der Übertragungszweckgrundsatz bestimme also Umfang und Inhalt von Nutzungsrechten und lasse abweichende vertragliche Regelungen nur unter besonderen Voraussetzungen gelten.[377] Für diese Sichtweise spricht auch die Rechtsprechung des BGH, wonach bei einer pauschalen Vereinbarung, trotz eindeutigen Wortlauts, der Umfang der Rechtseinräumung durch den Vertragszweck bestimmt und beschränkt wird.[378]

Die Übertragungszwecklehre ist allerdings nicht darauf beschränkt, den Umfang von Nutzungsrechtseinräumungen für kommerzielle Verwerter zugunsten des Urhebers zu begrenzen. Sie kann auch dazu dienen festzustellen, welche Nutzungsrechte im Zweifel *jedenfalls* eingeräumt wurden. So stellte der BGH in mehreren Entscheidungen fest, dass die zur Erreichung des Vertragszwecks erforderlichen Nutzungsrechte konkludent oder stillschweigend mit übertragen werden.[379] In einem Fall, den das LG München zu entscheiden hatte, bestand zwischen den Parteien Streit, ob ein beschränkender Zusatz zu einem Lizenzvertrag über Software („named user license") vereinbart worden war. Das Gericht entschied:

„Zwar sei der Umfang der eingeräumten Nutzungsrechte den schriftlichen Vertragsunterlagen nicht eindeutig zu entnehmen, nach der sog. Zweckübertragungslehre sei jedoch davon auszugehen, dass der Beklagten eine sog. ‚floating licence' eingeräumt worden sei, da allein die Vereinbarung einer solchen den Anforderungen nach dem Vertrag sowohl technisch als auch wirtschaftlich gerecht werden würde und auch marktüblich sei."[380]

---

[373] *Genthe*, S. 47; *Katzenberger*, GRUR Int. 1983, 410 (411); *Forkel*, S. 143; *Schack*, Urheber- und Urhebervertragsrecht, Rn. 615; *Schulze*, GRUR 2012, 993.

[374] *Fette*, in: FS Hertin, S. 53 (58). Vgl. auch Wandtke/Bullinger/*Wandtke/Grunert*, UrhG, § 31 Rn. 40 („Leitbildfunktion").

[375] *Donle*, S. 90 ff.; Dreier/Schulze/*Schulze*, UrhG, § 31 Rn. 115; *Schulze*, GRUR 2012, 993 (994).

[376] *Donle*, S. 104.

[377] Vgl. für § 31 Abs. 5 UrhG *Donle*, S. 108.

[378] BGHZ 131, 8 (12) = BGH GRUR 1996, 121 (122) – *Pauschale Rechtseinräumung*; BGH GRUR 1974, 786 (787) – *Kassettenfilm*.

[379] BGH GRUR 1984, 528 (529) – *Bestellvertrag*; BGH GRUR 2005, 860 (862) – *Fash 2000*.

[380] Begründung des Urteils des LG München, wiedergegeben im Urteil des OLG München ZUM 2005, 838. Das OLG bestätigte zwar die Entscheidung des LG, nahm dabei aber nicht Bezug auf den Übertragungszweckgrundsatz.

Das OLG Frankfurt entschied, dass die hohe Vergütung, die für die Entwicklung einer Individualsoftware gezahlt wurde, dafür spreche, dass auch die für die Nutzung zwingend erforderlichen Nutzungsrechte konkludent gem. § 31 Abs. 5 UrhG eingeräumt wurden.[381] Maßgeblich seien hier „die Gesamtumstände, insbesondere der zweifelsfrei feststellbare Vertragszweck und die vorangegangene Vertragspraxis sowie die Branchenübung".[382]

Andere wenden den Übertragungszweckgedanken auf den Umfang der schlichten Einwilligung in internettypische Nutzungshandlungen durch ungesichertes Einstellen von Inhalten ins Internet an.[383] Da jedes Aufrufen von Webseiten mit Vervielfältigungen im Arbeitsspeicher einherginge, willige der Rechteinhaber, der sein Werk ohne Schutzmaßnahmen ins Internet stelle, in diese Vervielfältigungen ein.[384]

Dies zeigt, dass die Übertragungszwecklehre nicht zwingend nur eine beschränkende Funktion hat, sondern auch bei Zweifeln über den konkreten Umfang eines Nutzungsrechts heranzuziehen ist und in umgekehrter Stoßrichtung wirken kann.[385] Der Zweck des Nutzungsvertrags wird damit zum maßgeblichen Anhaltspunkt für die Bestimmung des Umfangs der Rechtseinräumung. Der Vertragszweck hängt seinerseits von den subjektiven wirtschaftlichen oder ideellen Zielen der Parteien ab.[386] Allerdings können rein innerlich gebliebene Vorstellungen nicht maßgebend sein. Entscheidend ist daher, dass beide Parteien das Ziel übereinstimmend verfolgen oder jedenfalls das Ziel des anderen akzeptieren.[387] Diese Ziele müssen dabei nicht explizit formuliert worden sein, sondern können sich auch aus einer Gesamtwürdigung der Begleitumstände ergeben.[388]

II. Bestimmungsgemäße Benutzung gem. § 69d Abs. 1 UrhG

Nach § 69d Abs. 1 UrhG bedürfen bestimmte urheberrechtlich relevante Handlungen „nicht der Zustimmung des Rechtsinhabers, wenn sie für eine bestimmungsgemäße Benutzung des Computerprogramms einschließlich der Fehlerbe-

---

[381] OLG Frankfurt a. M. ZUM 2014, 712 (713).

[382] OLG Frankfurt a. M. ZUM 2014, 712 (713).

[383] v. Ungern-Sternberg, GRUR 2009, 369 (371).

[384] v. Ungern-Sternberg, GRUR 2009, 369 (372).

[385] So kritisierte etwa die klägerische Partei in dem Verfahren vor dem LG München, das Landgericht verkehre die Zweckübertragungslehre in ihr Gegenteil, vgl. OLG München ZUM 2005, 838 (839).

[386] Vgl. Fette, in: FS Hertin, S. 53 (59); Genthe, S. 60.

[387] Vgl. Donle, S. 188; Fette, in: FS Hertin, S. 53 (59); Genthe, S. 60 f.; Dreier/Schulze/Schulze, UrhG, § 31 Rn. 121.

[388] Vgl. Schack, Urheber- und Urhebervertragsrecht, Rn. 616; Dreier/Schulze/Schulze, UrhG, § 31 Rn. 121.

richtigung durch jeden zur Verwendung eines Vervielfältigungsstücks des Programms Berechtigten notwendig sind." Die Vorschrift wurde bereits im Rahmen der urheberrechtlichen Betrachtung des Erwerbs und der Nutzung digitaler Werkexemplare behandelt.[389] Dort wurde festgestellt, dass die Vorschrift keinen urheberrechtsfreien Raum schafft, sondern eine initiale Zustimmung des Rechteinhabers zum Gebrauch des Computerprogramms voraussetzt, indem die Vorschrift an den zur Benutzung „Berechtigten" anknüpft. Nun wird betrachtet, welchen konkreten Nutzungsumfang § 69d Abs. 1 UrhG für einen Berechtigten erlaubt.

Um zu bestimmen, welche Nutzungshandlungen zur „bestimmungsgemäßen Benutzung" gehören, soll vorrangig auf etwaige vertragliche Konkretisierungen abzustellen sein.[390] Soweit es an einer entsprechenden ausdrücklichen Vereinbarung fehlt, soll die gewöhnliche Nutzung entscheidend sein.[391] Dabei ist insbesondere relevant, welcher wirtschaftliche und technische Nutzungszweck mit der Überlassung des Computerprogramms verfolgt wird und welche Funktion das Programm aufweist.[392] Von einigen wird die Vorschrift daher auch mit der Übertragungszwecklehre verglichen. § 69d Abs. 1 UrhG sei Ausfluss oder erfülle zumindest eine der Übertragungszwecklehre ähnliche Funktion.[393]

Zulässige Handlungen sind demnach solche, die für den vorausgesetzten Nutzungszweck, die „normale Nutzung",[394] erforderlich sind.[395] Zur gewöhnlichen Nutzung zählen also jedenfalls die Installation, das Laden in den Arbeitsspeicher, das Ablaufenlassen und die Fehlerberichtigung.[396] Auch der erstmalige Download soll von § 69d Abs. 1 UrhG gedeckt sein, weil er die bestimmungsgemäße Benutzung ermöglicht.[397] Zudem sei die Herstellung einer Programmkopie zur Ermöglichung der Übergabe zulässig, allerdings nur als bestimmungsgemäße Benutzung des Zweiterwerbers, weshalb sie diesem zugerechnet werden müsse.[398] Soweit diese Abläufe eine Vervielfältigung, Bearbeitung oder Vervielfälti-

---

[389] Siehe oben § 3 B.III. und § 4 B.III.

[390] *Lutz*, S. 146; *Sucker*, S. 114.

[391] Spindler/Schuster/*Wiebe*, Recht der elektronischen Medien, § 69d UrhG Rn. 11; *Sucker*, S. 114; *Lutz*, S. 146 f., spricht insofern von „subjektiver" und „objektiver" Bestimmung.

[392] Vgl. *Lutz*, S. 147; Spindler/Schuster/*Wiebe*, Recht der elektronischen Medien, § 69d UrhG Rn. 11.

[393] OLG Karlsruhe CR 1996, 341 (343); *Sucker*, S. 114. Einschränkend Wandtke/Bullinger/*Grützmacher*, UrhG, § 69d Rn. 3: anders als § 31 Abs. 5 UrhG schütze § 69d Abs. 1 UrhG die legitimen Interessen der Nutzer.

[394] Wandtke/Bullinger/*Grützmacher*, UrhG, § 69d Rn. 3.

[395] Spindler/Schuster/*Wiebe*, Recht der elektronischen Medien, § 69d UrhG Rn. 11.

[396] Vgl. *Lutz*, S. 145; Spindler/Schuster/*Wiebe*, Recht der elektronischen Medien, § 69d UrhG Rn. 12.

[397] So für Art. 5 Abs. 1 Computerprogramme-RL EuGH Urt. v. 3.7.2012, C-128/11 – *UsedSoft*, Rn. 81. Vgl. auch *Ganzhorn*, S. 249 f.

[398] *Ganzhorn*, S. 251.

gung der Bearbeitung erfordern, sind sie zulässig.[399] Die Nutzungshandlungen dürfen nicht lediglich zweckmäßig oder nützlich, sondern müssen „notwendig" sein.[400] Das bedeutet allerdings nicht, dass der Nutzer auf unverhältnismäßig aufwändige Alternativen ausweichen müsste, denn im Vordergrund steht das „reibungslose Arbeiten des Nutzers mit der Software".[401]

Dritte dürfen die zulässigen Nutzungshandlungen vornehmen, soweit es sich bei ihnen um Angehörige oder Freunde des Berechtigten handelt.[402] Jedoch darf das Programm im Normalfall jeweils nur an einem Gerät zeitgleich genutzt werden.[403] Dritte dürfen zudem zur Fehlerbeseitigung eingeschaltet werden.[404] Zur Fehlerbeseitigung zählt sowohl die Beseitigung von Funktionsstörungen, die etwa durch Viren o. ä. eingetreten sind, als auch die Herstellung von bestimmungsgemäßer Kompatibilität.[405] § 69d Abs. 2 UrhG erlaubt zudem die Anfertigung einer Sicherungskopie.[406]

III. „Weitgedachter" Erschöpfungsgrundsatz

Der Bestimmung des Umfangs zulässiger Nutzungshandlungen nähern sich auch die Befürworter eines weitgedachten Erschöpfungsgrundsatzes. Wie bereits im Rahmen der urheberrechtlichen Untersuchung festgestellt, beschränkt sich der in § 17 Abs. 2 UrhG festgehaltene Erschöpfungsgrundsatz zunächst auf das urheberrechtliche Verbreitungsrecht.[407] Denkbar wäre, die Erschöpfung auch auf solche Nutzungshandlungen auszudehnen, die mit dem privaten Gebrauch eines erworbenen digitalen Werkexemplars zwingend einhergehen.

So regt etwa *Hilty* an, auf das „Erklärungsmodell der Erschöpfung" zurückzugreifen, um Handlungen, die mit der Nutzung eines Werkexemplars einhergehen,

---

[399] Vgl. *Jaeger/Metzger*, S. 133; *Rehbinder/Peukert*, Urheberrecht, Rn. 600.

[400] *Lutz*, S. 144 f.

[401] *Lutz*, S. 145.

[402] Vgl. Spindler/Schuster/*Wiebe*, Recht der elektronischen Medien, § 69d UrhG Rn. 10.

[403] Spindler/Schuster/*Wiebe*, Recht der elektronischen Medien, § 69d UrhG Rn. 12.

[404] BGH GRUR 2000, 866 (868) – *Programmfehlerbeseitigung*; Spindler/Schuster/*Wiebe*, Recht der elektronischen Medien, § 69d UrhG Rn. 15; Schricker/Loewenheim/*Loewenheim*/ *Spindler*, UrhG, § 69d Rn. 5.

[405] Spindler/Schuster/*Wiebe*, Recht der elektronischen Medien, § 69d UrhG Rn. 15.

[406] Vgl. hierzu Gesetzentwurf der Bundesregierung. Entwurf eines Zweiten Gesetzes zur Änderung des Urheberrechtsgesetzes vom 18.12.92, BT-Drucks. 12/4022, S. 12: „Eine Sicherungskopie ist zur Benutzung eines Programms nicht erforderlich. Dies ermöglicht die Arbeitskopie. Die Sicherungskopie soll die Arbeitskopie ersetzen, wenn diese zerstört oder sonst nicht mehr benutzbar ist."

[407] Hierzu sowie zu einer etwaigen analogen Anwendung von § 17 Abs. 2 UrhG auf unkörperlich erworbene digitale Werkexemplare siehe oben § 5 B.

freizustellen.[408] Dabei sollen allerdings nur „statische Gebrauchshandlungen" privilegiert werden.[409] Hierunter versteht er eine rein passive Nutzung des Werks, eine Nutzung, die nicht etwas „neues" schafft:

„Software erlaubt nicht nur – wie andere urheberrechtliche Werke – gewissermaßen den ‚statischen', unveränderten Gebrauch eines Werks (die Lektüre des Sprachwerks, das Hören des Musikwerks, allenfalls ihre Aufführung oder Vorführung, ihre Sendung und dergleichen), bei dem das Werk in einer im Wesentlichen vorgegebenen Form direkt oder indirekt einem Werkgenuss zugeführt wird. Inhärent ist Software vielmehr eine Funktionalität, wie sie ansonsten nur Erfindungen (bzw. in Deutschland auch Gebrauchsmustern) eigen ist; jene erlaubt quasi einen ‚dynamischen' Gebrauch der Software."[410]

Erlaubt seien mithin all jene Gebrauchshandlungen, die

„‚bestimmungsgemäß' sind, von denen der Rechteinhaber also ausgegangen sein muss, als er die Zustimmung erteilte, ein Werkexemplar bzw. ein Erzeugnis herzustellen und zu veräußern. Deshalb kann er im Einzelfall nicht verbieten, dass das Buch gelesen, die CD gehört, das Automobil gefahren wird."[411]

Auch diese weitgedachte Erschöpfung soll sich stets nur auf einen konkreten Gegenstand, in dem das Werk verkörpert ist, beziehen.[412] Allerdings reduziert *Hilty* den Begriff des konkreten Gegenstands auf körperliche Werkexemplare; für den unkörperlichen Erwerb soll das Erklärungsmodell nicht gelten.[413]

Ganzhorn schlägt hingegen vor, *de lege lata* eine neue Schrankenbestimmung zu schaffen, die im Falle der Erschöpfung des Verbreitungsrechts an digitalen Kopien auch deren bestimmungsgemäße Benutzung sowie die für einen Weiterverkauf erforderlichen Handlungen abdecken würde.[414]

---

[408] *Hilty*, MMR 2003, 3 (11). Auch *McGuire*, S. 626, geht davon aus, dass Nutzungshandlungen des Erwerbers aufgrund eingetretener Erschöpfung zulässig sind, allerdings ohne nähere Begründung: „Jedoch tritt infolge der Veräußerung des Datenträgers mit Zustimmung des Rechtsinhabers Erschöpfung ein, sodass die weitere Nutzung nicht auf Basis eines vertraglichen Schuldverhältnisses, sondern aus eigenem Recht erfolgt."

[409] *Hilty*, MMR 2003, 3 (10).

[410] *Hilty*, MMR 2003, 3 (10).

[411] *Hilty*, MMR 2003, 3 (12). Vgl. auch *Cichon*, GRUR-Prax 2010, 381 (382), die ebenfalls davon ausgeht, dass die „bestimmungsgemäßen Benutzungshandlungen" des Erwerbers zulässig sein müssen. Sie sieht den Grund hierfür allerdings nicht in eingetretener Erschöpfung, sondern in einem potentiellen Einverständnis des Rechtsinhabers.

[412] *Hilty*, MMR 2003, 3 (11).

[413] *Hilty*, MMR 2003, 3 (12).

[414] *Ganzhorn*, S. 283. Die von ihm vorgeschlagene Norm lautet: „Wenn das Verbreitungsrecht hinsichtlich einer nicht verkörpert in den Verkehr gebrachten Werkkopie nach Art. 4 Abs. 2 erschöpft ist, bedürfen die für den Vorgang der Übertragung einer Kopie dieses Werks notwendigen Vervielfältigungshandlungen bei einer Weiterveräußerung nicht der Zustimmung des Rechteinhabers. Das Gleiche gilt für Vervielfältigungshandlungen des Berechtigten, die

Ein weitgedachter Erschöpfungsgrundsatz („broader understanding of exhaustion") wird in der US-amerikanischen Literatur etwa von *Perzanowski/Schultz* vertreten.[415] Dass der Erschöpfungsgrundsatz bislang vor allem in Bezug auf das Verbreitungsrecht im Falle des Weiterverkaufs eine Rolle gespielt habe, sei auf die wirtschaftliche Relevanz der Verbreitung körperlicher Werkexemplare zurückzuführen.[416] Im digitalen Bereich sei es wichtig, nun wieder ein breiteres Verständnis in den Fokus zu stellen, um die Rechte der Erwerber von Werkexemplaren zu schützen.[417] Bestandteil dieses weiten Erschöpfungsprinzips sei insbesondere die Befugnis, Veränderungen oder Vervielfältigungen vorzunehmen, um das Werkexemplar dauerhaft nutzen zu können („right of repair or renewal" und „right of adaptation and modification").[418] Unterstützung findet diese Theorie in älteren Urteilen US-amerikanischer Gerichte, die die Rechte von Eigentümern analoger Werkexemplare ausloteten.[419] So wurde etwa entschieden, dass das Eigentumsrecht an einem Buch das Recht mit sich bringt, die dauerhafte Nutzbarkeit des Buches herzustellen, auch wenn dies Kopien und Bearbeitungen erfordert.[420]

Eine gesetzliche Normierung, die zwar nicht explizit auf den Erschöpfungsgrundsatz Bezug nimmt, aber dennoch (auch) den Umfang der Rechte von Erwerbern digitaler Werkexemplare regelt, findet sich im Schweizerischen URG. Nach Art. 19 URG werden bestimmte Gebrauchshandlungen als „Verwendungen zum Eigengebrauch" qualifiziert. Zulässig ist demnach insbesondere „jede Werkverwendung im persönlichen Bereich und im Kreis von Personen, die unter sich eng verbunden sind, wie Verwandte oder Freunde" (Abs. 1 lit. a). Während andere Verwendungen, etwa für den Unterricht oder in Behörden, gewissen Einschränkungen unterliegen (Art. 19 Abs. 3 URG), ist die Verwendung „im privaten Kreis" explizit privilegiert. Lediglich Computerprogramme sind von der Vorschrift ausgenommen (Art. 19 Abs. 4 URG).

---

eine bestimmungsgemäße Benutzung ermöglichen. Dabei darf es nach Abschluss der Übertragung jedoch nicht zu einer Zunahme der Vervielfältigungsstücke des Werkes kommen."

[415] *Perzanowski/Schultz*, 58 UCLA L. Rev. 889 (2011).

[416] *Perzanowski/Schultz*, 58 UCLA L. Rev. 889, 913 (2011).

[417] *Perzanowski/Schultz*, 58 UCLA L. Rev. 889, 913 (2011): „[R]einvigorating this broader understanding of exhaustion is central to the preservation of the rights of copy owners in the digital marketplace."

[418] *Perzanowski/Schultz*, 58 UCLA L. Rev. 889, 913 ff. (2011).

[419] *Harrison v. Maynard, Merrill & Co.*, 61 F. 689 (2d Cir. 1894); *Doan et al. v. American Book Co.*, 105 F. 772 (7th Cir. 1901); *Ginn & Co. v. Apollo Pub. Co.*, 215 F. 772 (E.D. Pa. 1914).

[420] *Doan et al. v. American Book Co.*, 105 F. 772, 773 (7th Cir. 1901): „The sale of a copyrighted book […] carries with it all the rights and incidents of ownership, including the right to resell and to maintain the book as nearly as possible in its original condition […]."

IV. Ergebnisse für das Genussrecht

Die vorgestellten Konzepte beziehen sich nicht unmittelbar auf den Umfang des dinglichen Genussrechts. So gilt der Übertragungszweckgrundsatz zwar „allgemein im Urheberrecht",[421] bezieht sich jedoch in erster Linie auf Nutzungsrechtseinräumungen. § 69d Abs. 1 UrhG wiederum gilt nur für Computerprogramme[422] und der weitgedachte Erschöpfungsgrundsatz vermittelt dem Erwerber keine eigene Rechtsposition, sondern beschränkt das Verbotsrecht des Rechteinhabers. Dennoch können aus den Konzepten Leitlinien für die Bestimmung des Umfangs des Genussrechts gewonnen werden.

Den Grundsätzen der Übertragungszwecklehre lässt sich entnehmen, dass der Umfang einer urheberrechtlichen Berechtigung nicht zwingend im Wege der enumerativen Auflistung einzelner Nutzungsarten erfolgen muss. Stattdessen kann vom Zweck der Transaktion ausgegangen und hieraus der erforderliche Umfang der Berechtigung abgeleitet werden. Für das Genussrecht bedeutet dies, dass der Zweck der Übertragung, also der Erwerb zum privaten Gebrauch, für den Umfang der Berechtigung ausschlaggebend ist.

In die gleiche Richtung weist auch die Bestimmung des § 69d Abs. 1 UrhG: der Zweck, der mit der Überlassung des Programms verfolgt wird, ist entscheidend. Mangels entsprechender Absprachen kommt es auf den gewöhnlichen Gebrauch an. Zu den hiernach zulässigen Handlungen gehören jedenfalls die Installation, das Laden in den Arbeitsspeicher und die Fehlerbehebung. § 69d UrhG legt den Umfang der Berechtigung damit unmittelbar fest; der Vorschrift wird insofern auch eine „sachenrechtliche" Wirkung zugesprochen.[423]

Auch für das Genussrecht erscheint es sinnvoll, an die für den privaten Werkgenuss notwendigen Handlungen anzuknüpfen. Das Genussrecht umfasst mithin sämtliche Nutzungshandlungen, die für den privaten Werkgenuss erforderlich sind. Hierzu zählen – da das Genussrecht übertragbar ist – auch Vervielfältigungshandlungen, die für die Übertragung erforderlich sind, etwa die Anfertigung einer übertragbaren Kopie.[424]

Zwar meint *Sucker*, die „Bestimmungsgemäßheit" könne für den digitalen Werkgenuss nicht „abstrakt-generell" umschrieben werden, weil sie für jeden Einzelfall konkret bestimmt werden müsste.[425] Dies trifft auf das hier betrachtete

---

[421] Dreier/Schulze/*Schulze*, UrhG, § 31 Rn. 111.

[422] Vgl. *Ganzhorn*, S. 254 f.: keine Geltung für andere digitale Inhalte als Software; eine Anwendung auf hybride Produkte soll allerdings möglich sein.

[423] *Schneider/Spindler*, CR 2014, 213 (215).

[424] Vgl. hierzu *Ganzhorn*, S. 282 f., der gegenüber einer Einschränkung des Zustimmungserfordernisses nach § 34 Abs. 1 UrhG zu Bedenken gibt, dass hierdurch noch nicht die für den Weiterverkauf notwendigen Vervielfältigungshandlungen ermöglicht würden.

[425] *Sucker*, S. 114 f.: „Zwar stellt der digitale Werkgenuss eines Computerprogramms eine

Genussrecht jedoch nicht zu. Es geht stets um den privaten, rezeptiven Werkgenuss. Welche Nutzungshandlungen im konkreten Fall notwendig sind, kann sich zwar unterscheiden, weil dies von den Umständen des Einzelfalls abhängt. Der Zweck, der private Gebrauch, ist aber immer gleich und was „bestimmungsgemäß" ist, kann daher auch abstrakt-generell festgelegt werden.

Mithilfe eines weit gedachten Erschöpfungsgrundsatzes könnte dieses Ergebnis, also den Umfang der zulässigen Handlungen an das zum Gebrauch notwendige Maß zu knüpfen, ebenfalls erreicht werden. Denn aus dem Prinzip einer weitgedachten Erschöpfung geht hervor, dass der Verkauf bzw. die Veräußerung von analogen und digitalen Werkexemplaren auch die Erlaubnis mit sich bringen muss, diese Werkexemplare zu nutzen und die gegebenenfalls erforderlichen Nutzungshandlungen vorzunehmen, ohne dabei in Konflikt mit den urheberrechtlichen Ausschließlichkeitsrechten zu geraten. Allerdings unterscheidet sich der Grundansatz der beiden Modelle – der weitgedachten Erschöpfung und des Genussrechts – fundamental. Während der Erschöpfungsgrundsatz dem Nutzer kein eigenes Recht gewährt, sondern lediglich die Ausschließlichkeitsrechte des Rechteinhabers begrenzt, handelt es sich beim Genussrecht um ein vertraglich eingeräumtes Recht mit einem festen Umfang. Der Unterschied zwischen diesen Ansätzen zeigt sich etwa, wenn die Nutzung des digitalen Werkexemplars aus tatsächlichen Gründen (beispielsweise aufgrund technischer Schutzmaßnahmen) unmöglich ist. Aus der weitgedachten Erschöpfung ergibt sich für den Nutzer kein Anspruch auf Beseitigung der Nutzungsstörung; aus dem Genussrecht hingegen unter Umständen schon.[426]

E. Zwischenergebnis

Der Erwerber eines digitalen Werkexemplars erhält im Hinblick auf die geistige Ebene ein dingliches Genussrecht, das ihm die Nutzung des Werkexemplars in rechtlicher Hinsicht erlaubt. Das Genussrecht ist eine Belastung des Urheberrechts und wird durch Verfügung eingeräumt. Der Umfang zulässiger Handlungen wird durch den Zweck des Genussrechts, den privaten Gebrauch des digita-

---

‚Benutzung' im Sinne des § 69d Abs. 1 UrhG dar. Der von der Vorschrift freigestellte Umfang des digitalen Werkgenusses eines Computerprogramms kann damit zugleich aber nicht ohne Weiteres abstrakt-generell umschrieben werden, da seine Bestimmung davon abhängt, wie die Bestimmungsgemäßheit im Einzelfall aussieht. Die Reichweite des zulässigen Werkgenusses eines Computerprogramms kann sich daher von Fall zu Fall stark unterscheiden."

[426] Wenn etwa *Amazon* die von einem Nutzer erworbenen E-Books sperrt, hätte dieser Nutzer – als Inhaber des Dateneigentums und des Genussrechts – Anspruch auf Beseitigung der Störung nach § 1004 Abs. 1 BGB.

len Werkexemplars zu ermöglichen, bestimmt und ist folglich an das zum Gebrauch notwendige Maß geknüpft. Der Inhaber eines Genussrechts kann dieses übertragen, aber nicht vervielfachen. Die Übertragung des Genussrechts erfordert daher, dass der Veräußerer seine eigenen nutzbaren Kopien des Werkexemplars löscht bzw. unbrauchbar macht.

§ 11 Einfluss vertraglicher Einschränkungen

In den vorangegangenen §§ 9 und 10 wurde herausgearbeitet, dass Gegenstand des Erwerbs digitaler Werkexemplare (neben dem Sacheigentum an einem etwaigen Trägermedium) das Eigentum an den digitalen Daten sowie ein dingliches Genussrecht sind. Indem der Diensteanbieter dem Erwerber das Dateneigentum überträgt und das Genussrecht einräumt, kommt er seiner Pflicht aus dem Kaufvertrag nach, dem Erwerber den Zugang zum digitalen Werkexemplars tatsächlich zu ermöglichen und dessen Nutzung in rechtlicher Hinsicht dauerhaft zu erlauben. Insbesondere erfordert die Nutzungsmöglichkeit eines urheberrechtlich geschützten digitalen Werkexemplars keine weitere Erlaubnis seitens des Rechteinhabers.[1]

Und dennoch: Wer ein digitales Werkexemplar erwirbt, sieht sich häufig mit sog. Endnutzerverträgen konfrontiert. Bevor er die erworbenen Inhalte nutzen bzw. abspielen kann, muss er die „Nutzungsbedingungen" oder „Lizenzbedingungen" des Herstellers akzeptieren.[2] Vor allem bei Computerprogrammen ist der Abschluss von Endnutzerlizenzverträgen zwischen Hersteller und Nutzer seit langem üblich.[3]

Im Folgenden wird untersucht, inwieweit diese vertraglichen Bestimmungen den Gegenstand des Erwerbs digitaler Werkexemplare wirksam einzuschränken vermögen. Da Endnutzerverträge Vertragsbedingungen enthalten, die für eine Vielzahl von Fällen vorformuliert sind, handelt es sich um allgemeine Geschäftsbedingungen (§ 305 Abs. 1 S. 1 BGB). Sie sind mithin an den AGB-rechtlichen Vorgaben in §§ 305 ff. BGB zu messen.[4] Ob und in welchem Rahmen die Endnutzerverträge die Befugnisse des Erwerbers einschränken können, hängt daher

---

[1] Vgl. auch *McGuire*, S. 626 f.; *Sucker*, S. 115 f. A.A. *Hauck*, ZGE 9 (2017), 47 (57): „[D]ieser Lizenzvertrag zwischen Rechteinhaber und ‚Erwerber' – und die gestützt darauf erteilte Lizenz –, [bildet] die Grundlage für die Nutzung der überlassenen Software und nicht ein ggf. zuvor mit dem Einzelhändler abgeschlossener Kaufvertrag."

[2] Vgl. *Dreier/Leistner*, GRUR 2013, 881 (892); *Ohly*, in: FS 50 Jahre UrhG, S. 379; *Sucker*, S. 116 und 137.

[3] Vgl. schon *Loewenheim*, in: FS Kitagawa, S. 949.

[4] Vgl. *Ganzhorn*, S. 294; *Huppertz*, CR 2006, 145 (150); *Lober/Weber*, MMR 2005, 653 (659); *Ohly*, in: FS 50 Jahre UrhG, S. 379 (389 ff.); *Rehbinder/Peukert*, Urheberrecht, Rn. 780; *Zech*, ZGE 5 (2013), 368 (372).

zum einen von ihrer wirksamen Einbeziehung (B.) und zum anderen von ihrer inhaltlichen Zulässigkeit (C.) ab. Vorab ist zu klären, ob wirksam einbezogene und inhaltlich zulässige Bedingungen nur schuldrechtliche oder auch dingliche Wirkung entfalten (A.).

A. Schuldrechtliche oder dingliche Wirkung von Endnutzerverträgen

Ob Endnutzerlizenzverträge den Vertragsgegenstand unmittelbar dinglich verändern können oder ob sie lediglich schuldrechtlich auf die Rechte des Erwerbers einwirken, ist in zwei Punkten relevant. Zum einen würde eine Zuwiderhandlung bei dinglicher Wirkung der Klausel eine Urheberrechtsverletzung und nicht lediglich einen vertraglichen Verstoß bedeuten.[5] Zum anderen würden nur dinglich wirkende Einschränkungen auch gegenüber einem Zweiterwerber wirken. Um dies für den Erwerb digitaler Werkexemplare beantworten zu können, soll wiederum ein Vergleich zu parallelen Fragestellungen im Bürgerlichen Recht und im Urheberrecht gezogen werden.

Im Sachenrecht gilt der Grundsatz des Typenzwangs.[6] Dingliche Rechte haben einen gesetzlich bestimmten Umfang, der im Interesse der Rechtssicherheit und des Verkehrsschutzes nicht mit dinglicher Wirkung verändert werden kann.[7] Entsprechende vertragliche Einschränkungen wirken daher nur *inter partes*.

Auch im Zusammenhang mit urheberrechtlichen Nutzungsrechten wird diskutiert, ob Endnutzerverträge schuldrechtlich oder urheberrechtlich wirken.[8] Dabei wird als entscheidend angesehen, ob durch die jeweilige Klausel „die Grenzen der Aufspaltbarkeit von Nutzungsrechten urheberrechtskonform eingehalten worden sind."[9] Das bedeutet, dass eine Einschränkung nur dann urheberrechtlich – also dinglich – wirkt, wenn das so geformte Nutzungsrecht noch eine „übliche,

---

[5] Vgl. Berger/Wündisch/*Berger*, Urhebervertragsrecht, § 1 Rn. 147. Vgl. auch *Zech*, ZGE 5 (2013), 368 (371): schuldrechtlich wirkende Verfügungsbeschränkungen begrenzen „nicht das rechtliche Können, sondern nur das rechtliche Dürfen".

[6] Siehe hierzu schon oben § 10 B.I.3.b.aa.

[7] *Baur/Stürner*, Sachenrecht, § 1 Rn. 7; *Füller*, S. 371; Soergel/*Stadler*, BGB, Einl Sachenrecht Rn. 41.

[8] Zu der Frage, inwieweit urheberrechtliche Schranken durch vertragliche Abreden und insbesondere AGB eingeengt werden können, siehe *Ganzhorn*, S. 290 f.; Bisges/*Imhof*, UrhR, Kapitel 5 Rn. 337 ff.; *Schack*, Urheber- und Urhebervertragsrecht, Rn. 539; *Stieper*, S. 171 ff.; *Ohly*, in: FS 50 Jahre UrhG, S. 379 (388).

[9] *Sucker*, S. 116. Ähnlich Bisges/*Imhof*, UrhR, Kapitel 5 Rn. 203; *Metzger*, NJW 2003, 1994. Dies für die Beschränkung eines Nutzungsrechts für Software auf einen bestimmten Rechner ablehnend BGHZ 152, 233 (239) = GRUR 2003, 416 (418) – *CPU-Klausel*.

technisch und wirtschaftlich eigenständige und damit klar abgrenzbare" Nutzungsform darstellt.[10]

Nach der hier vorgeschlagenen Konzeption ist Gegenstand des Erwerbs digitaler Werkexemplare das Eigentum an dem jeweiligen Datensatz und ein Genussrecht. Sowohl für das Dateneigentum als auch für das Genussrecht stehen Inhalt und Umfang des Rechts bereits vorvertraglich fest. Es handelt sich bei ihnen um dingliche Rechte mit typisiertem Umfang.[11] Sie stehen damit den dinglichen Rechten des Sachenrechts näher als den urheberrechtlichen Nutzungsrechten: Dateneigentum und Genussrecht sind bereits hinreichend klar abgegrenzte Rechte, die den privaten Gebrauch erworbener digitaler Werkexemplare ermöglichen. Eine dingliche Aufspaltbarkeit und folglich auch eine inhaltliche Modifikation sind nicht mehr möglich. Etwaige (zulässige) einschränkende Bestimmungen in Endnutzerverträgen können also nur schuldrechtlich wirken.

B. Wirksame Einbeziehung

Die Vereinbarung von AGB erfordert, wie jede vertragliche Vereinbarung, übereinstimmende Erklärungen der Parteien nach §§ 145 ff. BGB (I.).[12] Zudem stellt § 305 Abs. 2 BGB zusätzliche Voraussetzungen für die Einbeziehung von AGB auf, wenn diese gegenüber einem Verbraucher verwendet werden (vgl. § 310 Abs. 1 S. 1 BGB). Danach ist in der Regel erforderlich, dass der Verbraucher ausdrücklich auf die Bedingungen hingewiesen wurde (§ 305 Abs. 2 Nr. 1 BGB) und ihm ermöglicht wurde, in zumutbarer Weise Kenntnis vom Inhalt der Vertragsbedingungen zu nehmen (§ 305 Abs. 2 Nr. 2 BGB) (II.).

I. Vereinbarung nach §§ 145 ff. BGB

Das Vorgehen bei der Einbringung von Endnutzerverträgen hat sich im Laufe der Zeit gewandelt. Zunächst wurden vor allem beim Erwerb von Computerprogrammen auf körperlichen Datenträgern sog. „Shrink-Wrap Licenses" oder „Schutzhüllenverträge" eingesetzt. Die Diskette oder CD befand sich dabei in einem verschlossenen Umschlag, der einen Hinweis enthielt, dass mit Öffnung der Verpackung ein Lizenzvertrag mit dem Hersteller zustandekommt und die beigefügten Nutzungsbedingungen gelten.[13] Solche „Shrink-Wrap Licenses"

---

[10] BGHZ 152, 233 (239) = GRUR 2003, 416 (418) – *CPU-Klausel*. Vgl. auch Bisges/*Imhof*, UrhR, Kapitel 5 Rn. 203; *Metzger*, NJW 2003, 1994; *Sucker*, S. 116 f.

[11] Vgl oben § 9.D. und § 10.D.

[12] Vgl. *Bork*, BGB AT, Rn. 1759.

[13] Vgl. *Loewenheim*, in: FS Kitagawa, 1992, 949 (950).

wurden richtigerweise ganz überwiegend nicht als wirksame Form der Einbeziehung von AGB angesehen.[14] Denn dem Aufreißen einer Verpackung kommt objektiv kein rechtsgeschäftlicher Erklärungswert zu. Das Öffnen der Verpackung hat vor allem den Zweck, das Produkt nutzen zu können; eine Annahmeerklärung wird damit hingegen nicht geäußert. Damit scheitert die Einbeziehung der Endnutzerverträge im Wege der „Shrink-Wrap Licenses" bereits an §§ 145 ff. BGB.

Die Hersteller gingen zunehmend dazu über, sog. „Click-Wrap Licenses" oder „Click-on Licenses" einzusetzen.[15] Der Nutzer, der ein digitales Werkexemplar erworben hat, wird beim Öffnen des Programms zunächst aufgefordert, dem Endnutzervertrag zuzustimmen.[16] Dem Nutzer wird hier eine digitale Erklärung vorgelegt, der er mit dem Anklicken eines Kästchens – meist beschriftet mit den Worten „Ich stimme zu" o. ä. – zustimmt. Im Gegensatz zum Öffnen einer Verpackung, kommt dem Anklicken eines Kästchens objektiv der Erklärungswert einer Annahme zu.[17]

Soweit es sich um Werke handelt, deren Nutzung online erfolgt, wie etwa Computerspiele, die gemeinsam mit anderen Nutzern über das Internet gespielt werden, verlangen die Hersteller teilweise, dass ein Nutzerkonto eröffnet und in diesem Zusammenhang auch dem Endnutzervertrag zugestimmt wird.[18] Hier wird die Zustimmung wiederum durch Anklicken eines entsprechenden Kästchens o. ä. abgegeben, so dass sie eine wirksame Annahmeerklärung darstellt.

Bei online erworbenen digitalen Werkexemplaren kann eine Zustimmung zu den AGB auch im Rahmen der Bestellung eingeholt werden. Fordert der Hersteller den Nutzer auf, durch Anklicken eines Kästchens dem Endnutzervertrag zuzustimmen, liegt in dem Anklicken wiederum eine Annahmeerklärung.

II. Wirksame Einbeziehung nach § 305 Abs. 2 Nr. 1 und 2 BGB

Nach § 305 Abs. 2 Nr. 1 BGB ist erforderlich, dass der Verwender *bei Vertragsschluss* ausdrücklich auf die AGB hinweist.[19] Ein nach Vertragsschluss erfolgender Hinweis genügt hingegen nicht.[20] Soweit, wie beim Online-Erwerb, die Zustimmung zum Endnutzervertrag im Zuge des Abschlusses des Kaufvertrags eingeholt wird, erfolgt der Hinweis auf die AGB bereits bei Vertragsschluss.

---

[14] *Loewenheim*, in: FS Kitagawa, 949 (954); *Schack*, Urheber- und Urhebervertragsrecht, Rn. 1281.

[15] Vgl. *Schack*, Urheber- und Urhebervertragsrecht, Rn. 1283.

[16] *Hauck*, ZGE 9 (2017), 47 (56 f.).

[17] *Schack*, Urheber- und Urhebervertragsrecht, Rn. 1283.

[18] So in dem Sachverhalt, der BGH GRUR 2017, 266 – *World of Warcraft I*, zugrundelag.

[19] Vgl. *Ganzhorn*, S. 88.

[20] Vgl. MüKo/*Basedow*, BGB, § 305 Rn. 85; *Looschelders*, Schuldrecht AT, § 16 Rn. 11.

Weitere Voraussetzung ist dann noch, dass der Erwerber eine zumutbare Möglichkeit zur Kenntnisnahme erhält (§ 305 Abs. 2 Nr. 2 BGB).[21] Dies ist der Fall, wenn der Erwerber freien Zugang zu den AGB erhält und diese problemlos lesbar sind.[22] Für Internetsachverhalte genügt es dabei, dass die AGB über einen Link aufrufbar sind und ausgedruckt werden können.[23]

Anders liegt der Fall bei dem Erwerb eines Datenträgers und der im Rahmen der Erstbenutzung eingeholten Zustimmung. Die zur Nutzung des digitalen Werkexemplars erforderliche Berechtigung erhält der Erwerber bereits durch das in Erfüllung des Kaufvertrages eingeräumte Genussrecht. Der für den Erwerb digitaler Werkexemplare relevante Vertrag ist mithin der Kaufvertrag. Eine spätere, nach Abschluss des Kaufvertrags erfolgende Aufforderung zur Zustimmung zu den AGB erfolgt folglich nicht mehr *bei Vertragsschluss*.

Möglich wäre allenfalls, die AGB nachträglich im Wege eines Änderungsvertrags einzubeziehen.[24] Da die nachträgliche Vereinbarung der AGB gegebenenfalls zu einer Verschlechterung der Position des Erwerbers führt, stellt sich dann allerdings die Frage, ob dies eine mangelhafte Leistung des Diensteanbieters darstellt. Denn aus dem Kaufvertrag hat der Erwerber einen Anspruch auf Übertragung des Eigentums an den Daten und Einräumung des (unbeschränkten) Genussrechts erhalten. Sieht er sich nun im Nachhinein gezwungen, dem Endnutzervertrag zuzustimmen, um das digitale Werkexemplar auch tatsächlich nutzen zu können, stellt dies einen Mangel dar. Der Erwerber hätte mithin einen Anspruch gegen den Diensteanbieter nach §§ 433 Abs. 1, 434 Abs. 1, 453 Abs. 1 BGB auf zur Verfügungstellung eines digitalen Werkexemplars ohne entsprechende Nutzungshindernisse.

C. Inhaltliche Wirksamkeit

Nachdem festgestellt wurde, unter welchen Voraussetzungen Endnutzerverträge wirksam vereinbart werden können, bleibt nun zu untersuchen, welche Regelungen inhaltlich zulässig sind. Dies bestimmt sich nach dem Maßstab der Inhaltskontrolle in § 307 BGB. Hiernach darf eine AGB-Klausel den Vertragspartner des Verwenders nicht „entgegen den Geboten von Treu und Glauben unangemessen benachteiligen". Dies ist nach § 307 Abs. 2 BGB zum einen dann der Fall, wenn eine Bestimmung in den AGB „mit wesentlichen Grundgedanken der gesetzlichen Regelung, von der abgewichen wird, nicht zu vereinbaren ist"

---

[21] Dies für die Gestaltung von App-Stores anzweifelnd *Klein/Datta*, CR 2016, 587 (590).
[22] Vgl. *Looschelders*, Schuldrecht AT, § 16 Rn. 11.
[23] Spindler/Schuster/*Schuster*, Recht der elektronischen Medien, § 305 BGB Rn. 36.
[24] Vgl. MüKo/*Basedow*, BGB, § 305 Rn. 86.

(Nr. 1). Zum anderen liegt eine unangemessene Benachteiligung vor, wenn die Klausel „wesentliche Rechte oder Pflichten, die sich aus der Natur des Vertrags ergeben, so einschränkt, dass die Erreichung des Vertragszwecks gefährdet ist" (Nr. 2). Besonders § 307 Abs. 2 Nr. 2 BGB kommt für die hier zu erörternden Bestimmungen große Relevanz zu. Weil Inhalt und Charakteristika des Gegenstands des Erwerbs eines digitalen Werkexemplars abstrakt feststehen, können die verschiedenen Bestimmungen daraufhin analysiert werden, ob sie den Vertragsgegenstand in wesentlichen, den Vertragszweck gefährdenden Punkten einschränken. Darin unterscheidet sich der hier vertretene Ansatz maßgeblich von der Ansicht, nach welcher der Erwerber eines digitalen Werkexemplars ein urheberrechtliches Nutzungsrecht erhält.[25] Denn bei Nutzungsrechtsverträgen wird die Hauptleistungspflicht erst durch vertragliche Vereinbarungen – etwa in Endnutzerverträgen – bestimmt und ist damit der AGB-rechtlichen Inhaltskontrolle entzogen.[26]

Im Folgenden werden einige typische Vertragsklauseln betrachtet. Hierzu zählt die Beschränkung der Nutzungsumgebung (I.), die Begrenzung der zulässigen Anzahl von (Sicherheits-)kopien (II.) und die Untersagung des Weiterverkaufs (III.).

I. Beschränkung der Nutzungsumgebung

Eine Beschränkung der Nutzungsumgebung erfolgt bei Computerprogrammen häufig durch sog. „CPU-Klauseln".[27] Diese beschränken die Erlaubnis zur Nutzung von Software auf einen (mithilfe der Typen- und Seriennummer) konkret bezeichneten Prozessor.[28] Es wird mithin festgelegt, auf welcher Hardware die Software genutzt werden darf. Beschränkungen der Nutzungsumgebung enthalten häufig auch Endnutzerverträge der Anbieter von E-Books. So findet sich etwa der Hinweis, dass das digitale Werkexemplar nur auf den Geräten des Anbieters und mithilfe dessen Software genutzt werden darf.[29] Weniger den Ort der Nut-

---

[25] Siehe hierzu oben § 10 A.III.

[26] Vgl. BGH GRUR 2014, 556 Rn. 12 – *Rechteeinräumung Synchronsprecher*: „Vertragliche Regelungen, die – wie im Streitfall – die Übertragung urheberrechtlicher Nutzungsrechte und damit unmittelbar den Umfang der vertraglichen Hauptleistungspflicht bestimmen, gehören zum Kernbereich privatautonomer Vertragsgestaltung. Sie sind deshalb regelmäßig der Inhaltskontrolle gem. §§ 307 ff. BGB entzogen." Siehe auch Bisges/*Imhof*, Handbuch Urheberrecht, Kapitel 4 Rn. 81; *J. B. Nordemann*, NJW 2012, 3121 (3122).

[27] „CPU" steht für „Central Processing Unit" und bezeichnet den Prozessor eines Computers.

[28] Vgl. *Baus*, S. 11 ff.; *Metzger*, NJW 2003, 1994; *Pres*, S. 232.

[29] Vgl. *Graef*, S. 16; *Kuß*, K&R 2012, 76 (77); *Lauber-Rönsberg*, S. 211; *Peifer*, AfP 2013, 89 (92 f.).

zung als viel mehr den Ort der Speicherung betreffen „Hosting Klauseln".[30] Die Klauseln untersagen dem Nutzer, die Software auf dem Speichermedium eines Dritten (dem Host) zu speichern, um etwa Rechenkapazität einzusparen oder Wartungsarbeiten auszulagern. Da diese Klauseln vor allem in Softwareverträgen mit Unternehmen verwendet werden, werden sie hier nicht gesondert betrachtet.

1. Wesentliche Grundgedanken der gesetzlichen Regelung, § 307 Abs. 2 Nr. 1 BGB

Zunächst könnte die Beschränkung der Nutzungsumgebung mit wesentlichen Grundgedanken der gesetzlichen Regelung, von der die Beschränkung abweicht, unvereinbar sein, § 307 Abs. 2 Nr. 1 BGB.

Da der Gegenstand des Erwerbs digitaler Werkexemplare gesetzlich nicht geregelt ist, existieren auch keine spezifischen Vorschriften, die im Rahmen der AGB-Kontrolle herangezogen werden könnten. Allerdings findet sich eine gesetzliche Regelung im UrhG,[31] von der die genannten Klauseln abweichen. Die Schranke des § 69d Abs. 1 UrhG stellt die für die bestimmungsgemäße Benutzung eines Computerprogramms notwendigen urheberrechtlich relevanten Handlungen durch den zur Verwendung Berechtigten frei.[32] Die Schranke soll allerdings nur gelten „[s]oweit keine besonderen vertraglichen Bestimmungen vorliegen".[33] Mit der Schaffung des § 69d UrhG wollte der Gesetzgeber keine grundsätzliche Entscheidung über die Zulässigkeit von Endnutzerverträgen treffen.[34] Zudem ordnet § 69g Abs. 2 UrhG lediglich an, dass vertragliche Bestimmungen, die in Widerspruch zu § 69d Abs. 2 und 3 und § 69e UrhG stehen, nichtig sind. Die Schranke des § 69d Abs. 1 UrhG wird nicht genannt. Die Zu-

---

[30] Hierzu siehe eingehend *Söbbing*, MMR 2007, 479.

[31] Insofern einschränkend *Stieper*, S. 383: die urheberrechtlichen Schrankenbestimmungen können nicht unmittelbar als Maßstab bei der Inhaltskontrolle von AGB herangezogen werden. Dafür aber *Baus*, S. 217; Schricker/Loewenheim/*Ohly*, UrhG, Vor §§ 31 ff. Rn. 49. Für die Leitbildfunktion etwa des § 69d UrhG explizit *Leistner*, WRP 2014, 995 (1002). Vgl. auch BGHZ 193, 268 (281 Rn. 16) = GRUR 2012, 1031 (1035) – *Honorarbedingungen Freie Journalisten*: § 31 Abs. 5 UrhG kann nicht Maßstab einer Inhaltskontrolle von AGB sein.

[32] Siehe hierzu bereits oben § 3 B.III.

[33] Vgl hierzu auch *Dreier/Leistner*, GRUR 2013, 881 (891).

[34] Vgl. Gesetzentwurf der Bundesregierung. Entwurf eines Zweiten Gesetzes zur Änderung des Urheberrechtsgesetzes vom 18.12.92, BT-Drucks. 12/4022, S. 12 („Die nationalen Vorschriften über den Abschluß von Verträgen werden durch die Richtlinie nicht berührt. Die Richtlinie regelt nicht die Frage, unter welchen Voraussetzungen es im Zusammenhang mit dem Kauf eines Programms zu vertraglichen Nebenabreden kommt (Problematik der sog. Schutzhüllenverträge oder Shrink-Wrap-Lizenzen).").

lässigkeit der Handlungen zur bestimmungsgemäßen Benutzung kann also grundsätzlich durch vertragliche Vereinbarung eingeschränkt werden.

Dennoch sind vertragliche Abreden, die § 69d Abs. 1 UrhG einschränken, nicht grenzenlos möglich. Nach ErwG 13 Computerprogramme-RL 2009 dürfen

„das Laden und Ablaufen, sofern es für die Benutzung einer Kopie eines rechtmäßig erworbenen Computerprogramms erforderlich ist, sowie die Fehlerberichtigung nicht vertraglich untersagt werden".[35]

Der Berechtigte erhält hiernach also vertraglich nicht abdingbare Mindestrechte.[36] Diese umfassen alle Handlungen, die für die Programmnutzung technisch notwendig sind, also insbesondere die Installation, das Laden in den Arbeitsspeicher, das Ablaufenlassen des Programms und die Fehlerbeseitigung.[37]

Inwieweit Beschränkungen der Nutzungsumgebung in diesen zwingenden Kern von Nutzungsrechten eingreifen, wird unterschiedlich beurteilt. Der BGH hält CPU-Klauseln in AGB zumindest bei zeitlich begrenzter Überlassung von Software für zulässig.[38] Auch in der Literatur werden die Klauseln teilweise für wirksam erachtet.[39] Dagegen spricht allerdings, dass die Beschränkung auf eine bestimmte Nutzungsumgebung dazu führen kann, dass die Software faktisch nicht mehr nutzbar ist.[40] Sind Hardware oder Prozessor defekt, ist auch das darauf befindliche Computerprogramm wertlos, wenn es nicht auf ein anderes Gerät überspielt werden darf. Dieses Problem wird vor allem bei einmaliger, dauerhafter Überlassung relevant.

---

[35] RL 2009/24/EG. Ebenso schon ErwG 17 Computerprogramme-RL von 1991 (91/250/ EWG). Vgl. auch Gesetzentwurf der Bundesregierung. Entwurf eines Zweiten Gesetzes zur Änderung des Urheberrechtsgesetzes vom 18.12.92, BT-Drucks. 12/4022, S. 12.

[36] Vgl. BGH GRUR 2000, 866 (868) – *Programmfehlerbeseitigung*; *v. Diemar*, S. 159; *Hauck*, ZGE 9 (2017), 47 (57); *Herzog*, S. 51; BGH GRUR 2014, 264 (266 Rn. 32) – *UsedSoft II*; *Jaeger/Metzger*, S. 133; *Lehmann*, NJW 1993, 1822, 1824; *Poeppel*, S. 458 f.; *Stieper*, S. 124 f.; *Sucker*, S. 111; Spindler/Schuster/*Wiebe*, Recht der elektronischen Medien, § 69d UrhG Rn. 20.

[37] Vgl. *Jaeger/Metzger*, S. 134; *Lutz*, S. 146; Spindler/Schuster/*Wiebe*, Recht der elektronischen Medien, § 69d UrhG Rn. 20 (kritisch bezüglich Fehlerbeseitigung).

[38] BGHZ 152, 233 (238 ff.) = GRUR 2003, 416 (418 f.) – *CPU-Klausel*. Im konkreten Fall beschränkte sich die CPU-Klausel allerdings zudem auf den Austausch durch leistungsstärkere Rechner bzw. die Nutzung auf mehreren Rechnern.

[39] So etwa von *Jaeger/Metzger*, S. 133: „Damit kann der Rechtsinhaber dem Benutzer durch Lizenzbedingungen Beschränkungen auferlegen, wie dies z.B. bei CPU-Klauseln, Netzwerkbeschränkungen, OEM-Klauseln oder dem Verbot von Programmverbesserungen der Fall ist." Vgl. auch *Lehmann*, NJW 1993, 1822 (1825) für befristete Nutzungsverträge).

[40] Vgl. auch *Baus*, S. 164; *Pres*, S. 232 f.; Spindler/Schuster/*Wiebe*, Recht der elektronischen Medien, § 69d UrhG Rn. 20.

Zumindest für Computerprogramme ist daher festzuhalten, dass die Beschränkung auf eine bestimmte Nutzungsumgebung eine ungerechtfertigte Benachteiligung nach § 307 Abs. 2 Nr. 1 BGB darstellt.

2. Wesentliche Rechte und Pflichten aus dem Vertrag, § 307 Abs. 2 Nr. 2 BGB

Die Beschränkungen sind zudem daran zu messen, ob sie wesentliche Rechte oder Pflichten, die sich aus der Natur des Vertrags ergeben, so einschränken, dass die Erreichung des Vertragszwecks gefährdet ist, § 307 Abs. 2 Nr. 2 BGB. Der Verwender von AGB soll sich nicht seiner Kardinalpflichten aus dem Vertrag entziehen können, indem er zulasten seines Vertragspartners entsprechende Einschränkungen in die Klauseln der AGB aufnimmt.[41]

Der Vertrag, der dem Erwerb eines digitalen Werkexemplars zugrunde liegt, ist – wie festgestellt[42] – ein Kaufvertrag. Der Erwerber soll die dauerhafte, nicht von einem parallelen Schuldverhältnis abhängige Möglichkeit zum Werkgenuss erhalten. Hierzu ist zum einen der tatsächliche Zugang zu einem Werkexemplar und zum anderen die Berechtigung zur dauerhaften Nutzung erforderlich.[43] Die Nutzungsmöglichkeit muss dem Erwerber dabei durch eine einmalige Leistung des Diensteanbieters eingeräumt werden und darf nicht von dessen weiterer Einflussnahme abhängen.[44] Hierin liegt der entscheidende Unterschied zwischen einem dauerhaften Erwerb im Wege des Kaufs und einer vorübergehenden Nutzungsmöglichkeit in Form eines Dauerschuldverhältnisses.[45] Der Diensteanbieter kommt seiner Verpflichtung nach, indem er Eigentum an einer das Werkexemplar enthaltenden Datenkopie (und gegebenenfalls an einem Datenträger) überträgt und ein dingliches Genussrecht einräumt.

Von der Beschränkung der zulässigen Nutzungsumgebung ist zunächst das Eigentumsrecht an dem Datensatz betroffen. Denn der Eigentümer der Daten hat

---

[41] BGH NJW 1993, 335; BGHZ 149, 89 (95 f.) = NJW 2002, 673 (674).

[42] Siehe oben § 7.

[43] Vgl. *Cichon*, S. 260 Rn. 969 („Die Übereignungspflicht muss dabei durch eine äquivalente Pflicht zur Sicherstellung der Nutzungsmöglichkeit und -berechtigung an der verkauften Programmkopie ersetzt werden."); *Druschel*, S. 118; *Grübler*, S. 97; *Härting/Schätzle*, ITRB 2006, 186 (187); *Schmidt-Kessel*, K&R 2014, 475 (479) („Er ist auf die dauerhafte Übertragung und Verschaffung der Daten, der Nutzungsmöglichkeit und der Nutzungsberechtigung gerichtet. Dinglich ist er mit der Erschöpfung des Verbreitungsrechts verbunden.").

[44] Ähnlich *Cichon*, S. 260 f. Rn. 972; *Härting/Schätzle*, ITRB 2006, 186 (187). Vgl. auch *Stieper*, AfP 2010, 217 (220); *ders.*, in: FS Köhler, S. 729 (737).

[45] Auch der BGH differenziert recht deutlich zwischen Dauerschuldverhältnissen und einmaligem Leistungsaustausch, BGHZ 152, 233 (240) = GRUR 2003, 416 (418) – *CPU-Klausel*: „Vertragsklauseln […] sind unterschiedlich zu beurteilen, je nachdem ob es sich um Programme handelt, die gegen eine Einmalzahlung verkauft werden, oder um Programme, die für eine beschränkte Zeit im Rahmen eines Dauerschuldverhältnisses vermarktet werden."

grundsätzlich das Recht, mit diesen – vorbehaltlich entgegenstehender Rechte Dritter – zu tun und zu lassen, was er will. Er kann also grundätzlich darüber entscheiden, an welchem Ort der Datensatz gespeichert ist und mit welchem Wiedergabegerät er genutzt wird. Auch die hierfür gegebenenfalls erforderlichen Kopien kann er – soweit dies nicht gegen gesetzliche Vorschriften verstößt – anfertigen.[46]

Daneben wird auch das Genussrecht eingeschränkt. Dieses berechtigt den jeweiligen Inhaber dazu, das in dem Werkexemplar verkörperte Werk zu genießen und die dafür erforderlichen Handlungen vorzunehmen. Zu diesen erforderlichen Handlungen kann unter Umständen auch ein Wechsel der Nutzungsumgebung zählen.

In Bezug auf die Interessen des Verwenders der AGB an der Wirksamkeit der Klausel ist nach der Person des Verwenders zu differenzieren. Ist der Verwender der Diensteanbieter, ist zu beachten, dass beim Erwerb eines digitalen Werkexemplars über die Abwicklung des Kaufvertrags hinaus keine schuldvertraglichen Beziehungen mehr zwischen Anbieter und Erwerber bestehen. Ein Interesse des Anbieters, den Erwerber zu binden und dessen Nutzungsverhalten einzuschränken, ist daher kaum zu erkennen.[47] Werden die AGB stattdessen vom Rechteinhaber selbst gestellt, fällt ins Gewicht, dass mit einer Beschränkung der Nutzungsumgebung überwiegend urheberrechtsfremde Ziele verfolgt werden. Der Erwerber soll über die Nutzungsbedingungen des digitalen Werkexemplars an die Hardware eines bestimmten Herstellers gebunden werden. Auch dieses Interesse ist eher wenig schützenswert.

Der Erwerber auf der anderen Seite hat ein starkes Interesse daran, das erworbene Werkexemplar auch in einer anderen Nutzungsumgebung nutzen zu können. Zum einen kann die langfristige Nutzbarkeit von einem Wechsel der Hardware abhängen. Zum anderen ist die dauerhafte Bindung an einen bestimmten Hardwarehersteller möglicherweise von Nachteil und verwehrt dem Erwerber die Möglichkeit, einen günstigeren bzw. besseren Hersteller zu wählen.

Eine AGB-Klausel, die dem Erwerber den Wechsel der Nutzungsumgebung untersagt, führt dazu, dass eine unbegrenzte Nutzung des Werkexemplars nicht mehr ohne Einflussnahme des Diensteanbieters oder Rechteinhabers sichergestellt ist. Sie gefährdet damit die Erreichung des Vertragszwecks und ist nach § 307 Abs. 2 Nr. 2 BGB unzulässig.[48]

---

[46] Vgl. auch *Stieper*, S. 390.

[47] Ähnlich *Sucker*, S. 118 ff. A.A. *Metzger*, NJW 2003, 1994 (1995).

[48] Vgl. *Pres*, S. 232 f.; *Söbbing*, MMR 2007, 479 (481 f.); *Stieper*, S. 391 ff. und 403. A.A. *Metzger*, NJW 2003, 1994 (1995), der auch bei dauerhafter Überlassung CPU-Klauseln für zulässig hält, weil die Rechteinhaber ein „legitimes Interesse daran, die Nutzung ihrer Produkte gezielt für einen oder mehrere Computer zu gestatten" hätten.

II. Begrenzung (der zulässigen Anzahl) von (Sicherungs-)Kopien

Eine weitere, regelmäßig in Nutzungsbedingungen vorzufindende Beschränkung betrifft die zulässige Anzahl von Privat- bzw. Sicherungskopien.[49] Eng damit verwandt ist die vertragliche Festlegung der Anzahl zulässiger Endgeräte.[50] Auch hier wird die Möglichkeit, das digitale Werkexemplar zu speichern, begrenzt.

1. Wesentliche Grundgedanken der gesetzlichen Regelung

Wiederum spielen im Rahmen der Inhaltskontrolle die gesetzlichen Vorschriften des Urheberrechts eine Rolle. Relevant sind § 53 UrhG, der (auch) die digitale Privatkopie erlaubt, sowie § 69d Abs. 2 UrhG, der für Computerprogramme explizit die Anfertigung von Sicherungskopien freistellt.

Nach § 53 Abs. 1 S. 1 UrhG dürfen einzelne Vervielfältigungen eines Werks zum privaten Gebrauch von einer nicht offensichtlich unrechtmäßigen Vorlage hergestellt werden. Wie bereits in Teil 1 für den urheberrechtlichen Rahmen festgestellt, ist gem. § 53 Abs. 4 lit. b) UrhG die Herstellung einer vollständigen Kopie eines E-Books nicht gestattet.[51] Allein für andere Werkarten als Bücher kommt die Privatkopieschranke überhaupt in Betracht. Allerdings ist umstritten, ob sich aus § 53 UrhG ein Anspruch des Nutzers auf Privatkopie ergibt und ob sich dieser auch gegen einen vertraglichen Ausschluss durchsetzt.[52] Gegen die vertragliche Abdingbarkeit wird angeführt, dass die Anfertigung von Privatkopien über die Geräte- und Speichermedienabgabe abgegolten ist, der Nutzer also quasi durch die Speichermedienabgabe (gem. §§ 54 ff. UrhG) beim Erwerb eines Speichermediums eine Leistung erbracht hat, deren Gegenleistung, die Möglichkeit der Privatkopie, ihm entzogen werden würde.[53] Ganz überwiegend wird jedoch davon ausgegangen, dass § 53 UrhG durch entgegenstehende vertragliche Bestimmungen verdrängt wird.[54] Ein Anspruch auf Privatkopie bestehe

---

[49] Vgl. hierzu auch *Baus*, S. 7 f.; *Lauber-Rönsberg*, S. 211; *Ohly*, in: FS 50 Jahre UrhG, S. 379 (381).

[50] Vgl. Nutzungsbedingungen von *Microsoft*.

[51] Siehe oben § 3 B.I.2.

[52] Siehe hierzu nur *Lauber-Rönsberg*, S. 206 ff.

[53] *Hoeren/Köcher*, Urheberrecht und Verbraucherschutz, S. 17. Vgl. hierzu auch *v. Diemar*, S. 61 ff.; *dies.*, GRUR 2002, 587 (592); *Schweikart*, UFITA 2005/I, 7 (17). Dagegen *Stickelbrock*, GRUR 2004, 736 (740 f.).

[54] *v. Diemar*, S. 162; *Dreier/Schulze/Dreier*, UrhG, Vor § 44a Rn. 9; *Lauber-Rönsberg*, S. 215 f. Einschränkend KG Berlin, Urt. v. 22.9.2011 – 23 U 178/09, BeckRS 2012, 17417: Ausschluss der Privatkopie nur individualvertraglich, nicht in AGB. Differenzierend *Hohagen*, in: FS Schricker, S. 353 (364): Beschränkungen nur insoweit zulässig, als der „verfassungsrechtlich geschützte Kernbereich" der Kopierfreiheit nicht tangiert ist.

nicht.[55] Für diese Ansicht spricht insbesondere, dass § 53 UrhG sich nicht gegenüber technischen Schutzmaßnahmen durchsetzen lässt. Denn § 95b Abs. 1 UrhG, der dem zur Nutzung Berechtigten einen Anspruch zur Durchsetzung von Schrankenbestimmungen gegenüber dem Verwender technischer Schutzmaßnahmen gewährt, zählt § 53 Abs. 1 UrhG zwar auf, beschränkt den Anspruch jedoch auf analoge Kopien („Vervielfältigungen auf Papier oder eine[m] ähnlichen Träger", Nr. 6a).[56] Die Vorschrift wird zwar kritisiert, jedoch als verfassungskonform eingeschätzt.[57]

Für Computerprogramme legt § 69d Abs. 2 UrhG fest, dass die Anfertigung einer Sicherungskopie durch den zur Benutzung Berechtigten nicht vertraglich untersagt werden darf, „wenn sie für die Sicherung künftiger Benutzung erforderlich ist". Entsprechende vertragliche Beschränkungen sind gem. § 69g Abs. 2 UrhG nichtig. Dementsprechend wäre eine AGB-Klausel, die die Anfertigung von Sicherungskopien eines Computerprogrammes generell untersagt, unwirksam.[58] Eine Begrenzung der Anzahl zulässiger Sicherungskopien schließen die Vorschriften hingegen nicht aus. Und auch im Hinblick auf die Speicherung eines Computerprogramms auf unterschiedlichen Rechnern treffen die §§ 69a ff. UrhG keine Aussage.

Endnutzerverträge, die die Anfertigung bzw. die zulässige Anzahl von Speicherungen untersagen, stehen also grundsätzlich nicht im Widerspruch zu wesentlichen Grundgedanken einer gesetzlichen Regelung des Urheberrechtsgesetzes. Lediglich eine Klausel, die Sicherungskopien bei Computerprogrammen generell untersagt, stellt eine unzulässige Benachteiligung des Erwerbers gem. § 307 Abs. 2 Nr. 1 BGB dar. Für andere digitale Werkexemplare würde selbst diese Klausel nicht wesentlichen Grundgedanken einer gesetzlichen Regelung entgegenstehen.

2. Wesentliche Rechte und Pflichten aus dem Vertrag

Zweck des Kaufvertrags über das digitale Werkexemplar ist dem Erwerber durch einmalige Leistung eine tatsächliche Möglichkeit und rechtliche Erlaubnis zur

---

[55] *v. Diemar*, S. 159 ff.; *dies.*, GRUR 2002, 587 (592); *Stickelbrock*, GRUR 2004, 736 (740 f.); *Enders*, ZUM 2004, 593 (601); Wandtke/Bullinger/*Wandtke/Ohst*, UrhG, § 95b Rn. 26.

[56] Vgl. *Enders*, ZUM 2004, 593 (601); *Lauber-Rönsberg*, S. 215; *Stickelbrock*, GRUR 2004, 736 (740).

[57] *Arlt*, S. 201; *v. Diemar*, GRUR 2002, 587 (592); *Stickelbrock*, GRUR 2004, 736 (741). Kritisch *Rigamonti*, GRUR Int. 2005, 1 (9) (§ 95b Nr. 6a UrhG sei völkerrechtswidrig); *Hohagen*, in: FS Schricker, S. 353 (366) („völlig unakzeptabel"); *Schweikart*, UFITA 2005/I, 7 (12); Wandtke/Bullinger/*Wandtke/Ohst*, UrhG, § 95b Rn. 26. Vgl. auch *Ohly*, in: FS 50 Jahre UrhG, S. 379 (384), der sogar die Abschaffung der Privatkopie generell für verfassungskonform hält.

[58] Vgl. auch OLG Stuttgart GRUR-RR 2012, 243 (245).

dauerhaften privaten Nutzung einzuräumen. Dies geschieht durch Übertragung des Dateneigentums und Einräumung des Genussrechts. Beide Rechtspositionen wären von einer Klausel, die die Anfertigung von (Sicherungs-)Kopien einschränkt, betroffen. Denn das Dateneigentum umfasst grundsätzlich auch das Recht, Kopien der Daten anzufertigen. Das Genussrecht berechtigt dazu, Datensätze, die das digitale Werkexemplar enthalten, zu nutzen.

Damit stellt sich die Frage, ob entsprechende Einschränkungen auch die Erreichung des Vertragszwecks gefährden. Ebenso wie bei dem Erwerb eines körperlichen, analogen Werkexemplars ist Inhalt des Kaufvertrags nicht die dauerhafte Gewährleistung der Nutzbarkeit des Werkexemplars, sondern lediglich die Mangelfreiheit. So hat der Verkäufer nicht die Pflicht, dem Käufer die Kaufsache zu ersetzen, wenn diese (aus einem Grund, der weder in der Beschaffenheit der Kaufsache wurzelt noch auf einem Verschulden des Verkäufers beruht) zerstört wird. Vor diesem Hintergrund muss es dem Erwerber aber zumindest möglich sein, Maßnahmen zum Selbstschutz zu ergreifen. Dazu gehört insbesondere, eine Sicherungskopie anzufertigen, um für den Fall eines Verlusts des Originaldatensatzes nicht die Nutzungsmöglichkeit des digitalen Werkexemplars zu verlieren. Hierfür genügt allerdings die Anfertigung *einer* Sicherungskopie. Weitere Speicherungen würden hingegen über das Sicherungsbedürfnis des Erwerbers hinausgehen.

Der Verwender hat ein verständliches Interesse daran, möglichst wenige oder keine Kopien des digitalen Werkexemplars zuzulassen. Zum einen wird dadurch verhindert, dass neben dem Erwerber noch andere Personen das Werkexemplar nutzen. Zum anderen führt eine Zerstörung des Originaldatensatzes, ohne dass eine Sicherungskopie vorhanden ist, dazu, dass der Erwerber möglicherweise einen weiteren Kauf tätigt. Für den Erwerber ist genau dieses Risiko ausschlaggebend für sein Interesse daran, eine Sicherungskopie anzufertigen. Er möchte die dauerhafte Nutzbarkeit des erworbenen digitalen Werkexemplars sicherstellen. Darüber hinausgehende Speicherungen sind für ihn praktisch, weil er das Werkexemplar an verschiedenen Orten, auf verschiedenen Geräten nutzen kann. Notwendig um eine dauerhafte Nutzbarkeit zu ermöglichen, sind sie jedoch nicht.

Eine Klausel in den Endnutzerbedingungen, die dem Erwerber untersagt, auch nur *eine* Sicherungskopie anzufertigen, schränkt folglich wesentliche Rechte oder Pflichten, die sich aus der Natur des Vertrags ergeben, ein und stellt eine unangemessene Benachteiligung des Erwerbers dar.[59] Eine entsprechende Klausel scheitert an § 307 Abs. 2 Nr. 2 BGB. Die Begrenzung weiterer Speicherungen ist hingegen zulässig.

---

[59] So auch *Stieper*, S. 403.

III. Untersagung des Weiterverkaufs

Schließlich finden sich in Endnutzerverträgen Klauseln, die die Weiterveräußerung des digitalen Werkexemplars untersagen.[60]

1. Wesentliche Grundgedanken der gesetzlichen Regelung

Eine Klausel, die die Weiterveräußerung des digitalen Werkexemplars untersagt, könnte zunächst im Widerspruch zu Grundgedanken des Urheberrechts stehen, wenn sich aus den urheberrechtlichen Regelungen ein Leitbild der Verkehrsfähigkeit ergibt. Dabei kommen dem urheberrechtlichen Erschöpfungsgrundsatz (§§ 17 Abs. 2 und 69c Nr. 3 UrhG) und den Regeln zur Übertragung urheberrechtlicher Nutzungsrechte (§ 34 UrhG) Bedeutung zu.

Für den Erschöpfungsgrundsatz ist wiederum relevant, ob das digitale Werkexemplar auf einem körperlichen Träger erworben wurde. Denn wie in Teil 1 festgestellt, gilt der Erschöpfungsgrundsatz unmittelbar nur für die Weitergabe körperlicher Werkexemplare. Soweit der Erschöpfungsgrundsatz gilt, sind vertragliche Vereinbarungen, die eine Weitergabe untersagen, unwirksam.[61] Dies entspricht auch dem Gedanken, den der BGH in seinem Urteil *OEM-Version* zum Ausdruck bringt. Dort urteilte er, dass eine inhaltliche Beschränkung des Verbreitungsrechts (in diesem Fall die Bindung der Verbreitungshandlung an die Veräußerung einer bestimmten Softwareeinheit) nicht dazu führt, dass Erwerber des Werkexemplars ebenfalls an diese Beschränkung gebunden sind.[62] Durch das (zulässige) erstmalige Inverkehrbringen des Werkexemplars würde dieses, im Interesse der Verkehrsfähigkeit, „für jede Weiterverbreitung frei".[63] Der Erschöpfungsgrundsatz kann mithin – nach Eintritt der Voraussetzungen der Erschöpfung – nicht durch vertragliche Vereinbarungen eingeschränkt werden.[64]

---

[60] Vgl. *Baus*, S. 8 ff.; *Ganzhorn*, S. 292 f.; *Grübler*, S. 116 f.; *Haberstumpf*, CR 2009, 345; *Zech*, ZGE 5 (2013), 368 (371).

[61] So auch OLG Frankfurt a.M. NJW-RR 1997, 494; *Grübler*, S. 119 f., 121 f.; *Haberstumpf*, NJOZ 2015, 793 (803); *Hilty*, GRUR 2018, 865 (877); *Hoeren*, Softwareüberlassung, S. 61; *Peifer*, AfP 2013, 89 (93); *Zech*, ZGE 5 (2013), 368 (374).

[62] BGHZ 145, 7 = GRUR 2001, 153 – *OEM-Version*.

[63] BGHZ 145, 7 (12) = GRUR 2001, 153 (154) – *OEM-Version*.

[64] Vgl. BGHZ 145, 7 (12 f.) = GRUR 2001, 153 (154) – *OEM-Version*. Vgl. auch *Metzger*, GRUR 2001, 210 (211 f.). In der später ergangenen Entscheidung des BGH GRUR 2010, 822 – *Half Life 2*, wurde dieser Grundsatz allerdings insofern aufgeweicht, als der BGH die Nicht-Übertragbarkeit eines Benutzerkontos, welches notwendige Voraussetzung für die Nutzung eines Online-Computerspiels war, für zulässig erachtete. Vgl. hierzu *Schneider/Spindler*, CR 2014, 213 (215 Fn. 31), und *Stieper*, ZUM 2012, 668 (670), die das Urteil insofern durch die EuGH Entscheidung in *UsedSoft* als überholt ansehen.

Eine AGB-Klausel, die die Weiterveräußerung eines körperlichen digitalen Werkexemplars untersagt, ist daher unwirksam.[65]

Für Werkexemplare ohne körperlichen Träger ist die Rechtslage weniger eindeutig. Der Weiterverkauf unkörperlich erworbener Software wurde vom EuGH als zulässig erachtet.[66] Vertragliche Bestimmungen, die den Weiterverkauf von digital erworbener Software untersagen, sind somit unwirksam.[67] Hinsichtlich anderer Werkarten besteht jedoch Streit, ob der Erschöpfungsgrundsatz analog anzuwenden ist und folglich fehlt es an einem einheitlichen Bild hinsichtlich der Wirksamkeit entsprechender Klauseln.[68] Obwohl gute Argumente für eine analoge Anwendung des Erschöpfungsgrundsatzes sprechen, ergibt sich aus den derzeitigen Regelungen kein *originär urheberrechtlicher* Grundsatz der Verkehrsfähigkeit.[69] Bisher erkennt das Urheberrecht vor allem die generelle Veräußerlichkeit von Sacheigentum an und schafft die urheberrechtlichen Rahmenbedingungen für den Weiterverkauf körperlicher Werkexemplare. Für digital erworbene Werkexemplare fehlen einschlägige Anhaltspunkte im Gesetz, die für eine Inhaltskontrolle von AGB-Klauseln, welche die Weiterveräußerung untersagen, herangezogen werden könnten.[70]

Nach § 34 UrhG sind urheberrechtliche Nutzungsrechte in der Regel übertragbar. Allerdings ist diese Übertragbarkeit explizit von einer Zustimmung des Urhebers abhängig. § 34 Abs. 1 UrhG statuiert dabei ein Regel-Ausnahme-Verhältnis: Nur in Ausnahmefällen besteht eine Zustimmungspflicht des Urhebers.[71] Ein solcher Ausnahmefall kann aufgrund einer Interessenabwägung im Einzelfall festgestellt werden. Dies spricht gegen ein Leitbild der Verkehrsfähigkeit.[72] Dementsprechend werden Klauseln in AGB, die die Übertragung von Nutzungsrechten ausschließen, überwiegend als zulässig erachtet.[73] Dagegen wird einge-

---

[65] OLG Hamm NJW-RR 2013, 1136 (1139); *Haberstumpf*, CR 2009, 345 (349); *Stieper*, S. 388; *Zech*, ZGE 5 (2013), 368 (375).

[66] EuGH Urt. v. 3.7.2012, C-128/11 – *UsedSoft*.

[67] EuGH Urt. v. 3.7.2012, C-128/11 – *UsedSoft*, Rn. 77. Vgl. auch OLG Frankfurt a. M. ZUM 2014, 803 (805); OLG Hamburg MMR 2014, 115 (116); *Ammann*, S. 150; *Hoeren*, CR 2006, 573 (578); *Leistner*, WRP 2014, 995 (1002); *Schneider/Spindler*, CR 2014, 213 (215).

[68] Siehe oben § 5 B.III.

[69] Vgl. *Cichon*, GRUR-Prax 2010, 381 (382); *Haberstumpf*, CR 2009, 345 (348). A.A. *Ganzhorn*, S. 300; *Orgelmann*, S. 254.

[70] In der Rechtsprechung werden entsprechende Klauseln daher auch für wirksam erachtet, vgl. LG Berlin GRUR-RR 2009, 329 (330) (nicht rechtskräftig); LG Hamburg, Urt. v. 20.9.2011 – 312 O 414/10, BeckRS 2013, 19556 (bestätigt durch OLG Hamburg ZUM 2015, 503); OLG Stuttgart GRUR-RR 2012, 243 (245); OLG Hamm GRUR 2014, 853 (861).

[71] Vgl. *Ganzhorn*, S. 240; *Hantschel*, S. 304; *Obergfell*, ZGE 8 (2016), 304 (316); Wandtke/ Bullinger/*Wandtke/Grunert*, UrhG, § 34 Rn. 13.

[72] Vgl. *Ganzhorn*, S. 239; *Koch*, ITRB 2013, 38 (41); *Obergfell*, ZGE 8 (2016), 304 (316 f.).

[73] BGH GRUR 2014, 264 (268 Rn. 43) – *UsedSoft II* (die Übertragbarkeit der Programm-

wandt, dass nach dem Grundgedanken der gesetzlichen Regelung zumindest die Möglichkeit einer Zustimmung bestehe, welche durch einen Ausschluss der Übertragung des Nutzungsrechts in AGB pauschal ausgeschlossen werde.[74] Dies stelle eine unangemessene Benachteiligung dar.[75] Das OLG Nürnberg wies zudem darauf hin, dass ein Verbot des Weiterverkaufs von Software unter Umständen auch die dazugehörige Hardware unveräußerlich mache, wenn diese nämlich nur in Verbindung mit dem Computerprogramm genutzt werden könne.[76] Auch hieraus ergebe sich eine unangemessene Benachteiligung des Erwerbers.[77]

Dem lässt sich allerdings entgegnen, dass der Urheber nach der Konzeption des § 34 UrhG grundsätzlich selbst und frei darüber entscheiden darf, ob er die Zustimmung erteilt oder nicht. Ist sich der Urheber von Anfang an sicher, dass er – zumindest soweit er nicht gesetzlich dazu gezwungen ist – keine Zustimmung erteilen möchte, ist nicht ersichtlich, warum er dies nicht auch in vorformulierten Verträgen festhalten können soll.[78] Eine Zustimmungspflicht kann im Einzelfall – wie etwa in dem Fall, der dem Urteil des OLG Nürnberg zugrundelag[79] – immer noch gegen die vertragliche Regelung durchgesetzt werden. Ein Leitbild der Verkehrsfähigkeit ergibt sich aus § 34 UrhG folglich nicht.

Denkbar wäre allerdings, dass sich aus den Vorschriften des BGB ein Leitbild der Verkehrsfähigkeit ableiten lässt, welches auch für digitale Werkexemplare Geltung beanspruchen könnte. Dabei ist zwischen dem vom Nutzer erworbenen Dateneigentum und dem Genussrecht zu differenzieren.

Für die Daten, die das digitale Werkexemplar enthalten, wurde festgestellt, dass der Erwerber Eigentum analog § 903 BGB erhält. Eigentum ist ein veräußerliches Recht. Nach § 137 S. 1 BGB hat eine Vereinbarung, die dem Inhaber eines veräußerlichen Rechts die Verfügung über dieses Recht untersagt, keine

---

kopie ist nicht gleichzusetzen mit der Übertragbarkeit des Nutzungsrechts); OLG Karlsruhe GRUR-RR 2012, 98 (101); Wandtke/Bullinger/*Wandtke/Grunert*, UrhG, § 34 Rn. 13.

[74] *Grützmacher*, CR 2010, 141 (144); *Hantschel*, S. 316 f.; *Zech*, ZGE 5 (2013), 368 (378) („Die Verbindung der grundsätzlichen Unabtretbarkeit in § 34 I S. 1 UrhG mit einem Anspruch auf Zustimmung nach § 34 I S. 2 UrhG, wenn diese nach Treu und Glauben nicht verweigert werden kann, enthält einen Grundgedanken, mit dem Urheberinteressen und Erwerberinteressen an der Verkehrsfähigkeit von Nutzungsrechten ausbalanciert werden."). Vgl. auch OLG Nürnberg NJW 1989, 2634 (2635).

[75] *Grützmacher*, CR 2010, 141 (144); *Zech*, ZGE 5 (2013), 368 (378) (der zudem vorschlägt, die freie Übertragbarkeit von in Massengeschäften eingeräumten Nutzungsrechten, de lege ferenda in § 34 UrhG zu verankern, S. 380 und *ders.*, ZUM 2014, 3 (10)). Etwas vorsichtiger *Hantschel*, S. 316 f.

[76] OLG Nürnberg NJW 1989, 2634 (2635).

[77] OLG Nürnberg NJW 1989, 2634 (2635).

[78] Vgl. auch *Haberstumpf*, CR 2009, 345 (348), der sich zudem auf § 34 Abs. 5 S. 2 UrhG beruft.

[79] OLG Nürnberg NJW 1989, 2634.

dingliche Wirkung. Eine entsprechende schuldrechtliche Vereinbarung ist gleichwohl möglich und auch wirksam, § 137 S. 2 BGB.

Für das Genussrecht existieren keine spezifischen Regelungen. Fraglich ist damit, ob das Genussrecht einem veräußerlichen Recht nach § 137 BGB näher steht oder einer Forderung. Nach § 399 Alt. 2 BGB sind Abtretungsverbote für Forderungen zulässig und (auch dinglich) wirksam. Über § 413 BGB findet § 399 Alt. 2 BGB Anwendung auf andere Rechte als Forderungen. Hieraus wird abgeleitet, dass das BGB eine Gleichstellung von Sacheigentum und Rechten an unkörperlichen Gegenständen nicht vorsehe.[80] Allerdings wird einschränkend darauf hingewiesen, dass ein Abtretungsverbot nur vor dem Hintergrund seines Zwecks zulässig sei und nicht etwa in Bezug auf Vereinbarungen, die der Gläubiger mit Dritten treffe.[81] Denn der Schuldner solle davor geschützt werden, gegen seinen Willen einem neuen Gläubiger gegenüber zu stehen, weshalb ein Abtretungsverbot nur „bei ‚relativ' strukturierten Forderungen" möglich sei.[82] Übertragen auf Rechte bedeute dies, dass eine Unveräußerlichkeit mit dinglicher Wirkung nur insofern vereinbart werden könne, als die Rechte „zugleich Rechtsverhältnisse" darstellten.[83] Nur soweit ein Recht einen Schuldner habe, könne ein Abtretungsverbot vereinbart werden.[84] Damit seien absolute Rechte von §§ 413, 399 Alt. 2 BGB ausgenommen, „weil berücksichtigungsfähige Interessen eines fremden Rechtskreises nicht berührt werden können und somit das allgemeine Verkehrsschutzinteresse sich durchsetzen kann."[85]

Das Genussrecht ist nicht mit einer relativ strukturierten Forderung oder einem relativ strukturierten Recht zu vergleichen. Die Leistung des Diensteanbieters wird mit der einmaligen Einräumung des Rechts erfüllt. Ein dauerhaftes Schuldverhältnis zwischen Rechteinhaber und Erwerber besteht ebenfalls nicht. Das Genussrecht hat folglich keinen Schuldner. Zudem existieren in den hier interessierenden Fällen des Erwerbs digitaler Werkexemplare keine persönlichen Beziehungen zwischen Rechteinhaber und Erwerber.[86] Durch welche konkrete Person die Nutzung zum privaten Gebrauch erfolgt, ist für den Rechteinhaber unerheblich. Dementsprechend sind Vereinbarungen über die Veräußerlichkeit des Genussrechts an § 137 und nicht an §§ 413, 399 Alt. 2 BGB zu messen.[87]

---

[80] *Hantschel*, S. 307.

[81] *Berger*, ZGE 8 (2016), 170 (189). Vgl. auch *Herzog*, S. 81 f.

[82] *Berger*, ZGE 8 (2016), 170 (189).

[83] *Berger*, ZGE 8 (2016), 170 (190).

[84] *Herzog*, S. 81.

[85] *Herzog*, S. 82.

[86] A.A. *Hantschel*, S. 313 f.

[87] Ähnlich für den Fall verkaufter Software, die nicht auf Grundlage eines Lizenzvertrags genutzt wird, *Herzog*, S. 83.

Damit verbleibt die Frage, ob § 137 S. 2 BGB, der Verfügungsverbote zumindest für schuldrechtlich wirksam erklärt, auch für die Wirksamkeit etwaiger Verbote in AGB spricht.[88] Der BGH geht davon aus, dass Abtretungsverbote in AGB grundsätzlich zulässig sind.[89] Dies soll allerdings dann nicht gelten, wenn der Verwender kein schutzwürdiges Interesse an dem Abtretungsverbot hat.[90] Soweit „ein schützenswertes Interesse des Verwenders an dem Abtretungsverbot nicht besteht oder die berechtigten Belange des Vertragspartners an der freien Abtretbarkeit vertraglicher Ansprüche das entgegenstehende Interesse des Verwenders überwiegen", sei die Klausel unwirksam.[91] Als schützenswertes Interesse des Verwenders wird anerkannt, wenn dieser

> „von dem Gläubiger aus bestimmten Gründen eine besondere Rücksichtnahme erwarten darf, oder wenn durch ein Abtretungsverbot verhindert werden soll, daß der Abrechnungsverkehr unklar oder unübersichtlich wird oder dem Schuldner eine im voraus nicht übersehbare Vielzahl von Gläubigern gegenübertritt."[92]

Überträgt man diese Grundsätze auf den Erwerb digitaler Werkexemplare, spricht viel dafür, dass ein Übertragungsverbot in Endnutzerverträgen unwirksam ist. Der Verwender der AGB hat kein Interesse an der konkreten Person des Inhabers, da weder aus Dateneigentum noch aus dem Genussrecht eine Gläubigerstellung erwächst. Aus dem gleichen Grund besteht keine Gefahr eines unübersichtlichen Abrechnungsverkehrs durch den Wechsel der Inhaberstellung. Das Interesse des Erwerbers an der Veräußerlichkeit des Werkexemplars überwiegt damit das Interesse des Verwenders an der Unveräußerlichkeit.

2. Wesentliche Rechte und Pflichten aus dem Vertrag

Die Untersagung des Weiterverkaufs könnte zudem gegen das Leitbild des Kaufvertrags aus § 433 Abs. 1 BGB verstoßen und mithin wesentliche Rechte und Pflichten aus dem Vertrag derart einschränken, dass die Erreichung des Vertragszwecks gefährdet ist, § 307 Abs. 2 Nr. 2 BGB.[93]

---

[88] So *Zech*, ZGE 5 (2013), 368 (373): § 137 S. 2 BGB spricht gegen ein Leitbild der Verkehrsfähigkeit. Vgl. auch *Haberstumpf*, NJOZ 2015, 793 (803).

[89] BGH NJW 2006, 3486 (3487 Rn. 14); NJW-RR 2000, 1220 (1221); BGHZ 108, 52 (54) = NJW 1989, 2749 (2750); NJW 1997, 3434 (3435).

[90] BGH NJW 2006, 3486 (3487 Rn. 14); BGHZ 108, 52 (55) = NJW 1989, 2749 (2750); NJW 1997, 3434 (3436).

[91] BGH NJW 2006, 3486 (3487 Rn. 14). Ähnlich BGHZ 108, 52 (55) = NJW 1989, 2749 (2751).

[92] BGHZ 65, 364 (366) = NJW 1976, 672. Ähnlich BGH NJW 1997, 3434 (3435).

[93] Siehe hierzu auch *Cichon*, GRUR-Prax 2010, 381; *Grützmacher*, CR 2007, 549 (553 f.); *Ohly*, in: FS 50 Jahre UrhG, S. 379 (393); *Stieper*, ZUM 2012, 668 (670); *Zech*, ZGE 5 (2013), 368 (383 ff.); *Zimmeck*, ZGE 1 (2009), 324 (334). Vgl. hierzu auch schon *Haberstumpf*, GRUR

Der Verkäufer hat nach § 433 Abs. 1 BGB die Pflicht, dem Käufer das Eigentum an dem verkauften Gegenstand zu verschaffen. Das BGB hat dabei das Volleigentum vor Augen, das grundsätzlich auch verkehrsfähig ist und vom Käufer wieder veräußert werden kann.[94] Durch die Einräumung eines nicht-veräußerlichen Rechts würde der Verkäufer also nicht seiner Verschaffungspflicht nachkommen.

In der unterinstanzlichen Rechtsprechung wird argumentiert, der Erwerb unkörperlicher Werkexemplare stelle keinen Kaufvertrag, sondern einen Vertrag eigener Art dar.[95] Es genüge, dass dem Erwerber eine dauerhafte Nutzungsmöglichkeit eingeräumt werde.[96] Zudem könne selbst eine Einordnung als Kaufvertrag nichts an den urheberrechtlichen Grenzen des Erschöpfungsgrundsatzes ändern.[97] Der unkörperliche Erwerb digitaler Werkexemplare erfordere folglich nicht die Einräumung eines verkehrsfähigen Rechts und ein Ausschluss der Weiterveräußerung in AGB sei zulässig.[98]

Dagegen spricht allerdings, dass der Vertrag zum Erwerb digitaler Werkexemplare – wie in Teil 2 dargelegt – alle typischen Merkmale eines Kaufvertrags aufweist. Die wesentlichen Rechte und Pflichten eines Kaufvertrags sind für den körperlichen und den unkörperlichen Erwerb gleich.[99] Dementsprechend trifft den Veräußerer eines digitalen Werkexemplars stets die Pflicht, ein verkehrsfähiges Recht einzuräumen. Eine Klausel, die den Weiterverkauf digitaler Werkex-

---

Int. 1992, 715 (722); *Loewenheim*, FS Kitagawa, S. 949 (961 ff.). Ablehnend *Bäcker/Höfinger*, ZUM 2013, 623 (637).

[94] Vgl. *Baus*, S. 228; *Ganzhorn*, S. 301; *Grübler*, S. 118; *Grützmacher*, CR 2007, 549 (554); *Hoeren*, Softwareüberlassung, S. 64 f.; *Huppertz*, CR 2006, 145 (150); *Marly*, Praxishandbuch Softwarerecht, Rn. 1620; *Stieper*, S. 384; *Zimmeck*, ZGE 1 (2009), 324 (334 f.); *Zech*, ZGE 5 (2013), 368 (385). A.A. *Obergfell*, ZGE 8 (2016), 304 (318): „Die Situation, die für den Kaufvertrag wesentlich ist, nämlich dass das Kaufgut weitergegeben und weiterveräußert werden kann, findet sich beim urheberrechtlichen Nutzungsvertrag *sui generis* gerade nicht." Allerdings hält *Obergfell* eine unangemessene Benachteiligung nach § 307 Abs. 1 BGB dennoch für denkbar (S. 319).

[95] LG Hamburg, Urt. v. 20.9.2011 – 312 O 414/10, BeckRS 2013, 19556 (bestätigt durch OLG Hamburg ZUM 2015, 503); OLG Hamm GRUR 2014, 853 (861).

[96] LG Stuttgart, Urt. v. 14.4.2011 – 17 O 513/10, BeckRS 2011, 19820 (bestätigt durch OLG Stuttgart GRUR-RR 2012, 243).

[97] LG Berlin GRUR-RR 2009, 329 (330) (nicht rechtskräftig).

[98] LG Berlin GRUR-RR 2009, 329 (330) (nicht rechtskräftig); LG Hamburg, Urt. v. 20.9.2011 – 312 O 414/10, BeckRS 2013, 19556 (bestätigt durch OLG Hamburg ZUM 2015, 503); OLG Hamm GRUR 2014, 853 (861); OLG Stuttgart GRUR-RR 2012, 243 (245 f.) (ebenso in der Vorinstanz LG Stuttgart, Urt. v. 14.4.2011 – 17 O 513/10, BeckRS 2011, 19820).

[99] Ähnlich *Bruch*, S. 118; *Marly*, Praxishandbuch Softwarerecht, Rn. 1620; *Schmidt-Kessel*, K&R 2014, 475 (483); *Zech*, ZUM 2014, 3 (10).

emplare per se untersagt, stellt folglich eine unangemessene Benachteiligung nach § 307 Abs. 2 Nr. 2 BGB dar.

D. Zwischenergebnis

Endnutzerverträge, die die Rechte des Erwerbers beschränken, können lediglich schuldrechtliche Wirkung entfalten, weil es sich bei dem Vertragsgegenstand um typisierte Rechte handelt, die nicht mit dinglicher Wirkung modifiziert werden können. Die Bestimmungen in Endnutzerverträgen sind AGB, die nur dann wirksam in den Vertrag einbezogen werden, wenn die Zustimmung des Erwerbers durch eine Handlung geäußert wird, die objektiv Erklärungswert besitzt. Dies ist beim Anklicken eines entsprechend beschrifteten Kästchens der Fall. Zudem muss die Zustimmung bei Vertragsschluss erklärt werden. Der relevante Zeitpunkt ist dabei der Abschluss des Kaufvertrags, denn die Berechtigung des Nutzers ergibt sich aus dem Gegenstand dieses Kaufs – dem Dateneigentum und dem Genussrecht – und erfordert keine separarte Nutzungserlaubnis seitens des Rechteinhabers.

An einer Inhaltskontrolle nach § 307 Abs. 2 BGB scheitern sowohl Klauseln, die die Nutzung des digitalen Werkexemplars an eine bestimmte Umgebung binden als auch solche, die eine Weiterveräußerung per se untersagen. Die Begrenzung der zulässigen Anzahl von Kopien des digitalen Werkexemplars ist inhaltlich wirksam, soweit zumindest eine Sicherungskopie erlaubt wird.

Ergebnis Teil 3

Geht man der Frage nach, wie der Gegenstand des Erwerbs digitaler Werkexemplare rechtlich erfasst werden kann, ist zunächst eine Strukturierung dieses Gegenstands in tatsächlicher Hinsicht erforderlich. Es ergibt sich dabei, dass digitale Werkexemplare aus drei Ebenen bestehen: der körperlichen Ebene, der Daten-Ebene und der geistigen Ebene. Nur wenn das digitale Werkexemplar auf einem Datenträger erworben wird, sind alle drei Ebenen Gegenstand des Erwerbs. Anderenfalls, also bei unkörperlichem Erwerb, sind nur die Daten-Ebene und die geistige Ebene umfasst.

An dem Datensatz, der das digitale Werkexemplar enthält, erwirbt der Nutzer das Eigentum. Denn an Datensätzen, die über ihren geistigen Inhalt abgegrenzt werden können, kann Eigentum analog § 903 BGB bestehen.

Auf geistiger Ebene wird ein etwaiger urheberrechtlicher Schutz des digitalen Werkexemplars relevant. Da der Hauptzweck des Erwerbs eines digitalen Werkexemplars zum privaten Gebrauch in dessen Nutzbarkeit besteht, muss der Erwerb eine entsprechende Berechtigung umfassen. Nach hier vertretener Auffassung ist diese Berechtigung nicht als urheberrechtliches Nutzungsrecht zu qualifizieren, sondern als dingliches Genussrecht. Dieses Genussrecht zeichnet sich, neben der dinglichen Rechtsnatur, durch einen typisierten Umfang und durch Übertragbarkeit aus.

Endnutzerverträge können diesen Erwerbsgegenstand nicht mit dinglicher Wirkung einschränken. Schuldrechtliche Wirkung entfalten sie nur insoweit, als sie wirksam in den Vertrag zwischen Diensteanbieter und Erwerber einbezogen werden und einer AGB-rechtlichen Inhaltskontrolle genügen. Maßstab der Inhaltskontrolle ist insbesondere der Vertragszweck, nämlich der Erwerb von Dateneigentum und dinglichem Genussrecht zur Ermöglichung des privaten Gebrauchs eines digitalen Werkexemplars.

Thesen der Arbeit

(1) Der private Werkgenuss digitaler Inhalte ist urheberrechtlich relevant. Die Schranken des UrhG decken die erforderlichen Handlungen nicht vollständig ab. Zudem leuchtet nicht ein, dass ein Erwerber, der für die Möglichkeit, ein digitales Werkexemplar privat zu nutzen, einen (entgeltlichen) Vertrag geschlossen hat, für eben diese Nutzungsmöglichkeit auf gesetzliche Schranken angewiesen ist.

(2) Aus den europäischen Regelungsinstrumenten, die den Erwerb digitaler Inhalte berühren, ergibt sich keine vertragstypologische Einordnung. Einer Differenzierung zwischen Verträgen über den vorübergehenden Zugang und solchen über den dauerhaften Erwerb digitaler Werkexemplare stehen die europäischen Regelungen bzw. Regelungsvorschläge nicht entgegen. Im Gegenteil: Sowohl im DIRL-Vorschlag als auch im DIRL-Kompromissvorschlag des Rates ist eine Unterscheidung zwischen einmaligem Erwerb und vorübergehender Nutzung deutlich angelegt.

(3) Aus Perspektive des deutschen Schuldrechts weist der Erwerb digitaler Werkexemplare die typischen Merkmale eines Kaufvertrags auf. Insbesondere ist die Transaktion durch einmalige Leistungen der Vertragsparteien gekennzeichnet. Eine dauerhafte Rechtsbeziehung zwischen den Parteien ist hingegen nicht beabsichtigt.

(4) Der Gegenstand des Erwerbs eines digitalen Werkexemplars wird weder durch die europäischen Regelungsinstrumente noch das deutsche Schuldrecht vorgegeben. Dem Kompromissvorschlag zur DIRL lassen sich aber zumindest gewisse Vorgaben entnehmen. Zum einen ist dem Erwerber die Nutzung der digitalen Inhalte *tatsächlich* zu ermöglichen. Dies geschieht durch Bereitstellung der Inhalte. Zum anderen muss der Erwerber auch die *rechtliche* Erlaubnis zur Nutzung erlangen.

(5) Eine rechtliche Bestimmung dessen, was der Erwerber eines digitalen Werkexemplars erhält, erfordert zunächst eine Strukturierung des Erwerbsgegenstands. Dabei sind drei Ebenen zu unterscheiden: Die körperliche Ebene, die Daten-Ebene und die geistige Ebene.

(6) Ein digitales Werkexemplar benötigt ein körperliches Speichermedium, um zu existieren. Die körperliche Ebene ist dabei jedoch nur dann Bestandteil des Kaufvertrags, wenn das Werkexemplar auf einem Datenträger erworben wird.

(7) Das Werkexemplar ist in einem digitalen Format, einem Binärcode, gespeichert. Dieser digitale Datensatz ist kein körperlicher Gegenstand und somit keine Sache i. S. v. § 90 BGB. An ihm kann aber Eigentum analog § 903 BGB bestehen. Herkömmliche Einordnungen des digitalen Datensatzes können hingegen nicht überzeugen. Eine Anknüpfung an den Datenträger etwa ist nicht zielführend, weil der Datensatz nicht an einen bestimmten Träger gebunden ist und somit nicht notwendigerweise auf einem Medium gespeichert sein muss, das sich im Eigentum bzw. Besitz des Erwerbers befindet. Auch eine Qualifizierung als Immaterialgut scheidet aus, weil digitale Daten, im Gegensatz zu Immaterialgüterrechten, tatsächlich existent und nicht von rechtlicher Anerkennung abhängig sind.

(8) Die Voraussetzungen für eine Analogie zu § 903 BGB liegen vor. Das BGB enthält keine Regelung zur sachenrechtlichen Einordnung digitaler Inhalte. Eine planwidrige Regelungslücke existiert, da das Sacheigentum für digitale Daten keinen ausreichenden Schutz gewährleistet. Das Numerus clausus-Prinzip steht der Analogie nicht entgegen, weil es eine Rechtsfortbildung zulässt, soweit die Interessen der Rechtssicherheit und des Verkehrsschutzes hinreichend berücksichtigt sind. Auch wenn digitale Daten unkörperlich sind, besteht eine mit dem Sacheigentum vergleichbare Interessenlage. Digitale Daten sind vermittels ihres geistigen Inhalts abgrenzbar. An ihnen sind ähnliche Ausschließlichkeitsrechte wie bei körperlichen Gegenständen vorstellbar.

(9) Das Dateneigentum analog § 903 BGB vermittelt seinem Inhaber ein ausschließliches Recht an dem jeweiligen Datensatz: es schützt vor Integritätsverletzungen, gewährt einen Herausgabeanspruch und ordnet dem Inhaber die Befugnis zur Nutzung der Daten zu. Der Dateneigentümer kann nicht verhindern, dass Dritte einen identischen Datensatz nutzen, weil sein Eigentumsrecht sich nicht auf den Inhalt der Daten bezieht. Er kann Dritten aber die Nutzung seines eigenen Datensatzes untersagen. Originärer Eigentümer digitaler Daten ist, wer die Daten gespeichert hat, also ihr Hersteller (Skribent).

(10) Ist in dem digitalen Werkexemplar ein urheberrechtlich geschütztes Werk verkörpert, umfasst der Erwerb auch diese geistige Ebene. Der Erwerber erhält dann ein dingliches Genussrecht, das rechtsfortbildend zu entwickeln ist. Andere urheberrechtliche Berechtigungen können die Rechtsposition des Erwerbers digitaler Werkexemplare hingegen nicht zufriedenstellend abbilden. Weder die schlichte urheberrechtliche Einwilligung noch die schuldrechtliche Gestattung gewähren eine klar bestimmte, verfestigte Rechtsposition. Auch das urheberrechtliche Nutzungsrecht ist nicht geeignet, die Berechtigung des Erwerbers darzustellen. Denn urheberrechtliche Nutzungsrechte ermöglichen die Verwertung des Werks durch Dritte. Der Erwerber eines digitalen Werkexemplars möchte das Werk hingegen nur zum privaten Gebrauch nutzen.

(11) Das Genussrecht weist die Merkmale dinglicher Rechte auf, denn es verleiht eine unmittelbare, nicht lediglich vermittelte Berechtigung, gewährt Sukzessionsschutz, ist insolvenzfest und gegenüber Dritten geschützt. Es ist mit den für dingliche Rechte geltenden sachenrechtlichen Grundsätzen vereinbar. Das Genussrecht stellt eine Belastung des Urheberrechts dar und wird durch Verfügung eingeräumt. Die Weiterübertragung des Genussrechts erfordert, dass der Veräußerer sich seiner Nutzungsmöglichkeit vollständig entledigt, also sämtliche Kopien des digitalen Werkexemplars löscht. Das Genussrecht berechtigt seinen Inhaber zu allen Handlungen, die für den privaten Gebrauch erforderlich sind.

Literaturverzeichnis

Adolphsen, Jens/Daneshzadeh Tabrizi, Mahdi, Zur Fortwirkung zurückgerufener Nutzungsrechte, GRUR 2011, S. 384–390.

Aicher, Josef, Das Eigentum als subjektives Recht, Berlin 1975.

Albers, Marion, Informationelle Selbstbestimmung, Baden-Baden 2005.

Dies., Umgang mit personenbezogenen Informationen und Daten, in: Hoffmann-Riem, Wolfgang/Schmidt-Aßmann, Eberhard/Voßkuhle, Andreas (Hrsg.), Grundlagen des Verwaltungsrechts, 2. Auflage, München 2012, S. 107–234.

Ammann, Thorsten, Der Handel mit Second Hand-Software aus rechtlicher Sicht. Eine Betrachtung auf Grundlage des deutschen Rechts, Edewecht 2011.

Apel, Simon, Keine Anwendung der „UsedSoft"-Rechtsprechung des EuGH jenseits von Computerprogrammen – Eine Bestandsaufnahme zur Erschöpfung bei „gebrauchten" digitalen Gütern, ZUM 2015, S. 640–648.

Arkenau, Judith/Wübbelmann, Judith, Eigentum und Rechte an Daten – Wem gehören die Daten?, in: *Taeger, Jürgen* (Hrsg.), Internet der Dinge – Digitalisierung von Wirtschaft und Gesellschaft, Oldenburg 2015, S. 95–110.

Arlt, Christian, Digital Rights Management Systeme. Der Einsatz technischer Maßnahmen zum Schutz digitaler Inhalte, München 2006.

Arnold, Richard/Rosati, Eleonora, Are national courts the addressees of the InfoSoc three-step test?, GRUR Int. 2015, S. 1193–1200.

Assion, Simon, OLG Naumburg: Eigentum an (Geschwindigkeitsmess-)Daten, CR 2016, S. 83–85.

Auer, Marietta, Der privatrechtliche Diskurs der Moderne, Tübingen 2014.

Bäcker, Kerstin, Anmerkung zu BGH, Urt. v. 17.7.2013, I ZR 129/08 – UsedSoft II, ZUM 2014, S. 333–335.

Bäcker, Kerstin/Höfinger, Frank Michael, Online-Vertrieb digitaler Inhalte: Erstvertrieb, nachgelagerte Nutzungen und nachgelagerte Märkte, ZUM 2013, S. 623–641.

Balthasar, Stephan, Das Gemeinsame Europäische Kaufrecht – eine Analyse aus unternehmerischer Sicht, RiW 2012, S. 361–369.

von Bar, Christian, Privatrecht europäisch denken!, JZ 2014, S. 473–479.

Ders., Grundfragen europäischen Sachenrechtsverständnisses, JZ 2015, S. 845–859.

von Bar, Christian/Clive, Eric/Schulte-Nölke, Hans, Principles, Definitions and Model Rules of European Private Law. Draft Common Frame of Reference (DCFR), Outline Edition, München 2009.

Bartsch, Michael, Software als Rechtsgut, CR 2010, S. 553–559.

Ders., Daten als Rechtsgut nach § 823 Abs. 1 BGB, in: Conrad, Isabell/Grützmacher, Malte (Hrsg.), Recht der Daten und Datenbanken im Unternehmen – Jochen Schneider zum 70. Geburtstag, Köln 2014, S. 297–302.

Baur, Jürgen F./Stürner, Rolf, Sachenrecht, 18. Auflage, München 2009.

Baus, Christoph A., Verwendungsbeschränkungen in Software-Überlassungsverträgen, Köln 2004.

Bausch, Rainer, Patentlizenz und Insolvenz des Lizenzgebers, NZI 2005, S. 289–295.

Becher, Johannes R., Der Sekundärmarkt für Software. Eine ökonomische Analyse des urheberrechtlichen Erschöpfungsprinzips, Wiesbaden 2015.

Becker, Maximilian, Zur Dogmatik des Erschöpfungsgrundsatzes im digitalen Urheberrecht, UFITA 2015/III, S. 687–708.

Ders., Schutzrechte an Maschinendaten und die Schnittstelle zum Personendatenschutz, in: Büscher, Wolfgang/Glöckner, Jochen/Nordemann, Axel/Osterrieth, Christian/Rengier, Rudolf (Hrsg.), Marktkommunikation zwischen Geistigem Eigentum und Verbraucherschutz: Festschrift für Karl-Heinz Fezer zum 70. Geburtstag, München 2016, S. 815–835.

Bedner, Mark, Cloud Computing. Technik, Sicherheit und rechtliche Gestaltung, Kassel 2013.

Berberich, Matthias, Virtuelles Eigentum – Der Dualismus von Rechten am Werk und am Werkstück in der digitalen Welt, in: Große Ruse-Khan, Henning/Klass, Nadine/von Lewinski, Silke (Hrsg.), Nutzergenerierte Inhalte als Gegenstand des Privatrechts – aktuelle Probleme des Web 2.0, Berlin 2010, S. 165–206.

Ders., Virtuelles Eigentum, Tübingen 2010.

Berberich, Matthias/Golla, Sebastian, Zur Konstruktion eines „Dateneigentums" – Herleitung, Schutzrichtung, Abgrenzung, PinG 2016, S. 165–176.

Berger, Christian, Verkehrsfähigkeit „Digitaler Güter". Zur Dogmatik der Verkehrsfähigkeit von Rechten, ZGE 8 (2016), S. 170–194.

Ders., Rechtsgeschäftliche Verfügungsbeschränkungen, Tübingen 1998.

Ders., Urheberrechtliche Erschöpfungslehre und digitale Informationstechnologie, GRUR 2002, S. 198–203.

Ders., Die Wiedergabe eines Werks auf einem elektronischen Bildschirm ist Vervielfältigung, in: Rehbinder, Manfred/Schack, Haimo/Hoeren, Thomas (Hrsg.), Kunst, Recht und Geld. Festschrift für Gerhard Pfennig zum 65. Geburtstag, München 2012, S. 3–14.

Ders., Lizenzen in der Insolvenz des Lizenzgebers, GRUR 2013, S. 321–335.

Berger, Christian/Wündisch, Sebastian, Urhebervertragsrecht, 2. Auflage, Baden-Baden 2015.

Beurskens, Michael, Vom Sacheigentum zum „virtuellen Eigentum"? – Absolute Rechte an „Daten", in: Domej, Tanja/Dörr, Bianka S./Hoffmann-Nowotny, Urs H./Vasella, David/Zelger, Ulrich (Hrsg.), Jahrbuch Junger Zivilrechtswissenschaftler. Einheit des Privatrechts, komplexe Welt: Herausforderungen durch fortschreitende Spezialisierung und Interdisziplinarität, Stuttgart 2009, S. 443–474.

Bisges, Marcel, Handbuch Urheberrecht, Berlin 2016.

Blenk, Josef, „Streaming" – eine Urheberrechtsverletzung?, AfP 2014, S. 220–223.

Boehm, Franziska, Herausforderungen von Cloud Computing-Verträgen: Vertragstypologische Einordnung, Haftung und Eigentum an Daten, ZEuP 2016, S. 358–387.

Bork, Reinhard, Allgemeiner Teil des Bürgerlichen Gesetzbuchs, 4. Auflage, Tübingen 2016.

Bornhauser, Jonas, Anwendungsbereich und Beschränkung des urheberrechtlichen Vervielfältigungsrechts im digitalen Kontext, Zürich 2010.

Borstelmann, Harald, Die ausschließliche Lizenz des Patentrechts und ihre sachenrechtliche Bedeutung, Leipzig 1932.

Bösert, Bernd, Nießbrauch an Computerprogrammen, Köln 1992.

Bradshaw, Simon/Millard, Christopher/Walden, Ian, Contracts for Clouds: comparison and analysis of the Terms and Conditions of cloud computing services, 19 International Journal of Law and Information Technology 2011, S. 187–223.

Bräutigam, Peter/Rücker, Daniel, Softwareerstellung und § 651 BGB – Diskussion ohne Ende oder Ende der Diskussion?, CR 2006, S. 361–368.

Brehm, Wolfgang/Berger, Christian, Sachenrecht, 4. Auflage, Tübingen 2014.

Breuer, Isaac, Die rechtliche Natur der Patentlizenz, Berlin 1912.

Bruch, Matthias, Der Handel mit gebrauchter Software – legal oder das Ende eines Geschäftsmodells? Eine wirtschaftsrechtliche Untersuchung, Berlin 2010.

Büchner, Thomas, Die rechtlichen Grundlagen der Übertragung virtueller Güter, München 2011.

Busch, Christoph, From European Sales Law to Online Contract Law: The CESL in the European Parliament, euvr 2013, S. 33–37.

Busch, Thomas, Zur urheberrechtlichen Einordnung der Nutzung von Streamingangeboten, GRUR 2011, S. 496–503.

Büscher, Mareile/Müller, Judith, Urheberrechtliche Fragestellungen des Audio-Video-Streamings, GRUR 2009, S. 558–560.

Busse, Aliki, Softwarevertrieb in Netzen, CR 1996, S. 389–393.

Bydlinski, Peter, System und Prinzipien des Privatrechts, Berlin 1996.

Ders., Der Sachbegriff im elektronischen Zeitalter – zeitlos oder anpassungsbedürftig?, AcP 198 (1998), S. 287–328.

von Caemmerer, Ernst, Wandlungen des Deliktsrechts, in: von Caemmerer, Ernst (Hrsg.), Hundert Jahre deutsches Rechtsleben: Festschrift zum Hundertjährigen Bestehen des Deutschen Juristentages, Karlsruhe 1960, S. 49–136.

Canaris, Claus-Wilhelm, Die Verdinglichung obligatorischer Rechte, in: Jakobs, Horst Heinrich/Knobbe-Keuk, Brigitte/Picker, Eduard/Wilhelm, Jan (Hrsg.), Festschrift für Werner Flume zum 70. Geburtstag, Köln 1978, S. 371–427.

Charmatz, Hans, Zur Geschichte und Konstruktion der Vertragstypen im Schuldrecht. Mit besonderer Berücksichtigung der gemischten Verträge, Brünn 1937.

Chiou, Theodoros, Music Licensing in the Cloud: The Greek Experience. Or how national copyright contract law particularities may complicate music exploitation in the cloud, GRUR Int. 2014, S. 228–237.

Cichon, Caroline, Internetverträge, Köln 2005.

Dies., Weitergabe digital vertriebener Werkexemplare wie E-Books im Spannungsfeld zwischen Urheber- und Vertragsrecht, GRUR-Prax 2010, S. 381–385.

Conraths, Timo/Krüger, Stefan, Das virtuelle Hausrecht des Online-Spiel-Betreibers, MMR 2016, S. 310–313.

Czychowski, Christian, Der BGH und Computerspiele: Es verbleiben noch offene Fragen. Zugleich Besprechung von BGH „World of Warcraft I", GRUR 2017, S. 362–364.

Darmstaedter, Friedrich, Der Eigentumsbegriff des Bürgerlichen Gesetzbuchs, AcP 151 (1950/1951), S. 311–342.

Daude, Paul, Lehrbuch des Deutschen literarischen, künstlerischen und gewerblichen Urheberrechts, Stuttgart 1888.

de Boor, Hans Otto, Urheberrecht und Verlagsrecht. Ein Beitrag zur Theorie der ausschließlichen Rechte, Stuttgart 1917.

Demsetz, Harold, Toward a theory of property rights, 57 The American Economic Review 1967, S. 347–359.

Denga, Michael, Gemengelage privaten Datenrechts, NJW 2018, S. 1371–1376.

Deutsch, Erwin, Entwicklung und Entwicklungsfunktion der Deliktstatbestände, JZ 1963, S. 385–391.

Diedrich, Kay, Typisierung von Softwareverträgen nach der Schuldrechtsreform, CR 2002, S. 473–480.

Diegmann, Heinz/Kuntz, Wolfgang, Praxisfragen bei Onlinespielen, NJW 2010, S. 561–566.

von Diemar, Undine, Kein Recht auf Privatkopien – Zur Rechtsnatur der gesetzlichen Lizenz zu Gunsten der Privatvervielfältigung, GRUR 2002, S. 587–593.

Dies., Die digitale Kopie zum privaten Gebrauch, Münster 2002.

Dieselhorst, Jochen, Zur Dinglichkeit und Insolvenzfestigkeit einfacher Lizenzen. Kritische Betrachtung auf Grundlage des BGH-Urteils „Reifen Progressiv", CR 2010, S. 69–75.

Donle, Christian, Die Bedeutung des § 31 Abs. 5 UrhG für das Urhebervertragsrecht, München 1993.

Dorner, Michael, Big Data und „Dateneigentum", CR 2014, S. 617–628.

Dowell, Jonathan, Bytes and Pieces: Fragmented Copies, Licensing, and Fair Use in a Digital World, California Law Review 1998, S. 843–877.

Dreier, Thomas/Leistner, Matthias, Urheberrecht im Internet: die Forschungsherausforderungen, GRUR 2013, S. 881–897.

Dreier, Thomas/Schulze, Gernot, Urheberrechtsgesetz: UrhG, 6. Auflage, München 2018.

Drexl, Josef/Hilty, Reto M./Desaunettes, Luc/Greiner, Franziska/Kim, Daria/Richter, Heiko/Surblyté, Gintaré/Wiedemann, Klaus, Ausschließlichkeits- und Zugangsrechte an Daten, GRUR Int. 2016, S. 914–918.

Dreyer, Gunda, DRM 2.0: Rennaissance technischer Schutzmaßnahmen nach UsedSoft?, in: *Grünberger, Michael/Leible, Stefan*, Die Kollision von Urheberrecht und Nutzerverhalten, Tübingen 2013, S. 131–143.

Druey, Jean Nicolas, Information als Gegenstand des Rechts, Baden-Baden 1995.

Druschel, Johannes, Die Behandlung digitaler Inhalte im Gemeinsamen Europäischen Kaufrecht (GEKR), München 2014.

Ders., Die Regelung digitaler Inhalte im Gemeinsamen Europäischen Kaufrecht (GEKR), GRUR Int. 2015, S. 125–137.

Druschel, Johannes/Lehmann, Michael, Ein digitaler Binnenmarkt für digitale Güter, CR 2016, S. 244–251.

Dulckeit, Gerhard, Die Verdinglichung obligatorischer Rechte, Tübingen 1951.

de la Durantaye, Katharina/Kuschel, Linda, Der Erschöpfungsgrundsatz – Josef Kohler, Used-Soft, and Beyond, ZGE 8 (2016), S. 195–217.

Eggersberger, Michael, Die Übertragbarkeit des Urheberrechts in historischer und rechtsvergleichender Sicht, München 1992.

Ehlen, Theresa/Brandt, Elena, Die Schutzfähigkeit von Daten – Herausforderungen und Chancen für Big Data Anwender, CR 2016, S. 570–575.

Eichelberger, Jan, Urheberrecht und Streaming, in: Leible, Stefan (Hrsg.), Der Schutz des geistigen Eigentums im Internet, Tübingen 2012, S. 17–46.

Eidenmüller, Horst/Faust, Florian/Grigoleit, Christoph/Jansen, Nils/Wagner, Gerhard/Zimmermann, Reinhard, Der gemeinsame Referenzrahmen für das Europäische Privatrecht, JZ 2008, S. 529–550.

Eidenmüller, Horst/Jansen, Nils/Kieninger, Eva-Maria/Wagner, Gerhard/Zimmermann, Reinhard, Der Vorschlag für eine Verordnung über ein Gemeinsames Europäisches Kaufrecht – Defizite der neuesten Textstufe des europäischen Vertragsrechts, JZ 2012, S. 269–289.

Elster, Alexander, Lizenzen an urheberrechtlich geschützten Werken, UFITA 1 (1928), S. 195–208.

Emge, Carl August, Das Moment der Neuheit in § 950 BGB, AcP 114 (1916), S. 23–90.

Enders, Theodor, Digital Rights Management Systeme (DRMS) als besondere Herausforderung an das Urheberrecht, ZUM 2004, S. 593–605.

Ensthaler, Jürgen, Streaming und Urheberrechtsverletzung, NJW 2014, S. 1553–1558.

Erman, Walter, BGB (Hrsg. Westermann, Harm Peter/Grunewald, Barbara/Maier-Reimer, Georg), Band 2, 15. Auflage, Köln 2017.

Ernst, Stefan, Recht kurios im Internet – Virtuell gestohlene Phönixschuhe, Cyber-Mobbing und noch viel mehr, NJW 2009, S. 1320–1322.

Eucken, Walter, Grundsätze der Wirtschaftspolitik, Tübingen 1952.

Exner, Adolf, Kritik des Pfandrechtsbegriffes nach Römischem Recht, Leipzig 1873.

Fabricius, Fritz, Zur Dogmatik des „sonstigen Rechts" gemäß § 823 Abs. 1 BGB, AcP 160 (1961), S. 273–336.

Fangerow, Kathleen/Schulz, Daniela, Die Nutzung von Angeboten auf www.kino.to – Eine urheberrechtliche Analyse des Film-Streamings im Internet, GRUR 2010, S. 677–682.

Faust, Florian, Digitale Wirtschaft – Analoges Recht: Braucht das BGB ein Update?, NJW-Beil 2016, S. 29–32.

Ders., Digitale Wirtschaft – Analoges Recht: Braucht das BGB ein Update? Gutachten A zum 71. Deutschen Juristentag, München 2016.

Faustmann, Jörg, Der deliktische Datenschutz, VuR 2006, S. 260–263.

Federrath, Hannes, Technik der Cloud, ZUM 2014, S. 1–3.

Ders., Herausforderungen des technologischen Wandels an das Recht aus Sicht der Technik, ZGE 6 (2014), S. 271–278.

Fette, Gunther, Die Zweckübertragungslehre – immer noch und immer wieder aktuell, in: Schertz, Christian/Omsels, Hermann-Josef (Hrsg.), Festschrift für Paul W. Hertin zum 60. Geburtstag, München 2000, S. 53–67.

Fezer, Karl-Heinz, Kumulative Normenkonkurrenz zwischen Markenrecht und Lauterkeitsrecht – Schutzzweckkompatibilität zwischen Immaterialgüterrecht als Funktionseigentum und Wettbewerbsrecht, GRUR 2010, S. 953–962.

Ders., Die Kollision komplexer Kennzeichen im Markenverletzungsrecht, GRUR 2013, S. 209–224.

Ders., Theorie der Funktionalität der Immaterialgüterrechte als geistiges Eigentum, GRUR 2016, S. 30–38.

Ders., Dateneigentum. Theorie des immaterialgüterrechtlichen Eigentums an verhaltensgenerierten Personendaten der Nutzer als Datenproduzenten, MMR 2017, S. 3–5.

Fichte, Johann Gottlieb, Beweis der Unrechtmäßigkeit des Büchernachdrucks – Ein Räsonnement und eine Parabel, Berlinische Monatsschrift 21 (1793), S. 443–483.

Ficsor, Mihály J., The WIPO „Internet Treaties" and Copyright in the „Cloud", ALAI 2012 Congress, Kyoto, 16–18, October 2012, abrufbar unter: http://www.alai.jp/ALAI2012/program/paper-e.html.

Fischer, Walther, Der dingliche Charakter des Patentrechts und der Lizenzvertrag, GRUR 1927, S. 738–745.

Forkel, Hans, Gebundene Rechtsübertragungen. Ein Beitrag zu den Verfügungsgeschäften über Patent-, Muster-, Urheber- und Persönlichkeitsrechte, Köln 1977.

Ders., Zur dinglichen Wirkung einfacher Lizenzen, NJW 1983, S. 1764–1768.

von Frentz, Wolfgang/Masch, Christian L., Lizenzverträge in der Insolvenz des Lizenzgebers nach den Entscheidungen Reifen Progressiv, Vorschaubilder, M2Trade und Take Five des Bundesgerichtshofs – insolvenzfester Fortbestand der Lizenzen, ZUM 2012, S. 886–888.

Fromm, Friedrich Karl/Nordemann, Wilhelm, Urheberrecht. Kommentar zum Urheberrechtsgesetz, Verlagsgesetz, Einigungsvertrag (Urheberrecht), neu: zur EU-Portabilitätsverordnung, 12. Auflage, Stuttgart 2018.

Füller, Jens Thomas, Eigenständiges Sachenrecht?, Tübingen 2006.

Ganea, Peter, Der Stellenwert des Urheberrechts in den Wirtschaftswissenschaften, in: Ganea, Peter/Heath, Christopher/Schricker, Gerhard (Hrsg.), Urheberrecht gestern, heute, morgen: Festschrift für Adolf Dietz zum 65. Geburtstag, München 2001, S. 43–57.

Ganzhorn, Marco, Rechtliche Betrachtung des Vertriebs und der Weitergabe digitaler Güter, Frankfurt a. M. 2015.

Gass, Wolfram, Digitale Wasserzeichen als urheberrechtlicher Schutz digitaler Werke?, ZUM 1999, S. 815–818.

Genthe, Barbara, Der Umfang der Zweckübertragungstheorie im Urheberrecht, Frankfurt a. M. 1980.

von Gerlach, Felix-Tessen, Die urheberrechtliche Bewertung des nicht-linearen Audio-Video Streamings im Internet. Die verschiedenen technischen Verfahren im System und auf dem Prüfstand urheberrechtlicher Verwertungs- und Leistungsschutzrechte, Baden-Baden 2012.

Giedke, Anna, Cloud Computing: Eine wirtschaftliche Analyse mit besonderer Berücksichtigung des Urheberrechts, München 2013.

von Gierke, Otto Friedrich, Deutsches Privatrecht, Band 2, Sachenrecht, Leipzig 1905.

Ders., Deutsches Privatrecht, Band 3, Schuldrecht, Leipzig 1917.

Gitter, Wolfgang, Gebrauchsüberlassungsverträge, Handbuch des Schuldrechts, Band 7, Tübingen 1988.

Goldbaum, Wenzel, Urheberrecht und Urhebervertragsrecht. Ein Kommentar zu den Gesetzen über das Urheberrecht an Werken der Literatur und der Tonkunst und das Verlagsrecht, zur revidierten Berner Übereinkunft nebst Bestimmungen des Friedensvertrages sowie zum deutsch-amerikanischen Abkommen, 2. Auflage, Berlin 1927.

Gotthold, Jürgen, Zur ökonomischen „Theorie des Eigentums", ZHR 144 (1980), S. 545–562.

Götting, Horst-Peter, Urheberrechtliche und vertragsrechtliche Grundlagen, in: Beier, Friedrich-Karl/Götting, Horst-Peter/Lehmann, Michael/Moufang, Rainer (Hrsg.), Urhebervertragsrecht. Festgabe für Gerhard Schricker zum 60. Geburtstag, München 1995, S. 53–75.

Ders., Anmerkung BGH Urteil v. 10.7.2015 – V ZR 206/14, NJW 2016, S. 317–321.

Graef, Ralph Oliver, Recht der E-Books und des Electronic Publishing, München 2016.

Grimm, Kristin, Lizenzketten im Urheberrecht, Frankfurt a. M. 2016.

Grimm, Rüdiger, Digitale Kommunikation, Oldenburg 2005.

Grübler, Ulrike, Digitale Güter und Verbraucherschutz – Eine Untersuchung am Beispiel des Online-Erwerbs von Musikdownloads, Baden-Baden 2010.

Grünberger, Michael, Verträge über digitale Güter, AcP 218 (2018), S. 213–296.

Ders., Die Entwicklung des Urheberrechts im Jahr 2016 – Teil 2, ZUM 2017, S. 361–380.

Grundmann, Stefan, Die EU-Verbraucherrechte-Richtlinie – Optimierung, Alternative oder Sackgasse?, JZ 2013, S. 53–65.

Grunewald, Barbara, Kaufrecht, Handbuch des Schuldrechts, Band 6, Tübingen 2006.

Grützmacher, Malte, Endlich angekommen im digitalen Zeitalter?! Die Erschöpfungslehre im europäischen Urheberrecht: Der gemeinsame Binnenmarkt und der Handel mit gebrauchter Software, ZGE 5 (2013), S. 46–83.

Ders., Gebrauchtsoftware und Übertragbarkeit von Lizenzen. Zu den Rechtsfragen auch jenseits der Erschöpfungslehre, CR 2007, S. 549–556.

Ders., Gebrauchtsoftwarehandel mit erzwungener Zustimmung – eine gangbare Alternative? Zugleich Anmerkung zur Entscheidung des LG Mannheim, Urt. v. 22.12.2009 – 2 O 37/09, zur Zustimmungspflicht des Softwareherstellers bei Lizenzübertragung, CR 2010, S. 141–147.

Gündling, Benjamin, „Made in Germany" – Geografische Herkunftsbezeichnung zwischen Qualitätsnachweis und Etikettenschwindel, GRUR 2007, S. 921–926.

Haberstumpf, Helmut, Das Software-Urhebervertragsrecht im Lichte der bevorstehenden Umsetzung der EG-Richtlinie über den Rechtsschutz von Computerprogrammen, GRUR Int. 1992, S. 715–724.

Ders., Der Handel mit gebrauchter Software und die Grundlagen des Urheberrechts, CR 2009, S. 345–352.

Ders., Der Handel mit gebrauchter Software im harmonisierten Urheberrecht. Warum der Ansatz des EuGH einen falschen Weg zeigt, CR 2012, S. 561–572.

Ders., Verkauf immaterieller Güter, NJOZ 2015, S. 793–804.

Haedicke, Maximilian, Rechtskauf und Rechtsmängelhaftung, Tübingen 2003.

Hansen, Hauke, Keine Erschöpfung beim Online-Vertrieb von Hörbüchern, GRUR-Prax 2012, S. 143–144.

Hantschel, Ines, Softwarekauf und -weiterverkauf. Zur Vertragsnatur und Erschöpfungswirkung körperlicher und unkörperlicher Übertragungsformen von Software, Berlin 2011.

Härting, Niko, Acht Thesen zum „Dateneigentum" vom 17.2.2016, abrufbar unter: https://www.cr-online.de/blog/2016/02/17/acht-thesen-zum-dateneigentum.

Härting, Niko/Schätzle, Daniel, Music-Download-Plattformen, ITRB 2006, S. 186–187.

Hauck, Ronny, Digitale Inhalte – Verkehrsfähigkeit oder Lizenzketten?, ZGE 9 (2017), S. 47–71.

Ders., Gebrauchthandel mit digitalen Gütern, NJW 2014, S. 3616–3619.

Ders., Die Verdinglichung obligatorischer Rechte am Beispiel einfacher immaterialgüterrechtlicher Lizenzen, AcP 211 (2011), S. 626–664.

Haug, Thomas, Gemeinsames Europäisches Kaufrecht – Neue Chancen für Mittelstand und E-Commerce, K&R 2012, S. 1–5.

Heck, Philipp, Grundriß des Schuldrechts, Tübingen 1929.

Ders., Das abstrakte dingliche Rechtsgeschäft, Tübingen 1937.

Hecker, Damian, Eigentum als Sachherrschaft, Paderborn 1990.

Heinz, Stefan, Urheberrechtliche Gleichbehandlung von alten und neuen Medien: Verletzungsrisiko, Reaktionen und Überreaktionen, München 2006.

Helberger, Natali/Loos, Marco/Guibault, Lucie/Mak, Chantal/Pessers, Lodewijk, Digital Content Contracts for Consumers, 36 J Consum Policy 2013, S. 37–57.

Henke, Hannes, E-Books im Urheberrecht. Kollision von Buchkultur und digitaler Wissensgesellschaft, Göttingen 2018.

Herbst, Reimer, Die rechtliche Ausgestaltung der Lizenz und ihre Einordnung in das System des Bürgerlichen Rechts, Göttingen 1968.

Herzog, Ralf, Anmerkungen zu OLG München, Urteil vom 3. Juli 2008 – 6 U 2759/07, ZUM 2009, S. 71–75.

Ders., Handel mit gebrauchter Software, Baden-Baden 2009.

Heß, Burkhard, Dienstbarkeit und Reallast im System dinglicher Nutzungs- und Verwertungsrechte, AcP 198 (1998), S. 489–515.

Heuchert, Karsten, Das Eigentum in der Theorie der Property Rights, in: Baur, Jürgen F. (Hrsg.), Das Eigentum, Göttingen 1989, S. 125–141.

Heun, Sven-Erik/Assion, Simon, Internet(recht) der Dinge, CR 2015, S. 812–818.

Heymann, Thomas, Zur Qualifizierung der Softwareüberlassung als Sachkauf, CR 1990, S. 112–113.

Ders., Der Schutz von Daten bei der Cloud Verarbeitung, CR 2015, S. 807–811.

Hilgendorf, Eric, Grundfälle zum Computerstrafrecht, JuS 1996, S. 890–894.

Hilty, Reto, Lizenzvertragsrecht, Bern 2001.

Ders., Der Softwarevertrag – ein Blick in die Zukunft. Konsequenzen der trägerlosen Nutzung und des patentrechtlichen Schutzes von Software, MMR 2003, S. 3–14.

Ders., Die Rechtsnatur des Softwarevertrages, CR 2012, S. 625–637.

Ders., Kontrolle der digitalen Werknutzung zwischen Vertrag und Erschöpfung, GRUR 2018, 865–880.

Hirte, Heribert/Knof, Béla, Wem „gehört" die Lizenz? – Plädoyer für eine Dekonstruktion des Haftungsrechts in der Insolvenz, JZ 2011, S. 889–901.

Hoenike, Mark/Hülsdunk, Lutz, Leistungskomponenten und Vertragsbeziehungen bei kommerziellen Musik-Download-Plattformen im Internet, MMR 2004, S. 59–66.

Hoeren, Thomas, Softwareüberlassung als Sachkauf, München 1989.

Ders., Der urheberrechtliche Erschöpfungsgrundsatz bei der Online-Übertragung von Computerprogrammen, CR 2006, S. 573–578.

Ders., IT-Vertragsrecht, Köln 2012.

Ders., Dateneigentum, MMR 2013, S. 486–491.

Ders., Der strafrechtliche Schutz von Daten durch § 303a StGB und seine Auswirkungen auf ein Datenverkehrswert, in: Conrad, Isabell/Grützmacher, Malte (Hrsg.), Recht der Daten und Datenbanken im Unternehmen – Jochen Schneider zum 70. Geburtstag, Köln 2014, S. 303–312.

Hoeren, Thomas/Jakopp, Sebastian, Der Erschöpfungsgrundsatz im digitalen Umfeld. Notwendigkeit eines binnenmarktkonformen Verständnisses, MMR 2014, S. 646–649.

Hoeren, Thomas/Köcher, Jan, Urheberrecht und Verbraucherschutz. Überlegungen zum Gesetz über Urheberrecht in der Informationsgesellschaft, Münster u. a. 2003.

Hoeren, Thomas/Völkel, Jonas, Eigentum an Daten, in: Hoeren, Thomas (Hrsg.), Big Data und Recht, 2014, S. 11–37.

Hoffmann, Jan Felix, Der Bestandsschutz von Unterlizenzen. Abstraktionsprinzip und Sukzessionsschutz in neuem (immaterialgüterrechtlichem) Licht, ZGE 7 (2015) S. 245–290.

Hofmann, Franz, Wechselwirkung zwischen subjektiven Rechten. Eine Analyse des Zusammenspiels von Sacheigentum, Vertragsrecht, Immaterialgüterrechten und Persönlichkeitsrechten am Beispiel des Urheberrechts, UFITA 2014/II, S. 381–407.

Hofmann, Paul, Zum Begriff der Neuheit in § 950 BGB, NJW 1961, S. 1246–1247.

Hohagen, Gisbert, Überlegungen zur Rechtsnatur der Kopierfreiheit, in: Ohly, Ansgar/Bodewig, Theo/Dreier, Thomas/Götting, Horst-Peter/Haedicke, Maximilian/Lehmann, Michael (Hrsg.), Perspektiven des geistigen Eigentums und Wettbewerbsrechts. Festschrift für Gerhard Schricker zum 70. Geburtstag, München 2005, S. 353–368.

Hohn-Hein, Nicolas/Barth, Günter, Immaterialgüterrechte in der Welt von Blockchain und Smart Contract, GRUR 2018, 1089–1096.

Hörmann, Martin, Der Internethandel und die neue Richtlinie über die Rechte der Verbraucher, München 2014.

Hubmann, Heinrich, Urheber- und Verlagsrecht, 2. Auflage, München 1966.

Hullen, Nils, Illegale Streaming-Filmportale im Internet, ITRB 2008, S. 230–232.

Huppertz, Peter, Handel mit Second Hand-Software, CR 2006, S. 145–151.

Isay, Hermann, Schutz von Gebrauchsmustern, Berlin 1903.

Jacob, Jan, Ausschließlichkeitsrechte an immateriellen Gütern, Tübingen 2010.

Jaeger, Till/Metzger, Axel, Open Source Software. Rechtliche Rahmenbedingungen der freien Software, 4. Auflage, München 2016.

Jänecke, Alexander, Das urheberrechtliche Zerstörungsverbot gegenüber dem Sacheigentümer, Frankfurt a. M. 2003.

Jani, Ole, Bis zur Erschöpfung? Zur Zulässigkeit des Weiterverkaufs von Dateien gem. Richtlinie 2001/29/EG nach dem Urteil C-128/11 des EuGH (UsedSoft ./. Oracle), in: von Wöhrn, Kirsten-Inger/Bullinger, Winfried/Grunert, Eike W./Ohst, Claudia (Hrsg.), Festschrift für Artur-Axel Wandtke zum 70. Geburtstag am 26. März 2013, Berlin 2013, S. 331–340.

Jänich, Volker, Geistiges Eigentum – eine Komplementärerscheinung zum Sacheigentum?, Tübingen 2002.

Jendrian, Kai/Weinmann, Christoph, Daten und Informationen, DuD 2010, S. 108.

Joos, Ulrich, Die Erschöpfungslehre im Urheberrecht: eine Untersuchung zu Rechtsinhalt und Aufspaltbarkeit des Urheberrechts mit vergleichenden Hinweisen auf Warenzeichenrecht, Patentrecht und Sortenschutz, München 1991.

Junker, Abbo, Zum Gewährleistungsrecht bei elektronischer Datenverarbeitung („Basic-Übersetzungsprogramm"), JZ 1988, S. 464–466.

juris Praxiskommentar, BGB, Band 3 Sachenrecht (Hrsg. Martinek, Michael), 8. Auflage, Saarbrücken 2017.

Just, Manfred, Das System der dinglichen Nutzungsrechte im römischen und geltenden deutschen Recht, in: Brieskorn, Norbert/Mikat, Paul/Müller, Daniela/Willoweit, Dietmar (Hrsg.), Vom mittelalterlichen Recht zur neuzeitlichen Rechtswissenschaft. Bedingungen, Wege und Probleme der europäischen Rechtsgeschichte. Festschrift für Winfried Trusen zum 70. Geburtstag, Paderborn 1994, S. 493–527.

Kalbfus, Björn, Die EU-Geschäftsgeheimnis-Richtlinie. Welcher Umsetzungsbedarf besteht in Deutschland?, GRUR 2016, S. 1009–1017.

Katzenberger, Paul, Urheberrecht und Dokumentation. Abstracts – Fotokopien – elektronische Datenbanken, GRUR 1973, S. 629–640.

Ders., Beteiligung des Urhebers an Ertrag und Ausmaß der Werkverwertung. Altverträge, Drittwirkung und Reform des § 36 UrhG, GRUR Int. 1983, S. 410–421.

Kellenter, Wolfgang, Schutzrechtslizenzen in der Insolvenz des Lizenzgebers, in: Keller, Erhard/Plassmann, Clemens/von Falk, Andreas (Hrsg.), Festschrift für Winfried Tilmann zum 65. Geburtstag, Köln u. a. 2003, S. 807–825.

Kilian, Wolfgang, Haftung für Mängel der Computersoftware, Heidelberg 1986.

Kindermann, Manfred, Vertrieb und Nutzung von Computersoftware aus urheberrechtlicher Sicht, GRUR 1983, S. 150–161.

Kindl, Johann, Verträge über digitale Inhalte – Vertragsnatur und geschuldete Leistung, in: Kindl, Johann/Arroyo Vendrell, Tatiana/Gsell, Beate (Hrsg.), Verträge über digitale Inhalte und digitale Dienstleistungen, Baden-Baden 2018, S. 63–83.

Kindler, Peter, Von Pavia über Tucumán nach Brüssel – Anregungen aus der Neuen Welt für das Gemeinsame Europäische Kaufrecht, JZ 2012, S. 712–716.

Kinsella, N. Stephan, Against Intellectual Property, 15 Journal of Libertarian Studies 2001, S. 1–53.

Kisch, Wilhelm, Handbuch des deutschen Patentrechts, Mannheim u. a. 1923.

Kitz, Volker, Anwendbarkeit urheberrechtlicher Schranken auf das eBook, MMR 2001, S. 727–730.

Kleespies, Mathias, Die Domain als selbstständiger Vermögensgegenstand in der Einzelzwangsvollstreckung, GRUR 2002, S. 764–775.

Klein, Urs Albrecht/Datta, Amit, Vertragsstrukturen beim Erwerb kostenloser Apps, CR 2016, S. 587–590.

Klickermann, Paul H., Urheberschutz bei zentralen Datenspeichern, MMR 2007, S. 7–11.

Kloepfer, Michael, Informationsrecht, München 2002.

Kloos, Bernhard/Wagner, Axel-Michael, Vom Eigentum zur Verfügbarkeit, CR 2002, S. 865–872.

Koch, Frank A., Computer-Vertragsrecht, 7. Auflage, Freiburg u. a. 2009.

Ders., Der Content bleibt im Netz – gesicherte Werkverwertung durch Streaming-Verfahren, GRUR 2010, S. 574–578.

Ders., Auswirkungen des EuGH-Urteils zum Gebrauchtsoftwarehandel auf das Urheberrecht – Teil 1, ITRB 2013, S. 9–17.

Ders., Auswirkungen des EuGH-Urteils zum Gebrauchtsoftwarehandel auf das Urheberrecht – Teil 2, ITRB 2013, S. 38–41.

Koehler, Philipp, Der Erschöpfungsgrundsatz des Urheberrechts im Online-Bereich, München 2000.

Köhler, Helmut, Rechtsfragen zum Softwarevertrag, CR 1987, S. 827–835.

Kohler, Josef, Zur Konstruktion des Urheberrechts, ArchBR 10 (1895), S. 241–286.

Ders., Handbuch des Deutschen Patentrechts in rechtsvergleichender Darstellung, Mannheim 1900.

Konieczek, Angela, Die Erschöpfung im digitalen Werkvertrieb über Cloud Computing. Eine Untersuchung zur Reichweite des UsedSoft-Urteils des EuGH, Baden-Baden 2017.

König, Michael, Zur Sacheigenschaft von Computerprogrammen und deren Überlassung, NJW 1990, S. 1584–1586.

Ders., Das Computerprogramm im Recht, Köln 1991.

Ders., Software (Computerprogramme) als Sache und deren Erwerb als Sachkauf, NJW 1993, S. 3121–3124.

Kötz, Hein, Vertragsrecht, 2. Auflage, Tübingen 2012.

Kraßer, Rudolf, Verpflichtung und Verfügung im Immaterialgüterrecht, GRUR Int. 1973, S. 230–238.

Krause, Ernst, Der urheberrechtliche Lizenzvertrag, Leipzig 1938.

Krebs, Peter/Becker, Maximilian, Die Teilverdinglichung und ihre Anwendung auf Internetdomains, JZ 2009, S. 932–943.

Kromer, Eberhard, Zur angemessenen Vergütung in der digitalen Welt, AfP 2013, S. 29–34.

Kube, Hanno, Die Zugänge der Informationsgesellschaft und der Gegenstandsbezug des Rechts – Eigentumsschutz, Urheberrecht, Steuerrechtfertigung, JZ 2001, S. 944–951.

Kuhlen, Rainer, Informationsmarkt, 2. Auflage, Konstanz 1996.

Kulpe, Carmen, Der Erschöpfungsgrundsatz nach Europäischem Urheberrecht. Eine Analyse unter besonderer Berücksichtigung der digitalen Übertragungsmöglichkeiten, Frankfurt. a. M. 2012.

Kuß, Christian, Gutenberg 2.0 – der Rechtsrahmen für E-Books in Deutschland, K&R 2012, S. 76–81.

Ladeur, Karl-Heinz, Persönlichkeitsschutz und „Comedy“. Das Beispiel der Fälle SAT 1/ Stahnke und RTL 2/Schröder, NJW 2000, S. 1977–1982.

Ders., Datenschutz – vom Abwehrrecht zur planerischen Optimierung von Wissensnetzwerken, DuD 2000, S. 12–19.

Ders., „Virtuelles Eigentum“ nach dem Modell des Sacheigentums?, in: Eifert, Martin/Hoffmann-Riem, Wolfgang (Hrsg.), Innovation und rechtliche Regulierung, Baden-Baden 2002, S. 345–351.

Larenz, Karl, Zur Struktur „subjektiver Rechte“, in: Baur, Fritz/Larenz, Karl/Wieacker, Franz (Hrsg.), Beiträge zur europäischen Rechtsgeschichte und zum geltenden Zivilrecht: Festgabe für Johannes Sontis, München 1977, S. 129–148.

Ders., Lehrbuch des Schuldrechts, Bd. 2, 1. Halbbd., 13. Auflage, München 1986.

Ders., Lehrbuch des Schuldrechts, Bd. 1, 14. Auflage, München 1987.

Lauber-Rönsberg, Anne, Urheberrecht und Privatgebrauch, Baden-Baden 2011.

Lehmann, Michael, Das neue Software-Vertragsrecht. Verkauf und Lizenzierung von Computerprogrammen, NJW 1993, S. 1822–1826.

Ders., E-Commerce in der EU und die neue Richtlinie über die Rechte der Verbraucher, CR 2012, S. 261–264.

Ders., Abgrenzung der Schutzgüter im Zusammenhang mit Daten, in: Conrad, Isabell/Grützmacher, Malte (Hrsg.), Recht der Daten und Datenbanken im Unternehmen – Jochen Schneider zum 70. Geburtstag, Köln 2014, S. 133–142.

Ders., Digitalisierung, Cloud Computing und Urheberrecht, GRUR Int. 2015, S. 677–680.

Lehmann, Michael/Giedke, Anna, Cloud Computing – technische Hintergründe für die territorial gebundene rechtliche Analyse, CR 2013, S. 608–616.

Lehner, Viktoria, Einsatz der Blockchain-Technologie im IP-Law, in: Hennemann, Moritz/Sattler, Andreas (Hrsg.), Immaterialgüter und Digitalisierung. Junge Wissenschaft zum Gewerblichen Rechtsschutz, Urheber- und Medienrecht. 2. Assistententagung Grüner Bereich Freiburg 2017, Baden-Baden 2017, S. 43–58.

Leible, Stefan, Binnenmarkt, elektronischer Geschäftsverkehr und Verbraucherschutz, JZ 2010, S. 272–279.

Leipold, Dieter, BGB I: Einführung und Allgemeiner Teil, 9. Auflage, Tübingen 2017.

Leistner, Matthias, Das Murphy-Urteil des EuGH: Viel Lärm um nichts oder Anfang vom Ende des Territorialitätsgrundsatzes im Urheberrecht? Zum Urteil der Großen Kammer des EuGH vom 4.10.2011, JZ 2011, S. 1140–1148.

Ders., Gebrauchtsoftware auf dem Weg nach Luxemburg. Der Vorlagebeschluss des BGH in Sachen Oracle v. UsedSoft, CR 2011, S. 209–215.

Ders., Segelanweisungen und Beweislastklippen: eine problemorientierte Stellungnahme zum BGH-Urteil UsedSoft II, WRP 2014, S. 995–1003.

Ders., Urheberrecht unter dem Einfluss der EuGH-Rechtsprechung, EuZW 2016, S. 166–171.

Lenel, Otto, Über Ursprung und Wirkung der Exceptionen, Frankfurt a. M. 1876.

Lessig, Lawrence, The Law of the Horse: What Cyberlaw Might Teach, 113 Harvard Law Review 1999, S. 501–546.

von Lewinski, Kai, Die Matrix des Datenschutzes, Tübingen 2014.

von Lewinski, Silke, International copyright law and policy, Oxford 2008.

Liebs, Rüdiger, Die unbeschränkbare Verfügungsbefugnis, AcP 175 (1975), S. 1–43.

Lisch, Karsten, Das Abstraktionsprinzip im deutschen Urheberrecht, Frankfurt a. M. 2007.

Lober, Andreas/Weber, Olaf, Money for Nothing? Der Handel mit virtuellen Gegenständen und Charakteren, MMR 2005, S. 653–660.

Loewenheim, Ulrich, Allgemeine Geschäftsbedingungen bei Verträgen über die Überlassung von Standard-Anwendersoftware, in: Leser, Hans G. (Hrsg.), Wege zum japanischen Recht. Festschrift für Zentaro Kitagawa zum 60. Geburtstag am 5. April 1992, Berlin 1992, S. 949–970.

Ders., Handbuch des Urheberrechts, 2. Auflage, München 2010.

Ders., Software aus zweiter Hand, in: Schierholz, Anke/Melichar, Ferdinand (Hrsg.), Kunst, Recht und Geld: Festschrift für Gerhard Pfennig zum 65. Geburtstag, München 2012, S. 65–74.

Loos, Marco/Helberger, Natali/Guibault, Lucie/Mak, Chantal, The Regulation of Digital Content Contracts in the Optional Instrument of Contract Law, ERPL 2011, S. 729–758.

Loos, Marco/Helberger, Natali/Guibault, Lucie/Mak, Chantal/Pessers, Lodewijk/Cseres, Kata-lin J./van der Sloot, Bart/Tigner, Ronan, Final Report. Comparative analysis, Law & Econo-mics analysis, assessment and development of recommendations for possible future rules on digital content contracts, 2011, abrufbar unter: http://dare.uva.nl/search?identifier=7d3d806 d-8315-4aa6-8fb6-1fc565d2b557.

Looschelders, Dirk, Schuldrecht Allgemeiner Teil, 16. Auflage, München 2018.

Ders., Schuldrecht Besonderer Teil, 12. Auflage, München 2017.

Lorenz, Sylvia, Der Immaterialgüterschutz virtueller Ladengeschäfte, Frankfurt a. M. 2013.

Lutz, Holger, Softwarelizenzen und die Natur der Sache, München 2009.

Mackenroth, Mark-Oliver, Technologie statt Vertrag? Sachmangelbegriff, negative Beschaf-fenheitsvereinbarungen und AGB beim Kauf digitaler Güter, Tübingen 2015.

Maier, Rike, EuGH gibt grünes Licht für E-Book-Verleih, doch offene Fragen bleiben, 14.11. 2016, abrufbar unter: https://irights.info/artikel/eugh-openbare-bibliotheken-e-lending/ 28165.

Marly, Jochen, Der Handel mit so genannter „Gebrauchtsoftware", EuZW 2012, S. 654–657.

Ders., Bildschirmkopien, Cache-Kopien und Streaming als urheberrechtliche Herausforderun-gen, EuZW 2014, S. 616–619.

Ders., Praxishandbuch Softwarerecht, 7. Auflage, München 2018.

Marly, Jochen/Wirz, Anna-Lena, Die Weiterverbreitung digitaler Güter, EuZW 2017, S. 16–19.

Maultzsch, Felix, Der Entwurf für eine EU-Richtlinie über den Online-Warenhandel und ande-re Formen des Fernabsatzes von Waren, JZ 2016, S. 236–245.

Maume, Philipp, Bestehen und Grenzen des virtuellen Hausrechts, MMR 2007, S. 620–625.

Maus, Joachim, Die digitale Kopie von Audio- und Videoprodukten: die Nutzung von Film und Musik im privaten Bereich und deren Behandlung im deutschen und im internationalen Ur-heberrecht, Baden-Baden 1991.

McGuire, Mary-Rose, Nutzungsrechte an Computerprogrammen in der Insolvenz. Zugleich eine Stellungnahme zum Gesetzentwurf zur Regelung der Insolvenzfestigkeit von Lizenzen, GRUR 2009, S. 13–22.

Dies., Die Lizenz, Tübingen 2012.

McGuire, Mary-Rose/Kunzmann, Jens, Sukzessionsschutz und Fortbestand der Unterlizenz nach „M2Trade" und „Take Five" – ein Lösungsvorschlag, GRUR 2014, S. 28–35.

Mehrings, Josef, Computersoftware und Gewährleistungsrecht, NJW 1986, S. 1904–1909.

Meier, Klaus/Wehlau, Andreas, Die zivilrechtliche Haftung für Datenlöschung, Datenverlust und Datenzerstörung, NJW 1998, S. 1585–1591.

Metzger, Axel, Erschöpfung des urheberrechtlichen Verbreitungsrechts bei vertikalen Vertriebs-bindungen, GRUR 2001, S. 210–214.

Ders., Zur Zulässigkeit von CPU-Klauseln in Softwarelizenzverträgen, NJW 2003, S. 1994–1995.

Ders., Urheberrechtsschranken in der Wissensgesellschaft: „Fair use" oder enge Einzeltatbe-stände?, in: Leistner, Matthias (Hrsg.), Europäische Perspektiven des geistigen Eigentums, Tübingen 2010, S. 101–122.

Ders., Am Ende der Lizenzkette: Rechtsprobleme des mehrstufigen Softwarevertriebs, ITRB 2013, S. 239–242.

Ders., Dienst gegen Daten: Ein synallagmatischer Vertrag, AcP 216 (2016), S. 817–865.

Meyer-Van Raay, Oliver, Der Fortbestand von Unterlizenzen bei Erlöschen der Hauptlizenz. Auswirkungen der BGH-Entscheidungen Take Five und M2Trade auf die Gestaltung von Lizenzverträgen, NJW 2012, S. 3691–3694.

Mezei, Péter, Digital First Sale Doctrine Ante Portas – Exhaustion in the Online Environment, 6 JIPITEC 2015, S. 23–71.

Mittwoch, Anne-Christin, Vollharmonisierung und Europäisches Privatrecht – Methode, Implikationen und Durchführung, Berlin 2013.

Moritz, Hans-Werner, Überlassung von Programmkopien – Sachkauf oder Realakt im Vertrag sui generis?, CR 1994, S. 257–263.

Ders., Vervielfältigungsstück eines Programms und seine berechtigte Verwendung. § 69d UrhG und die neueste BGH-Rechtsprechung, MMR 2001, S. 94–97.

Moritz, Hans-Werner/Dreier, Thomas, Rechts-Handbuch des E-Commerce, 2. Auflage, Köln 2005.

Moritz, Hans-Werner/Tybusseck, Barbara, Computersoftware – Rechtsschutz und Vertragsgestaltung. Eine fächerübergreifende Darstellung nach deutschem und EG-Recht, 2. Auflage, München 1992.

Müller, Stefan, Die Rechteinhaberschaft an Musikwerken bei Online-Nutzungen, ZUM 2011, S. 13–20.

Müller-Hengstenberg, Claus, Computersoftware ist keine Sache, NJW 1994, S. 3128–3134.

Münchener Kommentar zum Aktiengesetz: AktG (Hrsg. Goette, Wulf/Habersack, Mathias), Band 4, 4. Auflage, München 2016.

Münchener Kommentar zum Bürgerlichen Gesetzbuch: BGB (Hrsg. Säcker, Franz Jürgen/Rixecker, Roland/Oetker, Hartmut/Limperg, Bettina), Band 1, 8. Auflage, München 2018; Band 2, 8. Auflage, München 2019; Band 5/I, 7. Auflage, München 2018; Band 6, 7. Auflage, München 2017; Band 7, 7. Auflage, München 2017.

Münchener Kommentar zur Insolvenzordnung: InsO (Hrsg. Kirchhof, Hans-Peter/Stürner, Rolf/Eidenmüller, Horst), Band 1, 3. Auflage, München 2013.

Nägele, Thomas/Jacobs, Sven, Rechtsfragen des Cloud Computing, ZUM 2010, S. 281–292.

Nieland, Holger, Die Online-Lieferung im Urheberrecht, Hamburg 2006.

Nolden, Christoph, Das Abstraktionsprinzip im urheberrechtlichen Lizenzverkehr, Göttingen 2005.

Nordemann, Bernd, AGB-Kontrolle von Nutzungsrechtseinräumungen durch den Urheber, NJW 2012, S. 3121–3125.

Nordemann, Jan Bernd/Dustmann, Andreas, To peer or not to peer, CR 2004, S. 380–388.

Nordemann, Wilhelm, CPU-Klauseln in Software-Überlassungsverträgen, CR 1996, S. 5–10.

Nörr, Knut Wolfgang/Scheyhing, Robert/Pöggeler, Wolfgang, Sukzessionen: Forderungszession, Vertragsübernahme, Schuldübernahme, Handbuch des Schuldrechts, Band 2, 2. Auflage, Tübingen 1999.

Obergfell, Eva Inés, Freier Werkzugang versus Urheberrechtsschutz. Zur Legitimität und Durchsetzung urheberrechtlicher Schranken, in: Halfmeier, Axel/Rott, Peter/Colombi Ciacchi, Aurelia/Deinert, Olaf/Kolle, Tina/Thalheim, Sabdy (Hrsg.), Jahrbuch Junger Zivilrechtswissenschaftler. Zugang und Ausschluss als Gegenstand des Privatrechts, Stuttgart 2006, S. 101–121.

Dies., Urheberpersönlichkeitsrechte als Exklave der Privatautonomie? Zur Zulässigkeit rechtsgeschäftlicher Verfügungen über Werkänderungen, Urheberbenennung und Erstveröffentlichungshoheit, ZGE 3 (2011), S. 202–226.

Dies., Beschränkungen der Verkehrsfähigkeit digitaler Güter durch vertragliche Abreden, ZGE 8 (2016), S. 304–321.

Dies., Lizenzverträge über digitale Inhalte, in: Kindl, Johann/Arroyo Vendrell, Tatiana/Gsell, Beate (Hrsg.), Verträge über digitale Inhalte und digitale Dienstleistungen, Baden-Baden 2018, S. 193–209.

Oertmann, Paul, Der Dinglichkeitsbegriff, Jahrbücher für die Dogmatik des heutigen römischen und deutschen Privatrechts 1892, S. 415–467.

Oetker, Hartmut, Das Dauerschuldverhältnis und seine Beendigung, Tübingen 1994.

Oetker, Hartmut/Maultzsch, Felix, Vertragliche Schuldverhältnisse, 4. Auflage, Wiesbaden 2013.

Ohly, Ansgar, „Volenti non fit iniuria". Die Einwilligung im Privatrecht, Tübingen 2002.

Ders., Geistiges Eigentum?, JZ 2003, S. 545–554.

Ders., Gibt es einen Numerus clausus der Immaterialgüterrechte?, in: Ohly, Ansgar/Bodewig, Theo/Dreier, Thomas/Götting, Horst-Peter/Haedicke, Maximilian/Lehmann, Michael (Hrsg.), Perspektiven des geistigen Eigentums und Wettbewerbsrechts: Festschrift für Gerhard Schricker zum 70. Geburtstag, München 2005, S. 105–123.

Ders., Zwölf Thesen zur Einwilligung im Internet, GRUR 2012, S. 983–992.

Ders., Anmerkung zu EuGH, Urt. v. 3.7.2012, Rs. C-128/11 – UsedSoft, JZ 2013, S. 42–44.

Ders., Urheberrecht in der digitalen Welt – Brauchen wir neue Regelungen zum Urheberrecht und dessen Durchsetzung? Gutachten F zum 70. Deutschen Juristentag, München 2014.

Ders., Gesetzliche Schranken oder individueller Vertrag?, in: Dreier, Thomas/Hilty, Reto M. (Hrsg.), Vom Magnettonband zu Social Media. Festschrift 50 Jahre UrhG, München 2015, S. 379–397.

Olzen, Dirk, Aktuelle zivilrechtliche Probleme des Eigentums, in: Baur, Jürgen F. (Hrsg.), Das Eigentum, Göttingen 1989, S. 103–124.

Orgelmann, Lutz, Die rechtlichen Grenzen der Nutzung von E-Books: eine vergleichende Untersuchung aus Sicht des Verbrauchers unter Berücksichtigung der Besonderheiten des Kulturguts Buch, Berlin 2017.

Ostrom, Elinor, Die Verfassung der Allmende, Tübingen 1999.

Pahlow, Louis, Das einfache Nutzungsrecht als schuldrechtliche Lizenz. Zur Auslegung des § 31 Abs. 2 UrhG, ZUM 2005, S. 865–874.

Ders., Lizenz und Lizenzvertrag im Recht des Geistigen Eigentums, Tübingen 2006.

Palandt, Otto, Bürgerliches Gesetzbuch, 77. Auflage, München 2018.

Peifer, Karl-Nikolaus, Gesetzliche Schuldverhältnisse, 5. Auflage, Baden-Baden 2017.

Peintinger, Stefan, Widerrufsrechte beim Erwerb digitaler Inhalte. Praxisvorschläge am Beispiel des Softwarekaufs unter Berücksichtigung von SaaS-Verträgen, MMR 2016, S. 3–8.

Perzanowski, Aaron/Schultz, Jason, Digital Exhaustion, 58 UCLA Law Review 2011, S. 889–946.

Peschel, Christopher/Rockstroh Sebastian, Big Data in der Industrie, MMR 2014, S. 571–576.

Peukert, Alexander, Der Schutzbereich des Urheberrechts und das Werk als öffentliches Gut. Insbesondere: Die urheberrechtliche Relevanz des privaten Werkgenusses, in: Hilty, Reto M./Peukert, Alexander (Hrsg.), Interessenausgleich im Urheberrecht, Baden-Baden 2004, S. 11–46.

Ders., Das Sacheigentum in der Informationsgesellschaft, in: Ohly, Ansgar/Bodewig, Theo/Dreier, Thomas/Götting, Horst-Peter/Haedicke, Maximilian/Lehmann, Michael (Hrsg.), Perspektiven des geistigen Eigentums und Wettbewerbsrechts. Festschrift für Gerhard Schricker zum 70. Geburtstag, München 2005, S. 149–163.

Ders., Güterzuordnung als Rechtsprinzip, Tübingen 2008.

Ders., Güterzuordnung und Freiheitsschutz, in: Hilty, Reto/Jaeger, Thomas/Kitz, Volker (Hrsg.), Geistiges Eigentum, Berlin 2008, S. 47–84.

Plesser, Markus, Lizenzen in der Insolvenz des Lizenzgebers, in: Jacobs, Rainer/Papier, Hans-Jürgen, Schuster, Peter-Klaus (Hrsg.), Festschrift für Peter Raue zum 65. Geburtstag am 4. Februar 2006, München 2006, S. 611–631.

Poeppel, Jan, Die Neuordnung der urheberrechtlichen Schranken im digitalen Umfeld, Göttingen 2005.

Pombriant, Denis, Data, Information and Knowledge, CRi 2013, S. 97–102.

Pres, Andreas, Gestaltungsformen urheberrechtlicher Softwarelizenzverträge. Eine juristische und ökonomische Untersuchung unter besonderer Berücksichtigung des Zweiten Gesetzes zur Änderung des Urheberrechtsgesetzes vom 9. Juni 1993, Köln 1994.

Preuß, Jesko, Rechtlich geschützte Interessen an virtuellen Gütern, Berlin 2009.

Prütting, Hanns, Sachenrecht, 36. Auflage, München 2017.

Prütting, Hanns/Wegen, Gerhard/Weinreich, Gerd, Bürgerliches Gesetzbuch: BGB, 13. Auflage, München 2018.

Raiser, Ludwig, Der Stand der Lehre vom subjektiven Recht im Deutschen Zivilrecht, JZ 1961, S. 465–472.

Rasch, Harold, Der Lizenzvertrag in rechtsvergleichender Darstellung, Berlin 1933.

Redeker, Helmut, Wer ist Eigentümer von Goethes Werther?, NJW 1992, S. 1739–1740.

Ders., Virtuelles Hausrecht von Forenbetreibern?, CR 2007, S. 264–267.

Ders., Zur Frage der Berechtigung zur Löschung von einem Arbeitnehmer aufgespielter Software vor Rückgabe eines dienstlich überlassenen Notebooks, CR 2008, S. 554–556.

Ders., Information als eigenständiges Rechtsgut, CR 2011, S. 634–639.

Ders., Das Konzept der digitalen Erschöpfung – Urheberrecht für die digitale Welt, CR 2014, S. 73–78.

Redeker, Sandra Sophia/Pres, Sascha/Gittinger, Corin, Einheitlicher Geheimnisschutz in Europa (Teil 1), WRP 2015, S. 681–688.

Redlich, Philipp C., Download von Video- und Audiostreams zum privaten Gebrauch – eine „rechtliche Grauzone"?, K&R 2012, S. 713–717.

Reed, Chris, Information „Ownership" in the Cloud, Queen Mary University of London, School of Law, Legal Studies Research Paper No. 45/2010, abrufbar unter: https://papers.ssrn.com/sol3/papers.cfm?abstract_id=1562461.

Rehbinder, Manfred/Peukert, Alexander, Urheberrecht und verwandte Schutzrechte, 18. Auflage, München 2018.

Dies., Urheberrecht und verwandte Schutzrechte, 17. Auflage, München 2015.

Reichold, Hermann, Lauterkeitsrecht als Sonderdeliktsrecht, AcP 193 (1993), S. 204–239.

Reimer, Dietrich, Schranken der Rechtsübertragung im Urheberrecht, GRUR 1962, S. 619–635.

Renner, Moritz, Die „Natur des Vertrags" nach § 307 Abs. 2 Nr. 2 BGB, AcP 213 (2013), S. 677–717.

Richter, Rudolf/Furubotn, Eirik G., Neue Institutionenökonomik, 4. Auflage, Tübingen 2010.

Rigamonti, Cyrill P., Schutz gegen Umgehung technischer Maßnahmen im Urheberrecht aus internationaler und rechtsvergleichender Perspektive, GRUR Int. 2005, S. 1–14.

Rittstieg, Helmut, Zur Entwicklung des Grundeigentums, JZ 1983, S. 161–167.

Rößig, Carl Gottlob, Handbuch des Buchhandelsrechts systematisch dargestellt für Rechtsgelehrte, Buchhändler und Schriftsteller, Leipzig 1804.

Roßnagel, Alexander, Globale Datennetze – Ohnmacht des Staates – Selbstschutz der Bürger, ZRP 1997, S. 26–30.

Rudkowski, Lena/Werner, Deborah, Neue Pflichten für Anbieter jenseits der „Button-Lösung" – Paid Content-Verträge nach der Verbraucherrechte-Richtlinie, MMR 2012, S. 711–715.

Ruppelt, Martin, Die Überlassung von Computerprogrammen: Vertragstypenzuordnung und besondere Formen der Gewährleistung, Baden-Baden 1990.

Sahl, Jan Christian, Daten als Basis der digitalen Wirtschaft und Gesellschaft, RDV 2015, S. 236–242.

Sasse, Helge/Waldhausen, Hans, Musikverwertung im Internet und deren vertragliche Gestaltung – MP3, Streaming, Webcast, On-demand-Services etc., ZUM 2000, S. 837–849.

von Savigny, Friedrich Carl, System des heutigen römischen Rechts, Bd. 1, Berlin 1840.

Schack, Haimo, Geistiges Eigentum contra Sacheigentum, GRUR 1983, S. 56–61.

Ders., Rechtsprobleme der Online-Übermittlung, GRUR 2007, S. 639–645.

Ders., Urheber- und Urhebervertragsrecht, 8. Auflage, Tübingen 2017.

Schickert, Katharina, Der Schutz literarischer Urheberschaft im Rom der klassischen Antike, Tübingen 2005.

Schmidt-Kessel, Martin, Anwendungsbereich, Ausgestaltung der Option und andere Fragen zur Verordnung, in: Schmidt-Kessel, Martin (Hrsg.), Ein einheitliches europäisches Kaufrecht?, Köln 2012, S. 29–50.

Ders., Verträge über digitale Inhalte – Einordnung und Verbraucherschutz, K&R 2014, S. 475–483.

Ders., Der Entwurf für ein Gemeinsames Europäisches Kaufrecht. Kommentar, München 2014.

Schmidt-Kessel, Martin/Erler, Katharina/Grimm, Anna/Kramme, Malte, Die Richtlinienvorschläge der Kommission zu Digitalen Inhalten und Online-Handel – Teil 1, GPR 2016, S. 2–8.

Dies., Die Richtlinienvorschläge der Kommission zu Digitalen Inhalten und Online-Handel – Teil 2, GPR 2016, S. 54–71.

Schmidt-Kessel, Martin/Young, Linda/Benninghoff, Sonja/Russek, Grzegorz, Should the Consumer Rights Directive apply to digital content?, GPR 2011, S. 7–15.

Schmieder, Hans-Heinrich, Kunst als Störung privater Rechte, NJW 1982, S. 628–630.

Schmolke, Klaus Ulrich, Der Grundsatz der Nichtübertragbarkeit beschränkter persönlicher Dienstbarkeiten aus rechtsvergleichender und rechtsökonomischer Perspektive: Eine kritische Betrachtung der §§ 1092, 1090 Abs. 2 i. V. m. § 1061 BGB, AcP 208 (2008), S. 515–551.

Schneider, Jochen/Spindler, Gerald, Der Kampf um gebrauchte Software – Revolution im Urheberrecht?, CR 2012, S. 489–498.

Dies., Der Erschöpfungsgrundsatz bei „gebrauchter" Software im Praxistest, CR 2014, S. 213–223.

Scholz, Günter, Das Verlagsgesetz und die urheberrechtlichen Nutzungsverträge, Frankfurt a. M. 1960.

Schreiber, Klaus, Sachenrecht, 7. Auflage, Berlin 2018.

Schricker, Gerhard/Loewenheim, Ulrich, Urheberrecht. Kommentar, 5. Auflage, München 2017.

Schroeder, Moritz, Numerus clausus der Immaterialgüterrechte?, Berlin 2017.

Schulte-Nölke, Hans, Vor- und Entstehungsgeschichte des Vorschlags für ein Gemeinsames Europäisches Kaufrecht, in: Schulte-Nölke, Hans/Zoll, Fryderyk/Jansen, Nils/Schulze, Reiner (Hrsg.), Der Entwurf für ein optionales europäisches Kaufrecht, München 2012, S. 1–20.

Schulze, Gernot, Der individuelle E-Mail-Versand als öffentliche Zugänglichmachung, ZUM 2008, S. 836–843.

Ders., Die Übertragungszwecklehre – Auslegungsregel und Inhaltsnorm? Zugleich Besprechung zu BGH, Urt. v. 31.5.2012 – I ZR 73/10 – Honorarbedingungen Freie Journalisten, GRUR 2012, S. 993–996.

Ders., Werkgenuss und Werknutzung in Zeiten des Internets, NJW 2014, S. 721–726.

Schwartmann, Rolf/Hentsch, Christian-Henner, Parallelen aus dem Urheberrecht für ein neues Datenverwertungsrecht, PinG 2016, S. 117–127.

Schweikart, Philipp, Zum Verbraucherschutz im Urheberrecht, UFITA 2005/I, S. 7–18.

Senftleben, Martin, Die Fortschreibung des urheberrechtlichen Erschöpfungsgrundsatzes im digitalen Umfeld. Die UsedSoft-Entscheidung des EuGH: Sündenfall oder Befreiungsschlag?, NJW 2012, S. 2924–2927.

Sickinger, Mirko, Vertrieb von Standardsoftware, Köln 1993.

Smits, Jan M., New European Proposals for Distance Sales and Digital Contents Contracts: Fit for Purpose?, ZEuP 2016, S. 319–324.

Söbbing, Thomas, Die Zulässigkeit von sog. „Hostingklauseln" in Lizenzbedingungen, MMR 2002, S. 479–482.

Soergel, Hans-Theodor, Bürgerliches Gesetzbuch mit Einführungsgesetz und Nebengesetzen: BGB, Band 14: Sachenrecht 1 (§§ 854–984 BGB), 13. Auflage, Stuttgart 2002, Band 16: Sachenrecht 3 (§§ 1018–1296), 13. Auflage, Stuttgart 2001.

Solmecke, Christian/Bärenfänger, Jan, Urheberrechtliche Schutzfähigkeit von Dateifragmenten. Nutzlos = Schutzlos, MMR 2011, S. 567–573.

Sontis, Johannes M., Strukturelle Betrachtungen zum Eigentumsbegriff, in: Paulus, Gotthard (Hrsg.), Festschrift für Karl Larenz zum 70. Geburtstag, München 1973, S. 981–1002.

Sosnitza, Olaf, Gedanken zur Rechtsnatur der ausschließlichen Lizenz, in: Ohly, Ansgar/Bodewig, Theo/Dreier, Thomas/Götting, Horst-Peter/Haedicke, Maximilian/Lehmann, Michael (Hrsg.), Perspektiven des geistigen Eigentums und Wettbewerbsrechts. Festschrift für Gerhard Schricker zum 70. Geburtstag, München 2005, S. 183–196.

Specht, Louisa, Konsequenzen der Ökonomisierung informationeller Selbstbestimmung: Die zivilrechtliche Erfassung des Datenhandels, Köln 2012.

Dies., Ausschließlichkeitsrechte an Daten – Notwendigkeit, Schutzumfang, Alternativen, CR 2016, S. 288–296.

Spickhoff, Andreas, Der Schutz von Daten durch das Deliktsrecht in: Leible, Stefan/Lehmann, Matthias/Zech, Herbert (Hrsg.), Unkörperliche Güter im Zivilrecht, Tübingen 2011, S. 233–246.

Spiecker gen. Döhmann, Indra, Wissensverarbeitung im Öffentlichen Recht, RW 2010, S. 247–282.

Spindler, Gerald, Der Handel mit Gebrauchtsoftware – Erschöpfungsgrundsatz quo vadis?, CR 2008, S. 69–77.

Ders., Der Schutz virtueller Gegenstände, in: Leible, Stefan/Lehmann, Matthias/Zech, Herbert (Hrsg.), Unkörperliche Güter im Zivilrecht, Tübingen 2011, S. 261–282.

Ders., Verträge über digitale Inhalte – Anwendungsbereich und Ansätze. Vorschlag der EU-Kommission zu einer Richtlinie über Verträge zur Bereitstellung digitaler Inhalte, MMR 2016, S. 147–153.

Ders., Verträge über digitale Inhalte – Haftung, Gewährleistung und Portabilität. Vorschlag der EU-Kommission zu einer Richtlinie über Verträge zur Bereitstellung digitaler Inhalte, MMR 2016, S. 219–224.

Spindler, Gerald/Schuster, Fabian, Recht der elektronischen Medien, 3. Auflage, München 2015.

Srocke, Marc-Oliver, Das Abstraktionsprinzip im Urheberrecht, GRUR 2008, S. 867–873.

Stadler, Astrid, Gestaltungsfreiheit und Verkehrsschutz durch Abstraktion. Eine rechtsvergleichende Studie zur abstrakten und kausalen Gestaltung rechtsgeschäftlicher Zuwendungen anhand des deutschen, schweizerischen, österreichischen, französischen und US-amerikanischen Rechts, Tübingen 1996.

Dies., Anwendungsvoraussetzungen und Anwendungsbereich des Common European Sales Law, AcP 212 (2012), S. 473–501.

von Staudinger, Julius, Kommentar zum Bürgerlichen Gesetzbuch, Berlin.
- Buch 1: Allgemeiner Teil: §§ 90–124, §§ 130–133, 2017.
- Buch 2: Recht der Schuldverhältnisse: §§ 433–480 (Kaufrecht), 2014; §§ 631–651 (Werkvertragsrecht), 2013.
- Buch 3: Sachenrecht: Einleitung zum Sachenrecht, §§ 854–882 (Allgemeines Liegenschaftsrecht 1), 2012; §§ 903–924 (Eigentum 1 – Privates Nachbarrecht), 2016; §§ 925–984, Anh zu §§ 929–931 (Eigentum 2 – Erwerb und Verlust des Eigentums), 2017; §§ 985–1011 (Eigentum 3), 2013, ErbbauRG, §§1018–1112 (Erbbaurechtsgesetz, Dienstbarkeiten, Vorkaufsrecht, Reallasten), 2017.
- Eckpfeiler des Zivilrechts, 2018.

Stein, Kathi Christine, Der Gebrauchtsoftware-Handel nach den „UsedSoft"-Entscheidungen des EuGH und des BGH, Hamburg 2017.

Stichtenoth, Jonas, Softwareüberlassungsverträge nach dem Schuldrechtsmodernisierungsgesetz, K&R 2003, S. 105–110.

Stickelbrock, Barbara, Die Zukunft der Privatkopie im digitalen Zeitalter, GRUR 2004, S. 736–743.

Stieper, Malte, Rechtfertigung, Rechtsnatur und Disponibilität der Schranken des Urheberrechts, Tübingen 2009.

Ders., Big Brother is watching you – Zum ferngesteuerten Löschen urheberrechtswidrig vertriebener E-Books, AfP 2010, S. 217–222.

Ders., Anmerkung zu EuGH, Urt. v. 4.10.2011 – Rs. C-403/08 und C-429/08 – Murphy, MMR 2011, S. 825–827.

Ders., Rezeptiver Werkgenuss als rechtmäßige Nutzung. Urheberrechtliche Bewertung des Streaming vor dem Hintergrund des EuGH-Urteils in Sachen FAPL/Murphy, MMR 2012, S. 12–17.

Ders., Anmerkung zu EuGH, Urt. v. 3.7.2012, Rs. C-128/11 – UsedSoft, ZUM 2012, S. 668–670.

Ders., Digital ist besser – Die Bereitstellung digitaler Inhalte als eigenständiger Vertragstypus?, in: Alexander, Christian/Bornkamm, Joachim/Buchner, Benedikt/Fritzsche, Jörg/Lettl, Tobias (Hrsg.), Festschrift für Helmut Köhler zum 70. Geburtstag, München 2014, S. 729–745.

Ders., Anmerkung zu BGH, Urt. v. 17.07.2013 – I ZR 129/08 – UsedSoft II, GRUR 2014, S. 270–272.

Ders., Anmerkung zu EuGH, Urt. v. 10.11.2016 – Rs. C-174/15 – VOB/Stichting, GRUR 2016, S. 1270–1271.

Stöckel, Oliver/Brandi-Dohrn, Anselm, Der dingliche Charakter von Lizenzen. Ein Grundlagenbeitrag zur Dogmatik der Rechte an Geistigem Eigentum, CR 2011, S. 553–560.

Stoffels, Markus, Gesetzlich nicht geregelte Schuldverträge, Tübingen 2001.

Stöhr, Alexander, Das BGB im digitalen Zeitalter – Eine Herausforderung für das Vertragsrecht, ZIP 2016, S. 1468–1474.

Striezel, Julia, Der Handel mit virtuellen Gegenständen aus Onlinewelten, Berlin 2010.

Stromholm, Stig, Verwertungsrecht und Nutzungsrecht. Gedanken zur Systematik der deutschen Urheberrechtsgesetze, GRUR Int. 1972, S. 350–357.

Struwe, Dario, Zivil- und urheberrechtliche Aspekte virtueller Waren, Hamburg 2014.

Study Group on a European Civil Code, Principles, Definitions and Model Rules of European Private Law. Draft Common Frame of Reference, Outline Edition, München 2009.

Sucker, Reinhard, Der digitale Werkgenuss im Urheberrecht, Tübingen 2014.

The Commission on European Contract Law, The Principles of European Contract Law, Part I and II, Lando, Ole/Beale, Hugh (Hrsg.), The Hague 2000.

The Commission on European Contract Law, The Principles of European Contract Law, Part III, Lando, Ole/Clive, Eric/Prüm, André/Zimmermann, Reinhard (Hrsg.), The Hague 2003.

Thewalt, Stephan, Softwareerstellung als Kaufvertrag mit werkvertraglichem Einschlag, CR 2002, S. 1–7.

Tietzel, Manfred, Die Ökonomie der Property Rights. Ein Überblick, ZfW 30 (1981), S. 207–244.

Tinnefeld, Robert, Die Einwilligung in urheberrechtliche Nutzungen im Internet, Tübingen 2012.

Troller, Alois, Ist der immaterialgüterrechtliche „Numerus Clausus" der Rechtsobjekte gerecht?, in: Isele, Eugen/Schwander, Vital/Broggini, Gerardo (Hrsg.), Ius et lex: Festgabe zum 70. Geburtstag von Max Gutzwiller, Basel 1959, S. 769–787.

Trump, Steffen S./Wedemeyer, Henning, Zur rechtlichen Problematik des Handels mit Gegenständen aus Onlinecomputerspielen, K&R 2006, S. 397–404.

von Tuhr, Andreas, Der Allgemeine Teil des Deutschen Bürgerlichen Rechts. Zweiter Band, erste Hälfte. Die rechtserheblichen Tatsachen, insbesondere das Rechtsgeschäft, München/Leipzig 1914.

Ullrich, Jan Nicolaus, Alles in einem – Die Einräumung eines Nutzungsrechts i.S.d. § 31 Abs. 1 UrhG für einen On-Demand-Dienst im Internet, ZUM 2010, S. 311–321.

Ulmer, Detlef/Hoppen, Peter, Was ist das Werkstück des Software-Objektcodes? Ein technisch fundierter Ansatz zur Erschöpfungs-Debatte bei Online-Übertragungen, CR 2008, S. 681–685.

Ulmer, Eugen, Einspeicherung und Wiedergewinnung urheberrechtlich geschützter Werke durch Computer-Anlagen, GRUR 1971, S. 297–303.

Ders., Urheber- und Verlagsrecht, 3. Auflage, Berlin 1980.

Unger, Oliver, Die Richtlinie über die Rechte der Verbraucher – Eine systematische Einführung, ZEuP 2012, S. 270–304.

von Ungern-Sternberg, Joachim, Schlichte einseitige Einwilligung und treuwidrig widersprüchliches Verhalten des Urheberberechtigten bei Internetnutzungen, GRUR 2009, S. 369–374.

Vesting, Thomas, Die Bedeutung von Information und Kommunikation für die verwaltungsrechtliche Systembildung, in: Hoffmann-Riem, Wolfgang/Schmidt-Aßmann, Eberhard/Voßkuhle, Andreas (Hrsg.), Grundlagen des Verwaltungsrechts, Band II, 2. Auflage, München 2012, S. 1–34.

Vianello, Mirko, Abruf und Aufzeichnung von Video- und Audiostreams zum privaten Gebrauch CR 2010, S. 728–734.

Voigtländer, Robert, Das Verlagsrecht an Schriftwerken, musikalischen Kompositionen und Werken der bildenden Künste, 2. Auflage, Leipzig 1893.

Wagner, Axel Michael, Binäre Information als Gegenstand des Rechtsverkehrs, Norderstedt 1999.

Wagner, Gerhard/Zimmermann, Reinhard, Vorwort: Sondertagung der Zivilrechtslehrervereinigung zum Vorschlag für ein Common European Sales Law, AcP 212 (2012), S. 467–472.

Wagner, Kristina, Streaming aus der Sicht des Endnutzers – noch Graubereich oder bereits tiefschwarz?, GRUR 2016, S. 874–882.

Wandtke, Artur-Axel, Urheberrecht, 6. Auflage, Berlin 2017.

Wandtke, Artur-Axel/Bullinger, Winfried, Praxiskommentar zum Urheberrecht: UrhR, 4. Auflage, München 2014.

Wandtke, Artur-Axel/von Gerlach, Felix-Tessen, Die urheberrechtliche Rechtmäßigkeit der Nutzung von Audio-Video Streaminginhalten im Internet, GRUR 2013, S. 676–683.

Warnke, Eckart, Rechtsmangelhafte Software und Nacherfüllungsanspruch aus § 439 BGB, München 2005.

Weber, Wilhelm, Das Deutsche Patentgesetz vom 7. April 1891 nebst Gesetz betreffend den Schutz von Gebrauchsmustern vom 1. Juni 1891 unter Benutzung der Vorarbeiten für den Reichstag und Berücksichtigung der Rechtsprechung des Patentamts und des Reichsgerichts, sowie der Landesgerichte für den praktischen Gebrauch, Essen 1893.

Wedel, Hans, Zur rechtlichen Auffassung der Patentlizenz, Greifswald 1919.

Weichert, Thilo, Die Ökonomisierung des Rechts auf informationelle Selbstbestimmung, NJW 2001, S. 1463–1469.

Weitz, Manfred, Software als „Sache“, Münster 1998.

Wellenhofer, Marina, Sachenrecht, 33. Auflage, München 2018.

Weller, Matthias, Widerrufsrecht bei Fernabsatz- und Haustürgeschäften, in: Schmidt-Kessel, Martin (Hrsg.), Ein einheitliches europäisches Kaufrecht? Eine Analyse des Vorschlags der Kommission, Köln 2012, S. 147–178.

Welp, Jürgen, Datenveränderung (§ 303a StGB), IuR 1988, S. 443–449.

Wende, Ingo, Informationstechnik und Anwendungen, in: Klein, Martin (Hrsg.), Einführung in die DIN-Normen, 11. Auflage, Stuttgart 1993, S. 35–72.

Wendehorst, Christiane, Rücktritt („Beendigung“) im Entwurf für ein Gemeinsames Europäisches Kaufrecht, in: Schmidt-Kessel, Martin (Hrsg.), Ein einheitliches europäisches Kaufrecht? Eine Analyse des Vorschlags der Kommission, Köln 2012, S. 371–400.

Wendland, Matthias, GEK 2.0? Ein europäischer Rechtsrahmen für den digitalen Binnenmarkt. Der Kommissionsvorschlag einer Richtlinie über bestimmte vertragsrechtliche Aspekte der Bereitstellung digitaler Inhalte (Digitalgüter-Richtlinie), GPR 2016, S. 8–19.

Werner, Matthias, Eingriff in das (Rollen-)Spielsystem, CR 2013, S. 516–523.

Wieacker, Franz, Sachbegriff, Sacheinheit und Sachzuordnung, AcP 148 (1943), S. 57–104.

Wiebe, Andreas, Protection of industrial data – a new property right for the digital economy?, GRUR Int. 2016, S. 877–884.

Wieling, Hans Josef, Sachenrecht, 5. Auflage, Berlin 2007.

Wielsch, Dan, Zugangsregeln, Tübingen 2008.

Wiese, Volker, Gefahrübergang nach Art. 140 ff. GEKR, in: Schmidt-Kessel, Martin (Hrsg.), Ein einheitliches europäisches Kaufrecht? Eine Analyse des Vorschlags der Kommission, Köln 2012, S. 469–502.

Wilhelm, Jan, Sachenrecht, 5. Auflage, Berlin 2016.

Wolf, Christoph, Vertikale Kontrolle durch Immaterialgüterrechte, Baden-Baden 2009.

Wolf, Manfred/Neuner, Jörg, Allgemeiner Teil des Bürgerlichen Rechts, 11. Auflage, München 2016.

Wolff, Martin/Raiser, Ludwig, Sachenrecht, 10. Auflage, Tübingen 1957.

Zahn, Bastian, Die Anwendbarkeit des Gemeinsamen Europäischen Kaufrechts auf Verträge über digitale Inhalte, ZEuP 2014, S. 77–96.

Zahrnt, Christoph, Überlassung von Software-Produkten: Stand 1996, NJW 1996, S. 1798–1801.

Zech, Herbert, Vom Buch zur Cloud – Die Verkehrsfähigkeit digitaler Güter, ZGE 5 (2013) S. 368–396.

Ders., Information als Schutzgegenstand, Tübingen 2012.

Ders., Lizenzen für die Benutzung von Musik, Film und E-Books in der Cloud. Das Verhältnis von Urheber- und Vertragsrecht bei Verträgen über den Werkkonsum per Cloud-Computing, ZUM 2014, S. 3–10.

Ders., „Industrie 4.0" – Rechtsrahmen für eine Datenwirtschaft im digitalen Binnenmarkt, GRUR 2015, S. 1151–1160.

Ders., Daten als Wirtschaftsgut – Überlegungen zu einem „Recht des Datenerzeugers", CR 2015, S. 137–146.

Ders., Building a European Data Economy – The European Commission's Proposal for a Data Producer's Right, ZGE 9 (2017), S. 317–330.

Zenefels, Alexander, Die digitalen Inhalte im neuen Gemeinsamen Europäischen Kaufrecht, K&R 2012, S. 463–470.

Zimmeck, Sebastian, Grundlagen der Nutzungsrechtsübertragung an urheberrechtlich geschützten Computerprogrammen durch den Lizenznehmer, ZGE 1 (2009), S. 324–356.

Zoll, Fryderyk, Unkörperliche Güter im akademischen Entwurf des Gemeinsamen Referenzrahmens, in: Leible, Stefan/Lehmann, Matthias/Zech, Herbert (Hrsg.), Unkörperliche Güter im Zivilrecht, Tübingen 2011, S. 123–128.

Zurth, Patrick, Rechtsgeschäftliche und gesetzliche Nutzungsrechte im Urheberrecht, Tübingen 2016.

Sachregister

Studien zum Privatrecht

Die Schriftenreihe *Studien zum Privatrecht* (StudPriv) als Äquivalent zur renommierten Reihe *Jus Privatum* bietet herausragenden Dissertationen aus dem Bereich des Privatrechts eine ansprechende Plattform und deckt sämtliche Fächer des Privatrechts ab: das Bürgerliche Recht, das Handels- und Gesellschaftsrecht, das Wirtschaftsrecht, das Arbeitsrecht und das Verfahrensrecht. Fächerübergreifende und fachgebietsübergreifende Themenstellungen sind dabei nicht ausgeschlossen, solange der Schwerpunkt der Arbeit im Privatrecht einschließlich seiner europarechtlichen beziehungsweise internationalrechtlichen Bezüge zu finden ist. Um die hohe Qualität der in dieser Reihe veröffentlichten Dissertationen zu gewährleisten, werden nur Arbeiten zur Veröffentlichung in Betracht gezogen, die in beiden Gutachten uneingeschränkt mit summa cum laude bewertet wurden.

ISSN: 1867-4275
Zitiervorschlag: StudPriv

Alle lieferbaren Bände finden Sie unter *www.mohrsiebeck.com/studpriv*

Mohr Siebeck
www.mohrsiebeck.com